国家出版基金项目
NATIONAL PUBLICATION FOUNDATION

"十四五"国家重点图书出版规划项目

新时代
东北全面振兴
研究丛书

XIN SHIDAI
DONGBEI QUANMIAN ZHENXING
YANJIU CONGSHU

———

中国东北振兴研究院
组织编写

东北振兴的社会力拓展研究

刘威 等 —— 著

辽宁人民出版社

© 刘威 等 2025

图书在版编目（CIP）数据

东北振兴的社会力拓展研究 / 刘威等著. -- 沈阳：辽宁人民出版社，2025. 2. --（新时代东北全面振兴研究丛书）. -- ISBN 978-7-205-11416-9

Ⅰ. F127.3

中国国家版本馆CIP数据核字第20247V2D80号

出版发行：辽宁人民出版社
　　　　　地址：沈阳市和平区十一纬路 25 号　邮编：110003
　　　　　电话：024-23284313　邮箱：ln_editor4313@126.com
　　　　　http://www.lnpph.com.cn
印　　刷：辽宁新华印务有限公司
幅面尺寸：170mm×240mm
印　　张：24
字　　数：400千字
出版时间：2025年2月第1版
印刷时间：2025年2月第1次印刷
策划编辑：郭　健
责任编辑：张婷婷　郭　健
助理编辑：龙佳琪
封面设计：丁末末
版式设计：G-Design
责任校对：吴艳杰
书　　号：ISBN 978-7-205-11416-9

定　　价：118.00元

《新时代东北全面振兴研究丛书》 中国东北振兴研究院 组织编写

编委会

主 任

夏德仁 郭 海 迟福林

委 员

唐立新 徐 峰 张连波 孟继民

常修泽 刘海军 蔡文祥

总　序

　　《新时代东北全面振兴研究丛书》是中国东北振兴研究院组织编写出版的第二套关于东北振兴主题的丛书。中国东北振兴研究院成立于 2016 年，是国家发展和改革委员会为支持东北地区振兴发展而批准成立的研究机构。近 10 年来，该研究院以服务东北振兴这一国家战略为己任，充分发挥高校人才和智力优势，密切与社会各界合作，根据不同时期党中央对东北振兴做出的重大决策，深入东北三省调查研究，组织年度东北振兴论坛并不定期举办具有针对性的专家座谈会，向国家有关部门和东北三省各级党委和政府提供了一系列具有决策参考价值的咨询报告。在此基础上，也形成了一批具有学术价值的研究成果。2020 年，研究院组织编写出版了《东北振兴研究丛书》（共 8 个分册），在社会上引起良好反响。从 2023 年开始，研究院结合总结东北振兴战略实施 20 周年的经验，组织编写了《新时代东北全面振兴研究丛书》（共 9 个分册），从更广阔的视野和新时代东北振兴面临的新问题角度，对东北振兴进行了更加深入的研究。研究院和出版社的同志邀请我为这套丛书作序，我也想借此机会，结合自己 20 年来亲身参与东北振兴全过程的经历和近几年参与研究院组织的调研的体会，就丛书涉及的一些问题谈谈个人的看法，也算是为丛书开一个头。

一、关于东北振兴的重大战略意义

　　东北振兴战略是国家启动较早的区域发展战略，启动于 2003 年。我深切体会到，20多年来，还没有哪一个区域的发展像东北地区这样牵动着历届党和国家领导人的心，被给予了这样多的关心和支持。仅党的十八大以来，习近平总书记就10多次到东北来考察调研，亲自主持召开座谈会并作重要讲话。党中央和国务院在不同时期都对支持东北振兴做出政策安排，尽最大的可能性给予东北各项支持政策。从中可以看出，东北振兴战略不仅仅是一个简单的区域发展战略，它远远超出东北地区的范围，具有十分重大的全局性意义。我从以下两方面来理解这一重大意义：

第一，东北振兴是实现中国式现代化的战略支撑。

中国式现代化最本质的特征是由中国共产党领导的社会主义现代化。回顾历史，在中国共产党领导下，中国式现代化贯穿了新中国成立至今70多年的整个历史过程，这一历史过程既包括改革开放以来的40多年，也包括从新中国成立到改革开放的近30年。在党领导的现代化建设过程中，东北地区扮演着十分独特而举足轻重的角色。东北地区是新中国最早启动工业化的地区，新中国成立之初，党的第一代领导人为开展社会主义工业化建设，在东北地区进行了大规模投资。"一五"时期，国家156个重点项目中有56个安排在东北地区，其投资额占了总投资额的44.3%。东北工业基地的建立与发展，寄托着中国共产党人对社会主义现代化的理想和追求，展现了中国共产党人独立自主建设新中国的高瞻远瞩和深谋远虑。在此过程中，东北工业基地的发展为中国社会主义工业体系的建设做出了不可磨灭的重大贡献，东北地区的能源工业、基础原材料生产和重大装备制造等支撑着国家的经济建设和国防建设。与此同时，东北三省的经济发展水平一直在全国排名前列，以辽宁为例，由于其特殊的战略地位，辽宁的经济总量（当年的衡量指标是工农业总产值）曾排名第一，被称为"辽老大"。改革开放后，东南沿海地区在改革推动下，市场机制快速发育，经济发展迅速，而东北三省则面临从传统计划经济向社会主义市场经济转型的痛苦过程。尽管东北人在转型过程中做出了大量艰苦的探索，但是由于体制机制的惰性和产业结构的老化使市场机制的发育相对缓慢，东北三省的经济总量在全国的排名逐渐落后。2003年10

月，党中央、国务院正式印发《关于实施东北地区等老工业基地振兴战略的若干意见》，以此为标志，国家正式启动了东北地区等老工业基地振兴战略。习近平总书记高度重视东北老工业基地的振兴发展，党的十八大以来，先后10多次到东北考察并发表重要讲话，多次就东北振兴问题做出重要指示批示，强调了东北振兴在国家大局中的战略地位，特别是强调了东北地区在维护国家国防安全、粮食安全、生态安全、能源安全、产业安全方面担负着重大责任。在加快强国建设、实现第二个百年奋斗目标、推进民族复兴伟业的过程中，东北振兴的战略地位是至关重要的。

综上所述，东北老工业基地由于有着区别于其他地区的历史演变过程，其建设、发展、改革和振兴凝聚着中国共产党几代领导人对社会主义道路全过程的实践探索和不懈努力，因而对实现中国式现代化来说具有特有的象征性意义。可以说，没有东北老工业基地的全面振兴，就没有中国式现代化目标的实现，而且，东北全面振兴的进度也在一定程度上决定了中国式现代化实现的进度。在迈向第二个百年奋斗目标新征程中，东北振兴能否实现新突破，标志着中国式现代化目标能否成功。所以东北全面振兴是实现中国式现代化的重要支撑。

第二，东北振兴是维护国家安全的重要保证。

东北振兴不能简单地从经济发展方面来衡量其重大意义。我在省市工作期间，经常接待党和国家领导人到东北来考察调研，我感觉到领导同志所关心的问题主要不是经济增长率是多少、地区生产总值是多少，所考察的企业或项目主要不是看其能够创造多少产值，而是看其能否为国家解决战略性重大问题。以大连的造船工业为例，20年前其每年实现的产值也就是100亿元左右，与一些超千亿元的大型企业相比，微不足道；但领导同志最关心的是，他们能造出保障国家能源安全的30万吨级大型油轮和液化天然气（LNG）运输船，能够造出保障国防安全的航空母舰和大型驱逐舰，所以在2003年党中央、国务院印发的《关于实施东北地区等老工业基地振兴战略的若干意见》中明确现代造船业为大连市的四大支柱产业之一，作为老工业基地产业振兴的重要组成部分。同样，我们看到的东北地区的飞机制造、核电装备、数控机床等装备制造业企业，规模并不大，产值并不高，但是却体现着"国之重器"特点，是我国国防安全和产业安全的重要保障。从国家的粮食安全来看，我曾几次到黑龙江和吉林粮食产区考察学习，深切感受到东北地区的粮食生产在维护国家粮食安全中的战略地位。东北是我国重要的农业生产基地，粮食产量占全国总产量1/4以上，商品粮占全国1/3，粮食调出量占全国40%，是国家粮食安全的"压舱石"。前几年在黑龙江省北大荒集团，我看到一望无际的黑土地上，全部实现了机械化耕种，其情景令人震撼；最近我又率队参观了北大荒集团的数字农业指挥中心，看到通过数字化和人工智能技术，可将上亿亩的耕地集中进行智能化管理，切身感受到了"中国人的饭碗端在我们自己手里"的安全感。

习近平总书记高度重视东北振兴，曾多次从维护国家安全的角度强调东北振兴的重要性。2018年9月，习近平总书记在沈阳主持召开深入推进东北振兴座谈会时强调，东北地区是我国重要的工业和农业基地，维护国家国防安全、粮食安全、生态安全、能源安全、产业安全的战略地位十分重要，关乎国家发展大局。习近平总书记亲自为东北地区谋定了维护国家"五大安全"的战略定位，做出统筹发展和安全的前瞻性重大部署，进一步提升了东北振兴的战略层次，凸显了东北振兴的重要支撑地位，为新时代东北全面振兴提供了根本遵循。

东北三省地处复杂多变的国际地缘政治敏感区，肩负着发展和安全的重要使命。我们应自觉从维护国家安全的战略高度推进东北振兴，既要在总体上担负起维护"五大安全"的政治责任，又要厘清国防安全、粮食安全、生态安全、能源安全、产业安全的具体责任。比如在国防安全上，要进一步完善军民融合发展政策，充分释放军工企业制造能力，通过与地方产业链、供应链的衔接，提升国防装备制造产业创新能力和效率。再比如在产业安全上，针对"卡脖子"技术，要在自主研发体系、产业链供应链的完善上，采取有效举措甚至"举国体制"予以支持。东北地区的新定位，进一步明确了东北振兴的战略重点，使东北振兴战略与维护国家"五大安全"战略紧密结合，更加有利于加强政策统筹协调，有利于实现重点突破。

维护国家"五大安全"，也是东北振兴的重要途径。东北地区要以"五大安全"战略定位为引领，准确把握国家战略需要，充分发挥东北地区比较优势和深厚潜力，突出区域资源特色，结合建设现代化产业体系，谋划一批统筹发展与安全的高质量的重大项目。把"五大安全"的战略定位和政治责任，落实到东北振兴的各方面和全过程。特别需要强调的是，在东北地区产业结构调整中，要加强"国之重器"的装备制造业升级改造，加快数字化智能化进程，增强核心部件和关键技术的自主研发能力，解决好"卡脖子"问题。

二、关于东北振兴中的体制机制改革

当前，东北地区与发达地区的最大差距是经济活力的差距，从根本上讲，还是体制机制的差距。前不久我在东南沿海地区考察过程中，见到不少东北人在那里创业发展，其中一部分是商界人士，如企业家或公司高管；还有一部分是科技人员，他们当中许多人是携带着科技成果从东北转战到南方的。我与其中几位科技企业的高管和科研人员做了深入的交谈，询问了他们为什么远离家乡到这里发展，他们的回答几乎是一致的，即东南沿海的经济充满活力，市场机制发达，生产要素市场健全，创新创业的成功率高，企业家和科技人员的聪明才智能够得到充分发挥。至于东北的情况，他们的回答也是很中肯的：东北的产业和科技教育基础都很好，他们也想在当地创业发展，但是有几个因素使得许多人最终选择了离开——一是东北地区的企业缺乏创新动力和吸纳科技成果的积极性，在科研成果和优秀人才面前，更多的是南方企业（也包括创投公司）伸出橄榄枝，很少遇到东北企业的主动欢迎；二是要素市场不健全，获得资金的资本市场、获得人才的人才市场和制造业企业的供应链市场都有许多缺陷；三是尽管政府部门推动发展的积极性高，但是由于政策多变，新官不理旧账，所以给企业和创业者带来许多不确定性。

以上问题，究其原因还是东北地区的体制机制改革不到位。东北地区是在全国各区域中进入计划经济最早的地区，从1950年开始，国家就对东北地区的煤炭、钢材等生产资料进行统一的计划分配；另一方面，东北地区又是各区域中退出计划经济最晚的地区，由于长期形成的历史包袱，计划经济管理的惯性使得市场机制在原有的计划经济基础上发育得较为缓慢。尽管东北地区在国家自始至终的支持下，在体制机制改革方面做了大量艰苦细致的工作，但是与其他区域相比，特别是与东南沿海地区相比，市场化程度仍然不高，距离市场机制在资源配置中发挥决定性作用的目标还有相当大的差距。从现象上来看，市场化程度不高主要表现在来自企业的自我发展动力活力不足。国企改革不到位，效率不高，在许多竞争性行业对其他市场主体形成"市场准入障碍"或"挤出效应"，制约了民营经济的发展；而地方政府为了弥补市场主体数量不够、企业动力不足问题，不得不亲自下场参与经济活动，再加上长期形成的计划经济的管理习惯，在一定程度上挤压了市场机制发挥作用的空间，限制了市场机制对资源配置的决定性作用。所以，今后东北地区的深化改革还是要围绕着国企改革，以加快民营经济发展和理顺政府与市场的关系为重点。

一是国企国资改革。当前东北国有经济在总体经济中占的比重比较高。以国有控股工业企业资产占规模以上工业企业资产总额的比重为例，辽宁为53.2%，吉林为61.4%，黑龙江为43.2%，均远高于全国37.7%的平均水平。东北地区国有经济比重高有其历史原因，也有东北的国有企业特别是央企为国家担负着一些特殊职能的原因。因此东北地区的国企国资改革并不能简单地提出国退民进或降低国企比重的措施，而是要按照党的二十届三中全会的要求，推进国有经济布局优化和结构调整，增强东北地区国有企业的核心功能，推动国有资本向维护国家"五大安全"领域、向关系国民经济命脉和国计民生的重要行业和关键领域集中，通过完善现代企业制度，将东北的国有企业做强做优做大，提升国际竞争力。针对当前东北地区存在的"市场准入障碍"和"挤出效应"问题，国企国资改革要按照有所为有所不为的原则，在一些竞争性行业，通过混合所有制改革，为非公有制经济创造更多市场准入的机会。这样做一方面实现了国有资本布局的战略性调整，另一方面也在公平竞争的原则下，推动了非公有制经济的发展。

二是民营经济发展。民营经济一直是东北地区经济发展中的一块短板，这一方面是由于东北地区长期实施的是以国有经济为主导的经济模式，民营经济缺乏健康发展的土壤；另外一方面，东北地区的民营企业存在一些先天不足，相当一部分民营企业不是靠企业自身的资本积累和科技创新获得可持续发展能力，而是靠政府部门政策支持和金融机构的信贷扶持发展起来的。我们可以看到，东北地区早期发展起来的民营企业大都有能力获得低价的土地资源或矿产资源的开发许可，而在其背后往往隐藏着不正常的政商关系，因此，每当一个地区出现腐败案件时总会牵扯出一些民营企业家。东北地区民营企业平均生命周期明显短于东南沿海地区，这种先天不足制约了民营经济的发展。要解决这个问题，必须认真贯彻中央"两个毫不动摇"方针，建立亲清的政商关系，遵循国家正在制定的《中华人民共和国民营经济促进法》的法律原则，在明确民营经济发展"负面清单"前提下，放心放手、公平公正地支持民营企业的发展。针对东北地区民营企业家资源不足的问题，要充分利用东北地区的资源优势和产业优势，进一步降低市场准入门槛，吸引更多的外省市企业家到东北来创新创业，结合扶持和培养本土优秀企业家，不断壮大民营企业家群体，并逐步形成东北地区敢于竞争、勇于创新的企业家精神。

在支持非公有制经济发展过程中，我还有一个体会，就是要对民营企业进行正确引导。要认识到民营企业的本质特征是追求企业利益的，但是如何把企业利益与公共利益有机结合起来，这就涉及政府如何进行政策引导。20多年前，亿达集团和东软集团在大连创办了大连软件园，本来所在位置的土地是可以搞房地产开发的，这样可以取得较高的资金回报，但是在政府政策引导下，这两个公司合作规划建设了当时国内最大的软件园，这样就将企业利益和政府的公共利益有机结合起来。尽管企业取得的效益没有像房地产那么高，但是由于政府的一系列政策，他们可以取得更长远的利益，同时又能为城市的功能布局优化、产业结构调整、新兴产业发展做出贡献。大连软件园的建设开启了大连旅顺南路软件产业带的发展，使大连的软件产值从不足1亿元发展到现在的3000多亿元，旅顺南路软件产业带聚集了20多万的软件人才。从这个角度看，通过政府的正确引导，民营企业的利益是可以与公共利益达成一致的。

三是理顺政府与市场的关系。应当看到，由于传统计划经济下的企业对政府依附关系的延续，东北地区政府与市场的关系仍带有"大政府""小市场"的特征。特别是东北地区的各级政府担负着推进体制改革和实施东北振兴战略的重要职责，所以在实践中往往存在着一种"双重悖论"，即一方面政府推进体制改革、实施振兴战略的目的是增强市场活力，放大市场机制作用；但另一方面政府在实施改革和振兴措施的过程中，又往往强化了政府职能，增加了行政干预，进一步压缩了市场机制发挥作用的空间，使市场机制在配置资源方面的决定性作用难以得到有效发挥。要解决这一问题，还是要以党的二十届三中全会精神为指导，把"充分发挥市场在资源配置中的决定性作用，更好发挥政府作用"作为目标和原则，在具体实践中、在"推动有效市场与有为政府更好结合"上下功夫。一是把塑造"有效市场"作为政府的一项"公共服务"，通过落实党的二十届三中全会关于深化改革的各项措施，切实培育起有效的市场机制，并向全社会提供。二是当一些领域"有效市场"形成，市场机制能够对资源配置产生决定性作用时，政府应当主动退出此领域，防止政府"有形的手"干预有效市场"无形的手"的作用。三是政府在制定产业规划和产业政策时，应该遵循市场经济规律，预见中长期的市场波动和周期变化，弥补市场机制在某些环节的"失效"。四是在推动东北产业结构调整过程中，要把产业结构优化升级与培育市场机制有机结合起来，合理界定国企和民企投资的优势领域，结合国有资本的优化布局，将其投资重点集中到涉及国家重大利益的关键领域，并在竞争性领域为民营企业发展留出足够空间，防止出现"挤出效应"。特别是要抢抓当前新一轮科技革命和产业变革重大机遇，充分发挥民营企业家和科技人员创新创业的积极性和创造性，最大限度地将民间资金引导到科技研发和产业创新，在推动战略性新兴产业和未来产业的同时，发展壮大东北地区的民营经济。

党的二十届三中全会提出，到 2035 年全面建成高水平社会主义市场经济体制。这里所提到的"全面建成"，从区域上讲，就是全国一盘棋，各区域都要通过深化改革，完成向高水平社会主义市场经济体制转型的任务，共同融入全国统一的社会主义大市场之中。这对于目前在市场化改革中仍与发达地区存在较大差距的东北地区来说，既是推进改革的难得机遇，又是不容回避的巨大责任和挑战。

三、关于东北振兴中的产业结构调整

实施东北振兴战略的重要任务是推动东北地区的产业振兴，而产业振兴的核心内容是对东北地区现有的产业结构进行调整优化。近年来，我几次带领中国东北振兴研究院的研究人员深入到东北三省的企业进行调研，对东北地区的产业发展有了一些认识。

东北地区产业结构的主要特点是"老"。东北老工业基地之所以被称为"老"，是因为新中国成立初期国家在东北地区建设的工业体系属于工业化早期水平，产业结构单一，重化工业比重过高，其中能源与基础原材料工业处于价值链前端，附加值低，受某些资源枯竭的影响，成本增加，竞争力下降。东北地区装备制造业是国家工业体系中的顶梁柱，具有不可替代的优势，但是由于体制机制问题，长期以来技术更新缓慢，设备老化，慢慢落后于时代的发展。国家实施东北地区等老工业基地振兴战略后，加大力度对东北地区的产业结构进行了调整，但由于东北老工业基地长期积累的问题较多，历史包袱较重，所以这一任务仍未最终完成。最近几年东北各省区经济总量在全国排名仍然未有明显改变，说明经济增长的动能仍不充足，产业结构的老化问题仍未得到根本解决，结构性矛盾仍然是当前振兴发展面临的主要矛盾之一。老工业基地振兴是一个世界性难题，德国鲁尔、法国洛林、美国底特律地区都走过了近 50 年的艰难振兴历程。东北老工业基地振兴与体制转型相伴而行，更为曲折复杂，更要爬坡过坎。要充分认识老工业基地结构调整任务的艰巨性复杂性，以更加坚定的决心和顽强的意志，通过全面深化改革，激发市场经济主体竞争活力，焕发结构调整的积极性和创造性，通过有效的产业政策，推动传统产业的转型升级和战略性新兴产业发展，使东北地区的产业浴火重生、凤凰涅槃。我们正面临新一轮科技革命和产业变革，这为东北地区产业结构调整优化提供了一个难得的历史机遇。在科技革命和产业变革面前，东北地区的产业结构调整应当调整思路和方式，从传统思路采取渐进式的产业演化方式来推进调整，转换到以创新的思路采取突变式的产业变革来推进调整。主要思路有以下三方面：

一是加快推进产业链延伸和完善，增加传统原材料工业的附加值和竞争能力。东北地区是国家重点布局的重点工业燃料和原材料生产基地，原油开采、石油化工、煤炭电力、钢铁等既是资源密集型产业又是资本密集型产业。资源型产业附加值低，只有沿产业链向中下游发展才能提高附加值，增强竞争力；而资本密集型产业要求提高集中度，以规模经济降低单位成本，提高竞争力。以东北的石化产业为例，原来是以原油开采、石油炼化为主，提供的产品主要是燃油，中下游严重缺乏。辽宁省的总炼油能力是1亿多吨，且分散在多个炼厂，大多数炼厂都不够国际标准的规模经济。所以，辽宁石化产业作为第一大支柱产业，其出路只有两条：一条是拉长产业链，让石化产业从传统的炼油为主，向中下游的化工原料、精细化工和化工制成品方向发展，逐级提高产品的附加值和经济效益；另一条是走集中化规模化的道路，充分利用辽宁沿海深水港优势，在物流上利用港口大进大出，在生产流程上采用炼油化工一体化模式，从而增加规模效益，降低单位成本。2010年，大连长兴岛石化基地引进了民营企业恒力集团，在国家发展和改革委员会支持下，总投资2000多亿元，建设2000万吨炼化一体化项目，包括中下游环节150万吨乙烯项目、450万吨对二甲苯（PX）项目、1700万吨精对苯二甲酸（PTA）项目，这些都是世界上单体最大的项目。这些项目一方面真正实现了石油炼化沿着烯烃类和芳烃类两条路线向中下游延伸，后面环节的产品附加值会越来越高；另一方面真正实现了石油化工的规模化集约化生产，依托深水良港的物流条件，使物流成本更低、生产效率更高。恒力石化的投资再加上大石化的搬迁改造等项目将使大连长兴岛建设成为世界级石化基地，彻底改变大连石化产业的格局，实现脱胎换骨的结构调整，使之成为现代产业体系的重要组成部分。

二是促进实体经济与数字经济深度融合，将传统装备制造业转化为与数字时代相适应的"智能制造业"。我们现在已经进入了数字时代，加快实体经济与数字经济深度融合已刻不容缓。东北地区具有实体经济、数字经济深度融合的基础。一方面，东北传统制造业基础雄厚，门类齐全，有数量众多的传统制造业企业，其中许多企业在我国的工业体系中地位重要、不可替代，这些都为数字化应用和数字产业发展提供了宏大的应用场景，为数字技术赋能传统产业创造了巨大的发展空间。推动东北地区传统产业的数字化转型将为东北振兴带来两大增长点：一是众多传统制造业企业转型为智能制造企业，极大提高其制造效率、创新能力和国际竞争力；二是围绕数字化工业生态的建立完善，又派生出一大批为产业数字化服务的数字产业化公司。从这个角度看，东北地区所拥有的传统产业基础将转化为数字经济发展的难得的资源和优势。另一方面，东北地区也具备以数字技术改造传统产业的能力。在发展数字经济方面，东北地区起步比较早。以辽宁为例，2003年，东北老工业基地振兴国家战略开始启动时，当时大连市所确定的四大支柱产业中，软件和信息服务业就是其中之一，而且这一产业布局被写进了《关于实施东北地区等老工业基地振兴战略的若干意见》。自此，大连的软件产业发展保持了10年之久的高速增长，旅顺南路软件产业带聚集了上百家世界五百强公司、上千家国内软件公司和20多万的软件人才，带动了应用软件的自主研发，人工智能、大数据、区块链等新技术也在软件业基础上开始起步。总体上看，东北地区的数字经济发展不是一张白纸，而是有相当的基础，只要咬定目标不放松，保持政策连续性，并且进一步加大支持力度，就一定会在数字经济与实体经济融合发展方面取得新突破。当前，东北要通过深化改革全面推进传统制造业企业的数字化改造。应当认识到数字化改造涉及复杂的生产流程和特殊的技术规定性，又需要进行必要的投资、付出相应的成本；更重要的是，要根据工业互联网的技术要求，重新构造生产流程和管理流程。因此，光凭企业自身的主动性是远远不够的，必须由政府出面，采取经济手段和行政手段相结合的方式，强力推进企业的数字化转型。一是示范引领，每个行业都要在国内外选择几个数字化转型成功的企业，组织同行进行学习借鉴，使其能够切身体会到数字化为企业带来的发展机遇和巨大利益；二是政策支持，对积极开展数字化转型的企业给予适当补贴和贷款贴息；三是通过产业链的关联企业相互促进，重点支持行业龙头企业数字化，然后遵循数字化伙伴优先原则，通过采购和销售方式的数字化引导配套企业的数字化建设。

三是大力发展新质生产力，推进战略性新兴产业和未来产业发展。要充分认识到，东北具备发展新质生产力的基础和条件。新质生产力并不是凭空产生的，它是建立在现实生产力的基础之上的。东北地区现有的代表国之重器的装备制造业解决了国外"卡脖子"问题，具有不可替代性，它所聚集的装备、技术、人才本身就是具有竞争力的先进生产力。在新的科技革命面前，只要顺应时代要求，加快数字化和人工智能应用，大力发展智能制造和绿色制造，那么传统制造业就会孕育出更多新质生产力。东北地区的教育、科技较发达，集中了一批国内优秀的大学和科研院所，每年为国家培养输送了大批优秀人才，也涌现出许多自主创新的科研成果，这些教育、科技资源是新质生产力形成的主要源头。但是由于体制机制障碍，东北地区的人才资源和科研成果并未在当地转化为新质生产力。我们经常可以看到，在东南沿海，一些自主研发的技术来源于东北的高校或科研院所。这说明，东北地区发展新质生产力是具备基础条件的。关键是如何将大学和科研院所的人才资源和科技资源就地转化为新质生产力，并通过具有竞争力的体制机制吸纳外来的新质生产力要素。加快发展新质生产力必须增强"赛道意识"，要认识到当今的科技革命已经改变了原有的产业发展逻辑，"换道超车"将变为常态。

如果固守在原有的传统赛道上，东北地区的产业发展会继续拉大和发达地区之间的差距，并且在新时代科技发展和产业创新中掉队。国家要求"十四五"期间东北振兴实现新突破，我认为主要应在"赛道转换"上取得突破。一是从"传统制造业改造赛道"转换到"智能制造新赛道"，对传统制造业进行全产业链全覆盖的数字化赋能改造和人工智能应用，搭上第四次工业革命这趟班车。二是从"资源枯竭型地区改造赛道"转换到"新能源、新材料发展赛道"，东北地区化石能源已失去优势，但是在风电、光伏、核电、氢能源、储能产业发展方面潜力巨大。三是抢占战略性新兴产业和未来产业赛道，充分利用东北地区教育、科技资源优势，积极鼓励支持自主创新，加强尖端技术和颠覆性技术研发和产业化，争取在新兴产业和未来产业发展中后来居上。

要塑造有利于新质生产力发展的体制机制。加快发展新质生产力必须形成与之相适应的新型生产关系，从东北地区来说，就是要塑造有利于新质生产力发展的体制机制和政策环境。新质生产力由于其革命性和创新性，自身的流动性很强，为了寻找更适宜的发展环境，新质生产力可以随时跨国跨地区转移。近年来，东北地区加强营商环境建设取得了很大进展，而当前加快发展新质生产力，更需要通过深化改革，为新质生产力孕育和发展创造良好环境。一是深化行政体制改革，增强政府部门推进科技创新和产业创新的责任感，提高对科技企业和科研单位的服务效率，打造一支熟悉科技和产业发展规律、具有服务意识、高效廉洁的公务员队伍；二是深化科技教育体制改革，推动科研与产业深入融合，培养更多高质量创新型人才；三是大力支持以企业为主体的创新体系建设，充分发挥央企在东北产业创新中的引领作用，同时积极支持民营科技企业投身于新兴产业和未来产业发展之中；四是打造支持新质生产力发展、推进东北地区科技发展和产业创新的投融资体制。

四、关于东北振兴中的对外开放

党的二十届三中全会通过的《中共中央关于进一步全面深化改革、推进中国式现代化的决定》（以下简称《决定》）强调："开放是中国式现代化的鲜明标识，必须坚持对外开放基本国策，坚持以开放促改革，依托我国超大规模市场优势，在扩大国际合作中提升开放能力，建设更高水平开放型经济新体制。"在新时代东北全面振兴的关键阶段，认真学习贯彻党的二十届三中全会精神，推动东北地区全方位开放，建设更高水平的开放型经济新体制，具有十分重大而深远的意义。

要充分认识东北对外开放在国家总体对外开放格局中的战略地位。改革开放 40 多年来，我国对外开放呈现出由南至北梯度开放的格局。20 世纪 70 年代末 80 年代初，以深圳经济特区建设为标志的珠江三角洲对外开放，对应于国际资本向亚太地区流动、亚太地区劳动密集型产业向中国转移的形势；90 年代，以浦东新区建立为标志的长江三角洲对外开放，对应于全球化进程加快、中国积极参与全球化的形势；10 多年前，"一带一路"倡议及京津冀协同发展战略的提出是以全球金融危机之后美国的单边主义导致逆全球化倾向为背景的；最近几年，中央强调东北要成为对外开放新前沿，这是基于地缘政治新变化、中美贸易冲突加剧、俄乌冲突及俄战略向东向亚洲转移，进而东北亚成为国际合作热点地区的形势做出的重大判断；而发挥东北作为东北对外开放新前沿的作用，推动全方位对外开放，特别是加强与东北亚各国的深度合作，已成为我国应对百年变局、保障国家安全、拓宽国际合作空间，实现世界政治经济秩序向有利于我国方向转变的战略选择。

我国东北地区地处东北亚区域的中心地带，向北与俄蒙接壤，是我国的北大门；向东与朝鲜半岛相连，与日韩隔海相望；向南通过辽宁沿海连接太平洋，与亚太国家和地区沟通紧密；向内与京津冀和东部沿海省市相互依存，是畅通国内大循环、联通国内国际双循环的关键区域。东北海陆大通道是"一带一路"的重要线路，是我国沿海地区和日韩"北上西进"到欧洲的便捷通道。东北产业基础雄厚，人才科技资源丰富，生态环境良好，在经济合作方面与相关国家和地区具有难得的互补性。应当充分认识东北的开放优势，增强开放前沿意识，推进东北地区全面开放，这不仅是东北全面振兴取得新突破的需要，更是我国应对世界百年未有之大变局、开拓全方位高水平对外开放格局、突破以美国为首的西方国家对中国的遏制打压和围堵、维护国家安全、实现第二个百年奋斗目标、加快中国式现代化进程的需要。

东北地区的全面开放是一个多维度全方位开放的概念，从开放格局看，既要对外开放，也要对内开放；从开放方位看，包括了东西南北中全方位开放；从开放内容看，既包括资金技术信息的流动型开放，也包括规则规制管理标准等制度型开放。

一是进一步加强对内开放。东北地区在长期计划经济中形成的封闭性特征，首先需要通过对内开放予以打破。要通过深化改革缩小东北与先进地区在市场化和开放度方面的差距，尽快融入全国统一大市场。要加强东北振兴战略与发展京津冀、长江经济带、粤港澳大湾区等国家重大战略的对接，消除各类阻挡要素跨区域流动的障碍，积极接受先进地区资金、技术、人才、信息等资源的辐射，发挥东北地区自身优势，在畅通国内大循环、联通国内国际双循环中发挥更大作用。

二是加快实施向北开放战略。要充分认识到在世界经济政治格局深刻变化的形势下，东北地区向北开放、积极开展对俄罗斯经贸合作的重大战略意义和难得的历史机遇。要深入分析中俄经济互补性，挖掘两国经贸合作潜力和空间，积极开展与俄罗斯多领域的务实合作。要大力推进石油、天然气、核电等领域的合作，强化中俄能源交易和物流设施建设，保障我国的能源安全。要加强东北地区各边境口岸现代化建设，提供高效率通关便利服务，促进对俄贸易高质量发展，把各口岸城市打造成中俄贸易物流枢纽城市。要充分发挥东北地区的产业优势，有效利用俄罗斯远东开发战略的各项政策，参与远东地区基础设施投资、资源开发、环境保护、农业发展、制造业等领域的合作。要加强与俄罗斯人才、技术、资金等领域的交流与合作，在推进产业合作的同时，逐步建立完整的产业链和供应链，带动东北地区的产业转型与升级。

三是以 RCEP（区域全面经济伙伴关系协定）为契机深化与日韩合作。作为东北三省的主要贸易和投资伙伴，日本和韩国之前在东北做了大量投资。

当前受地缘政治形势变化，合作受到一些阻碍，日韩企业开始重构产业链和供应链并转移投资。由此，要抓住 RCEP 实施的契机，加快建设以 RCEP 为基本原则的国际化投资环境，加强与日韩企业的沟通，帮助他们解决发展中的困难，恢复日韩企业在东北投资发展的信心，稳固原有的合作关系，同时实施更加优惠的政策，吸引日韩企业通过增量投资进行产业升级，在东北地区形成新兴产业的产业链和供应链。

四是建设东北海陆大通道。要把东北海陆大通道建设纳入国家"一带一路"的重点建设项目中予以推进。加快东北亚国际航运中心建设和大通道沿线物流枢纽建设，提升辽满欧、辽蒙欧两条海铁联运班列转运效率，争取开辟辽宁沿海港口至欧洲的"北极航线"，打造连接亚欧大陆的"一带一路"新通道。东北海陆大通道沿途四个副省级城市，哈长沈大要一体化发展，提高对外开放水平，完善中心城市功能，打造东北亚地区最具活力的城市带。大连应发挥好东北亚重要的国际航运中心、国际贸易物流中心和区域性金融中心作用。

五是积极稳妥推进制度型开放。东北全面开放能否顺利推进，关键是能否创造一个具有竞争力的国际化的营商环境。要下决心推进规则、规制、管理、标准等制度型开放，用制度型开放倒逼行政体制改革，补齐东北地区国际化营商环境的短板，不断提高贸易投资的便利性，增强东北地区对国际先进生产要素的吸纳能力。

五、关于东北振兴中的营商环境建设

改善营商环境是国家实施东北振兴战略以来，对东北地区提出的一项重要而艰巨的任务。习近平总书记每次到东北考察都强调改善营商环境的重要性，特别在 2018 年 9 月主持召开的深入推进东北振兴座谈会上，对东北振兴提出六个方面要求，其中排在首位的就是"以优化营商环境为基础，全面深化改革"。近年来，东北各级党委、政府认真贯彻落实习近平总书记的重要指示，在加强营商环境建设方面做了大量卓有成效的工作，东北地区的营商环境有了明显改善，但是与先进地区相比，与企业和老百姓的期望相比，还有不小的差距。这一差距主要表现在东北地区对先进生产要素，包括资金、技术、人才的吸纳能力仍然不足，"孔雀东南飞"和"投资不过山海关"的问题仍然未从根本上得到解决。在全国各区域都在致力于打造高水平营商环境的背景下，东北地区不能再满足于原有水平的营商环境了，而必须对标先进地区的标准，提高建设营商环境水平，增强东北地区对先进生产要素的吸纳能力，推动新时代东北全面振兴实现新突破。

什么是高水平营商环境？就是党中央提出的市场化、法治化、国际化的营商环境。这一概念可以追溯到党的十八届五中全会，当时明确提出了要完善法治化、国际化、便利化的营商环境，这是中央文件中对市场化、法治化、国际化营商环境的早期表述。2019 年 10 月，国务院通过了《优化营商环境条例》，以政府规定的方式明确了市场化、法治化、国际化营商环境的定义，并提出了具体的政策措施。党的二十大报告进一步强调，市场化、法治化、国际化一流营商环境建设是当前中国推动实现高质量发展和中国式现代化的重要保证。党的二十届三中全会《决定》从"构建高水平社会主义市场经济体制""完善高水平对外开放体制机制""完善中国特色社会主义法治体系"三个角度，分别深入阐述了通过全面深化改革，构建高水平的市场化、法治化、国际化营商环境的基本原则和具体的改革措施。特别是《决定》强调"构建全国统一大市场""规范地方招商引资法规制度，严禁违法违规给予政策优惠行为"，这实际上是对以往个别地区在营商环境建设方面随意性做法的一种纠正，更加凸显了通过深化改革，建设统一的市场化、法治化、国际化营商环境的客观必要性。

东北地区如何通过深化改革，加快建设市场化、法治化、国际化营商环境？从市场化角度，就是要持续不断地推进市场化改革，培育壮大市场机制，促进市场机制在资源配置中发挥决定性作用，同时要界定好社会主义市场经济条件下政府与市场的关系，加快政府职能转变，深入推进行政管理体制改革，提高政府对市场主体的服务意识和服务效率，在鼓励市场主体充分竞争的前提下，维护市场竞争的公平性。从法治化角度，对东北地区来说，法治化建设是当前营商环境建设中一块短板。要着力解决当前东北地区营商环境缺乏法治保障的问题，克服政府在服务市场主体过程中的随意性、不稳定性、缺乏诚信，甚至忽视或侵犯市场主体合法权益的倾向，加大法治化营商环境建设力度。在立法层面，进一步完善适应社会主义市场经济体制的商事法律法规体系。在执法层面，增强政府部门依法行政意识。在司法层面，加强司法机关队伍建设，提高司法人员素质，推进各司法机关公正公平司法。在遵法层面，积极引导企业和个人遵法守法，共同维护法治化市场经济秩序。从国际化角度，打通国内循环和国际循环的体制界限，积极稳步扩大规则、规制、管理、标准等制度性开放，主动对接国际高标准经贸规则，打造面向东北亚区域对外开放新前沿，建设高水平开放型经济新体制。

在谈到营商环境建设问题时，我还想举一个具体例子。2024年9月，我率队到大连长兴岛恒力重工集团有限公司（简称恒力集团）调研，见到一位熟人，他原来在中国船舶重工集团有限公司上海总部工作，目前在恒力造船（大连）有限公司担任领导职务。我随口问他：从上海到大连长兴岛有什么感想，有什么得失？他说，把长兴岛打造成为一个世界级的造船基地不仅是政府的梦想，也是他作为造船人的梦想，为了实现这一梦想，即使不拿报酬，他也要为之奋斗。这句话既使我感动，也让我很受启发。其实在东北振兴过程中，许多事情政府自己是做不了的，比如产业结构调整，打造现代产业体系，必须靠企业来做。但是政府可以创造一个有吸引力的营商环境，采取一些政策措施，吸引企业来完成政府目标。十几年前，我们为推进产业结构调整，引进了恒力集团到长兴岛投资，恒力集团共投入资金2000亿元，目前长兴岛世界级石化基地建设已见雏形，同时恒力集团又收购了韩国STX造船，再过三五年，长兴岛又会崛起一个世界级的造船基地。在此过程中，政府做了什么？我们就是打造了一个良好的营商环境，却用企业的力量做成了大事，完成了政府的工作目标，做出了政府人员想做而做不到的事情。这个投入产出关系是显而易见的，我们何乐而不为？我想用这个例子说明，如果政府部门弯下腰来创造良好的营商环境，尽心尽力做好对企业的服务工作，企业一定会创造更多的社会财富，为地方经济发展做出更大贡献。

　　建设高水平营商环境是东北振兴实现新突破的重要保证，也是东北地区与全国各地区同步实现中国式现代化的重要保证。营商环境的好坏是一个地区核心竞争力的重要标志。营商环境只有更好，没有最好，当前仝国各省市都在积极开展营商环境建设，以取得更大的竞争能力。东北地区要想迎头赶上，与全国同步实现第二个百年奋斗目标，必须在全面深化改革上下功夫，建设与其他地区同等水平甚至更高水平的市场化、法治化、国际化营商环境。

夏德仁

2025 年 2 月

前　言

　　振兴东北，已经从战略口号成长为深植时代的印迹。振兴东北的前提，在于我们如何"看"东北。而怎样看待东北，则取决于我们凝视它的眼光。用什么样的标准和尺度看东北、看东北现象、看东北转型的长期过程，从根本上决定了我们以什么姿态面对东北，如何开出振兴东北的药方，能否找回长久以来缺失的信心和耐心。

　　这就是写作本书的问题缘起。我在 2003 年来到东北上大学，至今在东北工作、生活已有 20 余年。作为一个青春岁月与东北振兴同向同行的社会学人，长期以来，有两个困惑一直萦绕在我的脑海中：一是为什么人们提及东北、观察东北现象、讨论东北未来走向时，存在一些或隐或显的"问题思维"，这种负面倾向的"问题思维"怎样成为一种普遍化的社会想象和集体情绪，其生成的背后机制是什么？二是我们总是从经济、产业、企业、营商环境、科技等要素思考东北转型的未来，习惯把东北振兴视为一个经济提速和追赶问题，开出一揽子产业结构调整、经济提速增效的"上方良策"。依经济尺度衡量的东北以及经济绩效规划的重新崛起是否能够真正反映东北自身的价值？上述两个困惑是我对"怎么'看'东北"这一问题思考的进一步展开。

　　作为一个地理区域的东北、作为一种发展场景和治理实践的东北、作为一套公共话语叙事的东北、作为一系列国家战略举措的东北，对东北自身究竟意味着什么？或者，东北在各种身份的辗转置换中，总是以一种被改造、被推动、被回忆、被谈论、被疑惑的"他者"存在，这位"他者"在外部力量和话语的塑造之下,渐渐失去了他自己,他的天资、内蕴、特点和优势似乎被忽视、被夸大或被窄化。因此,问题在于我们如何找回东北的自性,在东北自身的历史和现实中看东北,换句话说,"他"如何成为他自己。

拙著围绕上述思考展开,也是对本人长期困惑的一种纾解。大众舆论总是急于找到答案、推出方案,在这种氛围下,"提出问题"本身成为一个问题。在各色人等为东北发展下结论、开方子、提对策的当下,提问题是一件困难的事,显得既不应景,也不合群。孜孜不倦的振兴努力、嗷嗷待哺的大众呼声,使东北重新崛起已经成为"陈词旧调",呈现出越来越明显的某种"精神性缺失",即药方推陈出新,但问题还是那些问题。药方和病症的脱节使我们必须超脱大众叙事和公共话语的宰制,把目光拉回到东北,学着从东北的视角去看东北,真正反思作为一个主体的东北和作为一种实践过程的东北振兴,而这种深层次的内省和自我觉察是缺失的。东北究竟是一个怎样的东北?东北需要一个什么样的东北?我们想把东北变成什么样的东北?

2003年,党中央、国务院作出实施东北地区等老工业基地振兴战略的重大部署。20多年来,东北振兴取得明显成效和阶段性成果。如果说第一轮东北振兴举措致力于"经济脱困",2013年全国进入经济新常态后,东北经济增速逐渐回落,使人们对东北发展迟缓的认识发生转变,从单一的要素投入逐渐转向体制机制、社会结构、东北文化传统与东北人的品格等多个维度。然而,若把东北振兴置于中国整体发展进程之中,我们不难发现,中国正经历发展阶段的转向,即从着重强调经济增长的阶段转向经济社会协调发展的高质量发展阶段,发展理念正由发展主义转向对人的全面发展的追求。

2023年9月7日,在东北振兴战略实施20周年的重要节点,习近平总书记主持召开新时代推动东北全面振兴座谈会,提出了一系列新思想新观点新论断,深刻回答了新时代为什么要推动东北全面振兴、实现什么样的全面振兴、怎样实现全面振兴等一系列重大理论和实践问题,具有重大政治意义、理论意义和实践意义。习近平总书记强调,要贯彻落实党的二十大关于推动东北全面振兴取得新突破的部署,完整准确全面贯彻新发展理念,牢牢把握东北在维护国家"五大安全"中的重要使命，牢牢把握高质量发展这个首要任务和构建新发展格局这个战略任务，统筹发展和安全，坚持目标导向和问题导向相结合，坚持锻长板、补短板相结合，坚持加大支持力度和激发内生动力相结合，咬定目标不放松，敢闯敢干加实干，努力走出一条高质量发展、可持续振兴的新路子，奋力谱写东北全面振兴新篇章。这一重要论述为在新时代推动东北全面振兴明确了根本遵循、重要目标与前进方向。

习近平总书记指明了新时代东北振兴的独特优势：东北资源条件较好，产业基础比较雄厚，区位优势独特，发展潜力巨大。推进中国式现代化，需要强化东北的战略支撑作用。他强调，党中央看问题，都是从大处着眼，一个地方最重要的使命是什么。早在 2018 年 9 月，习近平总书记就在深入推进东北振兴座谈会上指出，东北地区是我国重要的工业和农业基地，维护国家国防安全、粮食安全、生态安全、能源安全、产业安全的战略地位十分重要，关乎国家发展大局。在这次新时代推动东北全面振兴座谈会上，习近平总书记就再次提出了东北维护国家国防安全、粮食安全、生态安全、能源安全、产业安全的要求。

习近平总书记阐明了当前推动东北全面振兴面临新的重大机遇：实现高水平科技自立自强，有利于东北把科教和产业优势转化为发展优势；要以科技创新推动产业创新，加快构建具有东北特色优势的现代化产业体系；依托东北的生态环境和生物资源优势，发展现代生物、大数据等新兴特色产业；提高国有企业核心竞争力，强化战略支撑作用。

我们要深刻领会上述讲话的重大意义，全面、系统、科学地看待东北振兴，充分认识到东北的优势和长项，自觉把东北地区的优势和机遇转化为发展的强大底气和坚定信心。然而，在发展主义的长期影响下，一些人对东北发展振兴的认识呈现出明显的唯经济论倾向，即简单地将东北发展问题等同于区域经济赶超问题。囿于产业、企业、产值、税收等看得见的物质性因素，经济手段成为推进东北振兴的关键举措，经济增长成为评价振兴成效的核心标准。相应地，在实施多轮振兴战略之后，面对经济调整的未达预期的表现，某些社会归因也从主张改革经济结构转而质疑东北文化、东北传统甚至东北人，形成一种全面唱衰、难以逆转的"问题思维"。活跃在公众话语中的"东北现象""新东北现象"便是这一思维的真实写照，东北成了凋敝、衰落、保守的"问题"代名词。在政策和实践中，人们仍然用经济尺度审视东北发展，振兴东北的发力点多集中于经济和产业领域，较少考量社会、文化、安全因素的作用。那么在新发展阶段，我们必须发出新时代的"东北之问"：社会各界究竟该如何看待东北的优势和短板？怎样审视东北振兴中的经济增长、社会发展和美好生活的逻辑关系？东北振兴所追求的发展是一种什么发展？

本书尝试分析东北现象中"问题思维"的理论和历史根源，并从经济问题思维转向社会优势视角，分析新时代东北全面振兴的可能路径。在新发展阶段，应超越发展主义对经济增长的迷恋，不能仅以经济指标表现来评价东北振兴政策成效，要运用更积极的眼光看待区域发展危机，从社会文化多元视角激发地区内生优势和自主潜能，找寻东北社会的发展自信和转型之道。唯如此，方能破除因经济增长相对滞后而衍生出的一系列问题化思维。

踏上全面建设社会主义现代化国家的新征程，未来东北要如何顺应发展阶段和发展理念的转型，实现全面振兴新突破？本书把东北振兴发展置于中国式现代化征程之中加以审视，从强调经济至上的增长逻辑转向以美好生活为目标的发展逻辑，探寻新时代东北全面振兴发展的社会性资源、优势和内生动力（简称"社会力"）。在社会力维度下，发展不再是对增长神话的盲目追求，而是恢复人类幸福所立足的平衡感。新时代东北全面振兴，不是通过一味发展经济维续对无限增长的迷恋，而是以美好生活为目标、以人民幸福为依归重构发展蓝图。我们应将东北振兴的未来置于中国式现代化的历史进程之中，按照后增长理念的"好社会"的标准，夯实社会保障和生活幸福（福利维度）、社会凝聚和包容（治理维度）、社会永续（生态维度）、社会赋权和安全（参与维度）的基础性条件。

本书既是国家高端智库平台、双一流建设平台长期支持和孵化的成果，也是跨省跨校跨学科团队合作智慧和汗水的结晶。国家高端智库吉林大学东北与东北亚研究院、东北振兴发展研究院、哲学社会学院、东北大学中国东北振兴研究院组织的学术研讨、专题调研和资政活动，给笔者源源不竭的探索动力。邴正教授总是耳提面命、谆谆教导，从问题来源到思想展开再到材料支撑，给予了无微不至的悉心指导。蔡立东教授、韩喜平教授、田毅鹏教授、吴昊教授等在日常工作和交流中时时启发笔者如何"跳出东北看东北振兴"、如何"从问题思维转向优势视角"、如何"拓展老工业基地振兴的经济学界限，贡献社会学的专业智识"。通过参与国家高端智库的申报、筹备、组建和日常管理，同时负责东北振兴发展研究院的科研业务，编撰和报送决策咨询要报，笔者不仅积累了智库工作经验，也进一步深化了对东北的理解和对东北振兴的学术思考。

2023年1月，由笔者撰写的决策咨询报告获得王沪宁同志肯定性批示，成为国家高端智库成立后第一篇获中央领导同志批示的报告。近年来，笔者多篇研究报告被中共中央办公厅等中央、省部级领导或部门、新华社内参批示采纳。接受中央广播电视总台、新华社、《经济日报》《中国青年报》等媒体专访，也拓展了笔者的学术眼界。笔者还多次参加全国政协组织的东北振兴专题调研，夏德仁主席带领我们实地调研东北三省的代表性企业、科研机构和政府部门，为本书的形成奠定了坚实基础。特别感谢辽宁省政协、吉林省政协、吉林省发改委、中国东北振兴研究院在书稿撰写过程中组织专题调研和讨论、提供素材、协调进度。

本书从缘起到设计，再到调研、写作，历时整整5年。笔者设计了全书写作思路、研究框架、章节提纲，亲自撰写和修改了全部内容。为了推进本项研究，笔者牵头举办10余次的专题研讨会，会议虽小，但讨论十分精细深入，有时为了一个词的使用，会辨析争论很久，致使多次会议从下午进行到深夜。在会上，大家针对分析思路和立论激烈交锋，章节框架和提纲几易其稿，初稿形成后又经历20余次的修改完善，部分章节甚至推倒重来，至今笔者仍清晰记得不同思维碰撞时的火星闪烁，也真切怀念团队漫漫求索的激情岁月。

张丹博士参与撰写第一章至第五章，王碧晨博士参与撰写第六章，孙梦妍、徐明琨博士参与撰写第七章，温暖博士参与撰写第八章，梅晶哲博士参与撰写第九章。王宇新、唐正烨、戴新宇等同学参与书稿的校对工作。每一位团队成员都尽善尽美、精益求精，全身心投入文献梳理、实地调研和书稿撰写。

书作犹如学者含辛茹苦养大的孩子，虽不成熟，却永为挚爱；虽已成人，仍不舍离手；虽久经雕琢，还是心怀遗憾。本书作为吉林大学"中国式现代化与人类文明新形态"哲学社会科学创新团队青年项目系列成果之一，也是对母校栽培和滋养之恩的绵薄回馈。

吉林大学东北与东北亚研究院副院长
吉林大学东北振兴发展研究院副院长
吉林大学社会学系教授、博士生导师

2025 年 2 月 2 日

目 录

中　篇

下　篇

上篇

第一章
社会力的提出及理论缘起

作为发展研究的基本概念，"发展"内涵的讨论一直是学界关注的热点议题。第二次世界大战后，发达国家依据自己的发展经验为欠发达地区建构起一套能够助其走向繁荣的发展主义话语体系。然而，这套以经济无限增长为目标的解决方案却引起欠发达地区的一系列社会不适。自20世纪70年代以来，发展内涵的多维性、发展方式的多样性逐渐为学界和社会所接受，并在发展研究中占据主导地位。令人遗憾的是，发展理念的转变并未与发展评价和实践逻辑同步，后发展理论虽然为欠发达国家描绘了一幅极具诱惑力的发展图景，但在现实中却难以实现。

第一节　唯经济论与发展主义

人类历史是一个不断摆脱贫困、追求美好生活的过程。自18世纪开始，工业革命凭借其释放的强大生产力使其发源地，即西方国家，一跃成为国家和区域发展的"标杆"。从进化论到现代化理论再到发展理论，西方国家的发展经验逐渐演化为以无限增长、线性发展、西方中心为特征的发展主义话语体系，并被标榜为欠发达国家摆脱贫困陷阱的"指南"。社会发展被化简为经济增长，其所包含的人的"发育"、社会质量等含义被遗忘。

一、发展主义的诞生

第二次世界大战改变了一切，战后的欧洲急需援助，以重建废墟遍地的国家，原有的殖民地陆续独立成为民族国家，昔日的同盟者之间的裂隙也逐渐显露。在此背景下，"发展"替代殖民体制，成为发达国家向新兴国家施加影响的新工具。

目前，学界多将发展主义的诞生追溯至时任美国总统哈里·杜鲁门在1949年的国情咨文演说。1949年1月20日，杜鲁门在演讲中表示："我们必须提出一个新的计划……将我们科学先进和工业进步的优势用来服务于欠发达地区的改善和增长。"[①] 后来，这一内容被概括为"第四点计划"。它告诉全世界，作为发展"优等生"和美好生活代言人，发达国家将与发展中国家分享自己的发展经验并为其提供援助，而后者借此可以通过现代化生产方式推动生产要素从传统生产部门转移至现代生产部门，最终实现经济繁荣。它为世人展示了一个权利平等的世界：在这里，每个国家都拥有平等的权利和机会去过体面和满意的生活。对于处于贫困状态的欠发达国家而言，发展不再是一个自生现象或天然状态，而是一个可以借用外力而加速实现的过程。[②] 为此，欠发达国家和地区所要做的就是积极获取并落实发达国家的援助，变革自身包括传统文化、政治体制等在内的一切与现代社会不相符的因素来保障经济增长的实现，而经济繁荣会解决其所面临的贫穷、社会失序等一切困境。自此，经济增长取代了人类幸福，成为发展的核心。我国学者许宝强和汪晖据此将发展主义概括为"一种认为经济增长是社会进步的先决条件的信念"[③]，它坚定地支持经济进步的可能性和优先性。

---

① ［瑞士］吉尔贝·李斯特：《发展史：从西方的起源到全球的信仰（第四次修订增补版）》，陆象淦译，社会科学文献出版社，2017年，第65页。

② ［瑞士］吉尔贝·李斯特：《发展史：从西方的起源到全球的信仰（第四次修订增补版）》，陆象淦译，社会科学文献出版社，2017年，第107页。

③ 许宝强、汪晖选编：《发展的幻象》，中央编译出版社，2000年，第1页。

在发展主义话语体系中，增长高于一切。沃尔特·罗斯托就将"经济增长""经济进步""现代化"视为同义词。他在《经济增长的阶段》一书中表示，经济发展的起飞阶段"是稳定增长的障碍和阻力得以最终克服的时期。促进经济进步的力量……扩大了并开始支配整个社会"[①]。此外，起飞阶段"要使经济现代化的人对坚持传统社会不放或寻求其他目标的人在社会、政治和文化方面取得决定性的胜利"[②]。列维也将现代化等同于经济的现代化及其带来的经济增长。他认为，现代化的一般性方案是使用机器和无生命能源产生强大的生产优越性，最终激发欠发达国家对物质改善的强烈兴趣。国际复兴开发银行组织的经济代表团基于对哥伦比亚的观察发现："只有通过对整体经济进行教育、健康、住房、粮食和生产力等方面的干预，才能使贫困、愚昧、恶劣的卫生和生产力低下的恶性循环怪圈被最终打破。但是，一旦这个循环被打破，经济发展就可以自行持续下去。"[③]由此可见，如果说第二次世界大战前的殖民统治时代是政治空间为主的时期，那么现在经济空间取代了政治空间，国内生产总值重于一切。"繁荣""发展""进步""现代化""工业化"等所有指示美好未来的词语都成为"增长"的同义词。

其中，最为关键的步骤是实现从传统经济到现代经济的飞跃，即经济现代化过程。阿瑟·刘易斯的二元经济论认为，欠发达国家的经济由充满活力的现代经济部门和逐渐停滞的传统经济部门构成，发展的实质是现代经济部门替代传统经济部门。通过发展现代工业、提高生产效率，劳动力和资本从传统部门转移至现代部门，最终二元经济格局消失，欠发达国家摆脱困境。[④]

---

① [美]罗斯托：《经济增长的阶段：非共产党宣言》，郭熙保、王松茂译，中国社会科学出版社，2001年，第8页。

② [美]罗斯托：《经济增长的阶段：非共产党宣言》，郭熙保、王松茂译，中国社会科学出版社，2001年，第60页。

③International Bank for Reconstruction and Development. *The Basis of a Development Program for Colombia.* Baltimore：Johns Hospkins University Press，1950，p.xv.

④ [美]威廉·阿瑟·刘易斯：《二元经济论》，施炜等译，北京经济学院出版社，1989年，第45、149页。

由此可见，"欠发达"不是作为"发达"的对立面而存在的，而是一种经济现代性的不足状态或未完成状态。它与贫困、停滞、落后相伴，但无论其因何产生，现代化和增长都是他们的唯一出路。用马克思的话说："工业较发达国家的现状就是工业欠发达国家未来的景象。"①

于是，发展经济学家们用发达国家工业化经验和基于此类经验演绎出的古典经济学理论为欠发达国家出谋划策。例如，1943年，罗森斯坦-罗丹提出促进欠发达国家摆脱贫困的大推动战略。他认为，以传统农业为主导产业的欠发达地区基础设施滞后，劳动生产率和居民收入水平低下，人口流动缓慢，资本积累薄弱，导致欠发达国家面临投资、储蓄和需求三个方面的不可分性。因而，小量投资根本无法带动整个国家的工业化发展。欠发达国家需要在整个工业甚至整个国民经济各部门同时进行大规模投资，尤其是在基础设施建设方面，由此，经济贫穷、落后和停滞的束缚才能得以消除。1953年，拉格纳·纳克斯补充道，欠发达国家之所以存在着长期的贫困，是因为存在供给和需求两方面的"贫困恶性循环"②，二者紧紧勾连在一起。从供给维度看，欠发达国家的贫困意味着其大部分收入用于满足基本生活需要，储蓄不足导致资本匮乏、生产率上升缓慢和长期的低收入；从需求维度看，低水平的收入使得市场需求十分有限，投资机会不足，难以吸引资本的聚集，最终导致低产出和低收入。因此，欠发达国家的经济增长既要有足够的储蓄，还需要足够的市场容量。1956年，纳尔逊提出的"低水平均衡陷阱"理论进一步指出，欠发达国家的投资水平还必须在经济发展初期满足"临界最小努力"的标准，即投资应使国民收入的增长快于人口总量的增长，从而使人均收入水平大幅度提高。③然而，上述发展建议均是基于发达国家现代化经验进行的演绎和归纳。其中，如两次

---

① ［德］马克思：《资本论》，何小禾编译，重庆出版社，2013年，第2页。

② 姚于建、梁小民主编：《西方经济学名著导读》，中国经济出版社，2005年，第531—534页。

③ Nelson R., "A Theory of the Low Level Equilibrium Trap in Undeveloped Economics," *American Economic Review*, Vol.46, 1956, p.894–908.

工业革命带来的技术进步和人口增长、经由殖民统治获得的资本积累和广阔市场等要素被视为欠发达国家加速增长的关键要素，而发达国家内部的文化传统、政治制度和社会结构差异则被忽略了。

不仅如此，发展经济学家还为欠发达地区提供了方便的计算模型。譬如，著名的哈罗德－多玛模型原本是基于凯恩斯的思想对发达国家经济发展模式的提炼，但在20世纪40年代末期受到了欠发达国家的欢迎。其原因就在于该模型以方程式的形式向欠发达国家直观地表明了经济加速增长和储蓄率提高之间的关系，使其能够根据自己的增长需求快速计算出所需的储蓄率，即资本需求量。后来，美国经济学家罗伯特·索洛在考虑人口变化和折旧所需后对哈罗德－多玛模型进行了修正，并提出索洛模型，为欠发达国家提供了更精准的计算工具。同时，他还发现，欠发达国家因经济贫困而具有较高的资本边际生产率，因此，只要资本在国际间自由流动，追求利润最大化的资本将从发达国家流向欠发达国家，后者终将实现赶超。

也就是说，发展主义指导下的"发展"实质上是对资本和财富增长最大值的追求。基于发达国家工业化经验而发展出的现代化模式被发展主义者视为欠发达国家摆脱贫困的标尺和唯一通路。根据发达国家的发展经验，工业化推动经济迅速增长，既是社会进步的物质基础，也是发展主义的核心追求。投资或储蓄构成欠发达国家启动工业化进程的核心要件，而政治民主化和社会理性化的制度革新均沦为经济增长的保障条件而被排除在统计模型之外。

二、发展主义的扩散：以拉美模式和东亚模式为例

发展主义认为，尽管现代化过程是涉及经济、社会、政治等多领域的系统变革，但其中，经济增长是社会进步的基础，一切社会问题都会随着经济发展迎刃而解。这一观点被刚刚独立、经济薄弱的欠发达国家广泛接受。他们将经济贫困视为滋生社会不稳定的根源，积极接受发达国家的援助和指导

以期早日摆脱增长困境。与此同时，发达国家也不断根据欠发达国家和地区的发展经验来更新发展主义话语体系。

（一）拉美模式

1948 年 2 月，《联合国经济与社会第 106（VI）号决议》决定在联合国经社理事会下设置拉丁美洲经济委员会，以推动区域经济发展和成员国合作。次年，杜鲁门总统"第四点计划"倡议的提出使推进发达国家对拉美等欠发达地区的技术和资本援助成为联合国的重要任务。同年，阿根廷经济学家劳尔·普雷维什出任拉丁美洲经济委员会执行秘书，提出了拉丁美洲经济快速增长的发展主义方案，并有效推动了地区的经济发展。

1949 年，普雷维什在《拉丁美洲的经济发展及其主要问题》报告中提出了著名的"中心—外围"体系。他从批判传统的国际贸易理论入手，反对大卫·李嘉图所主张的各个国家均能在国际贸易中获益的观点，认为中心国家与拉美等外围国家在国际贸易中存在严重的不平等，进而限制了广大欠发达国家的经济增长步伐。与外围国家相比，中心国家拥有更先进的科学技术，这使其成为世界经济体系的主导者并使该体系为自己的利益服务。而原料生产和输出国只能凭借其掌握的自然资源同中心国发生联系，依据中心国的需要从事初级产品的专业生产，并从中获取非常有限的经济收入和技术支持以保障生产的持续，最终导致面向出口的经济部门片面畸形发展。在此基础上，外围国家的命运也与中心国家紧紧捆绑在一起，随中心国的繁荣而繁荣，随其衰退而衰退。为此，普雷维什主张，外围国家的发展不能一味地模仿中心国家的发展模式，应以生产进口替代型工业制成品为抓手，以国家规划和必要的干预为手段，通过快速工业化实现国民生产总值高速增长。

后来，该方案被概括为"进口替代模式"。虽然普雷维什声称欠发达国家的经济转型不能重复发达国家过去的发展道路，但该模式对快速工业化的依赖和对经济增长的渴望均表明，拉美模式仍限于发展主义的增长思路，只不过采取了不同的执行方案。具体而言，该模式主张大力增加国内储蓄和积累、吸收国外资本，以取得生产最大增长为目标利用资本，最终形成高生产率、高投资率的良性循环；同时建立拉美共同市场，采取有选择的关税保护政策以保护进口替代工业化的深入发展。这些举措均在不同程度上具有哈罗德－多玛模型和纳克斯"贫困恶性循环"理论的身影。

在 20 世纪 50 年代，拉美国家大都采纳了进口替代工业化战略并取得了骄人成绩，全地区国内生产总值年平均增长率达到 5%，但也出现了贫富分化、农业停滞、出口萎缩等问题。于是，普雷维什在 20 世纪 60 年代进一步修正了进口替代战略，提出"出口导向模式"。他将发展停滞归因于经济发展对劳动力的吸收能力不足。由于资金积累的匮乏和经济结构的特殊性，外围国家产业发展对其他产业部门的扩散效应严重不足，优势产业部门难以吸纳全部的剩余劳动力，导致收入分化、通货膨胀等问题。而解决方法仍是要维持经济的高速增长，提高劳动生产力。[①] 为满足经济高速增长对资本的需求，他主张用"出口导向"的工业化战略替代原有的进口替代模式，采用进口和出口并重的发展模式，集中力量发展原料、中间产品等优势产业，积极发展与其他发展中国家的贸易。可见，普雷维什通过"动力不足"理论进一步强化了发展的唯经济论倾向。与进口替代模式相比，出口导向模式只是修改了拉美国家工业化的途径，即从鼓励进口替代产品转向发展出口工业制成品，但其背后蕴含的发展主义思维未曾改变，该模式仍限于通过加大投资、扩大市场来保持经济的高速增长。换言之，出口导向模式是普氏对 20 世纪 50 年代政策主张的补充和发展，"发展主义"特色越发凸显。

与此同时，面对发展主义政策所带来的各种社会问题及不满，人们开始反思和批判发展主义方案。譬如，依附论者将外部的控制视为影响拉美地区发展问题的罪魁祸首。在他们看来，不同国家在经济网络中的位置决定其发展模式和质量。欠发达国家之所以处于长期贫困状态，就在于其

---

① 肖枫：《西方发展学和拉美的发展理论》，世界知识出版社，1990 年，第 142—143 页。

在世界经济体系中所处的边缘位置，这致使他们不断向发达国家出口原材料等低级产品并进口工业品等高级产品。这种不平等交换使欠发达国家难以实现资本积累和扩张，继而始终处于边缘地位。沃勒斯坦据此提出了世界体系理论，在他看来，世界经济体系是一个独立的、自我发展的实体，它以国际劳动分工为基础。根据不同国家在世界体系的结构性位置，它们可以被分为中心、边缘和半边缘国家。在富裕的中心国家剥夺下，边缘国家难以完成资本积累，只能依赖中心国家。因此，欠发达国家只有独立发展，彻底摆脱其对发达国家的依赖，才能脱离长期贫困状态。尽管依附论在一定程度上冲击了拉美地区的发展主义思想根基，特别是获得了广大的社会中下阶层民众的支持，但其所倡导的自力更生、自主发展、用人的发展替代物质增长等理念在实践中却因资本等要素的支持而难以带领拉美地区人民走出贫困。因此，依赖发达国家国际援助的发展主义政策和捐赠统治仍主导拉美国家的发展走向。

（二）东亚模式

与拉美模式不同，东亚模式实际上是国际社会针对部分东亚欠发达国家取得的辉煌绩效而对东亚增长经验进行的概括和分析，而非一个引领东亚国家发展进程的理论框架。东亚模式的提出源于 1993 年世界银行发布的《东亚奇迹：经济增长和公共政策》报告。该报告总结了韩国、新加坡、中国台湾和中国香港四地自 20 世纪 60 年代以来的经济增长经验，以期启发其他欠发达国家的增长实践。该报告认为，这些欠发达国家或地区之所以能够实现经济腾飞，一个重要原因在于他们都拥有一个强大、高效且理性的政府。这些政府均采用了积极的工业化政策和外向型经济方针，并坚持恰当的宏观管理。基于此，国内外学界对东亚模式的内涵展开了积极讨论，主要集中在以下三个方面。

其一，东亚模式是一种制度模式。持此观点的学者一般沿袭世界银行的思路，认为东亚模式的本质就在于"在共同或相近的历史传统或文化背景下，形成了致力于经济发展的'强政府'"①。对于刚刚获得独立的欠发达国家而言，其经济发展资源的有限性和维持社会稳定的刚性需要决定其政府必须具备强大的意志力和执行力，为经济增长创造有利的条件和稳定的社会经济环境。此外，他们还必须具备科学、连贯、高效、自主的政策体系以保障政策的有效落实。以新加坡的李光耀政府为例，1965 年，由于新马共同市场建立的失败和英军的提前撤退，刚刚独立的新加坡政府面临严峻的生存挑战。于是，李光耀政府确立了一种"国家利益高于一切"的生存意识形态，为其实施高压政策提供合法性支持。为避免经济崩溃，李光耀政府将经济高速增长列为发展的中心目标，制定了明确的发展规划；采取强硬手段消除了政治派别之间的纷争，为经济高速增长创造了稳定的政治环境；工会和工人争取更高劳动者福利的权利以及罢工和集体谈判等刚性手段的使用受到严格限制；鼓励出口导向企业发展的财政措施逐步实施。由此，以高效、专业、外资友好闻名的新加坡政府成为新加坡吸引外资的金字招牌。据统计，1970 年，外资合资或独资公司虽然仅占新加坡制造业企业总数的四分之一，但创造了 55.3% 的就业岗位、66.2% 的产业附加值和 68.9% 的产值。②

　　其二，东亚模式是一种经济发展战略。新古典主义经济学家认为，东亚经济发展之所以获得成功，关键在于选择了正确的经济发展战略，尤其是出口导向的经济发展战略。相比拉美地区的进口替代战略，该模式延续了市场经济所推崇的自由贸易、市场竞争等发达国家的成功秘诀。执行该战略的东亚国家通过汇率改革、放松贸易管制、扩大出口等举措成功吸引外部资金和技术，积极迎合国际市场需求，借助自身的劳动力优势发展面向出口的来料加工、中间产品和零部件生产装配等优势产业，最终实现了经济起飞。

① 李晓：《东亚奇迹与"强政府"——东亚模式的制度分析》，经济科学出版社，1996 年，第 14 页。
② Chia Y., "Export Performance of Manufacturing Sector and of Foreign Investment," in *Singapore in International Economy*, 1972, p.45.

其三，东亚模式是一种文化模式。持该观点的学者认为，以儒家思想为代表的原典文化在东亚的广泛传播才是东亚奇迹产生的根源。"儒家传统——关于伦理道德和正确人际群体关系的亚洲式价值观念体系——是保持东亚工业地区经济发展的有决定意义的天生本性。"① 人们发现，与马克斯·韦伯的儒家伦理限制资本主义萌芽在东亚发展的结论相反，20世纪后半叶的东亚儒家国家将西方经济理性和东方集体主义完美结合，形成了一种混合型意识形态。他们以家庭伦理和集体伦理为基础，以经济发展为中心，以个人纪律与社会稳定为辅助，强调敬业乐群、集体主义、宽和待人、勤奋工作。这种"新儒教文化"甚至比韦伯所描述的新教伦理更适合于经济增长。②

三、新自由主义时期的发展主义

随着第三次科技革命的深入，技术进步逐步取代物质投资，成为经济持续增长的核心推动力，发展经济学的研究重点也随之转变。在索洛模型的基础上，经济学家们提出了"全要素生产率"的概念以衡量技术创新的贡献，即劳动力、资本、土地等有形要素投入对经济增长贡献率的残差。1994年，保罗·克鲁格曼在《亚洲奇迹的神话》一文中表示，所谓东亚奇迹不过是依靠要素投入的增加而获得的经济增长，从根本上区别于以全要素生产率为主要来源的美国模式，故而不能持续。该文的发表引起国内学者对全要素生产率的关注，时至今日，它仍然是评估区域经济增长质量的重要指标。但是，这种估计方法得到的结果是十分粗糙的，因为它天真地将除物质资本外所有其他因素对经济增长的贡献都归因于技术进步，而忽视了制度更新、社会变革、文化传统等非经济因素的作用。

鉴于此，也有学者尝试建构新的指标来测量技术进步对经济增长的作用。譬如，1988年，罗伯特·卢卡斯在《论经济发展机制》一文中提出，技

---

① 沈华嵩：《现代化——发展理论与东亚模式》，《世界经济》1992年第8期。
② 罗荣渠：《现代化新论——世界与中国的现代化进程》，北京大学出版社，1993年，第220页。

术进步对经济增长的贡献，主要体现在人力资本的形成对产出的贡献，而不是在"有用知识的存量"方面。为此，他主张把人力资本存量的变动纳入到经济增长模型之中，建立了衡量技术进步对经济增长的推动作用的新视角。而以阿吉翁－豪伊特（Aghion-Howitt）模型为代表的新熊彼特经济增长理论则诠释了为什么经济无法连续增长。他们认为，技术创新扩大了知识存量并提高了生产效率，而新知识的出现也会使得部分旧知识变得陈旧，从而对原来知识的拥有者产生负外部性。也就是说，由技术进步而引起的经济增长在使一部分人获得垄断利润的同时，也使另一部分人的收益丧失，经济表现也就在利益相互冲突的市场主体不断的竞争中起伏。如今的全要素生产率更接近于残差的概念，即除物质要素外其他要素对经济增长的贡献。它的内涵已远远超过科技进步的范畴，是企业经营策略与管理技能、知识水平、市场化水平等多元因素相互作用的结果。①

此外，随着时间的推移，发展主义政策在欠发达地区的实施逐渐引起该地区的一些社会不适，如贫富分化、环境污染、通货膨胀、犯罪率上升等。发展经济学家再也无法对社会学、政治学、历史学的批判声置若罔闻，越来越多的非经济要素被纳入发展主义话语，最终导致了货币逻辑在社会和生态领域的扩张。自然环境的货币化就是一个典例。"自然资本"一词的提出可以追溯到 19 世纪，本意是为了让土地和自然资源免受发展主义和市场经济的侵扰。然而，20 世纪末期，美国生态经济学家罗伯特·科斯坦萨等人的研究开启了自然资本货币化的进程。他们认为，只有对自然资源赋予一定的经济价值，使其被视为有价值的东西，才能使其免于被剥夺。他们赞同人为制造一套以消费者支付意愿为估算标准的价格体系，使每种生态系统服务（如大气中的氧气）被赋予一定的价格，从而使自然资源被纳入资本主义市场经

① 鲁晓东、连玉君：《中国工业企业全要素生产率估计：1999—2007》，《经济学（季刊）》2012 年第 2 期。

济体系。[1] 由此，自然资本成为继物质资本、人力资本、金融资本之后的第四种资本模式。进入 21 世纪后，自然资本核算的实现为自然金融化的加速提供了基础。2005 年，联合国《千年经济评估》提出了"自然资本估值"的概念，并启动环境经济核算体系。据科斯坦萨和他的同事估计，2011 年全球生态系统服务能够提供相当于每年 145 万亿美元的经济价值，是同期全球国内生产总值的两倍。[2] 在巨大的经济效益的吸引下，2016 年全球投资银行开始通过创建自然资产公司推动生态系统服务向金融资产的转变，并实现了公开募股。

显而易见，无论是增长动力转换带来的理论工具更新还是发展实践驱动的理论反思，都没能从根本上改变发展主义将经济增长等同于"发展"和"美好生活"的唯经济论倾向。经济的无限增长仍然是其追求的核心目标。从以哈罗德－多玛模型为代表的"资本决定论"到以索洛模型为代表的"技术决定论"，以及以诺斯为代表的新制度经济学，越来越多的非经济要素被纳入考虑范围。作为经济持续增长的指向标，在西方现代化话语体系中，欠发达国家只要虚心接受来自发达国家的经验指导，按照发展主义"药方"的指引努力去除一切阻碍经济增长的要素，就能摆脱边缘国的不利地位，向世界的中心靠拢。[3]20 世纪 80 年代，在发展主义的指导下，以阿根廷和智利为代表的一些拉美国家为克服经济危机采取了一系列新自由主义经济政策，包括开放国内和国外市场、加速经济私有化进程、精简政府机构、削减公共开支、调整货币发行量等。虽然自由主义政策在短时间内使该地区经济表现有所恢复，但也使其付出了沉重的社会代价。

---

[1]Robert C., Ralph A., Rudolf G. et al., "The Value of the World's Ecosystem Services and Natural Capital," *Nature*, Vol.387, No.15, 1997, p.253-260.

[2]Robert C., Rudolf G., Paul S., et al., "Changes in the Global Value of Ecosystem Services," *Global Environmental Change*, Vol.26, 2014, p.152-158.

[3][意]艾伯特·马蒂内利：《全球现代化——重思现代性事业》，李国武译，商务印书馆，2010 年，第 110 页。

第二节　发展的变奏

国内外经验均表明，单纯的经济发展并不等同于人类福祉的增长。在发展主义大行其道之时，学界一直存在不同的声音。他们反对主流发展经济学将经济增长的原理简化为资本、劳动和经济增长的关系。无论是被誉为"古典经济学之父"的亚当·斯密还是发展主义的代表人物罗斯托，都不否认非经济因素对经济增长的重要贡献。

1952 年，亚历山大·格申克龙通过跨国比较还发现欠发达地区因自然禀赋、气候条件、制度特征、文化氛围等的不同而具备工业差异化发展的可能性。[①] 然而，其以工业增长率为主要标准衡量欠发达国家发展水平的做法表明，格申克龙的思想虽仍未能摆脱发展主义的桎梏，其对发展的理解依旧局限在欠发达国家该如何实现经济赶超的范畴，但挑战了西方现代化模式作为实现繁荣唯一通路的旧识。可见，早期的发展研究认为，增长的实现必须破除一切阻碍现代化生产的障碍，如违背企业家精神的人格和文化要素[②]、阻碍投资的科层体制要素[③]等。虽然他们只是未曾否定非经济要素对经济增长的积极作用，但启示我们应当采取系统的观点审视发展。随着发展主义政策在全球的扩散，其在欠发达地区的实施引起广泛的社会不适以及增长危机在发达国家的频繁出现，使得反思和批判发展主义的声势在 20 世纪 70—80 年代逐渐高涨。

一、对西方中心主义的批判

发展主义对"欠发达国家该如何发展"这一问题的回答实质上是一种"外部决定论"，即通过接受并引入外部先进的生产力和生产方式来改造传统社会。但它无法解释为什么不同国家或文化面对同样的现代化进程会产生不

---

① ［美］格申克龙：《经济落后的历史透视》，张凤林译，商务印书馆，2012 年，第 34 页。
② McClelland D., *The Achieving Society*, Canada：D.Van NOSTRAND Company, 1976, p.vii.
③ Apter D., *The Politics of Modernization*, Chicago：University of Chicago Press, 1965, p.3.

同的结果。例如，布莱克通过观察欠发达国家的现代化历程，提出现代化的四阶段论：现代性的挑战阶段、现代化领导的巩固阶段、经济和社会转型阶段以及社会整合阶段。在他看来，欠发达国家由于其在地缘政治中的位置不同，经历这些阶段的具体过程可分为七种可识别的现代化路线[1]，马蒂内利将这种现象定义为"多重现代性"[2]。

同时，发展研究也开始采用更微观、形象的方法归纳欠发达国家和地区的增长经验，并获得了类似的结论。无论是罗伯特·普特南对意大利南部和北部的长期观察，还是福山所做的著名的跨国比较研究，都为此提供了绝佳的例证。行动者视角的发展社会学还发现，所有形式的外部干预必然要进入到受其影响的社会群体所生活的世界中，并通过行动者和结构两个层面的互动来改变其所处的生活世界和个体的行为方式。[3]面对全球化、西方国家的援助等外部干预，如果不能引导这些外部力量嵌入地区的文化、传统等既有的社会关系模式，发展就会面临失序的风险。换言之，自20世纪中后期开始，一些学者逐渐从更包容的视角理解欠发达国家的现代化道路，认为其进程不必完全照搬西方发展模式。

在实践层面，包括联合国在内的国际社会对贯彻西方现代化道路的持续努力不仅没能缩小发达国家与欠发达国家的贫富差距，还在亚、非、拉等地区引起了生态破坏、贫富分化、社会动荡等问题，从而使西方现代化道路的正当性和普适性受到质疑。譬如，在过去的几十年里，拉美地区盲目复制西方经验发展经济的做法虽然使其迅速实现了城市化，但民众的生活幸福感并未因经济增长而提升，基尼系数长期高于国际警戒线，谋杀率居高不下。[4]代

---

[1]［美］C.E.布莱克：《现代化的动力》，段小光译，四川人民出版社，1988年，第148—171页。

[2]［意］艾伯特·马蒂内利：《全球现代化——重思现代性事业》，李国武译，商务印书馆，2010年，第122页。

[3]叶敬忠、李春艳：《行动者为导向的发展社会学研究方法——解读〈行动者视角的发展社会学〉》，《贵州社会科学》2009年第10期。

[4]［乌拉圭］卡琳娜·巴特雅尼、温大琳：《现代化进程：拉美与中国的经验对比》，《国际社会科学杂志（中文版）》2022年第1期。

表"发达"和"美好"的城市地区，反而因失业、不平等、社会排斥和社会动荡的不断加剧成为"问题"区域。由此，从经济维度出发比较地区在生产要素利用率、研究与试验发展（R&D）比重等过程性经济指标的劣势，进而想方设法"补短板"的区域振兴策略，既忽视了经济增长的社会后果，也无法充分利用社会优势对经济发展的提振作用，这必然会事倍功半，甚至将地区拖入社会撕裂的深渊。

欠发达国家在执行发展主义策略过程中所付出的沉痛的社会代价，使其陷入了深深的失落感和剥夺感之中，继而引起其对西方现代化模式的质疑。正如科塔里所言："殖民主义消失之处，发展代之而生。"[①]后殖民主义者认为，通过给物质匮乏贴上"落后"的标签、将以欧美社会为代表的所谓的现代生活等同于"美好生活"，发达国家塑造了一种话语霸权，将欠发达国家的目光吸引至模仿或重复他们的发展道路，最终延续了他们对新兴国家的控制。例如，2010 年前后，欧美国家的绿色经济政策在实践中沦为以发达国家自身利益为导向的区域发展战略。[②]发达国家宣称，技术创新可以通过自然本身和自然保护的商业化使经济增长与实物资源使用量脱钩，最终使增长摆脱自然资源的约束。但在这一过程中，欧美国家却将欠发达国家视为其摆脱经济危机的垃圾倾倒场和资源掠夺地。绿色经济最终沦为开启新一轮增长竞争的工具，偏离了可持续发展的初衷。

二、生态主义思潮对发展主义话语的批判

一味追求经济无限增长也使发达国家的生态环境问题逐渐凸显，推动学界不断反思发展的意涵。1972 年，罗马俱乐部分析发现，经济增长带来的人口剧增、污染扩散、资源枯竭等问题将导致地球迎来增长的极限，从而陷

---

① Kothari R., *Rethinking Development：In Search of Humane Alternatives*，New Delhi：Ajanta Publications，2000，p.143.

② ［德］米里亚姆·兰、［玻］杜尼娅·莫克拉尼主编：《超越发展：拉丁美洲的替代性视角》，郇庆治、孙巍等编译，中国环境出版集团，2018 年，第 vi 页。

入全面衰退。新发展主义反对把经济增长视为评价发展的唯一指标，强调经济、社会与个人协调发展。1979 年，弗朗索瓦·佩鲁在联合国教科文组织会议上发表《新发展观》报告，他指出，发展主义推动的"发展"，是对财富增长和资本积累"最大值"的追求，忽略个人价值和社会发展的重要性，甚至在一些国家造成"无发展的增长"。①

1987 年，联合国世界环境与发展委员会发布的《我们共同的未来》报告正式提出"可持续发展"概念。该报告运用详细的数据清晰地阐述了唯经济论倾向的增长所导致的森林滥伐、土地退化、温室效应和臭氧层扩大、水土污染、生物多样性衰退、能源危机、海洋污染等生态问题，并强调经济发展应兼顾满足当代人的需要和保护子孙后代满足需要的能力。于是，报告通过可持续发展概念尝试调和增长与环境两个对立概念的关系。一方面，报告承认增长的必要性，认为"贫穷是一个自在的恶"，因而欠发达地区人民仍然需要增长；另一方面，其详尽的调查资料又显示，正是发达国家过去所推崇的工业生产方式导致了现在的环境危机，因而增长又必须为环境做出让步。由此，可持续发展不过是一个口号。它未对何为人的基本需要做出界定，更不用说未来各代的需要。同时，报告也未对经济增长究竟需要做出怎样的让步，以及如何实现消耗更少能源的增长做出具体的阐释。1992 年在里约热内卢召开的联合国环境和发展会议（CNUED）在确立了各国自然资源开发和谋求经济增长的权利的同时，进一步提出了改变发展主义指导下的消费模式、制定适宜的人口政策和自然环境治理的污染者－偿付者原则，并创立了可持续发展委员会总理全球环境治理事宜。此次峰会虽然被视为可持续发展理念发展进程中的里程碑，但其存在的倡议建言缺少约束力、资金来源缺口难以填补等问题使实际效果大打折扣。据此，生态主义者认为，可持续发展只是在呼唤一个新的增长时代的来临。在这个时代，增长不仅是普遍的，还是永恒的，自然不过是维持经济

---

① ［法］弗朗索瓦·佩鲁：《新发展观》，张宁、丰子义译，华夏出版社，1987 年，第 15 页。

无限增长的工具。吉尔贝·李斯特甚至表示："所谓'可持续发展'无非是掩耳盗铃的把戏，它旨在平息经济增长的后果所引发的恐惧，以阻止对经济增长提出更彻底的质疑。"①

同样地，21世纪以来不断加速的自然金融化现象也被生态主义者所抵制。在该过程中，野生生物依据消费者的喜好而被明码标价，古老的树木因生长率过低而被勒令在一定的期限内砍伐，二氧化碳可以通过购买业已存在的森林所提供的碳权而实现减排。投资者惊喜于自然资源管理所提供的可能是天文数字的物质回报，但却忽略了负债累累的经济系统需要更高的增长率来偿还不断增加的债务，而市场主体的投机行为则可能导致自然系统和经济系统的崩溃。用乔治·蒙贝尔特的话说，我们"实际上正在将自然界推向正在吞噬它的系统。……所有损害这个生生不息的星球的东西现在都被卖给我们，作为它的救星；商品化、经济增长、金融化、抽象化。现在，我们被告知，这些毁灭性的过程将保护它"②。2012年，绿色经济成为联合国可持续发展大会的热点议题，而其会前发布的《迈向绿色经济：通往可持续发展和消除贫困的道路》报告更是将所谓的"绿色资本主义"视为推动可持续发展的重要举措。他们希望通过绿色经济的发展来促进持续、包容和公平的经济增长。然而，令人遗憾的是，这种观点未能直视经济增长的生物限制，而是天真地希望通过技术进步和金融手段实现经济增长和环境基础的分离。这使得可持续发展和绿色经济偏离了其初衷，沦为经济无限增长的修饰法。"去增长"论者甚至主张削减全球经济总量和实施激进的再分配，以保障迄今仍处于被剥夺地位的广大欠发达地区人民的利益。

---

① ［瑞士］吉尔贝·李斯特：《发展史：从西方的起源到全球的信仰（第四次修订增补版）》，陆象淦译，社会科学文献出版社，2017年，第285页。

② George M., "Put a Price on Nature? We Must Stop This Neoliberal Road to Ruin," http://www.theguardian.com/environment/georgemonbiot/2014/jul/24/price-nature-neoliberal-capital-road-ruin.

三、对无限增长理念的批判

全球化浪潮和信息革命使发展研究陷入深层的自我反思。诸如后工业社会、网络社会以及风险社会等理论范式都注意到社会变革的深刻影响。在它们看来，各国在发展问题上所要面临的不仅是经济问题，而是由生产方式变革引起的全方位的社会重构。经济增长不再是唯一的发展目标，其背后蕴含的风险普遍化、认同缺失、科学的政治化等问题正动摇着工业社会的传统根基。

恰如卡尔·波兰尼在《大转型》中所说："人类的经济是浸没在其社会关系之中的。他的行为动机并不在于维护占有物质财物的个人利益，而是在于维护他的社会地位、社会权利、社会资产。只有当物质财富能服务于这些目的时，他才会珍视它。"① 换言之，国内生产总值增长的霸权地位其实是19世纪以来市场经济体系及其衍生的市场社会所决定的。随着人们对传统发展方式的反思，经济增长的霸权地位日渐衰退，人们逐渐重视社会维度在国家和区域发展中的重要地位，以经济无限增长为核心目标的发展水平测量体系也遭到质疑。

早在1958年，约翰·加尔布雷思在《富裕社会》一书中就提出了"生活质量"概念，用以阐释美国市场经济发达却无法满足居民社会生活和精神文化需求的困境。然而，在发展主义横行的时代，国外学者仍坚持用工资收入、房价等经济指标反映城市居民的生活质量。直到20世纪70年代，发展理念的转向使得重构发展目标提上日程。1970年，不丹率先提出由国民幸福指数（GNH）替代国民生产总值，以全面衡量国家发展质量。理查德·伊斯特林的研究挑战了发展主义的"经济增长天然地带来福利和幸福的增加"命题。研究发现，相比绝对收入，人们通过社会互动而形成的相对收入对幸福

---

① ［英］卡尔·波兰尼：《大转型：我们时代的政治与经济起源》，冯钢、刘阳译，当代世界出版社，2020年，第46页。

感影响更为明显。① 后来，相关研究陆续揭示了"幸福秘诀"。例如，有研究将幸福视为一种社会关系模式，认为他们的幸福秘诀在于保持一种安全、舒适、自在、质朴的生活方式和社会关系，即 HYGGE。② 大卫·阿尔布伊通过分析北美地区生活质量和生产率的关系发现，相比收入、生产力水平等经济要素，城市气候和文化氛围对居民生活质量的影响更显著，而生产率最高的城市也多在阳光充足、气候温暖、教育资源丰富的沿海地区。③ 目前，国内学界更是将消费者信心、教育质量、健康满意度和医疗服务满意度等社会生活要素纳入生活质量评价体系之中。④ 可见，社会发展不是在经济增长带来的恶果威胁人类生存的无奈下而做出的妥协，而是决定人民美好生活实现程度的根本要素。继而，用一种综合性评价体系取代国内生产总值作为衡量国家或地区发展水平的思路逐渐成为国际共识，如联合国提出的人类发展指数（HDI）和可持续发展目标（SDGs）等。

四、后发展理论重构发展意识形态的努力

如今，通过对人与世界关系的再诠释来重建发展话语体系也成为发展研究的一个热点议题。后发展理论综合了前人的研究成果，主张用"美好生活"取代"增长"作为发展的终极目标。该理念认为，发展是一个质的过程，以提升公共福祉为最终目标，而非仅仅追求数量意义上的增长。⑤ 哈特穆特·罗萨反对资源导向的美好生活定义，认为这将引导人们不断加速竞争以争夺资源，继而给世界关系带来巨大负担。在此基础上，他提出用主体与世界之间

①Easterlin R., "Will Raising the Incomes of All Increase the Happiness of All," *Journal of Economic Behaviour and Organization*，No.27，1995，p.35–47.

② ［丹麦］迈克·维金：《丹麦人为什么幸福》，林娟译，中信出版社，2017 年，第 144 页。

③David A., "What are Cities Worth? Land Rents, Local Productivity, and the Total Value of Amenities," *Review of Economics and Statistics*，Vol.98，No.3，2016，p.477–487.

④ 张连城、郎丽华、赵家章、王银、郝宇彪、张自然、王钰：《城市居民生活质量"总体稳定、稳中有忧"——2019 年中国 35 个城市生活质量报告》，《经济学动态》2019 年第 9 期。

⑤ ［德］米里亚姆·兰、［玻］杜尼娅·莫克拉尼主编：《超越发展：拉丁美洲的替代性视角》，郇庆治、孙巍等编译，中国环境出版集团，2018 年，第 xii 页。

的关系作为衡量美好生活质量的核心标准，并将其归纳为人与人之间、人与自然之间和人与自身三个维度的共鸣关系。①

围绕发展与经济增长的关系，后增长理念主张把经济发展控制在人类生产生活基本需求满足和生态系统平稳运行之间的空间内，认为幸福生活即是人与世界关系的平衡。该理念主张用一种以解决问题为目的的"适应性增长"取代发展主义所推崇的以增长为目标的"强迫性增长"，用基于风险防御逻辑的经济发展理念替代传统的无限增长理念。换言之，在后增长社会，人类幸福的实现依赖于不同身份群体之间、人与自然之间以及人与自身的平衡感的恢复。从解决路径上看，他们都在不同程度上支持对经济总量或资源使用量进行限制，主张依据人类基本需要发展"真正需要的产业"②，过莫汉达斯·甘地所主张的"简朴生活"。

后增长理念还秉持多元化的发展理念，主张用一种更深刻的民主以破除发展主义的话语霸权。譬如，吉尔贝·李斯特提出"自力更生"理念，即欠发达国家或地区应基于本地资源和文化打造具有本地特色的发展模式。③他认为，第三世界国家对西方发展模式的盲目接纳与自力更生能力的减损并行，只有立足于本地情境探寻适合自身的发展道路，才能破除其与中心国家的依附关系，使每个国家成为自己的中心。也就是说，区域发展的目标、路径和规划必须由彼此依赖的公民共同思考和讨论才能确定。由此出发，社会质量理论搭建起社会发展质量的评估框架。该理论认为，鉴于发展主义指导下的发展以牺牲个体的生活条件为代价，我们有必要提升社会质量以解决20世纪后半期欧洲国家面对的失业、贫困、环境恶化等社会问题，即提高人们参与

---

① 张彦、李岩：《"共鸣"何以超越"加速"：罗萨批判性美好生活观的逻辑演进》，《浙江社会科学》2021年第10期。

② ［德］米里亚姆·兰、［玻］杜尼娅·莫克拉尼主编：《超越发展：拉丁美洲的替代性视角》，郇庆治、孙巍等编译，中国环境出版集团，2018年，第xiv页。

③ Rist G., Camiller P., *The History of Development：From Western Origins to Global Faith*, London：Zed，2008，p.135.

社区生活的程度。[①]可见，自治是后增长社会的基础性要素。美好生活的内涵和实现方式不是将居民个人偏好进行汇总或最大化，而是拥有平等地位的居民彼此倾听和共同协商的结果。西方模式已不再是通向美好生活的唯一路径，发展本身被赋予地域、民族和文化等多元价值，身处不同社会生态的国家或地区可以也必然面向不同的发展前景。

遗憾的是，后增长理念虽然为发展研究提供了一套极具吸引力的话语体系，但缺乏引领社会变革的行动能力。譬如，厄瓜多尔、玻利维亚等欠发达国家的进步型政府虽然将美好生活理念写入宪法，但在具体实践中却不得不因资本短缺而背离其初衷，最终沦为发展主义实践对后发展主义话语的盗用和侵占，并引起了新的社会冲突和混乱。[②]虽然荷兰等发达国家将后增长理念融入国家发展规划，但其经验对幅员辽阔、人口规模庞大国家的借鉴价值有限，其所呼吁的限制经济总量等核心举措更是难以获得政治力量的支持。换言之，尽管后发展主义深刻批判了发展主义的话语霸权，但它只是"打破了旧世界"，没能为"如何建立一个新世界"提供成熟的替代方案。因此，后发展理论也被批判为不过是一种坚持所谓"另一种发展"的幻象，国际社会的努力也更多从恢复人类生活的平衡感层面重构发展话语体系。恰如吉贝尔·李斯特所言，发展的关键"不在于这个或那个'发展计划'的失败，而毋宁说在于看待我们这个星球上的一切居民及其后代和谐与平等共处的一种全球方式"[③]。显然，发展主义和后发展理论均没有实现这一雄心壮志的能力，而中国式现代化恰恰为此提供了一种可能的解决方案。

---

① ［荷］沃尔夫冈·贝克等：《社会质量：欧洲愿景》，王晓楠等译，社会科学文献出版社，2015年，第6页。

② ［印］A.科塔里、［西］F.德马里亚、［厄］A.阿科斯塔等：《好生活、去增长和生态自治：可持续发展和绿色经济的替代选择》，《国外理论动态》2016年第11期。

③ ［瑞士］吉尔贝·李斯特：《发展史：从西方的起源到全球的信仰（第四次修订增补版）》，陆象淦译，社会科学文献出版社，2017年，第403页。

第三节　中国式现代化与发展转向

中国的现代化探索亦汇入后发展国家奋力追赶的历史洪流之中。20世纪中叶，面对经济发展滞后和物质生活匮乏的发展现状，我国提出了四个现代化的建设目标。改革开放和社会主义现代化建设的深入推进，极大地改善了我国人民群众的生活质量，创造了后发展国家摆脱贫困、缔造美好生活的新模式，但也带来了社会不平等和环境问题。鉴于此，以胡锦涛同志为总书记的党中央提出科学发展观，强调以人为本、全面协调可持续发展，发展的均衡性、全面性和可持续性得到更多关注。2017年，习近平总书记在党的十九大报告中明确指出了我国经济发展阶段的转变。高质量发展理念旨在解决发展不平衡不充分问题，满足人民日益增长的美好生活需要。2022年，党的二十大报告对中国式现代化的深刻内涵做出系统阐释，并提出以中国式现代化全面推进中华民族伟大复兴。后发展主义所宣扬的多元化、综合化、本土化发展模式在中国式现代化的成功实践中得到充分体现。

一、增长优先：社会主义现代化进程的重启

1954年，第一届全国人民代表大会明确提出了建设"现代化的工业、现代化的农业、现代化的交通运输业和现代化的国防"的发展目标。然而，自20世纪60年代中期开始的"文化大革命"用"以阶级斗争为纲"的口号修改了现代化建设的既有话语体系，严重破坏了我国的经济建设和人民生活秩序。随着人们对革命话语的反思和国内外局势变动，1978年召开的党的十一届三中全会使党和政府工作的焦点回归到社会主义现代化建设上来，提出以经济建设为工作重心，动员一切资源服务四个现代化目标的实现。面对人民生活普遍匮乏、国民经济薄弱的现实，党中央重拾了1953年《关于发展农业生产合作社的决议》中提出的"共同富裕"概念。为此，邓小平在《解放思想，实事求是，团结一致向前看》讲话中这样形容：

在经济政策上，我认为要允许一部分地区、一部分企业、一部分工人农民，由于辛勤努力成绩大而收入先多一些，生活先好起来。一部分人生活先好起来，就必然产生极大的示范力量，影响左邻右舍，带动其他地区、其他单位的人们向他们学习。这样，就会使整个国民经济不断地波浪式地向前发展，使全国各族人民都能比较快地富裕起来。①

1981年，党的十一届六中全会明确了我国在社会主义初级阶段的主要矛盾，即人民日益增长的物质文化需要同落后的社会生产之间的矛盾。1987年，党的十三大对社会主义初级阶段理论做出系统阐释，明确提出了党在社会主义初级阶段的基本路线，并强调把发展生产力作为全部工作的中心。由此可见，我国在这一阶段的发展政策带有一定的发展主义色彩，希望通过灵活、开放的发展策略实现经济高速增长，最终摆脱物质贫困状态。这不仅是基于自身经济基础薄弱的现实而做出的理性选择，还源于长期以来对实现中华民族伟大复兴的渴望和"追赶焦虑"。

为加快经济增长步伐，国家逐步将计划经济与市场经济结合。从1981年提出"以计划经济为主，市场调节为辅"到1987年实施"社会主义有计划的商品经济"，再到1992年正式确立"建立社会主义市场经济体制"为我国经济体制改革的目标，"市场"逐渐成为引领我国现代化建设的重要力量。邓小平在1992年的南方谈话也使得"不管黑猫白猫，捉到老鼠就是好猫"论断广为流传。"白猫黑猫"寓意计划和市场不过是发展经济的两种手段，与政治无关。与此同时，经济特区、沿海经济开放区等发展政策的实施也极大地刺激了地方政府建设市场经济的热情和勇气。到1999年，我国国内生产总值上升至89366.5亿元，是1978年的24.3倍。

然而，我们需要注意其与西方所倡导的自由市场经济的不同。1992年，

---

① 邓小平：《邓小平文选（1975—1982）》，人民出版社，1983年，第142页。

邓小平指出："社会主义的本质，是解放生产力，发展生产力，消灭剥削，消除两极分化，最终达到共同富裕。"[①] 这在表面上与杜鲁门总统 1949 年演说中的"促使全人类享有个人自由和幸福"有些许相似，但邓小平关于社会主义现代化建设"三步走"战略清晰地表明了二者之间的根本差异。他将我国社会主义现代化进程分为温饱、小康和基本实现现代化三个阶段，三个阶段循序渐进，共促国民经济、人民生活质量和国家综合国力的稳步提升。生产力发展及其带来的经济增长，虽然是实现共同富裕的前提，但却不是发展的目标，更不等于发展本身。这决定了我国对经济高速增长的热烈追求仅仅是阶段性发展策略之一，发展目标体系随现代化水平的不断提升而日渐丰富。这在其对效率与公平的关系的理解上可见一斑。1993 年，党的十四届三中全会强调了效率的优先性，提出建立"以按劳分配为主体，多种分配制度并存"的经济制度。党的十五大很快做出进一步完善，提出"坚持效率优先，兼顾公平，有利于促进资源优化配置，促进经济发展，促进社会稳定"。可见，在严重的物质匮乏对人民生活水平的约束下，虽然对经济增长的强烈追求贯穿我国 20 世纪最后 20 年的发展史，但公平公正的社会秩序也一直是我国现代化建设的题中之义。

二、科学发展：对"如何更好发展"的探索

经济的去政治化和发展主义思想在全社会的扩展虽然带来了人民物质生活的极大丰富和城市化进程的迅速推进，但也滋长了贫富分化、贪污腐败、社会不平等、环境恶化、犯罪率上升等社会问题，危及社会稳定。譬如，李培林分析发现，在 21 世纪初的 10 年，我国基尼系数一直处于 0.4 的警戒线水平之上，城乡居民收入比也从 2000 年的 2.74 增长至 2007 年 3.14。[②] 与此同时，随着可持续发展理念在我国的传播和社会治理复杂性的提升，包括政府在内的社会各界逐渐开始反思发展主义理念并基于可持续发展理念调整发展策略。

① 邓小平：《邓小平文选》第三卷，人民出版社，1993 年，第 373 页。
② 李培林：《我国改革开放以来社会平等与公正的变化》，《东岳论丛》2020 年第 9 期。

2003 年，以胡锦涛同志为总书记的党中央提出科学发展观，进一步完善了 20 世纪后期唯经济论倾向的发展理念。其中，以人为本既是科学发展观的本质和核心，也是党和政府一切工作的出发点和落脚点，最终目标是要实现人的全面发展。同时，科学发展观还强调发展的全面性、协调性和可持续性。面对发展主义策略所带来的区域发展失衡、社会不平等加剧等问题，协调发展理念囊括了城乡发展、区域发展、经济社会发展、人与自然和谐发展、国内发展和对外开放，核心是要保障全体人民的发展权益的平等性。然而，针对人口规模巨大和社会主义初级阶段的国情，科学发展观所强调的全面发展仍将"发展"视为第一要务，以经济发展为中心全面推进经济建设、政治建设、文化建设和社会建设。与可持续发展理论一致，该理念也赞同只有保持一定水平的经济增长才有可能消除贫困，为社会全面进步提供足够的支持。而与上一时期不同，它又强调发展的均衡性、全面性和可持续性。

一方面，在漫漫发展探索中，"和谐社会"作为社会建设的核心目标被纳入国家发展战略。2006 年，党的十六届六中全会正式提出了"构建社会主义和谐社会"，即"民主法治、公平正义、诚信友爱、充满活力、安定有序、人与自然和谐相处"的社会。[①] 会上审议通过的《中共中央关于构建社会主义和谐社会若干重大问题的决定》（以下简称《决定》）全面系统地阐释了"和谐社会"理念。在科学发展观的指导下，发展成为和谐社会建设的前提，而社会和谐，特别是对发展不平衡现象的关注，则是对可持续发展的重要补充。为此，《决定》指出，必须坚持用发展的办法解决前进中的问题。由于其对发展均衡性的侧重，和谐社会理念把社会公平正义视为社会和谐的基本条件，认为必须通过制度优化保障人民的发展权益。为此，《决定》还提出，要"在经济发展的基础上，更加注重社会公平"。2007 年，党的十七大报告更是明确提出"初次分配和再分配都要处理好公平与效率的关系，再分配更加注重公

---

① 中共中央文献研究室编：《十六大以来重要文献选编（下）》，中央文献出版社，2008 年，第 650 页。

平"①。此外，《决定》还从发展和谐文化、加强社会管理和增进社会团结等角度阐释和谐社会的内涵。这说明和谐社会不仅强调人民群众发展权益和机会的平等性，也注重打造团结友爱、充满活力的共同体。

另一方面，随着粗放型经济增长方式带来的环境压力不断加深，"生态文明建设"迅速上升为一项国家战略。如前所述，人与自然协调发展本身作为科学发展观的重要内容被提上政治议程。起初，它是作为全面建设小康社会的重要目标与社会主义和谐社会的重要内容而被提出的。《中华人民共和国国民经济和社会发展第十一个五年规划》提出，要把节约资源作为基本国策，发展循环经济，保护生态环境，加快建设资源节约型、环境友好型社会，促进经济发展与人口、资源、环境相协调。2007年，党的十七大明确将"建设生态文明"列为全面建设小康社会的新要求，并把"建设资源节约型、环境友好型社会"写入党章，这标志着我国生态文明建设上升到新的政策高度。2008年底，新成立的环境保护部出台《关于推进生态文明建设的指导意见》（以下简称《意见》），明确了我国生态文明建设的指导思想、基本原则和基本要求。根据《意见》内容，此阶段我国对生态文明建设秉持一种底线思维，即将生态环境改善视为实施可持续发展的战略保障和全面建设小康社会的基础，通过提高环境承载力削弱自然环境对经济持续增长的限制，增强发展的可持续性。基于此，我国国土依其环境特征而被划分为优化开发、重点开发、限制开发和禁止开发四个类别，分别对应不同的发展模式和标准。同时，《意见》还提出从转变经济增长方式、发展适应生态保护需要的消费模式、推行绿色生活方式和道德文化等方面提出相应的建设要求。可见，此阶段我国生态文明建设的基本内容，特别是可持续发展理念，与国际社会主流话语基本一致。

综上可见，面对经济快速增长引发的社会和生态危机，科学发展观体现了我国发展话语从关注"如何发展得更快"向"如何发展得更好"的转

---

① 中共中央文献研究室编：《十七大以来重要文献选编（上）》，中央文献出版社，2009年，第30页。

变。它在原有发展理念基础上借鉴了可持续发展理念，进一步明确了社会建设和生态文明建设与经济增长的关系，将发展的协调性提升至新的政策高度，从而进一步完善了我国发展政策体系。其中，发展仍然是主题，但又从根本上区别于西方现代化模式对资本无限增殖的追求。它将人民的需要置于发展的中心，突出强调发展的协调性的重要地位，不仅关注不同人群之间的发展权益和机会的公平性，还侧重当代人与子孙后代的利益关联。

三、高质量发展：对"何为发展"的深刻反思

如果说科学发展观是党和国家对"如何发展得更好"的初步探索，那么，高质量发展理念便凝结了以习近平同志为核心的党中央面对国内国际局势变化对此问题的深刻反思和系统总结。受 2008 年全球经济危机的冲击和长期高速增长导致的结构性矛盾逐渐凸显的影响，我国逐步进入增长速度换挡期、结构调整阵痛期和前期刺激政策消化期"三期叠加"阶段，经济增速自 2011 年开始逐渐放缓。

基于此，习近平总书记正式提出"经济发展新常态"概念，并对新时期我国经济社会发展特征做出系统概括。新常态的基本特征是经济增长速度要从高速转向中高速，发展方式要从规模速度型转向质量效率型，经济结构调整要从增量扩能为主转向调整存量、做优增量并举，发展动力要从主要依靠资源和低成本劳动力等要素投入转向创新驱动。不同于"去增长"，新常态下经济发展更强调发展质量和创新驱动，而非不要增长、不考虑国内生产总值。

新发展理念认为，创新、协调、绿色、开放、共享的发展理念是内在联系的集合体。任何顾此失彼的行动都将导致短板效应，从而使发展质量大打折扣。2017 年，党的十九大报告进一步提出，我国的主要矛盾已经转化为人民日益增长的美好生活需要和不平衡不充分发展之间的矛盾，我国经济发展

也从高速增长阶段转向高质量发展阶段。① 也就是说，高质量发展是一个总括性理念，其目标是要通过进一步发展经济来解决发展不平衡、不协调的问题，其最终目的是满足人民日益增长的美好生活需要。它所强调的不仅是全体人民及后代的平等共处，更是人与所有生物的和谐共存。

首先，"发展优先"理念吸收发展主义思想的合理内涵。从以经济建设为中心到科学发展观再到新发展理念和高质量发展，"发展"自始至终都是其中的核心意涵。1987年，邓小平一声呐喊——"贫穷不是社会主义"，惊醒万千国人。2021年，"坚持发展优先"被列入"全球发展倡议"。2022年，党的二十大报告明确提出，发展是党执政兴国的第一要务。对于人口规模巨大的中国而言，通过发展经济使人民免除饥饿、营养不良和贫困是对最广大人民生存发展权益的基本保障，也是夯实党的执政基础的必然选择。虽然发展主义的确为欠发达国家带来诸多社会发展问题，但我们不能就此完全否定"发展"的合理性。"倒洗澡水时不能连其中的婴儿也一起倒掉"，高质量发展的实现应首先辩证地看待发展和增长的社会后果。

其次，"以人民为中心"原则明确高质量发展的方向。2017年，党的十九大报告详细阐述了"以人民为中心"的发展思想。"健全人民当家作主制度体系""让改革成果更多更公平地惠及全体人民""打造共建共治共享的社会治理格局"等话语无一不体现出人民在中国式现代化进程中的主体地位，从而使高质量发展从根本上区别于以资本为中心的西方现代化模式。如今，"以人民为中心"的发展思想已得到国际社会普遍响应和广泛赞誉，成为一种全球发展共识。2021年，习近平主席在联合国大会上提出"坚持普惠包容"原则，这与他在2012年提出的"倡导人类命运共同体意识"一脉相承。该原则强调全球各国人民命运的休戚与共及在此基础上的合作共赢，区别于发展主义所秉持的优胜劣汰原则。此外，要将各国人民的需求置于全球发展治理的首位，在倡导本国利益的同时考虑他国人民的合理关切，用"共建共治共享"

---

① 中共中央党史和文献研究院编：《十九大以来重要文献选编（上）》，中央文献出版社，2019年，第14页。

的合作治理模式取代传统的指令性治理机制。

再次，人与自然的和谐共生是高质量发展的基本条件。如前所述，发展主义思想指导下的科技进步将自然视为人类可以按照自己的意图加以改造的客体，其存在和发展均应以资本增殖为出发点和归宿。为此，人们不遗余力地发掘自然资源，宣扬消费主义文化以扩大生产，特别是当经济增长临近自然承载的极限时，自然金融化进程更加剧了其他生物的主体性的丧失。我国也将"绿色经济"作为重要的经济增长方向。2005 年，习近平提出"绿水青山就是金山银山"的论断。之后，他又陆续提出"生态兴则文明兴，生态衰则文明衰""人与自然是生命共同体""中国式现代化是人与自然和谐共生的现代化"等重要论述。由此可见，我国的生态文明建设呈现出不同的逻辑，即将自然视为与人类处于同等地位的生命，在尊重和保护自然的同时开发自然资源。习近平主席在 2021 年《生物多样性公约》第十五次缔约方大会领导人峰会上的讲话进一步阐述了这一观点。根据讲话，我国所推进的生态文明建设战略是针对工业文明带来的矛盾而提出的，其目的是要改变传统的粗放式经济发展方式，把人类活动限制在生态环境能够承受的限度内。随着系统化生态治理的推进和生态环境的持续改善，"生态"便不再是经济增长的限制，而是发展的优势，"绿水青山"由此转变为"金山银山"。

2019 年，习近平总书记在中央经济工作会议上指出："各级党委和政府必须紧紧扭住新发展理念推动发展，把注意力集中到解决各种不平衡不充分的问题上来，决不能再回到简单以国内生产总值增长率论英雄的老路上去，决不能再回到以破坏环境为代价搞所谓发展的做法上去，更不能再回到粗放式发展的模式上去。"[①]这段话形象地概括了党的十八大以来我国发展理念的转型，即从"经济至上"转向对多元协调、和谐共生的追求。与 20 世纪末期不同，随着经济积累日渐充实，我国社会主义现代化建设的核心议题也从"如

---

① 汪晓东、李翔、王洲：《关系我国发展全局的一场深刻变革——习近平总书记关于完整准确全面贯彻新发展理念重要论述综述》，《人民日报》2021 年 12 月 8 日，第 1 版。

何发展得更快"转向"如何发展得更好"。由此,党中央突出强调发展的协调性的重要地位,并在此基础上重塑发展政策体系。它既未像后发展理论那样完全否定增长的合理性,也未如发展主义那般将一切纳入资本逻辑,使增长局限在特定的人群范围内。以习近平总书记为核心的党中央将人民置于发展理念的中心,将协调好不同地区、阶层、年龄等群体的关系,人与自然的关系视为发展的重中之重。如今,"发展"在高质量发展理念中不仅意味着增长,更具有协调、平衡、和谐、可持续等内涵。

第二章
社会力：作为一种新发展能力

　　理性选择理论认为，人的行动是理性而自利的，鲜少受到社会关系的影响。个人通过基于自利导向的理性算计决定是否合作、交易，而不再需要考虑关系、情感、责任等非经济要素的影响。然而，随着发展理念的更新，将社会视为推动经济增长的辅助性要素或无关因素的观点已经日渐式微。恰如阿马蒂亚·森所说："理解这种关系的有限度的、随境况而变的性质，与承认财富在决定我们生活条件和生活质量上的关键作用，二者同等重要。"[1] 财富的确对人们的生活质量发挥显著影响，但诸如公共服务、社会凝聚、社会信任、政治民主、社会参与等社会性因素不仅直接影响人们的主观幸福感，还对财富与生活质量的关系发挥显著的调节作用。社会学家敏锐地捕捉到这一点，对社会性流逝的警示贯穿整个社会发展研究进程。

第一节　发展研究中的社会性重现

　　根据韦氏词典，"social"一词最早出现在14世纪，其含义涉及令人愉快的同伴情谊，涵盖人际互动、社会福利等与人类社会相关的事宜、合作或共

---

[1]［印］阿马蒂亚·森：《以自由看待发展》，任赜、于真译，中国人民大学出版社，2002年，第10页。

生关系等。肖瑛通过对"social"定义的梳理认为，社会性具有以下基本内涵：一是集体性和群体性，二是人与人之间的交往和互动，三是利他主义。[①]学界一般将对社会性的讨论追溯至哲学领域，如托马斯·霍布斯的"社会秩序问题"。霍布斯认为，人的种种"激情"决定了行动的方向，其聚合或分离均服务于个人的欲望。"我们天性上不是在寻求朋友，而是在从中追求荣誉或益处。这才是我们主要追求的目标，朋友倒是在其次的。"[②]在没有外在力量统治的前提下，人们不惜采取暴力和欺诈手段以实现对其他人的支配，以实现自我保存。自然状态就成为"一切人对一切人的战争"。由此，社会性及其衍生出的国家等机构，不过是基于契约而建立的外在强制力量，以实现彼此约束和自我保护。也就是说，在霍布斯看来，社会性不过是一套确保人们相互共在的强制规则。虽然哲学家对自然状态究竟是战争状态还是和平状态的问题尚有争议[③]，但是，这些讨论均指向同一个问题：为了获得美好生活，人类是如何联结的？无论是在日常生活中还是在学术讨论时，"社会性"都意味着生活在特定空间范围内的个人通过交往形成互相联系的状态，侧重于这种集体状态所具备的一系列特质，包括利他性、互动性、公共性等。

一、从传统到现代：社会性的危机

随着现代化生产方式在西欧国家的推广，个人逐渐脱离原有社会组织的束缚，变成原子化的个人或功利主义所描述的"经济人"。在此情境下，家庭、教会等传统组织的衰落使个体开始独自面对国家权威，继而产生了失范、异化、文化悲剧等社会问题。以奥古斯特·孔德为代表的古典社会学家认为，这种转变使得社会日渐成为一个区别于经济和政治的独立领域，而正是社会的缺席导致了现代生活的困境。在孔德看来："谋求公众利益将不断地被视为是通常确保个人幸福的最合适的方式……慷慨宽宏的性情将是个人快

---

① 肖瑛：《回到"社会的"社会学》，《社会》2006年第5期。

② ［英］霍布斯：《论公民》，应星等译，贵州人民出版社，2002年，第4页。

③ 李猛：《"社会"的构成：自然法与现代社会理论的基础》，《中国社会科学》2012年第10期。

乐的主要源泉。"①社会性意味着集体主义和利他主义，即处于同一环境中的人们彼此联合而形成的共同体，是对抗现代生产方式带来的个人主义和利己主义肆虐问题的重要机制。

1887 年，斐迪南·滕尼斯发表的《共同体与社会》一书系统阐释了社会学在传统社会向现代社会转型的过程中所面临的风险，他建构了"共同体"与"社会"这对社会学的经典对立。其中，"共同体"建立在成员的本质意志之上，其成员受到习惯制约或由于共同记忆而结成一个有机团体，常存在于血缘、地缘、亲缘等以自然为基础的群体之中；"社会"则是成员因共同行动有利于己而聚集形成的工具性联合体，常见于工业化生产模式下的大都市地区。在滕尼斯看来，前者才是一种"持久的和真正的共同生活"，而后者不过是一种建立在个人自由选择基础之上的统一体，是一种人工制品。作为彼此分离的个体的集合，现代社会因缺乏像共同体那样的真正的伦理基础，只能依赖自由的个体成员共同缔结的一系列社会契约，继而难以形成持久稳定的秩序，其内在瓦解的趋势只能依靠国家的外在强制权力加以遏制。

埃米尔·涂尔干虽然赞同滕尼斯关于共同体和社会两种社会形态的区分，但认为社会和共同体一样具备某种程度的有机性。他在《社会分工论》一书中试图回答：在依靠集体意识建立的社会团结瓦解之后，现代社会是否仍然可能具有一种道德意义上的社会团结？他认为，现代社会转向一种以社会成员职能彼此依赖为基础的有机团结类型，像一个中立的协调者随时准备介入契约双方互动，通过对成员间彼此矛盾的私人利益进行调节以保障契约的履行。按照滕尼斯的思路，基于有机团结的社会无法使个人一直为集体目标而奋斗，只能使其在相互妥协基础上达到相安无事，即只能产生一种"消极团结"。于是，"社会就会像一团巨大无比的星系，每颗恒星都按自己的轨道运行，从不妨碍其他恒星的运动"②。在此情境下，社会整合和共同规范的缺位也

① ［法］奥古斯特·孔德：《论实证精神》，黄建华译，商务印书馆，1996 年，第 53 页。
② ［法］涂尔干：《社会分工论》，渠东译，生活·读书·新知三联书店，2000 年，第 78 页。

导致个人生活失去方向，社会整体自杀率上升。①

然而，涂尔干也从中发现了"积极团结"存在的可能性，即在高度发达的劳动分工基础上形成的社会成员对社会的依赖。在现代社会，"任何个人都不能自给自足，他所需要的一切都来自于社会，他也必须为社会而劳动。因此，他对自己维系于社会的状态更是有着强烈的感觉：他已经习惯于估算自己的价值，换言之，他已经习惯于把自己看作是整体的一部分，看作是有机体的一个器官"②。这种团结所依靠的不再是集体人格对个体人格的吸纳，而是在相互尊重个体自由人格的前提下培养社会成员彼此之间的依赖感。

马克思对社会性的讨论主要从经济领域入手，批判资本主义社会形态下社会性的异化现象。他认为："社会不是由个人构成，而是表示这些个人彼此发生的那些联系和关系的总和。"③而某一群体的社会团结形态又取决于其所在社会的经济基础。在资本主义社会，社会关系以价值形式为基本法则，货币成为主体理解生活的全部面向，构成了过去、现在、未来的全部社会关系的意义。个人之所以生产或交换，不再是习惯、集体情感或命令使然，而是因为能够获得更多金钱。最终，个人脱离了共同体的生活，人的劳动产品成为与个人敌对的或异己的东西同他相对抗，即异化现象。

可见，古典社会学家普遍反对个人主义将社会视为原子化个人的堆叠的观点，认为社会的本质在于集体成员在日常交往中所形成的联系。它诞生于人们的日常生活之中，但一经产生便作为一种可以自主运行的外在力量对社会成员施加压力。在传统社会中，社会性作为一个外在的实体为个人提供日常生活的行动准则、价值符号和共享情感，而个人宛若生活在其控制之下的一个木偶。随着工业化生产方式的普及，个人逐渐脱离集体意识的掌控而成

---

① [法] 迪尔凯姆：《自杀论》，冯韵文译，商务印书馆，2001年，第409—410页。

② [法] 涂尔干：《社会分工论》，渠东译，生活·读书·新知三联书店，2000年，第185页。

③ 《马克思恩格斯全集》第四十六卷，中共中央马克思恩格斯列宁斯大林著作编译局译，人民出版社，1979年，第220页。

为自由的个体，个性得以发展。与此同时，社会也越来越变为一种异己的力量，将人们囚困于现代性的"铁的牢笼"之中。在这里，"专家没有灵魂，纵欲者没有心肝"[①]。

　　显然，古典社会学家的提醒并没能引起世人足够的重视。安东尼·吉登斯通过"结构二重性"概念阐释了社会性发挥作用的过程。他认为，社会结构由一系列的中介性规则和资源组成，既是个人的行动结果，又是其行动的中介。"行动者在互动系统的再生产中利用结构化模态，并借助同样的模态反复构成着系统的结构性特征。"[②]正是结构与行动之间的循环互构关系使得社会得以产生和变化。工业社会对科学和理性的盲目推崇引发了一系列意外后果，知识的增加导致风险社会的来临和对专家系统信任的侵蚀。随着自反性现代化的加剧，个人丧失了传统的支持网络，变得离群索居，政治参与等集体行动也越来越多地由分散的、无组织的个体来承担，政党、工会等传统政治组织式微。

　　不仅如此，社会关系还具有明显的物化特征。资本主义经济系统赋予孤立的个人以优先地位，将人与人之间的关系转变为冷酷无情的金钱交易。卢卡奇·格奥尔格称之为"物化"[③]。20世纪20年代，他通过对工厂工人的观察发现，处于同一生产线上的工人之间不再保有情感或社会性联系，就像机器零件一样独自工作，社会性联系蜕化为物的关系。在消费领域，由于生产过剩，社会刺激人购买各种自己需要同时也不需要的东西，比如各种时装。赫伯特·马尔库塞称之为"虚假的需要"[④]，即对需求的仿真。为了满足虚假需

---

① [德] 马克斯·韦伯：《新教伦理与资本主义精神》，于晓、陈维纲等译，生活·读书·新知三联书店，1987年，第143页。

② [英] 吉登斯：《社会的构成：结构化理论大纲》，李康、李猛译，生活·读书·新知三联书店，1998年，第93页。

③ [匈] 卢卡奇：《历史与阶级意识——关于马克思辩证法的研究》，杜章智等译，商务印书馆，1992年，第144页。

④ [德] 赫伯特·马尔库塞：《单向度的人：发达工业社会意识形态研究》，刘继译，上海译文出版社，1989年，第6页。

要，人们更深刻地嵌入到资本主义经济秩序之中，为获得更时尚的商品而压迫自身，社会由此迈入一个以时尚为导向的消费社会。在消费社会中，"消费"控制着我们的全部生活，"超级购物中心就是我们的先贤祠，我们的阎王殿"①。随着公众成为追赶时髦、没有意见的大众，他们在大众传媒的控制下汇聚成人群，社会性也由此走向终结。这是因为他们不再因共同的信仰或主张而联结，联结只是因为害怕孤独而对潮流、时尚做出模仿产生的。而在潮流之外的空间，他们不愿参与公共生活，与自己的邻居或同事也互不相识，真正的社会性联结随之失去了根基。个人主义在赋予个人充沛的自由的同时，也导致人与人之间团结的弱化。

二、社会的复兴：对社会性的再诠释

有观点认为，部分社会学研究立足于传统社会的交往模式，过多地关注社会性的消解，而忽视了主体嵌入当代社会的新模式。

一方面，社会性表现为一种资源。以社会资本研究为例，围绕微观社会资本，马克·格兰诺维特在批判经济学对社会关系的两种观点——低度社会化和过度社会化——的基础上提出了"镶嵌"概念。他认为："行动者既不是像独立原子一样运行在社会脉络之外，也不会奴隶般地依附于他/她所属的社会类别赋予他/她的角色。他们具有目的性的行动企图实际上是嵌在真实的、正在运作的社会关系系统之中的。"②他通过大量的实证研究发现，个人或组织的社会资本，包括关系强度和结构，通过影响交易成本的高低而对集体行动的成效产生影响。林南更是直接将社会资本定义为"嵌入在社会结构中的资源，在此结构中，人们获取和动员资源以实现自己的既定目标"③。在他看来，

---

① ［法］让·波德里亚：《消费社会》，刘成富、全志钢译，南京大学出版社，2001年，第8页。

② ［美］马克·格兰诺维特：《镶嵌：社会网与经济行动》，罗家德等译，社会科学文献出版社，2015年，第8页。

③ Nan L., *Social Capital : A Theory of Social Structure and Action*, Cambridge : Cambridge University Press, 2001, p.29.

每个人都掌握着一定数量的物质或符号产品，并借此在社会结构中占据一定的位置。为实现自身资源保值或获取更多资源，人们在互动中调动感情来塑造一种"我们"感。由此，社会资本能够促进更成功的行动，并在行动者的互动过程中实现社会性的生产与再生产。我国学者罗家德进一步提出复杂系统理论用以解释社会变迁。他认为，在信息社会，关系构成了社会的底层结构，人们基于共同兴趣和偏好组成社群，社群彼此连接构成网络，继而产生复杂系统（社会结构）。围绕宏观社会资本，罗伯特·帕特南将其定义为能够通过促进合作行动而提高社会效率的某些社会组织特征，如信任、公民参与网络与规范等。[①] 弗朗西斯·福山在《信任：社会美德与创造经济繁荣》一书中进一步说明了高水平的社会信任对日本、德国与美国等国家经济繁荣的促进作用。福山认为，正是丰富的社会信任，促成了陌生人之间的合作，大规模现代公司的成立和发展才成为可能，而国家的工业结构与规模又决定了该国在全球范围内的经济参与。

另一方面，社会性表现为一种结构力量。尤尔根·哈贝马斯从公共领域的萎缩入手分析发现，在 17、18 世纪，市场机制和科层化的权力在公共空间的扩张导致公共空间的萎缩，私人转换成公众的渠道阻塞，个人开展社会交往、发挥社会作用的场合被消解，甚至私人领域开始向非情感化、商品化、工具化和物化转变。人们逐渐发现家庭在消逝、生活在异化、人性在扭曲、世界在裂变。基于此，他认为需要发展交往理性及其指导的交往行为，使个人重新进入公共领域，在对话沟通和相互理解中结成社会关系以恢复社会性。然而，社会质量理论认为，哈贝马斯方案所要求的社会平等前提在现实社会中并不存在，并提出了一套旨在恢复社会性的社会发展质量评估框架。沃尔夫冈·贝克认为，所谓社会质量，就是"人们在提升他们的福祉和个人

---

① ［美］罗伯特·D.帕特南：《使民主运转起来：现代意大利的公民传统》，王列、赖海榕译，江西人民出版社，2001 年，第 224 页。

潜能的条件下，能够参与社区的社会与经济生活的程度"[①]。其对社会参与的推崇体现了社会性假设，即人是"集合各种人际关系的社会存在"[②]。他们从"体制世界—生活世界"与"社会发展—个人发展"两对概念共同区分出社会发展的四个条件性因素：社会经济保障关注个人在物质和心理上的安全，追求社会正义的实现；社会凝聚关注集体认同的形成，追求社会团结的实现；社会包容是指对不同类型社会成员及其行为的宽容程度，追求平等价值观的实现；社会赋权关注个人对社会公共事务的参与和诉求的表达，追求通过提升个人能动性实现人的尊严。[③] 由此可见，虽然社会质量在测量指标上与以个人为主体的生活质量十分相近，但二者的价值取向完全不同。社会质量理论并不赞同"幸福是个人努力的结果"的优绩主义观点，而是将幸福理解为社会成员之间的包容、团结和彼此依赖。

当代社会既非功利主义所设想的那种无差别且彼此分离的个人的堆积体，也非传统社会中社会力量所操纵的木偶所组成的共同体，而是既独立自主又彼此相爱的个人在社会交往中所形成的复杂系统。他们是理性和激情的混合体，依据自身的利益、情感、价值、责任等诉求与他人交往，继而形成一个不断变化的由个人及其行为所组成的集合体。而这个集合体一经产生便有了自己的生命，既为个人下一轮的行动选择提供资源和约束，也赋予个人的日常生活以意义。而在某一地理范围之内的产业合作网络、技术创新方式、社会治理结构、公共服务形态等均处于复杂系统之下，作为社会成员社会交往的产物而存在。

---

① ［荷］沃尔夫冈·贝克、劳伦·范德蒙森、弗勒·托梅斯等主编：《社会质量：欧洲愿景》，王晓楠等译，社会科学文献出版社，2015 年，第 6 页。

② ［荷］劳伦·范德蒙森、［英］艾伦·沃克主编：《社会质量：从理论到指标》，冯希莹、张海东译，社会科学文献出版社，2015 年，第 36 页。

③ ［荷］沃尔夫冈·贝克、劳伦·范德蒙森、弗勒·托梅斯等主编：《社会质量：欧洲愿景》，王晓楠等译，社会科学文献出版社，2015 年，第 269、272、278 页。

第二节 社会力的含义

根据韦氏词典，"能力"（ability）意为主体所具有的用于完成目标的品质或技能。据此，区域发展能力就是一个地区所具备的能够促进发展目标实现的主客观条件。发展能力指涉的内容也因发展理念和目标体系的变动而不同。在发展主义理念指导下，林毅夫将企业发展能力界定为：处于开放、自由和竞争市场中的企业的预期利润率与社会可接受的正常利润的一致性。[①] 而在可持续发展话语体系中，发展能力又被界定为一个国家或地区在维持生态系统的正常运转的前提下满足人类基本需求的综合素质。生态学家甚至将可持续发展能力限定在生态系统保护的范畴，将其理解为生态系统的稳定性和抵抗外界干扰的能力。

随着社会各界对发展主义的反思的深入，发展的内涵也不断丰富。在我国，2018年，"推动物质文明、政治文明、精神文明、社会文明、生态文明协调发展"被写入《中华人民共和国宪法修正案》。2022年，党的二十大报告明确提出，从2035年到21世纪中叶把我国建成富强民主文明和谐美丽的社会主义现代化强国。可见，在高质量发展话语体系下，发展的综合性、协调性得到强调。由此，可以将发展能力界定为：在特定的地理范围内，能够使经济、政治、社会、文化和生态等系统持续、协调、高效运转的各种主客观条件的总和。社会力就是其中有助于发展目标实现的社会条件。与过去所讲的资源优势、产业优势等不同，社会力认为发展的实现并非资源要素的简单堆积，产业结构、企业网络、技术创新等经济要素归根结底均是社会关系的产物。因此，对区域发展能力的评估和分析，需要将该地区的社会结构、历史文化、道德规范等社会性要素纳入考虑。

[①] 林毅夫：《发展战略、自生能力和经济收敛》，《经济学（季刊）》2002年第1期。

一、何谓社会力

学界对"社会力"（social force）的探讨可以追溯至社会动力学（social dynamics）研究。18世纪，美国社会学家李斯特·沃德承袭奥古斯特·孔德的思想提出自己的社会动力学说。他认为，人之所以有别于动物就在于，人是有目的的，而社会作为人的集合，其走向由人的欲望所决定。[①] 欲望又可分为生理力和精神力，后者即社会力。其中，生理力包括保存个体和延续种族两种，通过转化为社会力而发挥作用；社会力主要包括道德、审美和智慧方面的功能。可见，沃德所界定的社会力是一种人在集体状态下的心理力量。他认为，人的体力和生理欲望虽为推动社会发展的动力，但必须以真善美的社会价值为引导，才能走上正轨。

马克思主要从经济领域分析社会力，他把社会力界定为"社会生产力"，与自然力相对。它表现为社会劳动生产力（集体力）和一般社会生产力（科学力）两种形态。在资本主义社会，资本"作为社会劳动生产力和一般社会生产力（如科学）的吸收者和占有者"[②] 出现而具有生产属性。其中，科学力源自生产过程中对科学技术的运用。他认为，科学是历史发展过程的产物，是社会劳动及其理性成果不断积累并外化而形成的生产资料，将科学引入生产过程带来了劳动生产率的大幅提高，进而推动了社会的发展。集体力是由社会关系带来的生产力，即劳动者通过集体行动和合作促进了生产力的提升。恰如马克思所说："受分工制约的不同个人的共同活动产生了一种社会力量，即成倍增长的生产力。"[③] 虽然两种社会力的表现形态不同，但二者均表明社会力作为一种精神力量及其物质载体的混合体，从根本上区别于依赖于物质资源的自然生产力。其中，科学力是知识的物化形态，集体力是技能的

---

① 易家钺：《社会学史要（第三版）》，商务印书馆，1924年，第55页。

② 《马克思恩格斯选集》第二卷，中共中央马克思恩格斯列宁斯大林著作编译局编译，人民出版社，2012年，第852页。

③ 《马克思恩格斯选集》第一卷，中共中央马克思恩格斯列宁斯大林著作编译局编译，人民出版社，2012年，第165页。

人化形态。

与马克思不同的是，埃米尔·涂尔干反对社会仅仅通过物质力量来操控社会成员的行动选择，而是认为社会凭借其所拥有的道德权威获得了社会成员的尊崇，最终实现了对其成员行为的控制。[①] 而这种外在于个人却对个人产生一种强烈的精神压力的力量，即是社会力。他以宗教为例详细说明了社会力的作用方式。他认为社会力需要通过一定的载体才能发挥作用，最开始这种载体大多来自自然界，所以图腾等宗教符号才有了物质与社会的双重属性。人们对图腾、神明的敬仰不是对自然力量的敬畏，而是对其所蕴含的客体化社会力量的崇拜。

在涂尔干看来，记忆是人们在平淡的日常时期维续社会力的重要机制。他认为，在集体欢腾的过分兴奋退却之后，集体成员对共享往事的记忆保持着日常时期集体成员对社会的情感和认同，维持着社会整合。作为法国年鉴学派的代表人物，莫里斯·哈布瓦赫继承了这一思想。1912 年，他深刻批判了统计学将社会视为毫无关联的原子化个人的集合的做法，认为这些统计模型完全没有考虑集体成员基于共享符号而产生的相互作用。1952 年出版的《论集体记忆》一书更是强调了集体记忆作为社会得以维续的重要条件。他认为："只要在构成社会的个体及群体之间保持观点上充分的统一性，社会就可生存。"[②] 而使这种一致性得以维续的，就是社会成员对共享过去的统一认知，即集体记忆。它为社会成员提供了"我是谁""从哪儿来""到哪儿去"等基本问题的答案，在无形之中标识出群体的边界。实证研究证明，历史叙事、集体仪式和共同信仰共同维续着社会成员的集体认同，保障社会的延续。[③] 由此可见，涂尔干及其追随者对社会力的解释更接近于沃德的思想，将社会力理

---

① ［法］爱弥尔·涂尔干：《宗教生活的基本形式》，渠东、汲喆译，商务印书馆，2011 年，第 287 页。

② ［法］莫里斯·哈布瓦赫：《论集体记忆》，毕然、郭金华译，上海人民出版社，2002 年，第 303 页。

③ 纳日碧力戈：《各烟屯蓝靛瑶的信仰仪式、社会记忆和学者反思》，《思想战线》2000 年第 2 期。

解为一种维持社会团结的精神力量。它与承载其符号意义的物质载体和集体行动共同创造了一套价值符号体系,进而引领社会的发展。

随着人们对发展主义的批判和反思,社会力的重要性和功能也逐渐丰富。以城市建设研究为例,路易斯·沃斯发现,作为现代生活方式的典型代表,"城市"演变为一种由高度竞争导致的孤立的个体组成的统一体。伴随着城市的无限扩张,传统的共同体观念逐渐退化,人们依赖于工作与生存需要结成社会联系。继而,人口规模、密度及异质性,成为衡量城市发展水平的重要标准,而社会团结、信任、归属感等社会性要素被边缘化。[1]1954 年,美国经济学家爱德华·厄尔曼提出"舒适物"概念,用以度量舒适的生活环境对人口增长的促进作用,并警示城市规划者应避免因对经济增长的盲目崇拜而破坏城市生活的舒适度。后续研究表明,无论是在城市中心还是城郊小镇,舒适的生活环境都包含亲密稳固的邻里关系,而非仅仅将其等同于经济收入获取的难易程度。由此,将城市视为一个根据功能需要而被独立分割开来的机器的功利主义观点逐渐遭到批判,取而代之的是"城市是为人而建的"理念。在扬·盖尔看来,人的关系是成功获得更加充满活力的、安全的、可持续的且健康的城市的关键。[2] 马克·戈特迪纳与雷·哈奇森甚至认为,社区与邻里的维续是"一个运转良好的社会的一项重要的甚至是决定性的品质"[3]。马利根综合了既有研究对舒适物进行了分类,认为除舒适的自然环境和友好团结的社会氛围外,完善的公共产品和服务、丰富的私人消费品、便捷的交通和通信、多样的文化机构等也构成了舒适物的重要来源。[4] 由此可见,随着研究的深入,社会力不仅仅

---

① Lou:s W., "Urbanism as a way of life," *American Journal of Sociology*, Vol.44, No.1, 1938, p.1-24.

② [丹麦] 扬·盖尔:《人性化的城市》,欧阳文、徐哲文译,中国建筑工业出版社,2010 年,第 vi 页。

③ [美] 马克·戈特迪纳、雷·哈奇森:《新城市社会学(第四版)》,黄怡译,上海译文出版社,2018 年,第 258 页。

④ Mulligan G., Carruthers J., "Amenities, quality of life, and regional development," in *Investigating quality of urban life : Theory, Methods, and Empirical Research*, Dordrecht : Spr:nger, 2011, p.107-133.

是一种为社会成员共享的精神力量，还是由精神力量及其物质载体共同组成的综合体。其功能也不再局限于维持社会团结和社会整合，还包含了改善生活质量、吸引人口聚集、提高经济效率等多重内容。

　　除运用上述国外研究成果剖析我国社会发展现象外，国内学者已展开了对社会力内涵的探讨。譬如，1989 年，王沪宁将一个社会为实现繁荣所提供的"历史—社会—文化条件"定义为社会质量，亦即"社会非政治有序化程度"[1]。1990 年，吴忠民从社会哲学视角详细阐述了"社会质量"概念，表示"社会机体在运转、发展过程中满足其自身特定的内在规定要求和需求的一切特性的总和"[2]。它旨在提醒世人，在经济现代化建设过程中也要对社会机体的完善予以关注，从而获得一种高效益、高度稳定和高度协调的发展。然而，面对人民群众对物质丰富的迫切需求，社会质量在欧洲社会质量理念传入我国之前并未引起足够的重视。吴还在 1995 年进一步提出了"社会支撑力"概念，用以分析我国现代化建设的社会优势。他认为，社会支撑力有广义和狭义之分。广义上的社会支撑力泛指除自然资源、经济基础以外的一切推动经济现代化的社会性要素，如文化教育、道德伦理等；狭义上的社会支撑力则是专指同社会机体整合机制有直接关联的社会性动能，包括社会凝聚力、社会动员力、社会控制力、社会汲取力四个方面。[3] 其中，受粗放型经济发展方式影响，我国在社会汲取力，即社会对发展成果的消化和汲取的能力，还存在较广阔的改善空间。王宁认为，欠发达国家的经济增长往往建立在物质容量基础之上，将人力资源和行政执行优势转换为经济增长；然而，当其所允许的增长空间用尽后，欠发达国家必须转向一种基于文化容量的经济增长模式，通过调节不同行动主体之间的关系来实现可持续发展。[4] 虽然

① 王沪宁：《中国：社会质量与新政治秩序》，《社会科学》1989 年第 6 期。

② 吴忠民：《论社会质量》，《社会学研究》1990 年第 4 期。

③ 吴忠民：《社会支撑力与中国的现代化》，《江海学刊》1995 年第 5 期。

④ 王宁：《经济增长模式转型：一个文化机制的分析》，《兰州大学学报（社会科学版）》2020 年第 1 期。

他用"文化"代替了"社会"一词，以强调经济行动和政策的正当性或合法性来源于对公平、公正、自由、民主、人权、法治等调节性价值的遵从，但其本质仍然是对不同群体通过互动所结成的社会关系的建构和运用。费孝通曾如此概括：现代化建设"不仅需要一个能保证人类继续生存下去的公正的生态格局，而还需要一个所有人类均能遂生乐业、发扬人生价值的心态秩序"①。

21世纪初，随着欧洲社会质量、包容性发展、可持续发展等理论传入国内，社会各界开始反思以往的以牺牲社会团结为代价的发展模式。如前所述，以胡锦涛同志为总书记的党中央提出"科学发展观""社会主义和谐社会""社会建设"等一系列理论概念重申了以人为本的发展思想，促进社会协调发展、减缩社会发展代价成为发展的重要目标。郁建兴和何子英认为，这意味着我国实现了从经济政策时代转向社会政策时代的历史性跨越，随着和谐社会建设的深入，以提升社会福利为焦点的社会政策逐渐摆脱附属地位并成为发展的目标。②近年来，随着社会主要矛盾的转变，林卡进一步提出，新时代的社会政策需要实现从发展型向包容型的转变，通过培育社会组织和壮大中产阶层力量等方式破除社会区隔，拓展社会共识。③2023年，习近平总书记在新时代推动东北全面振兴座谈会上提出，要加快形成新质生产力。区别于高资源投入、高耗能的传统生产力，以战略性新兴产业、未来产业为代表的新质生产力既是智能社会时代社会生产力的新变化，也是协调经济增长与社会发展、生态优化等发展目标的结果。

概言之，古典社会学主要从两个方面来理解社会力：一方面，作为一种精神力量，社会力对发展的重要作用主要体现在维持社会团结上。该理念认为，社会作为一种外在于个人的力量，为个人的日常生活和行动选择

---

① 费孝通：《费孝通文集》第十二卷，群言出版社，1999年，第315页。

② 郁建兴、何子英：《走向社会政策时代：从发展主义到发展型社会政策体系建设》，《社会科学》2010年第7期。

③ 林卡：《中国社会发展的新时代与包容性发展》，《中国社会科学评价》2019年第1期。

提供价值符号，使其富有意义和归属感。社会力形成于社会成员历史的互动中并通过社会化实现代际传递，也依赖社会成员的创造性互动实现自我的再生产。另一方面，社会力也表现为一种生产力，通过劳动者的集体行动和合作提高生产效率，成为实现经济现代化的重要推动力。然而，伴随现代化生产方式对集体意识的不断侵蚀，人们逐渐意识到集体认同、社会信任、社会团结等作为精神力量的社会力成为了一种稀有物品。发展研究对社会发展的重视表明，社会力本身已经成为发展的重要组成部分。与此同时，上述研究还表明，市场经济、产业结构、企业合作网络等经济要素不仅是现代市场经济模式的重要内涵，也作为一种社会模式而存在，尤其是经济的持续增长必然依赖社会结构的转型才能实现。由此，在高质量发展话语体系下，社会力是社会成员在过去和当下的社会交往中所形成的精神力量及其物质载体对实现高质量发展目标的影响力。它主要包括两部分内容：一是社会力所蕴含的不同身份群体之间社会关系的协调性和凝聚力实质上构成了高质量发展的重要维度，体现在如共建共治共享的社会治理格局、优化收入分配格局等目标中；二是社会力对经济、生态等子系统高质量发展的作用，如社会资本对培育经济增长新动能和技术创新能力提升等的影响。

二、社会力是一种新发展能力

基于对发展主义所主张的以经济为核心关切的发展能力观的反思，笔者将社会力理解为一种新发展能力。发展主义具有以下特征：其一，发展主义赋予经济增长以绝对优先地位，认为增长是解决一切发展问题的钥匙。其二，它主张一种"唯后果论"，即一切个人行为、政府决策和法律法规的正当性或合法性均依据其产生的后果是否有利于经济增长来评价。韦伯所论述的新教伦理即是如此，它的成功就在于其赋予新教徒的经济行为以价值正当性，从而推动了发达国家的资本积累。其三，发展主义以效用的增加为重要原则。所谓效用，即产品为个人所带来的幸福或快乐程度。在发展主义者看来，评判一个好社会的标准就是经济增长所带来的幸福已经达到其应该达到的标准。

然而，发展主义不曾回答的第一个问题是：经济无限增长是否意味着永久的繁荣，或者说，经济增长的代价是否永远低于其所带来的总体收益？《增长的极限》一书从经济与生态的关系角度给出了否定的答案，即由于地球环境承载力存在一个极限，经济无限增长只不过是一个幻想，它所带来的资源枯竭、环境污染、生态退化等问题终将危及人类的生存安全。继而，"生态承载力"的提升成为发展研究的热点话题，旨在探索提升生态系统为经济增长的服务能力的新途径。类似地，马克思主义者从经济与社会的角度指出了经济增长的不可持续性。在他们看来，现代化生产方式使人变成了没有丝毫情感的机器，人的社会性走向终结。第二个问题是：经济增长使谁更加幸福快乐？以 20 世纪末我国提出的"共同富裕"理念为例，从理论上讲，"让一部分人先富起来"有以下几种可能：一是让先富起来的少部分人占据发展的大部分收益，而让剩下的大部分人承担环境污染、社会失序、饮食不安全等发展代价；二是让所有人以比较公平的方式共同分配发展的收益和代价。显然，我国采取的是第二种方案，即"先富带动后富，最终实现共同富裕"；而美国更倾向于第一种，最终优绩制在美国的普及导致了一种"优绩暴政"。优绩主义认为，"英雄不问出处"，每个人都有平等的机会依靠自身努力获得成功并由此获得奖赏，性别、出身、家庭背景等影响个人成功的社会要素被置于"运气"的范畴，变得无关紧要。[①] 由此，成功者将自身成功归结于个人的努力，而非社会或同伴的贡献，社会发展逐渐背离公平、正义和尊严，社会整体的幸福更是无从谈起。

也就是说，从发展结果上看，经济的持续增长与效用的增加并不存在某种必然的联系。继而，我们认为，发展主义不曾回答的第三个问题是：除经济增长外，是否还存在其他因素影响幸福程度？答案也已明了，无论是自伊

---

① ［美］迈克尔·桑德尔：《精英的傲慢：好的社会该如何定义成功？》，曾纪茂译，中信出版社，2021年，第 v 页。

斯特林的幸福感研究，还是社会学对发展的社会性的强调，抑或是后发展理论对发展主义的反思，都表明幸福是经济、社会、文化、生态等多维因素共同作用的结果。麦克斯－尼夫认为，幸福意味着人的需要的满足，虽然生存需要的满足在贫困状态下具有强烈的优先性，但经济增长对幸福的促进作用存在一个阈限。一旦生存需要的满足达到该阈限，经济增长对人的幸福感的进一步提升便不再有决定意义，而是需要借助其他需要的满足来实现。[①] 随着全球经济的持续增长，协调发展取代了经济增长，社会之间和社会与自然间的和谐共存取代了对工业化和财富积累的盲目追求，共存、互动和对话取代了对个体的关注。在这个过程中，社会关系的重要性也随之凸显。在联合国确定的 17 个可持续发展目标中，直接与社会关系协调相关的任务就多达 7项，包括：消除一切形式的贫困，促进各年龄段人群的健康福祉，推动包容且公平的优质教育，实现性别平等，减少国家内部和国家之间的不平等，建设包容、安全、有风险抵御能力和可持续的城市和人类居住区，以及建立有效、负责和包容的机构以促进可持续发展的社会建设。

概言之，相较于发展主义指导下的经济至上的发展能力观，社会力的"新"就体现在其将社会关系的和谐摆在发展的中心位置。从经济与社会的关系看，进入 21 世纪以来，我国迅速将社会发展纳入发展指标体系，并逐渐转向一种包容性社会政策。改革开放 40 多年的发展使人民群众的物质需要得到极大的满足，但随着个体化程度的加深，塑造跨群体的价值认同、协调不同群体的关系，进一步提升人民的获得感和幸福感逐渐成为社会政策的主要面向。从经济与生态的关系看，社会力的作用体现在其对二者关系的建构上。我国的政策话语提供了一套系统的社会规范，"人与自然是生命共同体"论断形象地阐明了中国式现代化所追求的生态进步与绿色资本主义所追求的资本增殖的区别。2023 年，习近平总书记提出的"新质生产力"概念进一步阐明了技术进步、生产发展和自然保护的关系。与作为资源或商品的"自然"相

[①]Manfred M., "Economic Growth and Quality of Life：A Threshold Hypothesis,"*Ecological Economics*，Vol.15，No.2，1995，p.115-118.

区别，作为生命的"自然"要求生产力发展走向低消耗、低污染，而技术进步恰恰是实现这一要求的必由之路。可见，对人类福祉的增加而言，社会力不仅能为人们的情感归属提供一种精神依托，还可以为协调不同发展需要的关系提供解释工具。

第三节　社会力的维度

社会力本身具有双重内涵：它既是发展的目的，也是发展的手段。前者强调其作为高质量发展的重要维度，后者则侧重社会关系模式对经济增长和生态保护等子目标的影响。具体而言，社会力包含哪些内容？作为发展目标实现的推动力，对社会力维度的探讨首先要回到对发展目标的诠释上。

一、立论基础：人的需要理论

超越"GDP 至上主义"后，学界对发展水平的测量就一直面临统一化的困境。譬如，2007 年，联合国可持续发展委员会从社会、经济、环境 3 个维度构建起覆盖贫困等 14 个主题 96 项具体指标的可持续发展指标体系。[①]2017年，中国国际经济交流中心与美国哥伦比亚大学地球研究院从经济发展、社会民生、资源环境、消耗排放、治理保护 5 个维度构建中国可持续发展指标体系。[②] 欧盟实施的社会景气调查则将区域发展分解为个体状况、社会保护与包容和国家图景 3 个维度。[③] 在我国，随着发展水平的不断提高和发展理念向社会生活的逐步接近，中国特色社会主义总体布局经历了从"经济、社

---

① 李天星：《国内外可持续发展指标体系研究进展》，《生态环境学报》2013 年第 6 期。

② 王军、郭栋、郝建彬等：《可持续发展蓝皮书：中国可持续发展评价报告（2018）》，社会科学文献出版社，2018 年，第 11 页。

③ 魏钦恭：《社会发展状况的主观度量何以可能？——欧洲社会景气研究的理论进路与实践进程》，《国外社会科学》2018 年第 5 期。

会建设二位一体"逐步向"经济、政治、文化建设三位一体""经济、政治、文化、社会建设四位一体""经济、政治、文化、社会、生态五位一体"的转变。①

　　如果我们将发展理解为对人类多元需要的满足和平衡，那么，社会力的内容便必然与需要的分类相关。最著名的当数亚伯拉罕·马斯洛的需求理论，他将人类的需要分为 5 个维度，即生理上的需要、安全上的需要、情感和归属的需要、尊重的需要、自我实现的需要。1969 年，克雷顿·奥尔德弗在《人类需要新理论的经验测试》一文中将马斯洛的分类体系进一步概括为 3 个维度：一是生存需求，指人类个体全部生理和物质方面的需要，相当于马斯洛理论中的生理和安全需要；二是关系需求，指人们通过与他人接触而得到满足的欲望，如信任、尊重、归属感等，相当于马斯洛理论中的情感需要和归属需要与部分的尊重需要；三是成长需要，相当于马斯洛理论中的自我实现需要和尊重需要。然而，与马斯洛不同，奥尔德弗并不认为人类需求的满足机械地服从由低级到高级逐步升级的演进规律。他认为，马斯洛的观点忽视了人的社会性。因为在社会规范的影响下，人的需求层次并没有固定的顺序，当某种需要得到满足后，人们可能去追求更高层次的需要，也可能停留在这一阶段而不去追求更高的需要。

　　1991 年，麦克斯－尼夫系统分析了发展与需要的关系，认为发展主义之所以认为人的需要是无限的，是因为混淆了需要和满足物的概念。②前者是指人的匮乏状态和潜能，是有限的；而后者则是指能够满足人类需要的各种资源、行动或方式，是无限的、不断更新迭代的。他区分了两类需要：一是存在性需要，包括存在、占有、行动和互动；二是价值性需要，包括生存、安全

---

① 梁树发：《中国特色社会主义事业总体布局演变的逻辑与意义》，《马克思主义研究》2014 年第 1 期。

② Manfred M., *Human Scale Development：Conception，Application and Further Reflections*，New York：The Apex Press，1991，p.16-18.

或保护、情感、理解、参与、闲适、创造、认同和自由。[①] 二者交互组合形成了 36 种需要类型，相应地，也就存在 36 类满足物。由此，发展的本质就是创造新的满足物来满足人的上述需要的过程。关于需要的层级，麦克斯－尼夫的观点与奥尔德弗的观点更为接近，即认为不存在一个固定的需要满足的次序，也没有一种需要比其他需要更重要。[②] 但是，他也强调，如果某一需要的满足程度过低（低于阈限），人的总体福祉就会随之崩溃。譬如，在一个团结友爱但极度贫困的社会中，若生存需要得不到基本保障，幸福便没有根基。反之，一旦人的各种需要的满足都高于阈限，那么，某一类型需要的优先性便不再存在，取而代之的是各种需要相互促进所组成的有机体。据此，他认为，发展应当考虑各种需要的协同性，而非像发展主义那样仅仅强调生存需要的重要性。

由此可见，人类需要的满足状况，即发展水平，在很大程度上由社会关系模式决定，而非单纯依赖彼此独立的个人的努力。其一，人类的需要本身便包含尊重、理解、参与、情感、认同等依赖成员彼此互动的关系性需要。其二，阈限的标准具有相对性，依赖于人与人之间的相互比较。譬如，生态环境、经济收入、居住条件等生存性需要的阈限的确立，不仅依赖于污染物种类的致命性等客观标准，也离不开社会成员的主观建构。世界各国贫困线的制定就考虑了自身国情，存在根据最低营养标准的测算方式、基于家庭规模和子女数量的测算方式等多种模式。其三，需要的优先序列和满足方式均是社会互动的产物。如前所述，国际社会的发展观念便经历了从发展主义到可持续发展以及后发展理念的转变，需要的优先序列也随之多元化。从满足方式上看，欠发达国家的崛起方式也多受地方文化传统、政治结构和社会氛围的影响，产生了东亚模式、拉美模式等多种发展路径。

鉴于此，笔者将社会力分为 4 个维度，即生活安全、社会赋权、社会凝

[①] 王宁：《发展的两个尺度——麦克斯－尼夫"以人为尺度的发展"理论述评与扩展》，《广东社会科学》2019 年第 4 期。

[②] Manfred M., *Human Scale Development : Conception, Application and Further Reflections*, New York : The Apex Press, 1991, p.49.

聚和社会包容。其中，生活安全对应的是生存、安全或保护的需要，社会赋权对应理解、参与和自我实现的需要，社会凝聚对应情感、认同的需要，社会包容对应自由、尊重的需要。同时，这 4 个维度亦相互作用，共同构成一个集合体。这绝非一个完整且详细的清单，却有助于我们探讨现在看来尤其值得关注的社会现象。

二、社会力的维度

（一）生活安全

所谓生活安全，即是社会能够为其成员提供日常生活所必需的福利以保障其基本生存安全，从内容上看，它覆盖了包括衣、食、住、行等在内的日常生活的方方面面。生活安全旨在帮助人们摆脱生存的焦虑和由此衍生的社会排斥，使每个人都能过一种相对体面的生活。这样既降低了人类的生存风险，也提升了个人的生活水准。

首先，在市场经济体系下，个人的基本生存需要一定的收入。哈特穆特·罗萨认为，人们只有获得了维持其生存的基本收入才能使生存方式从斗争转向安全，继而实现人的全面发展。社会质量研究也将社会经济保障视为人们参与公共事务的先决条件，他们从收入的充足性、收入保障和收入不平等三个维度对收入状况进行测量。[1] 其中，收入的充足性不仅包含个人或家庭收入水平的高低，还涉及收入与支出之间的平衡性、家庭支出结构等。收入保障侧重社会主体对个人及其家庭收入获取的支持，如政府为边缘群体提供的社会保障、就业培训和就业机会等服务。收入不平等则关注一部分人对另一部分人生存和发展机会的剥削。同时，随着我国经济不平等结构由收入决定型向资产决定型的转变[2]，住房状况不仅是生存需要的重要内容，也构成了

---

[1]Lihrong W., "Asian Social Quality Indicators : What is Unique?," *Development and Society*, Vol.38, No.2, 2009, p.297-337.

[2]李骏：《从收入到资产：中国城市居民的阶层认同及其变迁——以1991—2013年的上海为例》，《社会学研究》2021 年第 3 期。

社会不平等的指示器。

其次，从日常生活的角度看，人的基本生存还需要一个健康、平安的生存环境，包括饮食安全、劳动安全、交通安全、医疗卫生安全、人身安全等等。在我国，安全环境的保障往往是政府的重要职责，他们通过宣传教育、制定法律法规、监督检查以及利用强制执行力等方式维持社会安全。

此外，生态环境也构成了生活安全的基础元素。起初，马克思等古典社会学研究甚至将社会力作为与自然生产力相对的存在，即除自然之外的生产要素。可是，如今，生态环境不再是存在于社会系统之外的、个人可以随意掠夺的物品，而是高质量发展的重要组成部分。一方面，生态环境的变化直接关系个人日常生活和生存需要的满足。发展研究对环境的重视便是源于环境污染、生态破坏和生物多样性锐减对人类生存的威胁。英国伦敦雾、日本水俣病等著名的环境污染事件使人们深刻地认识到，抛开自然环境质量谈生存和发展，是不可能的事情。另一方面，随着《增长的极限》将自然阐释为经济增长的限制，自然环境的社会属性越发凸显。譬如，环境社会学就将我国环境恶化的原因归纳为以工业化、城市化和区域分化为主要特征的社会结构转型，以建立市场经济体制、放权让利改革和控制体系变化为主要特征的体制转轨，和以道德滑坡、消费主义兴起、行为短期化和社会流动加速为主要特征的价值观念变化。[1] 而"绿水金山就是金山银山"论断更是形象地阐释了良好的生态环境不仅是人类生存的基础，还可以通过增加收入等方式促进生存需要的满足。鉴于此，虽然生态环境与社会系统存在千丝万缕的联系，但考虑到其对生存需要满足的基础性作用，我们将生态环境纳入生活安全维度加以分析。

（二）社会赋权

"赋权"最初是指为个体——特别是弱势群体——赋予公共参与能力，

---

[1] 洪大用：《当代中国社会转型与环境问题——一个初步的分析框架》，《东南学术》2000年第5期。

最终实现公共决策的民主化和治理效能的提升。它使社会成员发挥个人潜能从而创造社会价值变为可能。而社会赋权，就是指社会应当提供个体发挥其公共参与能力的机会和渠道，但不同于个人主义观点，它强调个人通过社会关系网络运用自身具备的知识和技能，从而尽可能丰富其参与公共事务的机会。简·雅各布斯在《美国大城市的死与生》中形容的社交网络、社会资本研究中描画的企业合作网络以及社区营造运动中社会资本的运用都表明，一个高质量的社会应该能够充分调动其成员的主观能动性，为其创造参与公共事务和为公共事务达成合作的机会，从而实现治理效能的增加。由此，社会赋权是社会对个人参与公共生活的需要的保障。它不仅是个人自我实现的重要机制，也使个人的"公民身份"得以体现。从内容上看，社会赋权不仅包括社会成员参与社会治理的能力、意愿和积极性，即效能感，还包括对成员获取信息资讯、公共参与的可及性、规范性和平等性等客观条件的考察。

相较于权利或能力，社会工作研究更倾向于将社会赋权理解为一个过程，被赋权者的潜能从中将得到激发，获得感得以提升。"自我效能感"被用于衡量社会赋权水平，该词最早由社会心理学家班杜拉提出，意指"个体对自己具有组织和执行达到特定成就的能力的信念"[1]，是个人对自身能力的信任。后来，这一概念被借鉴到政治领域。罗伯特·莱恩对政治效能感进行了系统阐释，认为它是个人对自身影响政治决策的自信程度，并将其区分为内在效能感和外在效能感。前者侧重个人对自身公共参与能力和机会的积极认知，后者强调政府等其他社会主体对人们诉求做出反应的可能性。我国学者仲利娟还提出了"社会治理效能感"[2]，用以表示个人对地方社会治理效果的评价和期望。概言之，效能感意味着个人对自身能够影响社

① ［美］A. 班杜拉：《自我效能：控制的实施》，缪小春等译，华东师范大学出版社，2003 年，第6 页。

② 仲利娟：《社会治理效能感对政治认同的影响——基于对河南省居民的调查分析》，《领导科学》2018 年第 14 期。

会治理过程的感觉，是公众对自身治理主体地位的明确感知。一般而言，个人的效能感越高，就越有可能参与公共事务，对政府等多元主体的治理能力也越有信心。

（三）社会凝聚

如果说社会赋权关注的是社会成员公共参与的"进入"问题，那么社会凝聚更侧重参与公共生活的社会成员之间的团结问题。对其的学理关注可以追溯至涂尔干对集体意识、社会团结和社会力的研究。相关内容在本章前两节已详细描述，此处不再赘述。已有研究认为，社会凝聚是以社会团结为基础的集体认同，通过社会关系维系共同的价值规范，其价值追求在于促进社会团结和社会整合。约瑟夫·陈等将其定义为社会成员在信任、归属和互惠等方面的互动的集合体，社会态度和规范在其中发挥着重要作用。[1] 由此，社会凝聚本身包含社会信任、社会规范和社会认同三个维度。

社会信任，作为社会成员之间关系的反映，是社会凝聚力水平的风向标和集体认同感形成的前提。所谓信任，即是个人根据已有信息对他者行为做出的积极预期。随着传统社会向现代社会的转型，尼克拉斯·卢曼认为社会的主要信任类型从人际信任转向制度信任。前者以成员之间的情感关系为基础，信任程度取决于双方的关系强度；后者以抽象的法律规范为基础，其信任水平取决于个体对制度规范承诺实现状况的判断。

社会规范是社会成员在以往的互动过程中所形成的稳定的价值关系，它能为成员行动选择提供约束，其目的在于维护社会秩序。一般而言，社会规范根据其表现形式可以划分为正式规范和非正式规范。前者包括法律法规、合同契约、规章制度等具有硬性约束力的成文规定，后者则包括风俗习惯、宗教教义、道德规范等具有软性约束力的价值符号。需要注意的是，社会规范在一定程度上构成了社会信任的基础。埃里克·尤斯拉纳认为，普遍信任，

---

[1] Joseph C., Ho-Pong T., Elaine C., "Reconsidering social cohesion : Developing a definition and analytical framework for empirical research," *Social Indicators Research*, Vol.75, 2006, p.273-302.

即对社会中陌生人的信任，便是一种非正式规范。它源于这样一种理念：世界是一个仁慈之地，组成这个世界的人们都有着良好的意愿（因此是值得信任的）。[①] 而卢曼则将制度信任产生的根源归结于人对制裁的恐惧（为逃避制裁而遵守规范）。但无论是为逃避制裁还是为得心安，社会信任的产生都建立在成员遵循社会规范的基础之上。

社会认同是成员对自身的社会群体成员身份的认识。它作为一种集体观念，能够拉近成员间的社会距离，维护社会团结。刘少杰认为，在网络社会中，人们交往范围的扩展决定了社会认同的边界不再局限于小群体，而是扩展到整个社会；由此，社会认同便从身份归属问题转为个体对社会的认识和评价，后者具有更强大的社会整合和动员能力。[②]

（四）社会包容

如果说社会凝聚意味着社会凭借一套价值体系将其成员团结在一起，那么社会包容则侧重不同身份群体以及社会子系统之间如何保持关系融洽。随着社会的不断分化，拥有不同偏好、角色、身份的个人对社会生活有着各自不同的理解，继而导致当代社会越来越缺乏一个共同的框架来实现社会整合。作为解决方案，社会包容便以社会公平公正为原则，强调对与己不同者的尊重，从而使成员实现更广泛的自由。为此，欧盟将社会包容定义为：那些遭受贫穷和社会排斥的社会弱势群体能够获得参与经济、社会和文化生活的机会，并且能够享受和其他人同样的正常的社会生活。[③]它与社会排斥和社会歧视相对，关注不同身份群体在何种程度上可以拥有平等的发展权利。

社会排斥是指社会成员不同程度地被排除在经济、社会、政治和文化

---

① ［美］埃里克·尤斯拉纳：《信任的道德基础》，张敦敏译，中国社会科学出版社，2006年，第2—3页。

② 刘少杰：《网络化时代社会认同的深刻变迁》，《中国人民大学学报》2014年第5期。

③ European Commission, "Europe 2020 Strategy for: Smart, Sustainable and Inclusive Growth," https://ec.europa.eu/economy_finance/economic_governance/sgp/pdf/20_scps/2011/01_programme/cy_2011-05-06_nrp_en.pdf.

等能够决定其社会整合的子系统之外的过程。[①]与收入不平等相比，社会排斥的内涵更加广泛。一方面，其产生原因可能来自政治、文化、社会等多个领域，而非仅仅依赖收入等经济要素。另一方面，社会排斥的后果不仅包括物质上的贫困，更强调个人无法参与公共生活。相较而言，社会歧视更强调歧视者以年龄、性别、宗教、民族、家庭背景等因素为依据对被歧视者施加的不公平对待，从而导致被歧视者遭受不同程度的权利剥夺。

学界对社会包容的测量一般从社会排斥和社会歧视的对立面入手，通过发掘社会排斥的存在形式和领域来确定社会包容的测量指标。特纳·伯查特等认为社会排斥所涉及的行动领域包括消费、储蓄、生产、政治和社会活动。[②]艾伦·沃克则将其划分为公民权利、劳动力市场、公共服务、个人服务和社会网络五个领域，具体涵盖户籍、政治权利、社会保障、就业机会、职业发展、住房和教育公平、休闲服务、社区参与和支持等多个事项。[③]质言之，包容即不排斥、不歧视。

（五）四个维度之间的关系

上述 4 个维度能够直接对作为整体的社会的发展方向和形态产生影响。其中，生活安全为社会力的发挥提供了基本的物质保障；社会赋权是社会力得以起作用的现实基础，因为它保障个人能够参与集体生活；社会凝聚和社会包容则体现出社会发展的两个方面，社会凝聚代表着社会团结，社会包容则解决了社会整合问题。

需要注意的是，四者不仅可以独立发挥作用，也互为补充，进而相互强化。

首先，社会赋权、社会凝聚和社会包容水平的提升都无法离开生活安全

①Alar. W., Carol W., *Britain Divided : The Growth of Social Exclusion in the 1980s and 1990s*. London : Child Poverty Group, 1997, p.8.

②Tania B., Julian G., David P., "Social Exclusion in Britain 1991-1995", *Social Policy and Administration*, Vol.33, No.3, 1999, p.227-244.

③［荷］劳伦·范德蒙森、［英］艾伦·沃克主编：《社会质量：从理论到指标》，冯希莹、张海东译，社会科学文献出版社，2015 年，第 159 页。

这一基本前提。收入、住房、生态、人身安全不仅是个人参与公共生活的基础，也为集体行动提供资源保障。譬如，作为一种集体资源，自然禀赋在开发利用过程中常伴随社会成员的合作，如创设农业合作社等方式。继而，生态产业的发展不仅为集体成员带来经济收益，也促使其在集体行动过程中强化集体的凝聚力。在城市社区，公共空间的开发成为平衡不同类型居民利益关系和培育社区认同感的工具。例如，在城市更新计划中，小区儿童游乐设施的放置和管理便为物业、业主、社区居委会、社会组织等主体的沟通对话创造机会。游乐设施的运行不仅要考虑儿童的安全防护问题，还需要同时保障老年人的休息权利、业主的通行权和车辆的财产安全等。也就是说，公共空间不仅作为一个设施安放的物质空间，同时还是多元主体需求平衡的治理空间，共享规范由此产生。

其次，在上述过程中，居民也学会了如何将群体组织起来代表自己。而随着合作网络的稳固和参与经验的积累，社会成员参与社会治理的深度与广度也逐渐加深，自我效能感和社会凝聚力也得以增强。譬如，在社区营造行动中，不少社区治理精英及其团队最初仅因共同兴趣结合在一起，如广场舞团队、书法爱好者等。随着个体社区嵌入程度逐渐加深，他们在街道社区的支持下成为社区公共事务协同治理的引领者。下一章将要介绍的鲁尔地区联盟便是此类情况的典例，他们的治理范围逐渐从煤矿区治理扩展至老工业基地综合复兴，甚至还得到了欧盟的支持。正是居民对公共事务的不懈努力，使他们对自己赖以生存的土地产生了深厚的集体情感，社会认同感才有了根基。

再次，生活安全水平的提升过程也是公共参与的过程。如前所述，在社区生活中，基于公共参与和集体协商而达成的社区公约，平衡了不同偏好群体的诉求，继而使公共环境的改善能够真正作用于居民生活幸福感的提升。社会资本研究则详细说明了社会凝聚和社会包容对地区经济增长的影响。研究发现，像美国硅谷这样的经济发达地区，其增长奇迹来源于其内部所形成的基于职业团体的信任和对创新创业失败者的包容。他们并不认为创业失败是一种耻辱，继而将失败者排除在社会生活之外，而是将创业失败视为经验积累的重要途径，并对其持一种欢迎、包容的态度。同时，他们乐于在咖啡馆等公共场所交流彼此的科研发现和创业经验，并从交流中获取信息和灵感，而不担心成果被盗用等风险。正是这种宽容的社会氛围和诚信的社会规范体系鼓励年轻人大胆尝试并乐于分享自己的成果，信息的流动有效地促进了地区创新效率的提升。

第三章

全球老工业基地复兴的社会力寻踪

老工业基地如何成功转型是一道世界性难题。中国作为一个后发现代化国家，积极借鉴国外老工业基地改造的经验与教训，对顺利推动东北地区等老工业基地的振兴和促进区域经济高质量发展意义重大。20世纪50年代，随着人口过剩、环境污染、资源枯竭等一系列问题的出现，基于自身自然资源优势与交通区位优势兴起的一些全球知名老工业基地开始陷入发展危机，资金、人才等资源要素外流，经济发展缓慢，生态环境恶化，居民生活质量下降。为此，各国政府长期致力于老工业基地的复兴，形成了以智力共享为发展引擎的美国模式、社会驱动地区综合复兴的英国模式以及社会市场经济体制主导的德国模式等一批成功案例。这些案例启示我们，老工业基地的复兴不仅仅是经济层面的转型升级，更是包含社会、文化等多方面的系统工程。人才与智力资源的共享、创新文化的培育以及丰富的社会资本，都是推动区域复兴的重要因素。

第一节　智力共享作为经济发展的引擎
——以美国俄亥俄州东北部为例

20世纪前半叶，美国俄亥俄州东北部地区凭借其发达的采矿、冶金、轮胎制造等产业，成为美国工业的璀璨明珠。然而，自 20 世纪 70 年代中期起，随着国际竞争的加剧与产业结构的调整，传统制造业的衰退导致该地区陷入经济危机，曾经的工业重镇纷纷沦为"锈带"。但困境之中也孕育着希望，俄亥俄州东北部地区拥有丰富的科教资源和一批有才智、有技术、有情怀的居民，为其经济复兴提供了宝贵的智力支撑。

为走出困境，该地区采取了系列创新举措，如通过创新创业教育培养青少年创业意识，构建成熟的创业支持网络为创业者提供全方位服务，以及建立以大学为枢纽的区域合作创业模式等。这些措施不仅激发了大众的创业热情，也促进了科技创新与经济发展的深度融合，成功地将该地区从"锈带"转变为"智带"。

一、"锈带"：俄亥俄州的经济危机

位于美国东北部地区的俄亥俄州临近五大湖地区，水陆交通便利，矿产资源丰富，工业底蕴浓厚。20 世纪前半叶，该州凭借其发达的采矿、冶金、轮胎制造、汽车制造等产业而成为美国重要的工业基地，举世瞩目的"钢都"匹兹堡市、"世界橡胶之都"阿克伦市和重工业城市克利夫兰市、扬斯敦市都集中在这里。1939 年，俄亥俄州创造了全美约 30% 的机床制造业就业岗位[1]，该州的辛辛那提市更是被称为"美国机床制造业的首都"。俄亥俄州与周围的伊利诺伊州、密歇根州、明尼苏达州、纽约州、宾夕法尼亚州和威斯康星州等地共同构成了美国北部的工业中心。20 世纪 50 年代中期，该地区轻工业就业人数相当于西南部地区的 2 倍之多，新增价值为西南部地区的 2.5 倍；至 20 世纪 70 年代中期，该地区制造业的产值和就业人数均位居全国各大地区之首。[2]

然而，从 20 世纪 70 年代中期开始，随着美国产业结构升级和国际竞争日渐激烈，以传统制造业为主的产业格局使该地区面临前所未有的经济困

①［苏联］戈赫曼：《美国重工业地理》，邵清于等译，生活·读书·新知三联书店，1958 年，第 159 页。
② 徐新、范明林：《紧凑城市：宜居、多样和可持续的城市发展》，格致出版社，2010 年，第 16 页。

境。以轮胎制造业为例，1973—1984 年间，美国北部一共关闭了 30 家轮胎工厂，到 1987 年，美国轮胎行业的雇佣人数从 8.8 万人下降至 5.2 万人。[1]费尔斯通、固特异、普利司通等世界轮胎巨头的外迁使作为"世界橡胶之都"的阿克伦一蹶不振。1980 年，五大湖经济带制造业就业人数开始落后于美国中北部和南部地区，曾经的繁荣之地逐渐沦为"鬼城"，被称为"锈带"。

传统制造业收益的下降也促使美国国内的金融机构减少对俄亥俄州重化工业企业的投资。以扬斯敦钢板和钢管公司的停业为例，20 世纪 70 年代中期，花旗银行、大通曼哈顿银行和纽约化学银行三家主要投资方撤回了它们对扬斯敦钢板和钢管公司的母公司——莱克斯公司——的支持，转而支持日本等新兴国家的钢铁企业。例如，1977 年，花旗银行发放给莱克斯公司的贷款大约是 500 万美元，不足同期给日本钢铁公司贷款的 5%。[2]资金的匮乏迫使莱克斯不得不舍弃了扬斯敦钢板和钢管公司。不仅如此，为减少因利润率下降所造成的损失，本地的大型垄断企业也开始将目光转向国外市场，通过劳动密集型和耗能污染型产业的外迁来规避国内制造业的竞争压力。

投资重心的转移使俄亥俄州大批工厂关闭和工人失业，政府财政紧张，居民生活质量急速下降，人口流失骤然加速，最终导致整个地区陷入萧条。以克利夫兰市为例，尽管它当时仍是俄亥俄州的经济重镇，但该市制造业工作岗位从 1979 年的 28 万个骤降至 1994 年的 19 万个，降幅高达 40%。就业的急剧下降也伴随着人口的急速流失，该市人口总量从 1950 年的 91 万人下降至 1980 年的 57 万人，其中仅在 70 年代就下降了 23.6%，是美国城市史上

[1]Steven H., *Industrial Sunset：The Making of North America's Rust Belt，1969-1984*，Toronto：University of Toronto Press，2003，p.117.

[2]Thomas F.，*Steeples and Stacks：Religion and Steel Crisis in Youngstown*，Cambridge：Cambridge University Press，1989，p.51.

规模最大的人口流失之一。[1] 又如扬斯敦市，它在 20 世纪 50 年代曾是美国三大钢铁城之一，但随着 1977 年 9 月坎贝尔板管厂的关闭，该市的钢铁工业迅速崩溃。据估计，仅在 1977—1982 年间，"扬斯敦的工人阶级每年损失 13 亿美元的制造业工资，1983 年失业率达到 24.9%"[2]。不仅如此，城市的贫困化还导致犯罪率上升。在整个 20 世纪 90 年代，扬斯敦市的人均谋杀率是全国平均水平的 8 倍。[3]

二、从"锈带"到"智带"：俄亥俄州东北部地区的复兴之路

尽管如此，经历了经济衰退的俄亥俄州东北部地区仍拥有一大批有才智、有想法、有技术的居民，丰富的科教资源以及一定规模的发展资金。它的振兴缺乏的是驱动这些人运用发展资源创业的力量。曾任阿克伦大学校长的路易斯·普洛恩扎表示："几乎没有人愿意承担风险，失败的记忆让人们一蹶不振。"[4] 于是，破解该地区经济发展困境的首要问题就在于，如何重新激发大众创业的热情和信心，解决迫在眉睫的就业问题。为此，俄亥俄州采取了大量的措施。

一方面，创新创业教育贯穿青少年成长全过程。该地区动员辖区内数千名小学生参加每年一度的"发明营"或"柠檬水日"等创新创业项目。"柠檬水日"活动让孩子们通过创办和经营柠檬水小摊获得属于自己的"创业初体验"，而"发明营"项目利用科学、技术、工程和数学（STEM）教育和创业课程为学生提供批判性思考、解决问题和团队合作的实践机会。初高中学

---

① ［美］尼尔·R. 彼尔斯、杰里·哈格斯特洛姆：《美国志》，中国社会科学院美国研究所编译室译，中国社会科学出版社，1987 年，第 412 页。

②Sherry L., John R., *Steeltown U.S.A. : Work and Memory in Youngstown*, Lawrence：Kansas University Press，2002，p.47.

③Sherry L., John R., *Steeltown U.S.A. : Work and Memory in Youngstown*, Lawrence：Kansas University Press，2002，p.193.

④［美］安东尼·范·阿格塔米尔、弗雷德·巴克：《智能转型：从锈带到智带的经济奇迹》，徐一洲译，中信出版社，2017 年，第 76 页。

生不仅可以参加各自学校提供的专业课程，也被鼓励参加全国知名的自由企业创业项目，如青年成就（Junior Achievement）。对于大学生，从大型州立大学到小型文理学院，俄亥俄州东北部地区每所高校都提供一定类型的创业项目，以满足他们对创业思维培育和创业实践的渴望。他们甚至联合成立了创业教育联盟，其主持的年轻企业家项目还得到了美国小企业和创业协会（USASBE）的认可。

另一方面，成熟的创业支持网络为创业者提供全面的创业服务。以克利夫兰市为例，克利夫兰企业发展公司（Enterprise Development Inc.，以下简称 EDI）成立于 1983 年，是一个专业从事孵化器管理的非营利性机构，是全美三大高校孵化器之一。该机构隶属于凯斯西储大学（Case Western Reserve University，以下简称 CWRU），但其运营保持较强的独立性。与美国其他大学孵化器主要由校内人员兼职运作截然不同，该机构由具有企业管理经验的全职人员运作，较少受到高校管理体系的约束。此外，它具有独立的财务体系，可以寻求各种来源和多种形式的支持。EDI 目前管理着爱迪生技术孵化器（Edison Technology Incubator，ETI）、生物企业（BioEnterprise）和刘易斯技术孵化器（Lewis Incubator for Technology，LIFT）三个孵化器。他们既拥有来自县、市、州和联邦政府的资金支持，也获得了"克利夫兰明天"委员会、爱迪生生物技术中心、CWRU 及大湖区工业技术中心等科研机构或社会组织的帮助，还受到了来自美国国家航空航天局、美国空军研究实验室等军政部门的智力支持。其服务目标也不仅仅局限于服务地方新创企业的发展，还包括挖掘美国空军研究实验室等军用机构拥有的知识、技术和专门技能的潜在商业价值以及降低生物技术、医疗等本地特色高科技产业的技术创新成本等任务。科创企业的蓬勃发展也为克利夫兰市人口素质的提升创造了条件。从1990 年到 2010 年，克利夫兰市中心的人口从 4561 人增加到 9098 人，增长了96%，且以 22—34 岁的受过高等教育的年轻人为主。在 2000—2012 年间，克利夫兰市区 25 岁及以上拥有大学学位的人口净增加了约 6 万人，其中约半数是从州外移民过来的，而没有学士学位的人口净减少了7万人。[①] 然而，俄亥俄州并未止步于此。2004年，俄亥俄州东北部地区的企业家、公民和慈善领袖成立了一个名为"JumpStart"的非营利组织，以推动该地区和周围共21个县的创业生态系统改善。2015年，该机构已为76家企业直接投入专业知识和资金，并为另外393家企业提供了行之有效的业务发展建议和联系。[②] 2011年，该机构得到了联邦政府的青睐，并在全美推广。

类似地，阿克伦市发展出以大学为枢纽的区域合作创业模式。1999年，路易斯·普洛恩扎来到阿克伦大学，并提出了老工业基地复兴的"阿克伦模式"，即以大学为纽带链接公共部门和私营企业，盘活地区经济社会发展资源。普洛恩扎认为："大学不应该是一座象牙塔，而应该是开放的知识资源，是公私实体间的联络者，大学有必要并且有条件成为所在地区的推动力量。"[③] 作为曾经的轮胎生产中心，阿克伦市拥有雄厚的材料研究基础。如今，阿克伦大学的工学院和高分子科学与工程学院共有120名教职工、超过700位研究生和博士后[④]，已经成长为美国最大的聚合物研究机构和全球最重要的聚合物专业知识中心。同时，阿克伦市以阿克伦大学为中心辐射全州，在不同地区、不同机构间形成了紧密的联系。经过20余年的持续发展，他们吸引了擅长医疗设备和生物医学领域的奥斯汀生物创新研究所、关注聚合物和纳米技术关系的俄亥俄州立大学等一批科研机构，而在这些机构外围聚集着波音、通用电气、巴特尔、本田等一大批全球知名企业。值得注意的是，知识经济的发展并不意味着大学掌控一切，而是要以项目的实施激活区域合作网络。

---

① Thomas B., *Under the Rust Belt : Revealing Innovation in Northeast Ohio*，Akron：The University of Akron Press，2015，p.5.

② Thomas B., *Under the Rust Belt : Revealing Innovation in Northeast Ohio*，Akron：The University of Akron Press，2015，p.54.

③ ［美］安东尼·范·阿格塔米尔、弗雷德·巴克：《智能转型：从锈带到智带的经济奇迹》，徐一洲译，中信出版社，2017年，第80页。

④ ［美］安东尼·范·阿格塔米尔、弗雷德·巴克：《智能转型：从锈带到智带的经济奇迹》，徐一洲译，中信出版社，2017年，第80页。

譬如，奥斯汀生物创新研究所就是由阿克伦大学、阿克伦儿童医院、第一能源公司、奈特基金会和苏马卫生系统合作创立的，旨在推动聚合物在医疗领域的使用以解决困扰本地的医疗问题。此外，为了促进企业和研究人员的知识共享，普洛恩扎还创立了独立的研究基金会，使学者可以从自己的发明中获取经济效益。时至今日，制造业仍然是推动俄亥俄州东北部地区经济增长的引擎之一。根据美国劳工统计局的统计，2010 年，该地区 17 个县的制造业就业占总就业人数的 15.8%，明显高于俄亥俄州和美国整体水平（14.9%，10.7%）。[1] 但不同的是，往日的"锈带"已经成为闻名全美的"智带"。

三、智力共享：俄亥俄州东北部区域复兴对东北振兴的启示

俄亥俄州东北部地区的经验启示我们，辉煌的制造业发展经历所遗留的雄厚的知识基础并不会因传统制造业的衰落而变得一文不值。因此，唤醒这些宝贵的知识经验并将其应用于符合未来市场需求的适销产品上，有利于该地区的复兴。世界上许多老工业基地亦拥有丰富的科教资源，如我国东北地区，但俄亥俄州的经验还告诉我们，除坚实的智力基础外，地区经济的复兴还必须具有相应的社会力做支撑。

其一，悠久的创新文化。其实，该地区悠久的制造业发展史与其同样漫长的发明创造史并行。譬如，1879 年，第一盏电弧灯被安装在克利夫兰市；1892 年，第一个橡胶芯自行车轮胎在阿克伦市产生；1914 年，第一个防滑汽车轮胎专利在阿克伦市诞生，在克利夫兰市欧几里德大道和东路街的拐角处安装了第一个电动交通信号灯。在这种工业文化氛围中成长的孩子具有强烈的创造意识。如今，从小学持续到大学的创新创业支持体系使该地区的创新文化得以延续。大胆尝试、勇于突破常规的文化传统不仅为该地区技术更新和科创企业发展提供动力，也为其创新城市治理提供思路。例如，2005 年，扬斯敦市提出"扬斯敦 2010 计划"，承认扬斯敦市是一个正在收缩的城市，

---

[1] Thomas B., *Under the Rust Belt : Revealing Innovation in Northeast Ohio*, Akron：The University of Akron Press，2015，p.42.

大胆地否定了"人口增长、规模扩大即城市繁荣"的正统理念，并代之以清洁、环保、高效、宜居等目标。①

其二，大学作为开放的知识源泉。一般而言，我们将大学视为提升人力资本和开展创新活动的场所，大学因远离真实的社会生活也被称为"象牙塔"。然而，俄亥俄州东北部地区的探索为我们提供了新思路：通过大学与大学、大学与企业等外部主体之间的合作，大学可以成为开放的资源获取地和区域合作网络的枢纽。通过支持大学生创办科创企业、校企共建实验室、校校签订合作协议等方式，俄亥俄州东北部形成了以阿克伦大学为中心的区域合作网络和以聚合物研究为核心的产业集群。在我国，要加强企业主导的产学研深度融合，强化目标导向，提高科技成果转化和产业化水平。俄亥俄州的经验启示我们，科技成果产业化的关键不仅在于提高科研机构的研发活动与企业需求的匹配度，更在于鼓励和支持大学走出"象牙塔"，增强其作为社会主体参与地区发展的主体意识。

其三，丰富的社会资本。该地区不仅拥有极强的创新意识和能力，还拥有发达的信任网络和共享意识，这会促进不同主体间合作的达成。如前所述，无论是克利夫兰市的创业支持体系，还是老工业基地振兴的"阿克伦模式"，都集合了政府、科研机构、企业、慈善领袖、社会服务机构等多元力量的中介组织在其中发挥重要作用。通过像奥斯汀生物创新研究所、克利夫兰企业发展公司这样的中介组织，来自美国国家航空航天局等政府部门的军用技术得以运用于社会生产之中，来自大学实验室的想法可以迅速被移入工厂车间，科创企业还可以从实验室和大学中获得来自全球的最新技术咨询和先进的仪器设备。这些中介组织虽然在一定程度上依赖于政府所提供的资金、场地和联系支持，但仍然能够相对独立地运营，自由地接受各种来源的帮助并坚持其服务于区域发展的最终目标。而社会力量发达的原因就在于广大居民强烈的社会归属感和责任感，恰如五大湖科学中心总裁兼首席执行官克里

①James R., John R., "Shrinking 'Smart'?: Urban Redevelopment and Shrinkage in Youngstown, Ohio," *Urban Geography*, Vol.34, No.3, 2013, p.305-326.

斯汀·埃伦博根所说："如果有孩子因为没有参与他们觉得有价值的活动而被遗忘……那就意味着我们在俄亥俄州东北部没有尽到我们的职责。"[1] 正是这种对实现地区繁荣和维护同伴发展权益的强烈的使命感，驱动俄亥俄州人投身公共生活之中，为他人和地区的发展提供助力。

第二节　社会驱动的城市综合复兴
——以英国中部地区为例

随着第二次工业革命的推进和新兴工业国家的崛起，号称"世界工厂"的英国中部地区逐渐陷入衰退，经济低迷、环境污染、社会隔离等问题接踵而至。面对困境，英国政府采取了多种措施重振老工业基地。从早期的外部干预政策，如兴建基础设施、提供财政支持等，到后来的内生发展战略，如发掘本地优势、引进新技术、提高创新能力等，英国中部地区的复兴之路经历了从依赖政府到激发社会内生动力的转变。伯明翰市的科技园区模式、利物浦市的"文化兴市"战略以及曼彻斯特市的工业遗产保护与利用，都是这一转变过程中的成功案例。该地区的振兴经验启示我们，老工业基地的复兴不仅仅是经济层面的转型升级，更是包含社会、文化等多方面的系统工程。文化资源的发掘与利用、社会参与的提升以及发展理念的转变，都是推动区域复兴的重要因素。

一、"世界工厂"的萧条：英国中部地区的兴衰历程

作为传统工业区的代表，英国中部地区以首都伦敦市为核心，覆盖了包

---

① 《STEM 蓬勃发展离不开社区的共同努力》，https://www.timken.com/zh-hans/timken-world/stem-%E8%93%AC%E5%8B%83%E5%8F%91%E5%B1%95%E7%A6%BB%E4%B8%8D%E5%BC%80%E7%A4%BE%E5%8C%BA%E7%9A%84%E5%85%B1%E5%90%8C%E5%8A%AA%E5%8A%9B/。

括伯明翰市、利物浦市、曼彻斯特市和谢菲尔德市等在内的广大英格兰地区。与其他老工业基地不同，该地区工业化起步早、矿产资源丰富、水路交通便利，继而诞生了世界上第一个工业化城市——曼彻斯特市。1830 年，从利物浦市至曼彻斯特市的铁路正式开通，成为世界上第一条定期运行的火车客运线路。在发达的内河航运网络的加持下，该地区工业城市群内部交通效率得到极大的提升，区位优势刚性明显。自 19 世纪下半叶开始，电气机械、汽车制造、飞机制造等工业企业向伦敦市集聚，伦敦市成为英国现代制造业生产中心，曼彻斯特市甚至建立起世界上首个工业园区。到 19 世纪末，英国的工业成品贸易已占全球约一半的市场份额，成为名副其实的"世界工厂"。

英国工业的衰退是从 19 世纪末 20 世纪初的第二次工业革命时代开始的。由于工业革命发源地向欧洲大陆和美国的转移以及石油资源的开发和普及，以煤炭、钢铁、棉纺织业为代表的英国传统工业部门技术革新的速度逐渐滞后于美国、德国等新技术发源地，进而导致英国经济的低迷。英国在资本主义世界工业生产中所占的比重从 1913 年的 14.5% 降为 1929 年的 9%，出口总值在世界出口总值中的比重由 1913 年的 13.93% 下降到 1929 年的 10.84%。[1]虽然英国的传统工业在第二次世界大战后的恢复期经历了短暂的繁荣，并形成了以通用机械、精密仪器、汽车、炼油、化学为代表的一批先进制造业基地，但随着国际竞争的加剧，英国中部地区很快衰落。

此外，持续长达两个世纪的粗放式经济发展模式使该地区居民生活环境遭到严重的污染和破坏，特别是空气污染和城市垃圾问题。以伦敦市为例，长期以煤炭为主的能源结构与伦敦独特气候条件相结合，造成了严重的空气污染，形成了著名的"伦敦雾"现象。1952 年 12 月，伦敦烟雾事件造成4000 余人死亡。[2]而先发城市化也导致基础设施建设优化空间狭窄。工业化迅速发展使该地区人口骤增，但由于此时社会各界的城市环境保护意识不强，

---

① 赵儒煜、杨振凯：《传统工业区振兴中的政府角色与作用——欧盟的经验与中国的选择》，吉林大学出版社，2008 年，第 24 页。

② 尹宏：《现代城市创意经济发展研究》，中国经济出版社，2009 年，第 65 页。

城市规划对基础设施布置考虑不足，相应的污水和垃圾收集与处理能力严重不足。工业废水、生活污水与垃圾堆积给河流系统带来了严重的环境污染，造成泰晤士河内盛产的三文鱼等鱼种绝迹。在曼彻斯特市，作为工业革命的发源地之一，休姆区因布里奇沃特运河、铁路和棉纺织厂的建成而在1761年前后迅速吸引了大量的劳动力在此工作和生活。面对人口的迅速膨胀及其带来的住房压力，休姆区出现了大量简陋且密集的联排楼房。由于缺乏必要的卫生设施、供水和排水系统，这里卫生状况堪忧，霍乱等疾病不时就会爆发。恩格斯在对英国工人阶级生活状况的分析中表示，像休姆区这样"建筑物比较密集的区域，房屋比较坏，而且都快要倒塌了……大部分都淹没在肮脏里面"[①]。1934年，休姆区因不适宜人类居住而被列为拆除地区。

二、从外部干预到内生发展：英国中部地区的复兴之路

作为工业革命的发源地，英国中部老工业基地的制造业发展历史悠久、对地区经济格局的影响力大，地区转型成本高、迫切性强。鉴于此，英国早在第二次世界大战之前就开始了漫长的复兴之路。

与其他国家相似，英国政府也在老工业基地振兴过程中发挥了至关重要的作用。一方面，他们积极对传统产业和工业城市进行系统的现代化改造。其举措包括：大力兴建交通运输、通信、公共卫生等基础设施，改善老工业城市居住环境；通过一系列财政和货币政策，放松政府对市场经济和企业自由竞争的限制，调动企业生产和投资的积极性；大力开展失业人员就业培训活动；淘汰生产效率低、赢利能力差的落后产业，对尚有发展空间的传统企业进行拯救和改造。以钢铁制造业为例，1967年，英国政府将90%的钢铁制造企业收归国有，并对钢铁生产、产品设计、企业管理与市场营销等各个关键环节进行现代化改造，以新技术的运用提高钢铁产品质量和生产效率。另一方面，制定系列经济援助和补贴政策、法律法规以约束生产要素流动。

①《马克思恩格斯全集》第二卷，中共中央马克思恩格斯列宁斯大林著作编译局译，人民出版社，1957年，第343页。

1928 年，英国工业迁移委员会实施了"工业迁移计划"和"青年迁移计划"，促进老工业基地的剩余劳动力迁入经济发达地区。然而，由于迁出人口以技术熟练的高水平劳动工人为主，该计划不仅未能解决老工业基地的失业问题，反而加剧了其衰退。在企业转移方面，英国在 20 世纪 40 年代先后颁布了《工业布局法》《城乡规划法》等法律以限制老工业基地的工业企业外流和鼓励企业落户。譬如，《城乡规划法》通过颁发许可证限制经济发达地区占地 5000 平方英尺（464.5 平方米）以上的大型工业企业的建立，而鼓励其选址于萧条地区。据估计，1960—1971 年间，通过移入企业直接创造的就业机会约 19.7 万个，1971—1981 年为 5.6 万个。[①] 此类限制性措施虽然不会增加政府的财政负担，但忽略了政策硬约束下的要素流入与老工业基地本身社会环境的适应性和对居民需求的回应性。实践证明，老工业城市新办企业和新市民的流失使政策成效大打折扣，难以从根本上解决区域发展问题。

20 世纪 80 年代后，英国老工业基地复兴政策逐渐从强调外部干预的直接扶植政策转向注重区域发展内生性的帮扶性政策，即通过帮助企业发掘本地优势、引进新技术、提高创新能力、倡导企业家精神来发展壮大本地企业。譬如，伯明翰市提出了著名的科技园区发展模式。从 20 世纪 70 年代起，当地政府充分利用知识经济发展契机和本地的科教资源，在资金、政策、人才等方面给予高科技产业大力支持。1983 年，该市政府、劳埃德银行和阿斯通大学联合建成阿斯通科学园。在园区内，政府部门携手商业协会等组织建立伙伴关系，共同吸引大量国内外大银行、金融服务和商业服务公司、高科技和制药等企业落户，同时提供"一站式"服务和融资配套等优惠政策，引领企业、大学、商会联合强化对园区内技工人员的培训力度。伯明翰市经济发展部还与商会联合，助力园区内企业与国内外市场搭建联系，提升其对外营销能力。到 20 世纪 90 年代初，伯明翰市政府进一步加大对交通、通信、办公楼、房地产及酒店建设等基础设施的投资，倡导在原有的高新技术产业基

---

① 袁朱：《英国、法国老工业区经济转型的主要对策及启示》，《经济研究参考》2004 年第 32 期。

础上大力发展金融和商务服务业，在推动产业结构升级的同时修缮城市空间环境，提升城市的宜居水平。1993年，伯明翰市政府提出"经济发展伙伴计划"，将商会、米德兰地区生产力促进组织、西米德兰工程联合会、米德兰银行、当地大学、中小企业等全数纳入"伙伴计划"，进一步完善了"一站式"服务机制。该模式表现出的对外资的强大吸引力使其成为英国贸工部向全国推广的商业服务模式的典范。

利物浦市则成为用文化政策引领城市复兴的典范。随着英国产业结构的转移，因港口而兴的利物浦市自20世纪70年代以来逐渐衰落，城市贫困化、空心化、郊区化趋势不断加剧。然而，港口经济也为利物浦市留存了独特的码头文化、公园水景、摇滚音乐、足球文化和丰富的博物馆资源等文化资产，为其文化兴市战略奠定了坚实基础。21世纪初，利物浦市利用"欧洲文化之都"项目制定了全面的城市再生计划。他们通过利物浦艺术再生联盟、中小型艺术集体等涵盖政府、企业、艺术家、社会组织的多元主体合作网络充分发掘当地文化资源，开展形式多样的艺术文化活动。《Impacts18》报告显示，在项目实施10年后，44%的受访者认为该项目提升了他们对文化活动的兴趣，27%的受访者认为该项目推动了他们参与文化活动；2005—2018年利物浦市内城区的民间文化资产增长了53%，市中心的民间文化资产增长了43%。[1] 在此过程中，利物浦的社会组织力量也得以飞速发展，成为引领城市文化发展的重要主体。2014年，该市政府制定专门投资计划支持其进一步扩展与教育机构、社区等主体的合作网络，不断提升市民和青年人参与创意和文化活动的水平。如今，舒适的居住环境、浓厚且丰富的文化生活使利物浦市摆脱了人口外流的困境，迎来了人口净增长。

与利物浦市类似，曼彻斯特市也将工业遗产保护和利用作为城市综合复兴的重要组成部分。1960年，曼彻斯特市政府决定对休姆区进行大规模拆除，并在当地建设基础设施完善的新邻里中心。此举虽然在短时间内改善了休姆

---

① "Impacts 18：Legacies of Liverpool as European Capital of Culture 10 Years," http：//iccliverpool.ac.uk/impacts18/.

区居民的居住条件，但在实际过程中却因管理不善而出现损坏，并滋生了原住民与租户的阶层隔离和针对休姆区穷人的污名化现象。长期的住房矛盾和社会排斥使休姆区居民的愤怒情绪不断累积。1981 年，曼彻斯特市发生城市暴乱，在引起了严重的财产损失的同时，也进一步加深了整个城市居民对休姆区穷人的怨恨，原本旨在改善居民居住条件的拆迁计划却让当地变得更加残破不堪。在强烈的共同文化和集体认同感的影响下，休姆区居民自发的利用自身力量发展和管理当地的居住空间，将地方议会、行政官员和建筑专家这些局外人排除在外。换言之，正是这些问题，推动休姆区成为一个充满活力的共同体。最终，地方政府承认了以前规划决策中所忽略的很多社区所关心的问题的重要性，主动赋予社会组织和居民参与城市建设规划的权利。休姆区城市更新的任务不再局限于居住环境的改善，而是扩展至改善当地的负面形象、增强居民的自信心。之后，休姆区的更新改造运用了情景规划等技术，通过利益相关者协商达成一致的改造方案。方案不仅关注休姆区与周边地区和市中心的融入效果，还将地区特殊文化传统的延续、社区联系的保留、居民信心的增强等关乎休姆区可持续发展的议题纳入考虑。如今，随着休姆经验的传播，创意产业，作为展示休姆文化的重要形式，已成为曼彻斯特市的第二大产业支柱。

虽然这些中部老工业城市的面貌已发生质的改善，但是，区域发展失衡仍然是英国经济挥之不去的阴影。2010 年，英国工党党代会重申了"全民国家"理念，并提出英国经济的重建应对所有劳动者有利。由此，长期困扰英国的发展不均衡问题被提上政治议程。2014 年，为加速英国各地区的均衡发展，英国政府提出"英格兰北部振兴计划"，旨在通过提高区域交通效率、增强科技创新能力、缩小教育领域的南北差距、发展文化艺术产业、增加公共服务投入和政治权力下放等举措，打造以曼彻斯特市为中心的北部城市集群，继而扭转英国以伦敦市和英格兰东部为核心的发展格局。2015 年，为回应英国民众的质疑，英国政府又启动了"英格兰中部引擎计划"。该计划将主要在地区推广、交通互联互通、创新、商业企业发展、提高劳动力技能五个方面加速发展。在全方位的政策支持下，以曼彻斯特市为代表的英国中部老工业城市正在脱胎换骨，低廉的住房和生活成本、"早餐配香槟酒"式的慢生活方式、多元化的文化氛围等优势正在吸引青年人离开高成本、快节奏的伦敦市，流向低成本、慢节奏的英格兰中北部地区。

三、社会驱动：英中部老工业基地振兴对我国东北地区的启示

有观点认为，产业技术体系的改良和升级是英国中部老工业基地得以复兴的核心因素。在他们看来，该地区的经济衰退源于传统产业部门在高新技术产业体系冲击之下竞争优势的丧失，因而，传统产业部门向新兴产业部门转移的根本在于产业技术体系的更新换代。然而，实践表明，老工业基地的复兴是包含经济、社会和文化系统在内的复杂工程，像英国 20 世纪 80 年代前那样仅聚焦于产业、企业、劳动力等经济要素的复兴战略无法使其真正摆脱区域衰退危机，过早的工业化和城市化所导致的住房质量欠佳、基础设施滞后、老龄化严重等社会问题更是需要系统的城市复兴规划才能得到解决。

其一，文化等非经济要素亦可引领城市复兴。正如米尔斯和帕迪逊所说："文化，不仅仅是城市联系社会公正和经济增长能力的挑战，而且是减轻问题的基础……文化可以作为经济增长的推进剂，越来越成为城市寻求竞争地位的新正统观念。"[1]以发掘和改造文化资产带动社会复兴已成为英国中部老工业基地振兴的共同经验，曼彻斯特市北角、休姆区均是该模式下的典型代表。文化，作为一种为居民所共享的价值符号，不仅能够促进文化产业的发展，更是凝结本地居民复兴信念和共识的媒介。恰如休姆区所展示的那样，推动其改变居住环境的不是物质上的贫困，而是因个人权益被忽视、被相对剥夺而造成的不公平感和失落感。而本地所拥有的文化资源及其所承载的集体记忆恰恰为民众彰显社区身份的集体行动提供了机会和媒介。随着居民在塑造自己家园的事务中获得更多发言权、决定权和认可，他们逐渐恢复了对城市

---

[1]Miles S., Paddison R., "Introduction : The Rise and Rise of Culture-led Urban Regeneration," *Urban Studies*, Vol.42, No.5, 2005, p.833-839.

再次繁荣的信心和对美好生活的期待。

在我国，东北地区凭借其悠久的工业发展史而拥有丰富的工业文化遗产。例如，辽宁省目前共拥有国家级工业文化遗产 12 处，位居全国前列。地方政府虽然高度关注文化遗产保护和再利用，但在实践中仍应注意文化资源经济、社会和文化价值的平衡。在我国棚户区开发改造、老旧小区改造、城市更新、工业遗产保护等项目的实施过程中，政府一直居于主导地位。改造后的工业景观不应仅作为被展示的景点而存在，还应承载多代单位人关于文化遗址和城市的记忆、情感和认同。为此，政府必须平衡好文化遗产再利用中的经济效益、社会效益与环境效益三者之间的关系，主动让位于民、让利于民。只有在确保社会效益与环境效益的前提下讲经济效益，才能真正带动老工业基地的整体复兴。

其二，社会参与提振居民复兴信心。与美国俄亥俄州东北部地区相似，英国中部老工业城市在复兴中也面临经济衰退导致的社会隔离与矛盾激化问题，这不仅影响社会秩序的稳定，也致使居民对区域复兴丧失信心。因而，英国中部地区采取的内生发展战略将社会参与放在突出地位，引导居民在公共参与过程中获得更多成就感。从结果上看，居民的社会参与不仅在一定程度上扩充了城市综合复兴的资源类型和规模，如利物浦市对民间文化遗产的发掘也激发了老工业城市的社会活力，再如休姆区的城市更新行动和伯明翰市的发展伙伴计划。除前文所述以共享的文化符号驱动集体行动外，社会活力还表现在规模巨大且成熟的社会组织力量上。无论是在伯明翰市的工业园模式还是利物浦市的文化兴市战略，抑或是曼彻斯特市的城市综合复兴实践中，社会组织都展现了强大的社会动员能力，甚至利物浦市还将社会组织视为动员广大青年人参与文化活动的主要推动者。人民群众是历史的创造者，东北振兴亦应坚持以人民为中心的发展思想，尊重人民的首创精神，通过壮大社会力量激发人民群众参与地区复兴的热情和信心。

其三，增长不是发展的唯一目标。国内外学界一直对老工业基地是否实现了复兴有所争议。有观点认为，包括英国中部地区在内的诸多世界著名老工业基地虽然实现了产业结构的转型，但至今仍未重现历史上的辉煌景象，其经济规模与增速、人口规模、劳动力人口占比等指标并未达到危机前的水平。但是，其复兴实践表明，经济发达、规模庞大的城市对青年人的吸引力在下降，低生活成本、慢节奏、多样化休闲生活等非经济要素正成为衡量城市宜居水平及其对青年人吸引力的重要标准。换言之，随着发展理念的转变，我国东北老工业基地振兴的目标也应被重新界定。

第三节　社会市场经济体制下的复兴之路
——以德国鲁尔区为例

在经历了经济大萧条的冲击和第二次世界大战的洗礼后，德国政府选择了社会市场经济模式，一种介于自由放任与计划经济之间的"经济人道主义"道路，为鲁尔区的复兴奠定了坚实基础。鲁尔区，凭借其雄厚的煤炭和钢铁资源，成为德国乃至欧洲的工业重镇。然而，随着全球能源结构的转型和市场需求的变化，鲁尔区遭遇严重的产业衰退，陷入了发展的困境。

面对挑战，德国政府、企业及民众携手合作，开始了长达数十年的复兴努力。从初期的传统产业改造，到后来的地区化发展模式，鲁尔区逐步实现了产业结构多样化和经济活力的重塑。特别是通过教育资源的充实、科研创新的推动以及工业遗产的再利用，鲁尔区成功转型为集高新技术产业、文化创意产业及绿色生态于一体的综合发展区域。这启示我们，区域复兴并非一蹴而就，而是需要政府、企业、社会等多方面的共同努力，以及在制度、教育、文化等多个层面的综合施策。

一、鲁尔区：社会市场经济模式下的经济奇迹

经历了 1929—1933 年的经济大萧条和第二次世界大战，德国民众开始反思和重新审视自由放任的资本主义及其带来的社会后果。面对苏联计划经济

在战争期间表现出的巨大号召力，德国社会各界开始思索一个问题：如何平衡自由和极权、市场经济和社会安全之间的关系？最终，德国政府选择了一条介于市场经济和计划经济之间的"经济人道主义"道路，即社会市场经济模式。

1947 年，阿尔弗雷德·缪勒-阿尔马克首次提出这一概念。他认为，社会市场经济是一种将市场经济和社会平衡有机结合起来的发展模式，它更加强调社会政策目标的实现。其实施者路德维希·艾哈德提出，社会市场经济，不是自由竞争和再分配的混合物，而是"把漫无限制的自由与残酷无情的政府管制两者之间长期存在的矛盾予以解决，从而在绝对自由与极权之间寻找一条健全的中间道路"[①]。20 世纪 80 年代，维利·克劳斯对它进行了系统概括。在他看来："社会市场经济是一种理想模式，是一种经济和社会政策的总体设计，其思想基础是把市场上的自由与社会平衡结合起来。社会市场经济的最高指导思想是经济效率（自由的市场力量发挥作用的结果）与社会平衡的结合、个人利益要与国民经济的整体利益一致起来。……从社会市场经济的内涵来看，它是试图在个性自由与社会公正、个人积极性与社会平等之间建立平衡。"[②]

简言之，社会市场经济是由社会和市场两种机制相互协调而产生的一种经济体制。其中，社会机制将增进全民的福祉作为经济活动的根本目的，并主张发挥国家对经济活动的监督和调节作用以保障社会公正；市场机制则强调不断提升的人民福祉是通过竞争和高效率的市场经济运作获取的，即只有市场竞争才能带来繁荣。他们认为，处于强大且主动的政府保护下的有序竞争能够培育进取精神，使市场主体将对利润的追求与为国民提供更加优质、优惠的产品和服务相结合，最终增进国民福祉。但是，国家和社会对无法参与市场竞争的弱势群体的保护既不是平均主义的，也不是福利国家式的。社会市场经济主张社会福利保障制度应遵循"适度"原则，即在不影响或不损

---

① [德] 路德维希·艾哈德：《来自竞争的繁荣》，祝世康、穆家骥译，商务印书馆，1983 年，第 8 页。
② 张泽荣：《德国社会市场经济理论与实践考察》，成都科技大学出版社，1992 年，第 22 页。

害市场经济的竞争性及其效率的前提下对弱势群体进行安全性保护。换言之，社会市场经济是自由与秩序的结合，二者互为条件，缺一不可。从第二次世界大战后联邦德国的恢复进程看，社会市场经济体制对促进经济发展、维护社会安定发挥了积极作用，推动了德国经济奇迹的产生。1948年，时任西战区经济管理局局长的艾哈德力排众议，坚定推进自由市场经济体制建设。他大力推进币制改革、废除价格管制和配给制，并辅以减免税收和为消费品生产提供原材料等举措。虽然经历了短暂的物价上涨，但到1950年，联邦德国的经济水平基本恢复至第二次世界大战前最高水平。

其中，鲁尔地区曾作为世界上最大的传统工业基地而闻名于世。它位于德国的北莱茵－威斯特法伦州，因区内煤炭资源丰富、水陆交通便利而发展出如埃森、多特蒙德、杜伊斯堡、杜塞尔多夫等许多闻名全球的工业重镇。鲁尔区自19世纪上半叶开始就进行了大规模的煤矿开采和钢铁生产，工业基础雄厚，产业链条完善。第二次世界大战后，在社会市场经济体制的帮助下，鲁尔区的工业生产得以快速恢复。20世纪50年代，处于鼎盛时期的鲁尔区已发展为欧洲最大的工业区，被称为"德国工业的心脏"。

二、协同共治：鲁尔区的复兴之路

20世纪60年代，由于世界能源结构巨变和国际市场对重工业产品需求量下降，作为鲁尔区产业支柱的煤炭和钢铁工业遇到前所未有的冲击。产业衰退及其引起的社会危机使鲁尔区陷入深深的发展困境之中。

在经济方面，鲁尔区长期以煤钢复合型大企业为主导的发展惯性和高度发达的重化工业基础设施，使得当地的经营和管理模式难以发生根本性转变。而在大型企业主导的行业垄断状态下，中小型企业利润空间狭窄，自主创新活力不强，最终增加了产业结构转型升级的阻力。在政治方面，政府利益和煤钢行业存在紧密的内部联系。为维护传统利益联盟，政府部门在转型早期仍坚持对传统产业给予强大的政治支持，幻想着传统煤钢企业能够在未来因国际市场形势的转变而重新焕发活力，进而导致区域内的生产要素的配置向煤钢产业倾斜，使鲁尔区错过最佳转型时间。同时，由于鲁尔区的工业城市分属三个行政区，且各行政区间缺乏沟通和对话，其内部发展规划的协同性较差。在文化方面，受制于传统煤钢工业对工人技术水平的较低要求及其衍生的知识结构转型困境，此时的鲁尔区智力资源严重短缺，在20世纪60年代前没有高等技术院校或大学落户于此，继而导致技术和产品研发缺少智力支撑。在生态方面，长期的重化工业生产导致经济发展和生态环境之间的矛盾日渐突出。1962年12月，德国爆发了严重的雾霾灾害，当时的逆温天气持续长达5天，长时间的有害物质聚集导致大量水生生物死亡和人员丧生。由此，随着传统产业结构弊端的逐渐显现，从20世纪60年代开始，鲁尔区传统工业开始进入衰退期，煤钢企业逐渐关闭，从业人数也随之下降。譬如，1957—1972年间，鲁尔区采矿业就业人数就从47万骤降至17万。[1]主导产业衰退导致了工作岗位消减，失业问题严重，社会稳定压力骤增。鲁尔区的失业率由1970年的0.6%上升至1987年的15.2%。为扭转鲁尔区的发展颓势，德国政府联合企业、民众等多元力量开启了长达40年的复兴之路。

（一）1968—1987年：传统产业的改造时期

在本阶段，受煤钢复合型企业长期繁荣的影响，人们普遍认为鲁尔区的产业危机是暂时的，并坚信下一波繁荣会到来，故而采取以防御为主的"再工业化"应对策略。它的基本思路是：在保持传统产业结构的前提下通过增加投资、扩大生产规模、提高生产能力来维持企业竞争力，以确保自身在下一个繁荣时期的竞争优势。甚至在20世纪60年代，大量企业仍在招聘外籍劳工以应对可能发生的劳动力短缺现象，并坚决抵制1967年出台的"煤矿区新工业化计划"。他们认为，该计划将挤占传统煤钢产业所享有的生产要素，并使自身在未来产业竞争中处于不利地位。然而，联邦和州政府的态度截然不同，认为必须通过产业结构调整才能实现鲁尔区的再度繁荣。

---

[1] 任保平：《衰退工业区的产业重建与政策选择——德国鲁尔区的案例》，中国经济出版社，2007年，第103页。

一方面，联邦和北莱茵－威斯特法伦州（以下简称北威州）政府均通过制定相应的政策法律和加大投资力度支持鲁尔区的转型发展。譬如，1968 年，北威州政府出台了《鲁尔发展纲要》，主张通过改建、合并等形式对炼钢厂和煤化工厂等高耗能、高污染企业进行改造。1969 年，联邦政府制定了《改善地区结构法》，还编制了促进地区发展的五年行动计划，通过加强基础设施投资和鼓励私人投资等方式帮助衰落的老工业基地改善经济增长环境，提高发展效率，最终实现国内各地区平衡发展。同年，鲁尔煤业公司成立，并收购了部分私营煤矿企业，关闭了低效矿井，全盘实现采煤机械化，进一步提高了采煤效率。1966—1976 年间，联邦政府分期拨付了共 150 亿马克资金，用于支持鲁尔区煤矿改造工程。1979 年，联邦政府与各级地方政府及工业协会、工会等有关方面联合制定《1980—1984 年鲁尔行动计划》，着力推动区域内有优势的新兴产业发展，并成立"鲁尔土地基金"和"州发展协会"以解决相关企业机构的用地问题。

另一方面，教育设施更新是本阶段德国政府关注的另一焦点。为解决地区智力资源短缺的问题，1962 年，鲁尔区建起第一所大学——波鸿鲁尔大学，它是第二次世界大战后德国新建的第一所大学。到 21 世纪初，波鸿鲁尔大学有 3.7 万名学生和近 500 名教授。波鸿鲁尔大学建立后不久，高校如雨后春笋般在多特蒙德、埃森等城市涌现，使得鲁尔区逐步发展成欧洲大学最密集的经济区和产学研结合效果最好的地区之一，尤其是在高新技术和通信产业。

然而，在旧的产业结构和利益格局影响下，地方政府利用各种政策工具维护煤钢复合型企业的利益，如限制进口石油和煤炭的使用、阻止大型煤钢复合型企业退出市场、拒绝为新兴企业提供土地等。大量的政府投资最终流入了以煤钢企业为主的传统行业，数控机床、计算机辅助设计、通用信息模型等新技术也优先运用于煤炭、钢铁等传统产业中，而新兴产业的发展则因缺少资金、土地、技术创新等关键要素的支持而受到压制。换言之，在本阶段，大量的要素投入并未引起鲁尔区经济结构发生质的改变，甚至发展困境不断加深。1970 年，鲁尔区的失业率与北威州和联邦整体水平基本持平。但到 1987 年，鲁尔区失业率高达 15.2%，比北威州与联邦同期分别高 4.4% 和 6.8%。

概言之，本阶段联邦政府和州政府从经济、法律、制度等方面为鲁尔区的转型提供了保障，创造了转型的有利环境，并通过优化基础设施、出台优惠政策和加大资金支持来引导鲁尔区转型，对全区的综合开发起了重要作用。然而，深刻的制度路径依赖使得联邦和州政府的诸多举措在落实过程中逐渐扭曲。这既与地方发展的路径依赖有关，也是由于统一的地方政府缺失导致政策落实缺乏支点。换言之，发展项目的落实无法离开其所在地区的社会环境，否则，再完美的发展项目也可能失败。

（二）1987 年至今：地区化发展模式的形成

由于煤钢复合型企业主导的传统产业结构转型缓慢且煤钢产业不断萎缩，鲁尔区的发展危机终于在 20 世纪 80 年代爆发，最终引起人们对新发展模式的渴望和关注。此外，随着"鲁尔煤矿区聚落联盟"（Siedlungsverband Ruhrkohlenbezirk，SVR）更名为"鲁尔城市联盟"（Kommunalverband Ruhrgebiet，KVR），该组织的规划权限和职责范围也逐渐扩大，为区域发展政策在地方的落实提供强有力的支撑，最终推动综合区域发展条件差异的"地区化"发展模式逐渐获得各方共识。

1987 年，北威州政府提出"煤矿地区未来倡议"（Zukunftsinitiative Montanregionen，ZIM），标志着新发展模式的开启。该倡议将鲁尔区划分为 6 个地区，每个地区独立对本区发展政策负责。同时，它还规定州政府应加大对各地区内生发展项目的支持。而后，德国政府着手实施"欧盟与北威州联合计划"，其主要目的就是充分发挥区内不同地区的区域优势，在不同地区形成各具特色的优势行业，实现产业结构的多样化。此外，为加快科研成果转化，鲁尔区建立一条始于多特蒙德市，经过波鸿市、埃森市、哈根市，终到杜伊斯堡市的技术创新基地带，使全区的核心科教资源均可与主要经济区域联系。上述政策的实施有效激活了各地区发展活力，既解决了区域内部产业结构同质化带来的风险，也促使各地区充分挖掘自身资源优势，降低了转型成本。例如，多特蒙德市依托地区内众多的高校和科研机构，大力推动软件业作为地区经济支柱；杜伊斯堡市发挥其港口优势，逐步发展成为区域贸易中心，并建立了"内河船运博物馆"；埃森市则凭借其广阔的森林和湖泊，将建设区域休闲和服务中心设为发展目标。2002 年，鲁尔城市联盟发布《鲁尔前景——鲁尔区结构政策项目》倡议，提出了"优势强化"原则。该战略认为，作为新发展模式的关键要素，优势产业的发展依赖于区域内多元主体基于产业链建立的互动网络，因此，如何有效促进区域内政府、科研教育机构、生产企业、商业服务机构，以及不同地区之间的合作，直接关系鲁尔区发展前景。

　　针对生活环境恶化对本地居民生活质量的影响，1989 年，鲁尔城市联盟还制定了区域综合整治和复兴计划以对全区 17 个城市进行综合整治和改造。在此过程中，工业遗址的综合治理与当地居民在转型发展中的失落感相结合，使工业遗产开发成为鲁尔区文化产业的一张名片。以埃森市为例，左菲埃矿区，即埃森市设计中心的前身，曾经是世界上规模最大、功能最全、产量最高、建筑最美丽的矿区。2001 年，左菲埃矿区被联合国教科文组织纳入世界文化遗产目录。次年，北威州政府在欧盟的资助下将其改造成一个集人才培育、设计创作、作品销售为一体的国际性的设计中心。从 2004 年起，设计中心每五年举办一次世界设计论坛，届时世界上顶级的设计公司可以在此展示它们的设计作品、交流设计经验，而且中小型设计公司也可以通过论坛外的各类研讨会进行技术交流。[1] 此外，社会力量的参与为该市发展特色旅游业创造了条件。为发展工业遗产旅游项目，鲁尔文化基金会利用自身收藏的 48 万张鲁尔区工业发展史图片资料开设展览，当地居民身体力行地将废弃的厂井和炼钢厂改造成博物馆、将废弃的煤渣山改造成室内滑雪场，每年可吸引近 500 万的旅游者前来参观。[2]

　　1998 年，鲁尔城市联盟在综合全区主要的工业遗产旅游景点的基础上

---

① 任保平：《衰退工业区的产业重建与政策选择——德国鲁尔区的案例》，中国经济出版社，2007 年，第 108 页。

② 范晓君：《双重属性视角下的工业地遗产化研究》，辽宁人民出版社，2017 年，第 185 页。

设计出著名的"工业遗产旅游之路"（Route Industriekulyur，RI）。该线路全长 400 公里，经过杜伊斯堡市、埃森市、哈廷根市、多特蒙德市等 15 个城市，穿越莱茵河、鲁尔河、埃姆斯河等区内主要河流，包括 25 个主要景点（其中有 6 座国家级的工业技术和社会史博物馆）、14 个鸟瞰全景的观景制高点和 13 处典型的工人村。同时，还设计了 25 条专题游览线路，并配置了统一的视觉识别符号、宣传手册和官方网站。此外，为强调人与自然的融合，该线路还设置了约 700 公里长的自行车专用路线，鼓励游客通过骑行方式进行游览。①"工业遗产旅游之路"的设计和实施，象征着鲁尔区工业遗产旅游开发迈入新阶段，即由零星景点的独立开发阶段走向了一个形成区域性旅游目的地的战略时期，为传统工业城市更新改造和工人社区复兴带来新机遇。

三、内生发展：鲁尔区经济复兴对东北振兴的启示

经过多年的努力，鲁尔地区的产业结构、生态环境和居民生活质量发生根本性转变。但国际和国内学界对鲁尔区成功转型仍有不同观点。一些学者认为，鲁尔区尚未从经济衰退的局势中走出来。这是因为，鲁尔区产业转型过程中存在严重的路径依赖现象及其带来的锁定效应，抑制了区域创新精神，使鲁尔区的制度创新和产业重建陷入无效率的状态。②鲁尔区的经济表现也支持这一观点。到 2018 年，鲁尔区的经济增速仍低于德国其他地区，而失业率也高于德国整体水平。尽管如此，我们仍然可以从鲁尔区的转型实践中发掘以下经验：

（一）制度变革必须根植于社会基础

社会市场经济体制对鲁尔区在过去百余年间的经济兴衰发挥着关键作

---

① 韩福文、佟玉权、王芳：《德国鲁尔与我国东北工业遗产旅游开发比较分析》，《商业研究》2011 年第 5 期。

② 任保平：《衰退工业区的产业重建与政策选择——德国鲁尔区的案例》，中国经济出版社，2007 年，第 133 页。

用。在社会市场经济体制下，政府是协调市场和社会关系、平衡地区发展格局的重要机制。由此，面对鲁尔区的经济衰退，德国政府积极通过修缮法律法规、加大财政支持和税收优惠等手段支持鲁尔区的产业结构调整，继而实现地区平衡和对边缘群体的社会保护。德国政府自20世纪60年代便开始充实鲁尔区的智力资源，到20世纪80年代，鲁尔区虽然经济表现持续恶化，但已成为欧洲大学密度最高、产学研结合最好的工业区。正因如此，传统的煤炭和钢铁企业才能够通过与科研机构、相关企业之间的密切合作增强重化工业企业转型发展的创新驱动力。同时，联邦和州政府还为煤钢复合型企业转型提供了丰富的优惠政策和资金支持，为鲁尔地区平稳转型提供了坚实基础。不仅如此，德国政府还充分利用当地丰富的工业遗产、高效的水陆空运输系统和强大的现代信息技术助推地区特色旅游业等新兴产业的崛起。同时，区域综合治理项目还有效改善了地区的生活环境，满足人力资本丰富的中产阶层的生活需要，人才吸引力得以提升。

鲁尔区的转型经验也启示我们，若脱离了具体的社会情境，制度变革对地区发展的引领作用将无从谈起。在20世纪60年代的鲁尔区，人们仍对传统煤钢产业的再次繁荣抱有希望，尚未就产业转型升级的迫切性达成共识；大型煤钢复合型企业与地方政府、科研机构的合作网络稳固，新兴产业崛起困难重重。胡琨认为，整个鲁尔区的发展模式已被以煤钢产业为核心的垂直一体化所塑造，其存在的功能、智识和政治三种锁定效应阻碍了转型目标的实现。[①] 因此，联邦和北威州政府虽然给予鲁尔区大量的要素支持，但地区固有的思想观念和利益结构导致扶持政策收效甚微。而到了20世纪80年代，随着发展理念的转变和预期的繁荣迟迟未到，基于地区资源禀赋差异和社会文化特色的差异化发展模式得到了广泛的支持。时至今日，虽然大型企业仍然在地区产业网络中发挥强有力的作用，当地政府也更倾向于与大企业沟通和合作[②]，但鲁尔区的产业结构和生活质量已然发生根本改善。这意味着老工

① 胡琨：《德国鲁尔区结构转型及启示》，《国际展望》2014年第5期。
② 陈铁军：《区域经济系统演化的机制和规律》，云南大学出版社，2008年，第181—183页。

业城市和地区的复兴之路并不存在所谓的"标准模式"，煤钢产业、大型企业、固有的政企合作网络及其带来的所谓的"锁定效应"也并非导致鲁尔区经济衰退的元凶首恶。当其适应新的生产方式后，重化工业、大型企业也能够重新焕发活力。概言之，虽然政府在全球老工业城市或地区的复兴中扮演着至关重要的角色，但只有充分考虑老工业基地社会基础的复兴战略和扶持政策，才能获得成功。

（二）相对独立的社会机构凝聚地区复兴共识

从社会资本角度看，鲁尔区具有明确的小群体意识，即对内部人合作和对外部人排斥并存，这使人际信任范围具有明显的边界。小群体意识阻碍了区域内部各级政府、自治机构、企业、社会组织之间合作网络的建立。鲁尔区虽位于北威州境内，但在行政上隶属州内三个不同的行政实体。三个行政区之间缺少共同体意识和合作精神，很少从整体出发共同协商制定发展规划。可以说，鲁尔区下辖的各个城市之间，竞争胜于合作。[1] 因此，地方政府、行会组织、企业、科研机构和公益组织等各类地方主体在落实州政府提出的发展政策时，彼此间的理解差异和观念分歧难以通过协商、对话、信任等方式达成一致，最终导致彼此间的矛盾深化和政策落实周期的延长。

鉴于此，北威州政府利用 1920 年成立的"鲁尔煤矿区联盟"作为结构洞，重塑地区合作网络。该联盟起初为解决《凡尔赛条约》所涉及的 20 余万煤矿职工安置问题而成立，亦长期致力于强化鲁尔区的地区认同感。正是它的第一任主席罗伯特·施密特提出了"鲁尔区"的范畴，使其第一次成为一个独立的空间规划主体。自 20 世纪 60 年代以来，北威州议会逐渐赋予联盟以更多规划权限，使其逐渐摆脱煤矿行业联盟桎梏，发展为地区城市联合体。2004 年，"鲁尔城市联盟"（KVR）更名为"鲁尔地区联盟"（Regionalverbands Ruhr，RVR）。2019 年，该联盟还通过市民直接选举产生了鲁尔议会，来共同决定鲁尔区所执行的发展项目，成为鲁尔区唯一合法的沟

---

[1] 陈铁军：《区域经济系统演化的机制和规律》，云南大学出版社，2008 年，第 190 页。

通平台。目前，鲁尔地区联盟不仅能够在该地区行使国家区域规划的职能，还是鲁尔区众多资产和发展项目的所有者和管理者。鲁尔地区联盟的存在使得鲁尔区成为一个统一的政治实体，在区域层面落实转型发展政策成为可能。对于我国东北地区而言，其区域一体化建设不仅在于东北三省一区政府的协同合作，还要在东北地区营造一种"我们共同的东北"的共同体意识。

第四节　全球老工业基地复兴的社会力培育经验及启示

无论是与我国东北地区同纬度的美国俄亥俄州东北部地区，还是更高纬度的德国鲁尔区和英国中部地区，老工业基地的区域复兴模式展现出惊人的相似性：一是充分利用当地保留的科研力量，推动传统制造业向资本密集型的高端制造业转型；二是在保存、修复废弃建筑物的基础上更新城市空间，使现代服务业成为引领地区经济的新动能。经济的增长必然会吸引人口的再次聚集，继而使地区发展活力得以恢复。以英国中部地区为例，有观点甚至认为，曼彻斯特市等老工业城市的衰退在国际环境、资源禀赋和产业结构上与德、法等国无本质区别，主要诱因还是传统产业的衰退。[①] 基于此，他们认为，欲实现东北振兴，必须突破其对传统制造业和计划经济的依赖；认为只有发展高端制造业和现代服务业，东北才能摆脱当前的经济困境。因而，任何向单位、计划、农业、集体等传统要素回归的思想都成为被批判的对象。但是，上述老工业基地的复兴经验表明，仅仅依靠经济要素调整实现区域复兴是难以实现的，我们需要将社会力的视角带入复兴政策的探讨之中。

首先，我们必须正视老工业基地自身的社会基础和条件，采用差异化的区域复兴思路。正如波兰尼所说，"人类的经济是浸没在其社会关系之中

---

① 赵儒煜、杨振凯：《传统工业区振兴中的政府角色与作用——欧盟的经验与中国的选择》，吉林大学出版社，2008年，第43页。

的"①。同一经济干预在不同地区的实施能否获得成功，与该地区的文化信仰、权力运作、社会制度等都有着密不可分的联系，而不能完全归因于各种资源要素的影响。即便闻名世界的市场经济也只有在市场社会中才能运转。上述地区发展经验表明，无论是俄亥俄州东北部还是英国中部地区，抑或是德国鲁尔区，老工业城市的成功转型均归功于基于自身的社会生态所采取的不同发展路径，而早期将老工业地区视为整体而采用统一的外部干预举措最终多以失败告终。更有甚者，在英国曼彻斯特市休姆区，当外部干预举措有悖于本地居民偏好时，这些旨在推动地区复兴的政策便会成为社会排斥和失序的导火索。因而，对于我国东北振兴而言，要充分尊重地区差异性和主体性，将老工业城市视为一个独立的社会系统，深入其发展历史之中，发掘促进高质量发展的社会条件，而非简单地将东北视为一个有待改造的客体，试图通过现代经济要素的植入和增长解决区域复兴问题。

其次，要打破对经济发展速度提高、数量增长、规模扩大等发展主义指标的盲目崇拜。一方面，发达国家在 20 世纪后半叶以来逐渐显露的社会发展危机，如社会分裂、民粹主义抬头等，均表现出经济无限增长的不可持续性。既然经济增长在满足人类生存需要后不再是发展的唯一目标，那么，老工业基地振兴也不应被等同于经济振兴。譬如，如今的曼彻斯特市、利物浦市虽然经济规模尚未恢复危机前的辉煌，但都凭借相对偏低的生活成本、多元的文化活动、舒适的生活环境和友好的社会氛围吸引厌倦了大城市忙碌生活的年轻人定居于此。另一方面，上述三地的振兴经验也表明，老工业城市不仅可以凭借自身的社会优势实现经济振兴，还能够利用社会特质引领区域高质量发展。通过发掘本地文化资源和动员广泛的社会参与而兴起的创意文化产业在上述三地老工业基地复兴中的重要作用，以及基于智力共享网络发展出的高新产业集群，都体现了社会结构特征对区域经济转型模式的影响。这启示我们应立足于以人民为中心的发展思想，重新审视东北振兴的内涵，

---

① ［英］卡尔·波兰尼：《大转型：我们时代的政治与经济起源》，冯钢、刘阳译，当代世界出版社，2020 年，第 46 页。

用和谐共存替代财富增长作为区域振兴的终极目标。这并非是说经济增长不再是东北振兴的发展目标，而是说经济指标的改善应是东北高质量发展的前提。发展仍是东北振兴的第一要务，但除此之外，我们还要考虑发展的全面性和平衡性。

再次，要充分发挥社会参与对区域发展的推动作用。在社会力视角下，区域复兴是社会成员共同努力的结果。在上述三地的复兴过程中，以地区繁荣为己任的积极居民及其组成的社会组织在重塑地区发展信心、丰富发展资源、为创业者提供社会联系等方面均发挥了重要作用。而鲁尔地区联盟更是得到了地方政府的授权，在区域发展政策的协商和制定、落实等环节积极扮演决策者、协调者和监督者角色。他们以实现"我们共同的未来"为己任，对内身体力行地向全体社会成员提供发展资源，凝聚"明天会更好"的共同信念；对外则积极保持与政府、科研机构、企业等的联络，积极扩展地区发展的资源网。又如休姆区所展示的那样，推动其改变居住环境的不是物质上的贫困，而是因个人权益被忽视、被相对剥夺而造成的不公平感和失落感。随着居民在塑造自己家园的事务中获得更多发言权、决定权和认可，他们逐渐恢复了对城市再次繁荣的信心和对美好生活的期待。由此，我们认为，东北地区也应通过社会赋权，动员具有强烈地区归属感的居民参与地区公共事务。在此过程中，本地所拥有的文化资源，如彰显辉煌历史的集体记忆及其物质载体，不仅可以为参与者的集体行动提供机会和媒介，也能使社会认同感在共享符号和价值的分享中得以提升。在相对完善的共享规范体系及其衍生的社会信任基础上，信息的流动和共享成为可能，最终促进经济效率的提升。

也就是说，当我们超越经济视角而将社会因素纳入分析后，可以发现，老工业基地的振兴绝非仅是经济问题，其发展目标和方式深受其所嵌入的社会结构的影响。东北地区，作为由相对独立又彼此关联的城市和乡村所组成的社会系统，必然依据本地居民在生活安全、社会赋权、社会凝聚和社会包容等维度的基本条件和发展需要的差异而采取不同的振兴策略。与此同时，东北地区，作为中国式现代化的重要组成部分，其发展历程与前景也必然与中国式现代化进程密切相关。如前所述，从经济的"高速增长"到社会的"高质量发展"，体现了我国的发展是人作为发展主要推动者和发展成果主要享受者这一主体地位不断凸显的过程。起初，中国的整体发展模式在一段时间内亦显现出浓厚的发展主义色彩。特别是20世纪后半叶，"GDP至上"取向使部分政府将经济增长视为头等大事，招商引资、企业壮大、生产规模扩大等指标成为工作绩效考核的重中之重。新中国成立之初，东北地区凭借相对完善的工业基础设施和充足的自然资源成为国家经济增长的中心。在全国上下的全力支持下，政策资金、科研力量、劳动力与物资等要素资源迅速向东北地区聚集，使其一度成为众人向往的发达地区。但是，过度的经济开发导致东北地区生态破坏、环境污染、资源枯竭等风险开始显露。改革开放后，制度转型与原有风险叠加共同导致东北经济失速。在发展主义影响下，经济增长迟缓使东北地区从公认的发展"优等生"骤然跌落为发展的"问题生"，这也成为东北振兴研究的起点。在过去20年间，东北经济增速的起落使人们对东北经济发展迟缓的认识逐步发生转变，从单一的要素投入逐渐转向体制机制、产业结构、文化传统与品格等多个维度，东北地区也因此被印上"凋敝""衰落""保守"的问题标签。然而，随着我国发展阶段和发展理念的转变，特别是在社会力视角下，我们该如何看待东北地区和东北振兴？

第四章

发展主义思潮中的东北振兴：政策源流与逻辑

　　老工业基地复兴的全球经验表明，老工业基地的转型并非一蹴而就，而是区域内多元治理主体、内部和外部力量在不断变化的经济社会条件下共同探索与奋斗的过程。我国东北地区自 20 世纪中叶开始，凭借丰富的自然资源和雄厚的工农业基础，为国家经济建设做出了巨大贡献。然而，在改革开放后，随着经济结构的调整和国际环境的变化，我国东北地区面临着产业转型、环境污染、人才流失、下岗失业等多重挑战。为此，党中央启动了东北振兴战略，旨在通过一系列政策措施促进东北地区的全面复苏与发展。

　　过去 20 年的东北振兴历程实质上是东北地区顺应中国式现代化的条件、理念和动力的深刻变革而持续调整和改革的过程。然而，一些人深受发展主义思潮的影响，过度关注东北经济增长，把东北振兴战略理解为以促进经济发展为核心目标的经济增长战略。而党的十八大以来，随着中国式现代化内涵的不断丰富，东北振兴被赋予新的意涵，发展的全面性、均衡性、协调性和持续性不断凸显。这需要我们跳出经济去看东北地区和东北振兴，充分发掘区域高质量发展的社会优势。

第一节　中国式现代化进程中的东北全面振兴

早在新民主主义革命时期，以毛泽东同志为核心的第一代中央领导集体就曾在党的七届二中全会上确立了我国的现代化目标，即把中国由落后的农业国转变为先进的工业国。新中国成立后，毛泽东发出了"现在我们能造什么"[①]之问；第一届全国人民代表大会决定建设现代化的"工业、农业、交通运输业和国防"，描绘出国家安全、人民幸福的美好生活图景。在中国式现代化的探索期，东北地区凭借其前期积累的产业优势和苏联援建的外部优势成为工业化的"先头兵"。

1979 年，邓小平主张要辩证地看待资本主义制度在各国实践中的经验和教训，首次提出要"走出一条中国式的现代化道路"[②]。它与发展主义所构建的现代化路径的区别，既表现在对现代化建设的全面性的强调，即以"把我国建设成为富强、民主、文明的社会主义现代化国家"为发展的总目标，也表现在其对发展模式的本土适应性的重视。譬如，受我国经济发展水平所限，解放和发展生产力是本阶段现代化的核心目标，邓小平所提出的"三步走"战略也突出了经济增长的重要地位，以解决迫在眉睫的温饱问题。东北地区为全国其他地区的经济积累输送了大量的资源、原材料、生产设备和大型装备。

1993 年，社会主义市场经济体系的建立进一步激发了全社会参与经济建设的热情，经济现代化进程全面开启。一方面，从区域发展格局上看，我国逐渐形成了"沿特区—沿海—沿江—沿边"[③]的对外开放和区域差异化发展格局，以东部沿海地区率先发展带动国民经济水平整体提升和迅速融入国际市场。在此过程中，东北地区为全国其他地区的经济积

---

① 薄一波：《若干重大决策与事件的回顾》，中共党史出版社，2008 年，第 204—206 页。

② 邓小平：《邓小平文选》第二卷，人民出版社，1994 年，第 163 页。

③ 姚鹏、孙久文、鞠晓颖：《我国区域经济发展格局：回顾、现状与展望》，《区域经济评论》2015 年第 5 期。

累输送了大量的资源、原材料、生产设备和人力资本。然而，区域经济
发展格局的改变也使东北持续发展所依靠的总体性制度安排、区位、产
业和技术等传统优势大大削弱，转型压力逐渐上升。另一方面，经济体
制改革和全国公共市场的建立改变了宏观经济结构，私营经济逐渐成为
区域经济竞争的重要支撑。受"GDP 至上"的考核倾向驱动，一些地方
政府直接参与微观经济活动，实际上成为一个"包容若干产业的大公司
董事会"[①]。在国家主导改革和社会自发变革的双重作用下，城乡非国营
经济逐渐释放活力，成为区域经济增长的新引擎。大部分国有企业并未
因放权而趋于自主，国企数量、规模及其对地方经济的重要性也大大降
低。这一时期，对于国有经济发达的东北地区而言，经济增速的持续下
滑引起社会对东北问题的关注。

　　在市场转型时期，伴随经济指标的飞速增长，贫富差距拉大、贪污腐
败、环境污染等问题逐渐显露。以收入不平等为例，研究表明，自 20 世纪
80 年代初以来，我国基尼系数逐年上升，长期高于国际警戒线。[②] 随着社
会问题增多及其带来的维护稳定压力推动中国现代化理念的转变，发展的
全面性、协调性和可持续性越来越成为衡量东北经济社会建设成效的重要
指标。由此，东北振兴作为一项旨在统筹区域发展的国家战略而被提出，
其核心目标在于通过全方位的市场化转型促使东北地区摆脱经济和社会发
展困境，最终实现区域均衡发展。如图 4-1-1 所示，受国家大力支持与资
源要素大量投入的影响，东北三省经济迅速恢复，甚至地区生产总值增速
在 2008—2013 年间高于全国平均水平。同时，由于东北振兴战略因经济
增速下滑而起，经济增速也成为过去 20 年间学界和社会评价政策成效的核
心标准，继而近年来东北三省经济表现低迷也使东北地区深陷"振而不兴"
的质疑。

① 李克军：《县委书记的主政谋略》，广东人民出版社，2014 年，第 62 页。
② 李培林：《我国改革开放以来社会平等与公正的变化》，《东岳论丛》2020 年第 9 期。

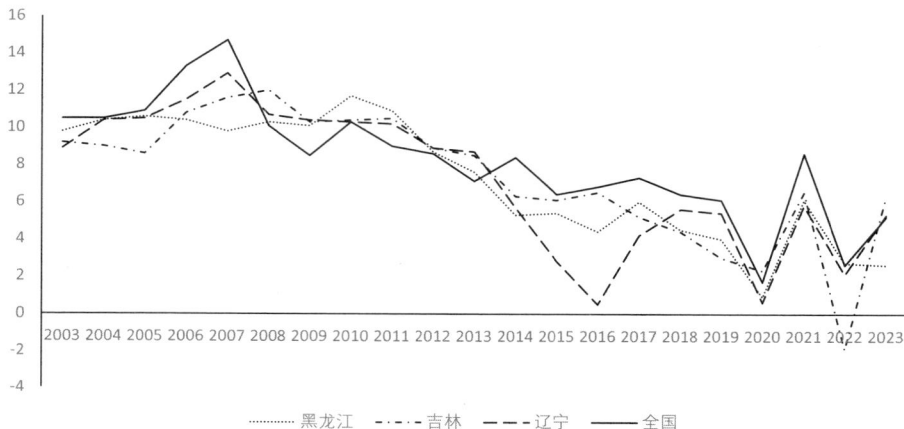

图 4-1-1　2003—2023 年东北三省地区生产总值增速变动图（单位：%）
数据来源：国家统计局。

党的十八大以来，经济新常态、新发展理念、社会主要矛盾转变、高质量发展等一系列论断的提出昭示着我国发展阶段与发展理念的转向。2012 年，党的十八大把生态文明建设列入社会主义现代化建设总体布局之中。2014 年，习近平总书记首次提出"经济新常态"概念，标志着我国经济高速增长阶段的结束与经济发展理念的转向。2015 年，习近平总书记在党的十八届五中全会上正式提出"创新、协调、绿色、开放、共享"的新发展理念。2017 年，党的十九大报告进一步提出，我国社会主要矛盾已经转化为人民日益增长的美好生活需要和不平衡不充分的发展之间的矛盾。伴随社会主要矛盾的变化，党的十九届五中全会更是明确把"推动高质量发展"作为"十四五"时期经济社会发展的主题。这表明，"以 GDP 论英雄"的发展主义思想遭到批判，任何单一的经济指标都无法全面反映发展成果，更无法准确衡量发展质量。

党的二十大明确提出，深入实施区域协调发展战略、区域重大战略、主体功能区战略、新型城镇化战略，优化重大生产力布局，构建优势互补、高质量发展的区域经济布局和国土空间体系。[①]党的二十届三中全会审议通过的

---

① 习近平：《高举中国特色社会主义伟大旗帜　为全面建设社会主义现代化国家而团结奋斗——在中国共产党第二十次全国代表大会上的报告》，《人民日报》2022 年 10 月 26 日，第 1 版。

《中共中央关于进一步全面深化改革、推进中国式现代化的决定》强调，要健全推动西部大开发形成新格局、东北全面振兴取得新突破、中部地区加快崛起、东部地区加快推进现代化的制度和政策体系。支持东北地区等老工业基地全面振兴，有利于推进我国经济结构战略性调整、提高我国产业国际竞争力，有利于促进区域协调发展、打造新经济支撑带，有利于优化调整国有资产布局、更好发挥国有经济主导作用，有利于完善我国对外开放总体布局、维护国家粮食安全、打造生态安全屏障。

可见，随着社会主要矛盾的转变，区域协调发展所追求的目标正由"量的积累"转向"质的飞跃"，由追求规模与速度转向创新驱动、协调发展，通过高质量、本土化、差异化发展策略的实施实现人民对美好生活的向往成为未来中国区域发展的归依。在此背景下，新时代东北振兴也从老工业基地脱困转向新发展理念指导下的全面振兴。

第二节 东北的辉煌历史和东北振兴历程

新中国成立后，工业化建设的迅速推进既使我国实现了从一穷二白到经济崛起的历史性跨越，也造就了计划经济体制下东北的辉煌时代，东北成为此阶段中国经济社会发展的典型代表。然而，受到根深蒂固的发展主义思潮影响，人们对东北辉煌的记忆停留在经济效益的突飞猛进和生产规模的一枝独秀上，对"东北现象"的关注也发端于经济增速放缓。

一、1978 年及以前：外力嵌入下的迅速崛起

历经康乾盛世，人口剧增导致的生存压力迫使中原农民越过柳条边墙，"闯关东"悄然兴起。清朝中后期，随着大批农民迁入关外，东北农业空前发展，东北区域从半游牧半渔猎社会转向农业社会。到 18 世纪中期，东北地区人口在 100 万人左右，比一个世纪前翻了一番；而到了 20 世纪初，东北人口

已接近 2000 万人。

清末民初，东北地区因优渥的资源条件被列强觊觎，外力入侵加速了东北工业体系建设。1898 年，沙俄攫取了东北的铁路修筑权。1905 年日俄战争爆发，俄国战败后将权利让渡给日本，后者开始修筑南满铁路。九一八事变后，日本控制了东北地区，将其作为资源掠夺地，利用当地劳动力疯狂开矿修路、伐木建厂。上述侵略行为打下了东北地区工业化的初步基础，客观上推动了东北从农业社会向工业社会转型。到新中国成立时，东北三省工业产值已经占到全国的 80%，形成了以哈尔滨市、长春市、沈阳市、大连市为代表的多层次城市体系。产业兴旺导致人口暴增，1949 年东北人口约 3854 万人，比 20 世纪初几乎翻了一番①，其中专业技术人才和工业劳动力占比甚高。

新中国成立后，由于工业基础雄厚和资源优势明显，东北地区迅速成为国家重工业基地。"一五"时期，苏联援华的 156 个项目有三分之一落户东北。在举国支持下，人才、资源、技术等生产要素向东北地区聚集，推动诸如汽车、能源、木材、化工等一批制造业发展，并带动高等院校、科研院所等科研设施建设。②直到 1978 年，东北三省经济持续高速增长，被冠以"共和国长子""老大哥"等称号。然而，此阶段国家布局的工业生产以资源开采、原材料加工等低端制造业为主，产业附加值不高，企业飞地属性明显，对地区发展带动力有限，这些都为后来东北地区的经济衰落埋下了隐患。

二、1979—2002 年："东北现象"的逐步凸显

20 世纪 80 年代以来，随着国家对外开放的深入，东南沿海地区依靠引进国外技术设备和进出口贸易迅速崛起，而东北地区产业优势逐渐弱化。计

---

① 邴正：《振兴东北与振兴东北文化》，《社会科学战线》2004 年第 5 期。
② 李清均：《新时代东北振兴战略：本质、机理与路径》，《哈尔滨工业大学学报（社会科学版）》2020 年第 3 期。

划经济时代，东北企业在指令性的生产压力下，重产品数量轻附加值，对技术改进、设备更新重视不够，难以与积极引进国外先进技术的东南沿海企业竞争。同时，作为主导产业的重化工业占据大量生产资源，导致东北新兴产业发展起步晚、速度慢，高新产业缺位明显。本阶段，东北经济增速逐渐被东南沿海省份追平甚至超越，并引起党中央的注意。实际上，1985 年《东北经济区经济社会发展战略纲要》已涉及东北产业振兴、体制机制改革、生态环境改善等问题，说明中央已意识到东北经济衰退的风险。遗憾的是，当时的发展规划仍追求短期效益改善，希望走出一条"投入少、见效快、效益高"的发展道路，与技术密集产业发展的高投入、高风险等特征相左，没能从根本上解决东北的经济隐患。

1990 年以后，社会主义市场经济体制的确立使东北和东南沿海地区经济发展差距进一步扩大。东北经济发展困境愈发明显，产生了"东北现象"。1990 年，东北三省的工业产值增长率均位于全国倒数五位。1991 年，新华社刊发《东北现象引起各方关注》一文，使东北经济发展问题引起全国关注。该文指出，东北经济衰退不仅表现在企业经济效益下降、经营困难，也体现为下岗工人规模庞大，沉重的社会保障压力使政府背负沉重负担，经济改革步履维艰。

进入 21 世纪后，农业领域对外开放程度扩大使国外农产品涌入中国市场，导致国内农产品积压，农民增收困难。在东北，农业生产成本高、质量不佳等问题使其农产品竞争优势下降，粮食积压严重。新华社 2002 年《"铁杆庄稼"积压严重，"新东北现象"引人关注》一文将东北地区在农业领域的困境归纳为"新东北现象"。

三、2003—2013 年：东北振兴的"黄金十年"

如图 4-1-1 所示，21 世纪初，黑、吉、辽三省地区生产总值增速与全国平均水平相近，与"一五"计划期间"领跑全国"表现大相径庭。东北经济增长迟滞使振兴东北提上政策议程。2003 年，中共中央和国务院发布《关于实施东北地区等老工业基地振兴战略的若干意见》，标志着东北振兴战略的正式实施。2004 年 1 月，国务院振兴东北地区等老工业基地领导小组成立；随后，有关培育东北经济新优势的政策文件相继出台。

本节选取国务院、国家发改委等部门在 2003—2013 年公开发布的 13 份政策文献（见表 4-2-1）进行词频分析。[①] 如图 4-2-1 所示，"发展"一词出现频率最高（2.16%[②]），"东北"一词次之（1.32%），这表明所选取文献的恰当性。本阶段，振兴政策制定主要围绕经济建设展开，"产业""企业"等词汇出现频率较高，分别占 1.18% 和 0.88%；此外，"基地"（0.96%）、"资源"（0.69%）、"城市"（0.71%）、"工业"（0.67%）、"农业"（0.60%）等亦频繁出现。这说明，本阶段东北振兴围绕老工业基地经济发展展开，主要针对资源枯竭、工农业发展缓慢等问题。此外，除了"合作""技术""改造""创新"（0.56%，0.52%，0.46%，0.45%）等经济调整外，"生态""社会"（0.46%,0.43%）等词出现频率也较高，"保障""保险"和"民生"等词与"社会"高度相关。可见，本阶段东北振兴战略的根本关切在于区域经济发展问题，旨在缓解改革开放后工农业发展问题以及引发的一系列社会危机。

表 4-2-1　2003—2013 年中央关于东北振兴政策文献一览表

序号	发布年份	名称
1	2003	关于实施东北地区等老工业基地振兴战略的若干意见
2	2004	印发 2004 年振兴东北地区等老工业基地工作要点
3	2005	国务院关于同意东北地区厂办大集体改革试点工作指导意见的批复

---

① 本章的词频分析均以国务院、国家发改委等部门公开的相关文件采用 NVIVO 软件进行分析，不包括不公开文件。但碍于篇幅所限，文件清单、停用词列表、分析结果等详细内容不予展示，如有需要，请联系作者索要。下同。

② 此处的百分比是指该词语在文件内容中的占比，下同。

序号	发布年份	名称
4	2005	国务院办公厅关于促进东北老工业基地进一步扩大对外开放的实施意见
5	2007	东北地区振兴规划
6	2009	关于进一步实施东北地区等老工业基地振兴战略的若干意见
7	2009	国务院 2009 年振兴东北地区等老工业基地工作进展和下一阶段重点工作安排
8	2010	关于加快转变东北地区农业发展方式　建设现代农业指导意见
9	2011	2010 年振兴东北地区等老工业基地工作进展情况和 2011 年工作要点
10	2012	东北振兴"十二五"规划
11	2012	国务院关于东北振兴"十二五"规划的批复
12	2012	2012 年振兴东北地区等老工业基地工作进展情况和 2013 年工作要点
13	2013	黑龙江和内蒙古东北部地区沿边开发开放规划

图 4-2-1　2003—2013 年中央关于东北振兴战略政策文献的词频分析

在本阶段，针对东北地区的系列投资项目和优惠政策与工业发展周期性红利释放相互支撑，共同创造东北振兴的辉煌成绩，因而本阶段被称为东北振兴的"黄金十年"。如图 4-1-1 所示，2007—2013 年，东北三省的地区生产总值增速均高于全国平均水平。经过 10 年调整，东北地区企业经过改组、技术和设备更新而重新焕发活力，工业发展明显。然而，对东北三省全要素生产率的比较研究发现，本阶段东北经济增长主要由国家投资推动，经济增长过度依赖要素投入，不利于地区经济的可持续发展。

值得一提的是，上述政策文件都聚焦经济指标的变化，这种"经济至上"的评价倾向虽抓住了东北振兴战略的"牛鼻子"，即破解东北经济增长困局，但社会发展维度被忽视了。

四、2014—2017 年：经济新常态下的新一轮东北振兴

随着经济发展进入"新常态"，东北经济增长率于 2014 年开始再次下滑（见图 4-1-1）。2015 年，新华社《事关全局的决胜之战——新常态下"新东北现象"调查》一文使"新东北现象"引发热议。学界普遍认为，该现象是中国整体经济进入增长速度换挡期、结构调整阵痛期、前期刺激政策消化期"三期叠加"状态的缩影。[1] 然而，相比其他地区，东北地区经济受到的冲击更明显。究其原因，这和东北地区自身经济社会环境密切相关，学界从社会、文化、人口等维度出发解释东北经济增速骤降。"体制机制说"认为，上一阶段东北地区的经济繁荣掩盖了体制机制问题，即计划经济影响根深蒂固，路径依赖阻碍市场机制发育。"结构失衡说"认为，在东北经济结构中，重化工业、传统产业和国企经济占据过多生产资源，对服务业、新兴产业和民营经济的挤出效应明显，最终导致经济发展动能缺失。"人口外流说"将经济增速下滑归因于人口红利的过早消失，即东北严格的计划生育和大量人口外流导致人口老龄化严重，经济活力下降。[2] "文化保守说"则将衰退归因于东北文化或东北人品格问题。他们认为，长期安逸富足的生活使东北人逐渐淡忘勇于开拓进取、吃苦耐劳的闯关东精神，依附心理、安于现状的懒惰习

① 魏后凯：《东北经济的新困境及重振战略思路》，《社会科学辑刊》2017 年第 1 期。
② 陈耀、王宁：《新常态下振兴东北需要再造新优势》，《党政干部学刊》2016 年第 3 期。

性不断凸显，导致其经济转型步履维艰。

　　与学界解释维度多样化相似，本阶段振兴政策设计也强调从政治、技术、产业结构等多维度培育经济增长动能。本节选取 2014—2017 年间国务院等政府网站公开的 9 份相关政策文献进行词频分析，详情如表 4-2-2 所示。

表 4-2-2　2014—2017 年中央关于东北振兴政策文献一览表

序号	发布年份	名称
1	2014	国务院关于近期支持东北振兴若干重大政策举措的意见
2	2015	关于促进东北老工业基地创新创业发展打造竞争新优势的实施意见
3	2016	东北振兴"十三五"规划
4	2016	国务院关于东北振兴"十三五"规划的批复
5	2016	关于推进东北地区民营经济发展改革的指导意见
6	2016	中共中央　国务院关于全面振兴东北地区等老工业基地的若干意见
7	2016	国务院关于深入推进实施新一轮东北振兴战略 加快推动东北地区经济企稳向好若干重要举措的意见
8	2016	关于开展东北地区民营经济发展改革示范工作的通知
9	2017	东北地区与东部地区部分省市对口合作工作方案

　　如图 4-2-2 所示，"发展"和"东北"仍然是出现频率最高的词汇（2.14%，1.79%），说明文件选取恰当。一方面，有别于上一阶段政策设计，"创新"（1.11%）和"合作"（0.97%）取代"城市"和"基地"成为本阶段政府振兴政策的着力点。国家从搭平台、强基础、育文化、重转化、促合作、优服务、集资本等多个方面共同发力促进东北地区发展思路向依靠创新驱动的发展模式的转变。同时，"机制""服务""民营""创业""投资"（0.51%，0.49%，0.45%，0.44%，0.38%）等词汇出现频率也明显提高。这意味着东北振兴既要通过农村和企业制度改革以提升地区市场化水平，也要充分利用自

身产业与资源优势推动产业结构转型升级。另一方面，"资源"（0.44%）"服务"等仍为高频词汇，但其含义转变明显。除上一阶段频繁提及的"资源型城市转型"外，本阶段与"资源"高度相关的还有"人力资本""政府服务""优势资源""资源配置""服务业"等词。本阶段发展模式的转型从"城市"（0.52%）高频词内涵的丰富也可见一斑。2003—2013 年间，"城市"聚焦于资源型城市产业转型和通过基础设施优化完善城市功能；在本阶段，"城市"还包含以中心城市为核心的"东北地区城市群建设"要求。这表明，本阶段东北振兴战略仍然聚焦经济增长，强调基于上一阶段的发展成效推动地区发展逻辑向市场经济模式的进一步转型。它主张以创新创业驱动经济增长，以制度改革激发转型活力，通过体制机制改革、经济结构调整、技术创新升级等多领域调整培育市场经济发展新动能，解决困扰东北经济持续增长的深层次体制机制和结构性矛盾。

图 4-2-2　2014—2017 年中央关于东北振兴战略政策文献的词频分析

五、2018 年至今：以维护国家安全为使命的东北全面振兴

2018 年 9 月，习近平总书记在沈阳主持召开深入推进东北振兴座谈会，进一步明确新时代东北振兴的使命，强调，东北地区是我国重要的工业和农业基地，维护国家国防安全、粮食安全、生态安全、能源安全、产业安全的

战略地位十分重要，关乎国家发展大局。^① 这意味着，从维护国家安全维度形成对国家重大战略的坚强支撑力，取代国内生产总值高速增长，成为本阶段东北全面振兴的核心要义。

本部分选取了 2018—2023 年间国务院等中央部门公开发布的 8 项相关政策文件和习近平总书记重要讲话精神，详情如表 4-2-3 所示。与前两阶段不同，本阶段现有公开政策文献多局限于特定领域，如黑土地保护等，缺少对东北振兴举措的全面阐释。为避免特定领域文本对词频分析结果的影响，笔者针对非专门性政策文献进行了词频分析，结果如图 4-2-3（a）所示。

表 4-2-3　2018—2023 年中央关于东北振兴政策文献一览表

序号	发布年份	名称
1	2018	国家林业局关于从严控制矿产资源开发等项目使用东北、内蒙古重点国有林区林地的通知
2	2018	习近平在东北三省考察并主持召开深入推进东北振兴座谈会时强调　解放思想锐意进取深化改革破解矛盾　以新气象新担当新作为推进东北振兴
3	2020	东北黑土地保护性耕作行动计划（2020—2025 年）
4	2020	习近平在吉林考察时强调　坚持新发展理念深入实施东北振兴战略加快推动新时代吉林全面振兴全方位振兴
5	2021	国务院关于东北全面振兴"十四五"实施方案的批复
6	2022	东北森林带生态保护和修复重大工程建设规划（2021—2035 年）
7	2023	东北地区旅游业发展规划
8	2023	习近平主持召开新时代推动东北全面振兴座谈会强调　牢牢把握东北的重要使命　奋力谱写东北全面振兴新篇章

① 《习近平在东北三省考察并主持召开深入推进东北振兴座谈会》，https://www.gov.cn/xinwen/2018-09/28/content_5326563.htm。

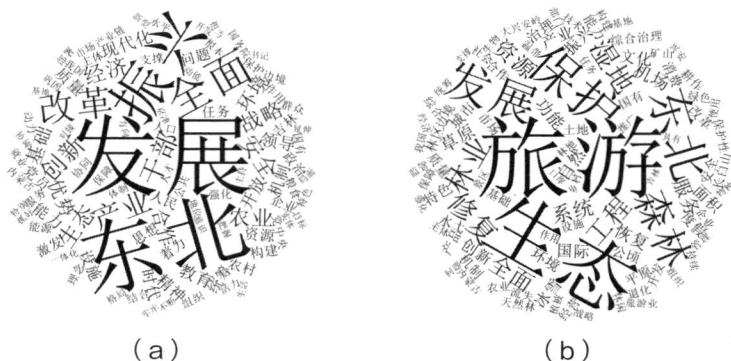

（a）　　　　　　　　　　（b）

图 4-2-3　2018—2023 年中央关于东北振兴战略政策文献的词频分析

如图 4-2-3（a）所示，"发展"和"东北"是出现频率最高的词汇（2.80%，2.56%），说明文献选取恰当。一方面，与前两阶段类似，"改革"（1.04%）和"产业"（0.80%）高频词仍然指示东北振兴的基本特点，即以改革激发转型活力、以产业转型摆脱经济困境，但具体思路有所不同。其一，"优势"（0.48%）高频词表明，本阶段东北全面振兴应充分利用自身的区位、科教、生态、旅游、资源等优势构建现代化产业体系。其二，"教育"（0.40%）高频词不仅表明人口高质量发展对东北全面振兴的重要支撑作用，还意味着应通过学习教育提升党的领导干部素养和优化政治生态，最终促进体制机制等深层次矛盾的解决。另一方面，"安全""全面"高频词的出现成为本阶段东北振兴政策的新特点。"安全"（0.64%）、"战略"（0.56%）强调东北振兴对维护国家战略安全的重要作用，如"对接国家重大战略需求""战略支撑作用""战略安全"等。"全面"（1.28%）高频词则表示本阶段党中央对东北振兴的全面性与"准确全面贯彻新发展理念"的要求。在图 4-2-3（b）中，"全面"（0.50%）高频词还强调对生态环境治理与恢复的全面性、彻底性的要求，并与左图中"农业""生态""环境"等高频词内涵相一致。这表明在维护国防安全、粮食安全、生态安全、能源安全、产业安全（"五大安全"）使命中，生态安全及与此相关的粮食安全等问题已率先在具体政策层面予以体现。

概言之，自 2003 年东北振兴战略实施以来，东北三省政府围绕经济发展不断推进改革走向深入，通过破除阻碍现代经济增长的一切因素实现地区经济赶超目标。[①]东北振兴政策变迁过程表明，政府对东北振兴的关注和认知因东北经济增长危机的显现而走向深入。换言之，东北振兴实质上是发展主义对中国区域发展战略影响的体现。[②]在发展主义影响下，人们对东北振兴的认识和分析也呈现明显的唯经济论倾向，即简单地将东北发展问题等同于区域经济赶超问题。已有研究主张通过调整产业结构、推动技术创新、扩大对外开放等经济改革提振东北经济，但这些经济改革的后期表现均不尽如人意。

相应地，面对经济调整低效，学界和社会一些人的归因也从主张经济结构改革转向质疑东北文化、制度甚至东北人，形成一种全面唱衰的大众舆论和心理机制。不可否认，东北社会存在一些与现代生产方式不相适应的特征，但它们是不是限制东北地区发展的关键因素，则与如何理解"发展"有关。当我们把发展目标理解为经济社会协调发展和人的全面发展时，对东北振兴的认识就不再局限于经济指标改善，而是在国家发展战略整体格局中，结合区域实际和优势追求经济社会协调发展。因此，东北地区超越发展主义对经济增长的迷恋，采用优势视角探求适合自身的振兴之路就格外重要。

第三节　迈向高质量发展的东北振兴

从国家层面看，伴随我国经济发展阶段和社会主要矛盾的转变，东北地区发展经历了 2003—2013 年的迅速恢复阶段、2014—2017 年的结构转型阶段

[①] 蔡昉：《从比较优势到规模经济——重新认识东北经济》，《学习与探索》2019 年第 9 期。

[②] 田毅鹏、康雯嘉：《作为发展命题的"东北现象"——"东北现象"研究三十年》，《开放时代》2019 年第 6 期。

和 2018 年以来的全面振兴阶段。面对国家政策的调整和发展情境的变化，东北地区在政策执行过程中具有什么样的特征？面临怎样的困境？

一、经济脱困：2003—2013 年东北地区政府工作特征

学界普遍认为，东北振兴战略的提出源于东北地区在计划经济模式向市场经济转型过程中出现的经济失速现象。2003 年，中共中央、国务院印发的《关于实施东北地区等老工业基地振兴战略的若干意见》将东北发展面临的问题归结为市场化程度低、所有制结构较单一、产业结构调整缓慢、社会保障和就业压力大、资源型城市主导产业衰退等。换言之，在当时看来，"东北现象"因经济体制转变而生，只要解决东北经济增长问题，其他困难也将迎刃而解。如图 4-3-1 所示，"经济"（1.11%）、"增长"（0.79%）、"社会"（0.79%）成为本阶段地方党政工作的重中之重。具体而言，本阶段东北振兴主要聚焦以下三个方面：

图 4-3-1　2003—2013 年东北三省政府工作报告的词频分析

一是转向，即从计划经济模式向市场经济模式的体制机制改革。政府通过制度改革引领地区发展是中国式现代化的重要经验。分析显示，除强调科技创新外，"创新"（0.32%）高频词还包含了发展思路、观念和方法的转变以及体制机制创新。此外，"改革"（0.59%）高频词主要包括产权制度、管理体制、财税体制、产权体系等事项。这表明，本阶段制度改革的核心目标是去

除政府管理体系中不适合市场逻辑的内容。换言之，本阶段东北振兴是通过改革创新实现从单位社会向市场社会的整体性转型过程。

二是脱困，即摆脱经济增长困境。东北三省均将东北地区等老工业基地振兴战略的实施视为重大政策机遇，积极以战略实施统领区域发展规划、吸引域外资金、争取优惠政策，实现经济脱困。分析显示，"促进国民经济较快增长"成为地方政府追求的首要目标。就实现方式而言，东北三省党委和政府主要通过转变经济增长方式、调整产业结构、优化发展环境等手段改造老工业基地。本阶段，他们下大力气引进工业"项目"（0.51%），支持服务业和新兴产业发展，提升地区产业竞争力。此外，"农村""农业"（0.61%，0.35%）高频词汇表明，东北地区所追求的经济增长具有城乡并重的特征。对于东北地区而言，现代化转型具有工农并重的特征，其农业现代化发展不仅具有广袤的黑土地、较高的劳动生产率等差异性优势，还面临维护国家粮食安全的政治需要。

三是生存，即解决人民生活困难，维护社会安全稳定。新中国成立后，工业化建设的迫切性使东北部分工业企业建设早于城市基础设施建设，这些企业在自身发展的同时承担了城市化的责任，造就了东北城市"总体性社会"特征。20世纪90年代以来，企业经济收益的下降导致城市居民的日常生活和城市基础设施运转面临巨大的经济压力，居民生活质量难以保障。分析显示，随着部分国有企业破产倒闭，"国有企业下岗人员"成为政府重点关注的对象，其"再就业""社会保险""劳动争议""住房"等基本生活问题直接关系社会稳定，"企业分离办社会""社会保障""社会治安""社会保险""社会稳定"成为"社会""保障""稳定"等高频词汇的核心内容。

可见，本阶段东北地方政府工作与国家政策要求基本一致，即千方百计促转型、保民生。对比图4-2-1和图4-3-1可以发现，"发展""经济""产业""改革""社会""城市""农业""服务"成为国家振兴政策和地方政府工作的共享关键词。

二、结构转型：2014—2017 年东北地区政府工作特征

2014 年，东北地区经济增速骤然下跌，使学界和社会对东北区域发展成效的质疑甚嚣尘上，经济新常态下的新一轮东北振兴随之启动。破解体制机制市场化转向和产业结构转型升级中的深层次矛盾成为国家和东北地方政府相关政策关注的焦点。如图 4-3-2 所示，如何通过培育新动能、优化制度环境等方式促进经济增长是东北三省政府关注的核心议题，"产业""企业""经济""增长"（0.72%，0.70%，0.70%，0.63%）等词频繁出现。

图 4-3-2　2014—2017 年东北三省政府工作报告的词频分析

一方面，经济发展目标从千方百计促增长转向协调发展。在本阶段，经济发展仍是第一要义，但不再是脱困导向。文本分析发现，与上一阶段不同，本阶段"发展"（1.67%）高频词突出可持续、绿色、科学、协调等要求，"增长"高频词覆盖率较上阶段下降 0.16 个百分点。这意味着虽然经济指标的增长仍然是东北三省政府关注的重点，但其发展理念正逐渐从发展主义转向新发展主义，可持续发展逐渐成为东北振兴的关键特征。具体而言，其一，东北三省政府继续借助重点"项目"和"工程"建设等传统方式吸引生产要素聚集。其二，对科技创新、自主创新的强调以及"合作"（0.30%）成为新增高频词表明，本阶段东北经济发展逐步摆脱主要依靠项目投资拉动经济增长的发展老路，科技创新、对外开放与合

作逐渐成为驱动东北经济发展的新引擎。然而，与图4-2-2相比，"创新"（0.47%）、"合作"、"创业"等关键词的覆盖率和内容丰富度都相对偏低。以"创新"为例，尽管其内涵既包含鼓励和支持科技创新，也关注体制机制、金融服务等发展软环境的创新，但东北三省政府的做法具有一定的局限性，较少体现国家政策中所包含的创新文化培育等内容。其三，"生态"（0.25%）、"环境"、"社会"（0.43%）、"人民"等高频词显示，东北地区对传统文化、自然资源等优势资源的开发并不是发展主义唯经济增长、"竭泽而渔"式发掘，而是以人民为中心的经济、社会、生态等多领域的协调发展。

另一方面，市场化改革走向深入。如果说上一阶段改革的目标是建立市场经济体制使东北地区"进入"市场，本阶段市场化改革的核心便在于通过调整政府和市场关系使东北地区"融入"市场。"支持"（0.30%）高频词意指政府支持企业发展与合作、科技研发活动、重点项目建设等经济活动。换言之，与先前所描述的作为企业集团的政府不同，东北政府努力扮演好市场活动的支持者、服务者角色，企业等市场主体成为经济发展"主角"。此外，政府还是市场环境的监督者和建设者，"改革"（0.76%）、"服务"（0.39%）、"环境"等高频词汇显示，面对"投资不过山海关"困境，本阶段东北三省着力推进行政审批制度等行政体制改革，打造市场化、法治化、数字化营商环境，增强市场主体在东北投资兴业的信心。整体上讲，本阶段东北地方政府致力于通过"改革"和"创新"转变经济发展方式，但改革的深度和广度仍有较大的提升空间。

三、高质量发展：2018年至今东北地区政府工作特征

2017年10月，党的十九大首次提出"高质量发展"，标志着我国经济发展阶段的转换。学界虽然对其定义和指标体系有不同的见解，但均认为高质量发展聚焦发展的"质的提升"。已有研究认为，发展质量的评估应以"满足人民日益增长的美好生活需要"为根本目标，以新发展理念为指导思想，覆

盖经济社会发展的各个领域与市场经济的各个环节。[1]它不仅涉及微观层面的产品和服务质量，也包含宏观经济结构和效率的优化。经济高速增长阶段向高质量发展阶段的转向，就是经济发展目标、价值、结构和动力从基于交换价值的商品规模的增加转向基于使用价值和质量合意性的发展质量的提升。在高质量发展阶段，发展价值的多维性、质量评估的主观性和区域环境特征的差异性指示出我国各地区区域发展模式差异化的可能性。如前所述，维护"五大安全"政治使命和"东北振兴是全面振兴、全方位振兴"等命题的提出，标志着东北地区明确了基于经济高质量发展支撑国家重大战略布局的新发展方向。在此背景下，东北三省政府从维护国家安全破题，聚焦深化改革创新，致力于提升区域经济现代化水平。

一方面，以改革创新为动力的高质量发展。如图4-3-3所示，其一，相较前两阶段，本阶段地方政府工作重心保持一定的相似性，"发展"（1.66%）、"产业"（0.71%）、"经济"（0.64%）、"企业"（0.64%）、"改革"（0.60%）仍然是政府工作报告中出现频率最高的词汇。这说明，经济振兴仍然是东北三省政府工作的主题。需要注意的是，"改革"高频词显示，经过近20年的持续改革，东北三省改革任务依旧"艰难""繁重"。其二，"全面"（0.54%）、"深化"（0.29%）、"深入"（0.29%）等高频词表明，东北区域转型在前一阶段的基础上逐渐走深走实。以"农村"高频词（0.29%）为例，其内涵在经济脱困阶段侧重基础设施和公共服务改善、土壤环境治理和社会保障等的基础上还增加了"一、二、三产业融合""农村电商"等农业农村现代化相关内容。"环境"高频词（0.30%）在结构转型阶段突出"生态环境""发展环境""市场环境""法治环境"等内涵的基础上进一步明确了"营商环境"的关键地位。其三，"质量"也成为本阶段东北三省党委和政府工作的高频词（0.32%），标志着东北地区政府对经济振兴的注重走向追求质的有效提升和量的合理增长。

---

[1] 李金昌、史龙梅、徐蔼婷：《高质量发展评价指标体系探讨》，《统计研究》2019年第1期。

图 4-3-3　2018—2023 年东北三省政府工作报告的词频分析

另一方面，"安全"内涵被重新定义，成为东北振兴的重要使命。如图 4-3-4 所示，"安全"一词在 2006、2012—2014、2021—2023 年三个阶段出现频率较其他时期明显提高。2006 年，政府工作报告对安全的强调仅限于畜牧业、采矿业等关键领域的安全生产和居民饮水安全；2012—2014 年，随着各类安全事件频发，"安全"再次被频繁提及，内容扩展至关键行业和领域的安全生产、居民饮食用药安全和人身安全等多个环节。2021—2023 年，东北维护国家安全的战略定位以及近年来国际国内局势的变化，使本阶段"安全"的内涵超越了"个人安全"层次，将东北振兴置于维护国家安全的战略高度。文本分析显示，本阶段"安全"既包含食品药品、饮水、生产、燃气、社会治安等方面公众生活安全感的巩固，也突出粮食安全生长责任制、边境地区安全稳定等维护国家安全重大使命对东北经济社会发展方向提出的新要求。

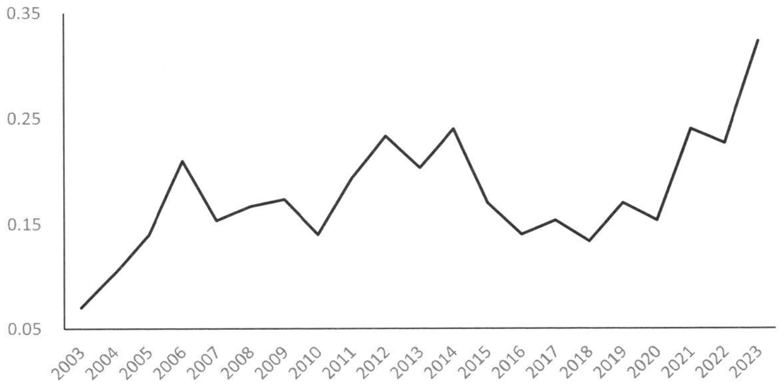

图 4-3-4　2003—2023 年"安全"高频词年均覆盖率变动趋势（单位：％）

也就是说，统筹发展与安全，成为本阶段东北地区政府工作的核心原则。虽然"安全"成为本阶段东北三省政府的重要责任和使命，但地方政府仍然以经济振兴为第一要义，试图通过全方位的变革实现现代化经济体系建设，以经济振兴形成对国家整体发展的强大支撑力。此外，虽然体制机制改革贯穿过去 20 年间东北振兴过程，但随着改革进入深水区，目前东北地区仍然面临巨大的改革压力。

四、小结：迈向高质量发展的东北全面振兴

改革开放初期，区域非均衡发展及其带来的追赶效应极大地改善了我国人民群众的生活质量，创造了后发展国家摆脱贫困的新模式。随着经济结构的转变和政策重心的转移，进入 21 世纪后，科学发展观的提出使得发展的全面性、协调性和可持续性得以重申，然而，在"以 GDP 论英雄"的发展主义思潮的影响下，东北振兴因经济增速放缓而生，其成效也因经济表现欠佳而备受争议。从危机应对角度看，在过去 20 年间，经济手段一直是推进东北振兴的关键举措，经济增长始终是评价振兴成效的核心标准。对比图 4-3-1、4-3-2 和 4-3-3 可以发现，东北三省政府的注意力始终聚焦于"经济""产业""企业""投资""增长"等物质性因素，并未因发展阶段和发展理念的转变而发生根本性变动。即便是在高质量发展阶段，东北地方政府在发展思想和话语上随国家发展理念的改变做出一定调整，但在发展主义思想指导下，经济振兴仍然是地方政府工作的核心任务。而面对经济指标增长迟滞和改革举措效果有限的困境，学界和社会在评价东北地区发展状况时充满"问题思维"，甚至形成一种全面唱衰的大众舆论和心理机制。

然而，经济增长从来不是东北地区发展的唯一目标，过去 20 年的东北振兴发展是东北地区面对中国式现代化发展的条件、理念和动力的深刻变革而进行的社会整体性转型过程。在计划经济时代，东北地区凭借自身的地缘位置、工业积累、资源禀赋等优势成为全国工业重地，为我国社会主义现代化

建设的迅速推进贡献巨大力量。而在市场经济转型过程中，随着自然资源枯竭、经济体制转型和国家发展布局调整，东北地区原有的国企和工业优势逐渐成为其经济社会可持续发展的负担，"东北现象"的提出使东北逐渐从发展的"老大哥"转变为"问题生"。2003—2013 年间，随着区域发展模式的转型，东北振兴战略的实施及其带来的要素资源的大量投入使东北在短期内摆脱了经济增长困境，有效降低了大规模失业等危机带来的社会稳定风险，但也为经济再次失速埋下隐患。2014—2017 年间，深化体制机制改革和产业结构转型被视为破解东北增长困境的关键，进而使"结构转型"成为新一轮东北振兴的主题，创新被视为解决增长问题的"钥匙"。之后，随着高质量发展理念的提出和习近平总书记多次视察东北地区，国家战略发展支撑力的提升成为新时代东北全面振兴的发展目标，发展阶段和发展理念的转变已赋予我们重新定义和思索东北振兴以新的历史机遇。2023 年 9 月，习近平总书记在视察东北时提出，要"加快形成新质生产力"。新质生产力的发展，不仅要求生产方式从有形资源消耗转向无形要素更新，还需要社会质量的全面提升为其提供强大支撑力。未来，我们应当以美好生活的实现为根本目标，重新审视东北振兴的发展前景，从社会、文化、生态等维度系统发掘区域高质量发展的社会优势，找寻东北全面振兴的发展自信。

第五章

东北振兴思路转换：从经济问题思维到社会优势视角

当我们以整体性视角理解发展时，衰退，作为与发展相对的概念，也不能仅仅以经济指标的下滑来界定。不可否认，经济衰退是区域可持续发展的危险信号，但经济衰退并不等于系统性发展危机的到来，也不意味着社会停滞。同样地，我们在寻求提振经济之法时也不应将视野局限于经济问题。目前，学界多以问题思维分析区域经济衰退的应对之法，即关注如何补齐区域经济、社会和文化的劣势和短板。实际上，这种问题思维源于病理学研究，认为只有解决和消除"问题"，个体成长、地区发展才能回归正轨。与经济问题思维不同，社会优势视角认为"问题"的存在只是暂时的、表面的、人为赋予的，人们可以激发自身优势和潜能予以化解。因此，它强调运用更积极的眼光看待区域发展危机，跳脱出经济的单一维度，从社会文化多元化视角激发地区优势和潜能。

第一节　发展主义与经济问题思维的生成

一、发展主义与经济问题思维

自 20 世纪 50 年代以来，发展主义虽然面临各种各样的质疑，但始终以经济的无限增长为目标，认为技术、人口特征、自然资源等非经济要素只有通过量化和货币化才能获得价值，继而实现可持续发展。对此，我国学者许宝强曾这样概括：

> 发展主义一个重要信念，便是认为经济增长比不增长好，快速增长又比缓慢增长好。这种将"发展"等同"经济增长"，再将"经济增长"等同美好生活的信念，本是特定的历史产物，但却被看作为普泛的真理，支撑着整套发展主义的话语，将丰富多元的人类需求和自然生态，约化成单一的向度，仅以经济指标来衡量。[①]

在发展主义指导下，"贫困""欠发达""落后"与"富裕""发达""先进"构成一个连续统的两端。前者被用于描述广大的第三世界国家，他们处于低收入、低增长的问题状态，深受贫穷所带来的饥饿、疾病、无知、肮脏等苦难的折磨。他们必须通过快速发展赶上先进国家或地区的步伐，继而实现美好生活。

其实，作为"问题"的贫困由来已久。例如，早在 17 世纪，英国就颁布了《济贫法》，对流浪汉、乞丐和无所事事者加以规训和约束。该法令将穷人分为无能力劳动者、有能力但不愿劳动者、希望劳动者和少年儿童，并规定教区应对无能力劳动的穷人予以救济、对有能力但不愿劳动者进行强制劳动、对希望劳动者予以帮扶、对贫穷的少年儿童加以培训。换言之，政府尽可能培养穷人的劳动习惯，使其自食其力。1722 年通过的《习艺所检验法》赋予习艺所为穷人提供职业培训的职能，此举不仅使穷人再难成为威胁社会稳定的风险，还使其成为社会生产力发展的重要力量。1834 年，新《济贫法》的颁布变更了旧法令中不符合资本主义生产方式的内容，通过拒绝救济有工作能力的穷人、规范习艺所运行模式、统一管理地方济贫工作、限制习

---

① 许宝强、汪晖选编：《发展的幻象》，中央编译出版社，2003 年，第 2 页。

艺所救济标准、允许穷人跨区域流动等方式削弱政府救济对穷人的吸引力，从而为工业生产提供充足的劳动力大军。在他们看来，穷人是无法获取基本收入的问题人群。贫困在相当程度上和一系列无法容忍的品质密切相关，如流动、漂泊、无知、爱好赌博、酗酒、懒惰、缺乏责任感等。因此，对贫困的管理就要从教育、卫生、道德、技术培训等维度对贫困人口进行全方位的干预，并引导其养成勤劳节俭、遵纪守法、崇尚健康、自我约束等方面的良好习惯。

参照贫困者的界定标准，国际社会对贫困国家的界定也采用货币标准，将其理解为所掌握的财富未能达到经济相对发达国家标准的国家和地区。贫困国家的诞生标志着贫困问题全球化的开启。1948 年，世界银行将年人均收入不足 100 美元的国家界定为贫困国家，这使得当时全球三分之二的人口被定义为贫困人口。2015 年，世界银行将贫困标准从 1990 年的日生活消费 1.25 美元提高至日生活消费 1.9 美元。这一标准的调整导致贫困人口骤增。更有甚者，国际机构进一步将与贫困相关的品质纳入贫困标准之中。例如，2019 年，联合国开发计划署发布了《全球多维贫困指数（MPI）2019》报告。该报告将贫困标准从传统的货币标准收入扩展至有关健康、教育和生活水平等领域的 10 个标准，包括营养状况、儿童死亡率、受教育年限、入学率、生活燃料、公共卫生、饮用水、电力、居住条件和资产。继而，在被调查的 101 个国家中，约 13 亿人（23.1%）处于多维贫困状态，其中，三分之二来自中等收入国家。[①]

同时，经济导向的贫困标准也揭示了解决贫困的唯一途径，即通过经济发展克服"贫困病"，实现国民收入的提高。1949 年，美国杜鲁门总统发表的"第四点计划"演说更使消减贫困成为包括发达国家在内的全世界的共同责任。他表示，贫困的持续终将会使发达地区的繁荣遭到反噬，因此，发达地区只有努力支持和帮助贫困者摆脱贫困，才能守护既得的成果。由此，发展

---

① United Nations Development Programme, Oxford Poverty and Human Development Initiative, *Global Multidimensional Poverty Index 2019*, US：AGS, 2019, p.1.

成为不言自明的真理和解决贫困问题的良方。

发展经济学为贫困国家的贫困治理开出诸多药方，其共同特点在于赋予物质发展以优先权，并设想社会和文化的进步将伴随经济增长而来。这决定了资本积累在各项解决方案中的重要性。与之相关的储蓄率、劳动生产率、技术进步等要素成为发展的关键词；而国内生产总值或国民生产总值，即一个国家或地区的年度货币流通量，成为评价发展成效或减贫成效的主要指标。

经过多年战争的摧残，20世纪中期的中国百废待兴。1949年，我国人均国民生产总值仅约23美元，人均国民收入只有16美元，远远低于1948年世界银行的贫困标准。因此，当时我国的发展规划与设计难以避免地以生存优先为导向，紧紧围绕经济恢复与增长展开，经济要素近乎占据发展的全部空间。譬如，毛泽东在1949年9月召开的中国人民政治协商会议第一届全体会议上提出，将领导全国人民克服一切困难，进行大规模的经济建设和文化建设。①1956年，党的八大报告提出，我国的主要矛盾是"人民对于经济文化迅速发展的需要同当前经济文化不能满足人民需要的状况之间的矛盾"。1981年，党的十一届六中全会更是进一步明确我国社会的主要矛盾是"人民日益增长的物质文化需要同落后的社会生产之间的矛盾"②。由此可见，对物质发展的追求贯穿了20世纪后半叶我国的经济社会发展史。在发展主义思潮影响下，以国内生产总值为代表的经济指标逐渐成为评价地区发展水平与前景的指向标。当地区经济指标下滑时，人们便理所当然地给该地区贴上"问题"的标签，并采用找问题、找病因的思路考察和分析地区发展现状。

二、经济问题思维下的东北振兴

东北现象和东北振兴战略提出的起因在于东北经济增速骤然下跌及其

---

① 中共中央文献研究室编：《毛泽东文集》第五卷，人民出版社，1996年，第348页。

② 中共中央文献研究室编：《改革开放三十年重要文献选编》，中央文献出版社，2008年，第212页。

引起的系列危机，经济问题的显露使国家在制定东北振兴战略时聚焦于东北市场经济转型。表 5-1-1 整理了过去 20 年间国务院发布的东北振兴战略关键文件中关于东北地区问题的表述。从中可见，在过去 20 年间，党和国家对东北地区问题的定位始终保持一致，即老工业基地在转型过程中面临的体制机制和结构性矛盾。这一问题定位使得党中央和国家、地方政府的目光聚焦于经济领域，基于问题解决的思路找寻东北地区可持续发展的可能路径。各级政府均在产业结构转型、体制机制改革、科技创新创业等方面付出诸多努力，"经济""改革""企业""产业"等一直是东北振兴的焦点。

表 5-1-1　部分东北振兴政策中关于东北发展问题的叙述

序号	年份	文件名称	问题表述
1	2003	关于实施东北地区等老工业基地振兴战略的若干意见	随着改革开放的不断深入，老工业基地的体制性、结构性矛盾日益显现，进一步发展面临着许多困难和问题，主要是：市场化程度低，经济发展活力不足；所有制结构较为单一，国有经济比重偏高；产业结构调整缓慢，企业设备和技术老化；企业办社会等历史包袱沉重，社会保障和就业压力大；资源型城市主导产业衰退，接续产业亟待发展。
2	2009	国务院关于进一步实施东北地区等老工业基地振兴战略的若干意见	东北地区等老工业基地体制性、结构性等深层次矛盾有待进一步解决，已经取得的成果有待进一步巩固，加快发展的巨大潜力有待进一步发挥。
3	2014	国务院关于近期支持东北振兴若干重大政策举措的意见	去年以来经济增速持续回落，部分行业生产经营困难，一些深层次体制机制和结构性矛盾凸显。

续表

| 4 | 2016 | 中共中央　国务院关于全面振兴东北地区等老工业基地的若干意见 | 东北地区经济下行压力增大，部分行业和企业生产经营困难，体制机制的深层次问题进一步显现，经济增长新动力不足和旧动力减弱的结构性矛盾突出，发展面临新的困难和挑战，主要是：市场化程度不高，国有企业活力仍然不足，民营经济发展不充分；科技与经济发展融合不够，偏资源型、传统型、重化工型的产业结构和产品结构不适应市场变化，新兴产业发展偏慢；资源枯竭、产业衰退、结构单一地区（城市）转型面临较多困难，社会保障和民生压力较大；思想观念不够解放，基层地方党委和政府对经济发展新常态的适应引领能力有待进一步加强。这些矛盾和问题归根结底是体制机制问题，是产业结构、经济结构问题，解决这些问题归根结底要靠全面深化改革。 |

在学界，和军和牛娟娟利用中国知网期刊数据库系统分析 1978—2017 年间关于东北经济的研究成果发现，"产业结构""区域结构""经济增长与发展"是相关研究的焦点，不同阶段研究热点则紧随国家政策的变化而转变。[①] 这也从侧面印证了既有研究中经济问题思维的存在。基于"找病根""找戒因"的经济问题思路，已有研究从多个维度探寻东北经济失速的原因。大部分研究与政策文件的观点相一致，认为东北经济失速的根源在于体制机制落后或产业结构失衡。

其中，"体制机制说"认为东北地区"落后"的根源在于市场体制和观念的发育迟缓。受计划经济影响，地方保护主义、产业结构条块分割、地方政府职能错位等问题使得东北经济行为具有明显的行政导向性、功利性、短期性和排他性特征，阻碍了市场经济一体化进程。以产业政策为例，分析发现，2003—2012 年间积极的产业政策确实在东北经济下滑时为其注入了活力，而后的经济失速更多在于政策效果的衰减以及政策设计的前瞻性、灵活性、系统性的不足。

"产业结构说"认为，2013 年后东北经济再次下滑的根源并非体制机

① 和军、牛娟娟：《改革开放以来东北经济研究演进分析》，《辽宁大学学报（哲学社会科学版）》2018年第 5 期。

制问题，而是产业结构失衡，体制机制固化不过是产业结构长期失衡的结果。[①] 例如，靳继东和杨盈竹分析发现，2003—2013 年间的东北振兴策略遵从以固定资产投资拉动为主的振兴战略政策模式。在固定资产投资占地区生产总值的比重、对地区生产总值贡献率未发生根本性变化的条件下，固定资产投资增速大幅下滑和长期"重型化"的产业结构导致了 2014 年前后的东北经济骤然失速。与此同时，以投资为主的振兴战略具有典型的政府主导型特征。政府通过为第二产业和国有企业注入大规模资金的策略，虽然在短期内有效拉动了经济增长，但也造成投资结构对民生保障和创新创业投入的"挤出"效应，以及在政府与市场的关系、国有企业改革、民营企业发展环境等领域的体制性、机制性改革缓慢等负面影响。[②] 魏建国从法治环境角度分析认为，东北问题是伴随当代中国流动经济的形成和地方竞争的出现而产生的，集中体现为以构建营商环境为代表的、适应流动经济发展需要的制度和文化迟迟未能重建，继而致使东北经济发展缺乏吸引力。然而，其根源在于以流动性为特征的市场经济发育不良，这阻碍了与之相匹配的现代法治水平的提升。[③]

然而，也有学者将体制僵化视为东北产业结构失衡的成因。譬如，赵昌文认为，"新东北现象"表现为经济增速和效益的明显下滑，而产生原因则在于因体制僵化导致的国有经济比重过高、历史包袱较重、民营经济欠发达等困境。体制僵化表现为市场在资源配置中发挥决定性作用的体制机制尚不健全、传统产业的发展困境与老工业基地的深层次矛盾尚未解决，以及新兴产业发展和新旧增长动力接续转换的土壤和环境尚不完备。[④]

此外，还有部分研究将东北经济振而不兴归因于国家发展格局的转变或

① 赵儒煜、王媛玉：《东北经济频发衰退的原因探析——从"产业缺位"到"体制固化"的嬗变》，《社会科学战线》2017 年第 2 期。

② 靳继东、杨盈竹：《东北经济的新一轮振兴与供给侧改革》，《财经问题研究》2016 年第 5 期。

③ 魏建国：《基于经济要素流动与东北地方法治竞争》，《社会科学辑刊》2018 年第 6 期。

④ 赵昌文：《对"新东北现象"的认识与东北增长新动力培育研究》，《经济纵横》2015 年第 7 期。

东北文化的滞后性。譬如，"区位优势说"认为，东北经济失速的原因可以归纳为经济活动密度和经济要素集聚程度的降低，这主要体现在产业、企业、企业家、人才、资金等经济要素的外流。2009—2018 年，黑、吉、辽三省私营工业企业、海外投资企业、国有控股工业企业三类市场主体的数量均出现明显下降。①造成这种下降的原因就在于国家发展格局转变导致的区位比较优势衰减。区位优势的变化通过降低交通可达性和市场潜能加速东北经济要素流失，最终导致经济失速。"文化缺失说"也在一定程度上赞同"体制机制说"的观点，但认为"东北现象"的成因在于东北现代文化人格的缺失。这不仅表现在东北人官本位意识强烈，缺乏对人性尊严、个性自由的尊重，也表现在东北人对人情关系和礼尚往来的过度重视，破坏了社会公平公正，增加了经济活动的交易成本。此外，"以农为本""以粮为纲"的经济发展理念致使乡村文化本位、农民意识等文化传统相伴而生，甚至还出现了"嘲讽都市""嘲讽现代""嘲讽知识分子"的反现代文化情绪。乡土本位文化和漫长的寒冷冬季也让东北人养成懒散、马虎、说得多做得少的劣质性格，"三亩地一头牛，老婆孩子热炕头"成为理想生活。②上述文化品格均与崇尚效率、公平、自由、理性、精确的现代市场文化格格不入，继而阻碍了东北融入现代市场社会的步伐。"人口外流说"则将经济增速下滑归因于人口红利的过早消失，即东北严格的计划生育和大量人口外流导致人口老龄化严重，经济活力下降。③

　　上述分析涉及东北经济社会生活的方方面面，从方法上看多采用理论分析方法。他们将个人、地区视为标准的"经济人"和经济单元，基于东北地区与东南沿海等发达地区的对比和发展理论的支撑，把地区间的差异视为东北地区振而不兴的原因，进而提出实现东北振兴的可能路径。实际

① 蔡之兵、张可云：《区位比较优势衰减、优势再造与政策含金量——东北振兴问题的本质与解决方向》，《经济纵横》2020 年第 6 期。

② 张福贵：《东北老工业基地振兴与东北现代文化人格的缺失》，《社会科学辑刊》2004 年第 6 期。

③ 陈耀、王宁：《新常态下振兴东北需要再造新优势》，《党政干部学刊》2016 年第 3 期。

上，此类研究既缺乏对东北历史和社会独特性的考量，也没能系统考察不同成因之间的关系及其对东北振兴的影响力大小。伴随东北经济增速的回落，学界和社会对东北振兴政策效果产生怀疑。已有研究采用不同方法评估了东北振兴政策对东北经济发展的作用。研究表明，虽然东北振兴政策在短时间内刺激东北经济增长，但对投资的过度依赖使振兴政策的长期效应并不显著，甚至起阻碍作用，使东北地区陷入政策陷阱。[①] 但也有分析认为，从长期看，经济新常态下新一轮东北振兴政策的积极效应在 2017 年前后开始逐步释放。因而，振兴政策体系的长效性对东北经济未来发展至关重要。[②] 换言之，在经济问题思维影响下，虽然学界和社会从不同角度探寻东北经济低迷的原因，但聚焦于经济手段的振兴政策成效始终有限。更令人费解的是，他们认为，未来东北振兴的实现依然要依赖这些经济手段的长期实施。

老工业基地振兴不应是一个纯粹的经济学问题。东北振兴不仅仅是经济振兴或区域经济赶超问题，更是东北人民发展信心的恢复与社会力量的振兴问题。英国中部地区、美国俄亥俄州东北部地区以及德国鲁尔区等老工业基地的确通过新旧增长动能转换实现经济复苏，但动能转换的实现所依赖的不仅是其坚实的工业基础，还有致力于地区复兴的丰富的社会组织及其关系网络的共同努力、高度的集体效能感和责任感等社会条件。从结果上看，虽然上述地区未曾恢复往日的经济辉煌，但也获得了大量青年人口的青睐。因此，虽然东北地区高质量发展面临一定的体制机制和结构性矛盾的制约，但我们仍然需要将东北振兴置于社会力视角下，将其理解为社会复兴的过程。

---

① 贾彦宁：《东北振兴战略的政策评估及提升路径研究——基于 PSM-DID 方法的经验估计》，《经济问题探索》2018 年第 12 期。

② 杨东亮、王皓然：《东北振兴政策效果的再评价——基于灯光数据和 PSM-DID 模型的分析》，《商业研究》2021 年第 5 期。

第二节　从经济问题思维转向社会优势视角

"经济增长只是发展的手段，而不是发展的最终目标。"[①] 从经济振兴到社会复兴的转变意味着发展理念的转型。当经济增长不再是发展的唯一目标或最主要目标，经济表现也就不再是衡量东北问题程度的唯一标尺，更不是全面否定东北的理由。在高质量发展框架下，任何一个地区都处于发展风险与机遇并存、问题与优势同在的状态。地区被视为一个由经济、政治、社会、文化、生态等子系统组成的有机体，任一子系统的危机解决都可以从其他子系统获得资源和力量。这就要求我们摒弃传统的疾病为本的经济问题思维，基于社会优势视角重新理解和诠释"东北""东北振兴""问题"等概念，找寻东北全面振兴的发展自信。

一、为什么需要社会优势视角

虽然发展主义遭到多种质疑和批评，但其衍生的根据经济指标的优劣评估发展状况的做法至今仍大行其道。在他们看来，经济指标的下滑意味着经济和社会的全面衰退。这衍生出一种经济问题思维：人们根据国家和地区的经济表现界定其是否陷入发展困境并剖析问题成因，而只有对症下药才能扭转经济增长的颓势，社会才能健康发展。

然而，将经济低迷或贫困问题化、危机化的做法，本身是国际秩序维持自我再生产的手段，而与发展本身的意涵或贫困人民的发展意愿无关。"欠发达""贫困"之所以成为"问题"，是因为第二次世界大战后国际政治争斗和秩序维续的需要。20 世纪中期以来的发展研究以解决发展问题来支持新兴国家建设，本质上是西方发达国家对新兴民族国家（即第三世界国家或贫困国家）实施政治控制的手段。他们采用现代化理论向第三世界输入西方式的思想观念，运用资本和科学技术的力量消除落后的生产方式和文化传统，进而

---

① ［秘鲁］托莱多：《共享型社会》，郭存海译，中国大百科全书出版社，2016 年，第 117 页。

维护其主导的国际政治经济秩序。当前发展的"唯经济论"倾向持续盛行便是资本主义经济体制发展的结果。资本家对货币化的剩余价值和竞争优势的无限追求决定，只要资本主义经济体制仍然主导世界经济，发展主义指导的发展模式和经济问题思维就将在现实中一直持续。克莱夫·汉密尔顿称之为"增长拜物教"（growth fetishism）[1]。

时至今日，发展内涵的多维性和发展目标的多元化已成为国际共识。譬如，联合国开发计划署公布的《1996年人类发展报告》曾提出五种"有增长而无发展"情况：（1）无工作的增长（jobless growth），指经济增长没有带来就业率的同步增长；（2）无声的增长（voiceless growth），指经济增长没有促进民主与自由的同步发展；（3）无感情的增长（ruthless growth），指经济增长招致贫富分化严峻；（4）无根基的增长（rootless growth），指经济增长缺乏本土文化的支撑或导致传统文化的消失，强迫少数民族和种族接受标准的文化和语言；（5）无前景的增长（futureless growth），指经济增长导致自然资源耗竭和生物多样性锐减，人类居住环境恶化。再以个人生活质量研究为例，国外学者最早用工资收入、房价等经济指标反映城市居民的生活质量。然而，随着物质生活的不断丰富，经济指标对生活质量的预测力逐渐减弱。大卫·阿尔布伊通过分析北美地区生活质量和生产率的关系发现，相比收入、生产力水平等经济要素，城市气候和文化氛围对居民生活质量的影响更显著，而生产率最高的城市也多在阳光充足、气候温暖、教育资源丰富的沿海地区。[2]

由此可见，通过片面追求经济高速增长以摆脱贫穷困境的做法，忽略了作为发展主体的人，必然会付出高昂的社会成本。恰如波兰尼在《大转型》中所说："人类的经济是浸没在其社会关系之中的。他的行为动机并不在于维护占有物质财物的个人利益，而是在于维护他的社会地位、社会权利、社会

---

①Clive H., *Growth Fetish*, London：Pluto Press，2004，p.17.

②David A.，"What are Cities Worth? Land Rents, Local Productivity, and the Total Value of Amenities," *Review of economics and statistics*，Vol.98，No.3，2016，p.477-487.

资产。只有当物质财富能服务于这些目的时，他才会珍视它。"① 若经济增长不等于社会发展，我们也同样不能将经济衰退等同于社会停滞，也不能单纯因东北经济表现欠佳而将东北问题化。无论是在国际政策话语中还是在发展研究脉络下，高质量发展都是追求经济、政治、社会、文化、生态等多维指标协调发展的复合体。这启示我们应当采用综合的目标框架，理性比较东北地区高质量发展所具有的优势与困境。

从发展方式看，经济问题思维指导下的研究多从经济学理论出发分析"东北现象"的成因。既有的分析不仅在不同成因之间的关系方面尚不清晰，也体现出较强烈的疾病诊断色彩。他们往往遵从一种疾病治疗式的分析模式，将东北地区视为患有疾病或存有问题的客体，基于缺点和症状评估，按照"头痛医头、脚痛医脚"的思路提出具有针对性的建议。"问题生""病人"成为东北地区的主要身份。这种做法虽然在一定程度上促进了其发展困境的解决，但也导致东北地区和东北人的自我效能感减弱。特别是伴随东北经济增速的再次下滑，一些质疑东北和东北人的声音甚嚣尘上。这种污名化不仅无助于东北振兴，反而带来了社会和谐等方面的风险。

实际上，社会环境也是直接决定区域经济发展模式的核心要素。发展主义对"后发展国家该如何发展"这一问题的回答实质上是一种"外部决定论"，即接受并引入外部先进的生产力和生产方式并按照西方现代化经验来改造传统社会。这种做法无法解释为什么不同国家或文化面对同样的现代化进程会产生不同的结果。对此，行动者视角的发展社会学发现，所有形式的外部干预必然要进入到受其影响的社会群体所生活的世界中，并通过行动者和结构两个层面的互动来改变其所处的生活世界和个体的行为方式。② 无论是罗伯特·帕特南对意大利南部和北部的长期观察，还是福山所做的著名的跨

---

① ［英］卡尔·波兰尼：《大转型：我们时代的政治与经济起源》，冯钢、刘阳译，当代世界出版社，2020年，第46页。
② 叶敬忠、李春艳：《行动者为导向的发展社会学研究方法——解读〈行动者视角的发展社会学〉》，《贵州社会科学》2009年第10期。

国比较研究，都为此提供了绝佳的例证。面对全球化、西方国家的援助等外部干预，如果不能引导这些外部力量嵌入地区的文化、传统等既有的社会关系模式，发展就会面临失序的风险。以第一章所描述的拉美模式为例，拉美国家盲目复制西方经验发展经济的做法虽然在短期内带来了经济快速增长，但最终导致城市贫困化、社会分裂加剧、社会不平等加深、环境污染渐趋严重、传统文化衰退等发展困境。在过去的几十年里，该地区虽然总体上迅速实现了城市化，但民众生活的幸福感、满意度并未因经济增长而提升。代表着"发达"和"美好"的城市，反而因失业、不平等、社会排斥和社会动荡的不断加剧成为"问题"地区。

也就是说，既然区域高质量发展是涉及人类生活诸领域的综合发展，那么，区域，作为一个有机体，其经济衰退的缓解也应该从社会关系中获得力量，而非仅仅局限于做长、做强经济短板。正如马克思所说："既然人天生就是社会的生物，那他就只有在社会中才能发展自己的真正的天性；而对于他的天性的力量的判断，也不应当以单个个人的力量为准绳，而应当以整个社会的力量为准绳。"[①] 作为发展主体，人必须在社会之中才能实现自身的全面发展。由此，我们应当摒弃传统的基于经济问题思维而进行的区域振兴策略，即通过发掘东北地区在生产要素利用率、研究与试验发展（R&D）比重等过程性经济指标的劣势进而想方设法"补短板"。这既忽视了经济增长的社会后果，甚至使东北振兴面临社会撕裂的风险，也无法充分利用社会优势对经济发展的提振作用。我们应在详细梳理东北地区发展历史、系统分析东北地区发展与中国式现代化的关系演变等的基础上，立足于东北人民的发展需求与意愿，发掘东北全面振兴的社会优势。

二、优势与社会优势视角

一般而言，优势是指自身所占据的比对方或同类更有利的形势或环境，

---

① 《马克思恩格斯全集》第二卷，中共中央马克思恩格斯列宁斯大林编译局译，人民出版社，1957年，第 167 页。

个人因此更有可能获得成功。在人文社会科学领域的研究中，对优势的分析主要集中在经济学的国际贸易理论以及心理学或社会工作研究中。

经济学研究中的优势理念可以追溯至 18 世纪亚当·斯密的《国富论》。斯密在书中基于绝对优势（absolute advantage）比较发展出古典国际分工与贸易学说。他认为，市场经济中各主体均按照自己的特长或绝对有利的生产条件进行专业化生产和贸易，使各国的生产要素得到最彻底的利用，最终实现社会财富的不断积累。19 世纪，大卫·李嘉图在《政治经济学及赋税原理》中提出了"比较优势"（comparative advantage）学说。他认为，绝对优势不过是一个特例，未拥有任何绝对优势的国家也可以利用各国之间的价格差别形成比较优势，从而在国际贸易中获利。后来，比较优势学说进一步发展为"要素禀赋说"，后者将各国所具有的独特的生产要素禀赋特点视为比较优势的来源。我国学者林毅夫据此提出国家发展的比较优势战略，即基于资源禀赋形成相应的产业结构并提高稀缺要素的生产率，在开放的环境下将资源比较优势转化为国家竞争优势。[1]1990 年，迈克尔·波特提出的国家竞争优势理论系统归纳了国家经济发展优势的来源，它包括生产要素、需求条件、相关产业和支持产业四个环境要素及政府和机遇两个辅助要素，这六个要素共同构成一个创新导向的动态竞争环境，继而决定着一国产业竞争力的高低。[2]

第二次世界大战后，优势视角也被用于指导欠发达国家的经济赶超实践。列维在比较欠发达国家和发达国家经济发展条件的异同后，详细梳理了后发优势的五大来源：欠发达国家对现代化的认识更加丰富，对现代化前景有更加准确的预测，可以借鉴发达国家成熟的技术、设备及相应的制度设计和组织结构，可以跳跃部分发展阶段，可以从发达国家直接获取资本和技术援助。[3]其中，技术优势是后发优势研究关注的焦点。伯利兹、克鲁格曼等提

---

① 林毅夫、李永军：《比较优势、竞争优势与发展中国家的经济发展》，《管理世界》2003 年第 7 期。
② 张金昌：《波特的国家竞争优势理论剖析》，《中国工业经济》2001 年第 9 期。
③ 郭熙保、胡汉昌：《后发优势研究述评》，《山东社会科学》2002 年第 3 期。

出的"蛙跳"模型显示，当技术发展到一定水平后，欠发达国家可以直接引进高新技术，甚至在部分领域实现对发达国家的技术赶超。我国学者施培公认为，模仿创新是欠发达国家快速积累知识资本的有效手段，是后发优势得以发挥作用的基础。它能够使企业的有形资源和无形资源实现快速积累，从而推动企业在资源总量相对有限的困境下形成较强的竞争优势。

不同于经济研究的宏观分析视角，社会工作和心理学主要从微观层面理解和运用优势视角，通过激发个人的抗逆力使其突破困境。该理论起源于对以疾病为本的问题视角的反思，认为疾病和问题思维使其深陷于对象的问题、疾病、症状，对他们的经验、优势、愿望视而不见，疾病诊疗式的治疗反而使个人的自我认同和效能感逐渐降低。[1] 因此，该理论认为，每个人都拥有强大的优势、资源和潜能，如个人的社交能力、乐观心态等精神气质和支持性的环境要素等。这些优势能够支撑处于困境的个人奋发向上，最终使其走向美好生活。然而，该理论对优势的分类却尚未统一，存在"个人优势—环境优势"的二分法、"优势—希望—资源"的三分法以及支持"网络—文化—家庭"的多维指标体系等多种分类方式。[2] 而其共同点在于，他们都认为，问题的解决是人与环境互动的结果，环境的限制固然存在，但更重要的是人们对待问题的态度和行动方式。因此，心理治疗师和社会工作者所要做的就是将主动权还给服务对象，使其在希望的指引下发掘自身的优势和潜能，即"保护性因素"，并利用这些因素促进其破除困难的行动。

也就是说，无论是经济学研究中的绝对优势、比较优势或后发优势，还是社会工作中的优势视角都认为，优势都是基于主体间比较而形成的有利于己的形势。类似地，社会优势视角就是一种坚信每个国家和地区发展都存在一定的优势，并主张通过系统挖掘地区高质量发展的有利形势激发

---

① 赵明思：《优势视角：社会工作理论与实践新模式》，《社会福利（理论版）》2013年第8期。
② 童敏：《从问题视角到问题解决视角——社会工作优势视角再审视》，《厦门大学学报（哲学社会科学版）》2013年第6期。

地区发展潜力、破除发展桎梏的思路。社会优势是一个相对的概念，地区发展的优势伴随比较情境、标准、目的和对象的变化而变化。同时，它还具有普遍性，无论是落后地区还是先进地区，都具有各自不同的高质量发展的优势和潜能，如交通区位、资源禀赋、外部支持、社会凝聚与团结、文化观念，等等。社会优势视角不仅承认问题的存在，还将问题的解决视为最终目标。但与问题思维不同的是，它将地区视为一个有机体，主张将发展置于更广阔的视野下，通过潜能激发和优势利用最终实现问题的解决和自我效能感的提升。对于东北振兴而言，社会优势的发掘和利用不仅是地区树立发展自信的过程，还是在高质量发展理念指导下通过理性分析全面认识东北地区的过程。

三、从经济问题思维转向社会优势视角

从经济问题思维向社会优势视角的转变实质上是发展思路的转换。这种转换要求我们在新发展理念的指导下重新思索发展问题或困境、优势等概念的内涵以及实现什么样的发展、怎样发展等重大问题。

一方面，重新理解"问题"。传统的经济问题思维采用以疾病为本的分析模式，基于"发现问题—病理诊断—寻找病因—提出对策"的思路尝试帮助东北地区摆脱经济困境。如表5-1-1所示，随着东北经济的再次减速，东北体制机制与结构性矛盾被视为"顽疾"，病因分析和对策研究也随之复杂化，甚至将东北本身问题化。社会优势视角首先反对将东北问题化的观点，认为东北或东北人本身没有问题，只是其在部分领域的做法和观念难以适应高质量发展的要求，进而被贴上"问题"标签。也就是说，我们认为，东北地区虽然在经济表现上饱受诟病，但仍然具有巨大的发展活力和潜能。同时，问题的识别也不应以经济指标为唯一标准，而是以人的需求为准。社会优势视角认为，在经济发展达到一定的阈限后，高质量发展应以经济、政治、社会、文化、生态等诸多子系统发展需求的平衡为目标。因此，东北振兴所面临的是包括体制机制深层次矛盾等在内的阻碍高质量发展实现的系列问题，

而非单纯的经济表现欠佳。

就问题解决而言,在特定情境下,任何事物都是由问题和优势组成的统一体。因此,问题解决的根本并不在于问题的彻底消失,而在于问题与优势的平衡。如果我们坚持经济问题思维就会发现,旧问题的消除会导致新问题的出现,对彻底消灭问题的追求反而带来源源不断的问题,经济发展的过程也就成为问题不断解决和浮现的过程。如今,即便是我国东南沿海地区等经济发达地区,经济发展也面临各种各样的问题。这意味着相较于问题的存在,人们对待问题的态度更为关键。实际上,从时间上看,国家对东北地区发展优势的认识与问题思维一样由来已久。2003 年发布的《关于实施东北地区等老工业基地振兴战略的若干意见》便在详列东北地区转型困境的同时,也明确提出利用东北地区的资源、区位、产业、科教优势实现老工业基地振兴。综合表 5-1-1 和表 5-2-1 可见,在过去 20 年间,相关政策文件中关于东北振兴的描述一直兼顾"问题"与"优势",鼓励支持东北地区通过发挥区域优势推动东北振兴。未来,我们应在东北地区发展的历史以及东北振兴与中国式现代化的联系之中明晰东北全面振兴的优势与潜能,通过优势发挥与潜能释放掌握问题解决的路径与机理,最终实现问题与优势的平衡。

表 5-2-1　部分东北振兴政策中关于东北发展优势的表述

序号	年份	文件名称	"优势"相关表述
1	2003	关于实施东北地区等老工业基地振兴战略的若干意见	老工业基地特别是东北地区拥有丰富的自然资源、巨大的存量资产、良好的产业基础、明显的科教优势、众多的技术人才和较为完整的基础条件,具有投入少、见效快、潜力大的特点,是极富后发优势的地区。 东北地区要充分挖掘和发挥现有工业基础优势;东北地区农业优势;与俄罗斯、日本、韩国、朝鲜等国毗邻的区位优势;东北地区现有港口条件和优势;老工业基地特别是东北地区高等院校集中、科技力量雄厚的优势;东北地区等老工业基地装备制造业基础较好的优势。

续表

序号	年份	文件名称	"优势"相关表述
2	2009	国务院关于进一步实施东北地区等老工业基地振兴战略的若干意见	依托装备制造业整机制造能力强的优势；国防军工企业汇集的优势；原材料加工基地的优势；农林产品商品量大、品质好，畜牧养殖业发达的优势；地处东北亚中心的地缘优势。支持延吉、绥芬河等城市利用独特区位优势。充分发挥东北地区等老工业基地的人才优势；东北地区等老工业基地的科研和产业优势；东北地区高等教育资源丰富的优势。
3	2014	国务院关于近期支持东北振兴若干重大政策举措的意见	重大技术装备和高端智能装备、新材料、生物等东北地区具有优势和潜力的产业链。扶持核电、火电、轨道交通、石化冶金、高档机床等优势装备走出去。对东北地区具有发展条件和比较优势的领域，国家优先布局安排。发挥地缘和人文优势。
4	2016	中共中央　国务院关于全面振兴东北地区等老工业基地的若干意见	资源、产业、科教、人才、基础设施等支撑能力较强；东北地区区位条件优越，沿边沿海优势明显，是全国经济的重要增长极。努力走出一条质量更高、效益更好、结构更优、优势充分释放的发展新路。培育开放型经济新优势。促进装备制造等优势产业提质增效。发展壮大高档数控机床、工业机器人及智能装备、燃气轮机、先进发动机、集成电路装备、卫星应用、光电子、生物医药、新材料等一批有基础、有优势、有竞争力的新兴产业。积极发挥冰雪、森林、草原、湖泊、湿地、边境、民俗等自然人文资源和独特气候条件优势。

　　另一方面，挖掘与利用东北全面振兴的社会优势。如表 5-2-1 所示，国家在过去 20 年间关于东北地区发展优势的发掘多集中在经济领域，如工业或产业优势、农业优势、区位优势、科教和人才优势、生态优势等。这与过去东北振兴中的经济问题思维密切相关。即便是生态优势，政府也更注重对东北地区特色生态资源的开发以培育经济增长新动能。然而，随着发展理念转变，社会优势视角主张立足于发展的社会力，全面系统地梳理和界定东北地区高质量发展优势，特别是要注重发掘东北地区发展的社会优势。[①] 同样以生

---

① 笔者于 2022 和 2023 年在《理论探讨》杂志发表的文章中曾列举了东北全面振兴的社会优势，并将在中篇部分予以详细阐述。此处仅做简述，以区分经济问题思维下与社会优势视角下的"优势"的内涵。

态优势为例，冰雪、风电、森林等特色资源不仅构成其新兴产业发展的重要基础，也关乎东北人民在生态环境优化、生活条件改善及社会性需要满足等方面的发展意愿，亦体现了东北地区在维护国家生态安全、能源安全等方面所承担的重要使命。因此，对于新兴产业的发展，我们不仅要关注其所贡献的经济产值，还要关注它们对地区能源结构优化、生态环境改善、就业机会供给、城乡关系资本培育等方面的重要作用，也要评估生态资源的维护与开发对国家发展大局的影响。

简言之，社会优势视角期望通过发挥东北振兴的社会力来推动东北老工业基地的复兴。它要求我们跳出经济去看东北地区，将东北振兴定义为一项区域综合复兴战略，而非仅仅是经济振兴战略。在此基础上，它主张通过全面发掘东北振兴的优势探寻区域发展路径，在东北人民长期互动中所凝结的精神力量及其物质载体中，建设实现东北全面振兴的"休姆桥"，通过凝聚东北人民对区域复兴的信念激发东北振兴发展的自信和潜能，通过差异性优势发掘探索东北经济社会高质量发展的可行路径。

第三节　东北振兴社会力的内容和指标特征

本书所阐释的社会力是社会成员在过去和当下的社会交往中所形成的精神力量及其物质载体对实现高质量发展目标的影响力。它既是区域高质量发展的目标，也是高质量发展得以实现的手段。简单地讲，东北振兴社会力即是东北人民在过去和当下的社会互动中所形成的社会关系、历史文化及其为物质生产所赋予的价值符号对实现高质量发展的推动力。我们之所以强调东北振兴社会力，是因为过去在经济问题思维指导下的振兴实践过多地关注了社会性因素对东北经济增长的约束作用，而不是认为这种约束力不重要或不存在。

一、何谓东北振兴社会力

高质量发展秉持一种以使用价值为导向的发展理念，认为发展是人的需求得到满足与平衡的过程，而非是单纯的物质增长过程。该视角认为，人的需求类别是固定的、有限的和可分类的，譬如对生存、情感、认同、自由、自我实现等的需求始终贯穿于人类发展历程之中。随着时间的推移，只有满足人类需求的手段和方式，即满足物，处于不断变动之中，变动的并非需求本身。[①] 波兰尼认为获取物质资料是人类生存的基本驱动力，并将人类历史上的经济活动组织方式归纳为自给自足、互惠、再分配和市场四类。尽管市场经济的发展时间较其他三类方式更短暂，但四者的存在均可以追溯到史前时期，发展模式和社会形态的差异在某种意义上仅表现为四者的相对权重或平衡模式的不同。在此意义上，社会力即满足物。它是一系列与满足人们对美好生活的需求相关的历史文化、社会关系、政治制度、思想观念等的集合，这些要素共同定义了身处特定情境下的社会或文化的需求模式。

麦克斯-尼夫将满足物分为四个层面：一是存在（Being），指个人或集体的属性；二是拥有（Having），指制度、规范或工具；三是行动（Doing），指个人或集体的行为；四是互动（Interacting），指地点和环境以及人们与环境相互联系的方式。[②] 社会成员需求满足程度取决于满足物的组合形式。例如，在食物充足的自然环境下，人们获得食物的方式，无论是通过自给自足、互惠、再分配还是市场，都是一系列互补的存在、拥有、行动和互动层面的满足物共同作用的结果。因此，如果我们将现代自由市场社会视作一个互动环境，那么，它就要求社会成员成为消费者、所有者和自由交易者，拥有货币、财产和信用等满足物，并基于经济理性行

---

① Manfred M., A.Elizalde, M. Hopenhyan, *Human Scale Development*, Uppsala : Cepaur-Dag Hammarskjöld Foundation, 1989, p.1.

② I. Cruz, A. Stanel, M. Max-Neef, "Towards a Systemic Development Approach : Building on the Human-Scale Development Paradigm," *Ecological Economics*, Vol.68, No.7, 2009, p.2021-2030.

动。这种组合方式越多越好，进而导致以物质无限增长为核心目标的发展理念。相应地，若我们将人置于发展的中心，基于和谐、平衡、尊重等价值建立一个理想的互动环境，那么，社会成员不仅作为消费者、所有者和自由交易者而行动，还将成为安全、自信、互助、团结、包容、参与的人；不仅拥有货币、财产和信用，还将拥有工作、保障、社群、权利、责任等满足物；以及基于合作、情感、分享、自我实现等价值而行动。可见，在社会力视角下，人不再是只有物欲而没有灵魂的"单面人"，而是追求生存需要和社会需要相平衡的"多面人"。它要求我们摒弃"经济至上"倾向，从社会关系以及社会与自然关系的和谐两个角度重新探索实现人们美好生活需求的满足物的正确组合。

需要注意的是，这种以人为尺度的发展理念建立在这样一个前提之上，即社会具有完全的独立自主性，可以按照成员的共同意愿或一套独立的制度自行确定满足物的组合形式。同样地，既有的发展经济学研究也多将区域视为一个能够自主发展的独立主体，把区域经济发展视为依托资源禀赋加速形成比较优势并推动现代产业体系建立的过程。政府被视为区域的内在组成部分，通过实施产业政策、制定发展战略等方式干预经济发展方向和速度，是决定区域竞争力的关键力量。譬如，新制度主义经济学研究聚焦政府对经济增长的作用，将政府对生产要素流动、产业聚集水平和生产率的影响称为"强制性制度变迁"[①]，即政府以其自身的强制性权力约束生产要素流动、利用、产出的方式和方向。

然而，此类观点其实忽视了身处区域外部、代表国家的中央政府等外部力量对区域发展的影响力。与国家不同，区域作为主权国家的组成部分，并不享有发展的全部主权，其行动受代表国家的中央政府的严格约束。在我国，地方政府虽然具有制定区域整体发展规划的权力，但其发展严格服从于

[①] 林毅夫：《关于制度变迁的经济学理论：诱致性变迁与强制性变迁》，载［美］R. 科斯、A. 阿尔钦、D. 诺斯等：《财产权利与制度变迁——产权学派与新制度学派译文集》，上海三联书店，1991年，第371—418页。

国家整体战略布局；虽然拥有地方社会治理的广泛权力，但无权独立与周边国家或地区开展合作，且其行动深受周边国际关系局势和中央政府意志的影响。不仅如此，国家政策驱动性还是区域高质量发展优势的重要来源。以长三角区域一体化发展为例，国家通过党建引领、调整地方政府考核体系、制定发展战略规划等措施吸引地方政府积极投身区域合作。唐亚林将其概括为一种新型亚国家治理范式，即在"全国一盘棋"思想指导下，国家通过激发各省市合作的积极性推动形成以多元参与为特征的网络化区域协同治理模式，最终实现区域发展共同体和命运共同体。① 因此，对区域发展的观察和评价必须要将地域置于其所属的国家发展布局和国际环境中，考虑外部系统对其整体发展的强大影响力。对东北振兴社会力的考察也不能局限于个人需求层次，而应将其视为国家需求与个人需求、内部需求与外部局势、历史文化与现实条件、生存需要与社会需要的平衡。

东北区域发展的定位不是单纯追求地区生产总值的高速增长和区域经济赶超，而是以维护国家国防安全、粮食安全、生态安全、能源安全、产业安全为底线的高质量发展。由此，发展目标的多元化和差异性与发展理念的转变要求我们立足于社会优势视角审视东北振兴社会力，将东北地区视为一个能够通过潜力激发而自我恢复的社会有机体。简单地以地区生产总值增长来衡量东北经济发展水平并不能全面反映其真实发展状况，以发达的南方地区为样板对标东北区域发展的思路也不能实现东北发展所承载的政治使命。譬如，维护"五大安全"的政治责任和复杂多变的国际局势决定了东北产业结构不会像东南沿海地区一样以中小企业为重，产业发展和要素配置亦不会以市场偏好为唯一遵循。上述因素使东北经济发展呈现出一二三产业融合发展、市场与政府并重、国有企业影响颇深的地域特色，进而使其区域复兴模式具有经济与社会进步并重、城乡发展齐头并进、生活环境优先发展等特点。

---

① 唐亚林：《区域协同治理：一种新型亚国家治理范式》，《探索与争鸣》2020 年第 10 期。

二、东北振兴社会力的维度

综合第二章关于社会力的维度的阐释与东北地区独特的社会条件和基础，本书将东北振兴社会力归纳为生活幸福力、治理韧性力、安全维护力和生态承载力四个维度。（见图 5-3-1）

图 5-3-1　东北振兴社会力分析框架图

（一）生活幸福力

作为一种主观感受，已有研究对"幸福"大致有三种理解：一是将其等同于生活满意度，二是认为幸福即快乐，三是认为幸福即自我实现。[①]本书主要从个人与社会的互动维度理解幸福，生活幸福感是指社会成员在他与社会

[①] 邢占军：《我国居民收入与幸福感关系的研究》，《社会学研究》2011 年第 1 期。

的互动中因自身需求得到满足而产生的愉悦、充裕、健康、快乐、成就感等积极的心理体验。它不是一种短暂的、一闪而逝的情绪，而是个人对其生活状况做出的总体性评价。生活幸福力就是社会所提供的有利于提升个人生活幸福感的主客观条件。

既有研究详细归纳了生活幸福感的影响因素，如收入、经济增长水平、社会支持、工作满意度、住房条件、婚姻状况、社会公平，等等。舒适物研究为系统分析这些影响因素提供了理论框架。所谓舒适物，与反舒适物相对，指使人感到舒心愉悦的事物、环境、服务、行为等。起初，地理学家爱德华·乌尔曼发现，阳光是促进美国城市发展的重要条件，继而提出用舒适物取代经济增长分析生活满意度。后来，国外研究相继提出舒适物的公共产品、私人消费品、交通和通信和文化机构的四分类法，自然与物质、人造舒适物、社会经济构成、居民价值观和态度的四分类法等分析框架。[①] 也就是说，在具有生活幸福力的社会，其成员拥有美观、舒适、便捷、包容、多元、富有人文气息和凝聚力的生活环境。

由于影响生活幸福感的因素纷繁复杂，地区的生活幸福力应根据地区舒适物的总和及其与反舒适物的比例来确定，而非单一舒适物的表现。综合既有研究，我们从四个维度阐释生活幸福力：一是自然舒适物，如气候和自然景观；二是人造舒适物，如建筑物、学校、医院、博物馆、剧院、基础设施和公园等；三是商业舒适物，如便利的商店、丰富的商品供应、高质量和多样化的餐饮设施和服务等；四是社会舒适物，如居民素质、宽容度、礼貌、政府作风、社会治安等。[②]

（二）安全维护力

安全是指社会成员的基本生存需求得到满足，使其免于长期面对饥饿、

---

① 亓冉：《中国城市社区生活圈文化舒适物研究》，中国传媒大学博士学位论文，2022 年，第 28—30 页。

② 王宁：《城市舒适物与消费型资本——从消费社会学视角看城市产业升级》，《兰州大学学报（社会科学版）》2014 年第 1 期。

疾病、混乱、恶劣的生活和劳动环境等带来的死亡风险的威胁。它是人参与社会生活的基本驱动力。随着"风险"被视为现代社会的核心特征，与之相对的"安全"便成为无法回避的问题。既然风险无法根除，那么安全感就意味着风险、危险及其带来的集体焦虑处于人们所能承受的范围之内，继而保障人们正常生活的有序运转。基于此，我们所说的安全维护，是指政府和社会通过与外部系统的互动以及优化公共物品供给而降低居民生活风险的努力，最终使其成员的安全焦虑能够控制在较低水平。它使得东北人民成为健康、自信、安全、自由的人，拥有食物、住所、工作等基本生活保障，进而能够获得参与公共生活的基本条件。

维尔将安全分为 5 个维度：包含健康、免于饥饿、安全的工作和生活场所等的个人安全，金融、工作、资产权利得到保护的经济安全，例如政府提供的生活保障的社会安全，政治组织和公共秩序正常运行的政治安全以及人与自然和谐共生的环境安全。[①] 在此，我们主要关注前四个维度，环境安全将在稍后进行讨论。

就东北振兴社会力而言，我们将其安全维护力分为国家安全与社会安全两个方面。其中，国家安全与维尔所说的政治安全相对应。维护国家安全的政治使命为东北振兴提供了明确而全面的指导。由于其在东北亚地区所处的独特地理位置，东北国防建设和边境地区高质量发展水平直接关乎国家的和平与安定。同时，这也使其经济社会发展深受这一定位的影响。譬如，在"五大安全"的指导下，军事技术向民用领域的转化以及央地企业合作成为东北产业结构转型的一大亮点，有助于提振东北人民的就业机会供给等经济安全维护力。此外，我们将个人安全、经济安全和社会安全统称为社会安全。这是因为三类安全的维护在我国主要属于政府的职能范畴，他们通过宣传教育、制定法律法规、监督检查以及利用强制执行力等方式塑造和维护一个健康、平安、稳定的互动环境。

①Vail J., Wheelock J., Hill M., *Insecure Times : Living With Insecurity in Contemporary Society*, Newcastle University, 1999, p.1-3.

（三）生态承载力

自 20 世纪 20 年代"承载力"概念被引入生态研究以来，生态承载力的内涵经历了种群承载力、资源承载力、环境承载力和生态承载力 4 个阶段。然而，其整体意涵却未曾发生根本变化，即在特定社会情境下生态环境所能支持的最大人类活动量。随着生态危机对人类基本生存的威胁逐渐被认识，生态承载力也因此被视为生态风险对人类生存影响的指向标。对于生态承载力有限的地区，人类活动需要特别注意其对生态环境维续的影响，也更易引起其成员的集体焦虑。

生态学认为，任何一种社会模式都是以人的行动为主导、自然环境为依托、资源流动为命脉、社会文化为经络的社会—经济—自然复合生态系统。[①]面对工业文明迅速发展衍生出的环境污染和生态退化困境，国际和国内发展话语均赋予生态承载力以独特地位。不同于经济学将自然资源金融化的做法，生态学主张从经济、社会、文化三个维度共同发力，用资金刺激竞争，用权力诱导共生，用精神孕育自生。将生态安全列入维护国家战略安全政治使命、"两山论"等政策话语赋予东北生态资源可持续开发以极高的政治合法性和迫切性。一方面，以冰雪旅游、新能源开发、特色农业为代表的生态产业成为东北经济增长和居民收入提升的亮点。这从图 4-2-3 和表 4-2-3 中央关于东北振兴战略文件对"生态""旅游""保护""恢复""森林"等关键词的侧重也可见一斑。需要注意的是，生态资源的产业化本身还是一个社会文化过程。国内多地实践表明，生态经济的发展往往内嵌于区域社会关系网络，既深受本地关系网络和历史文化的影响，也通过基础设施建设、公共空间改造、集体经济发展等集体行动实现区域社会资本的再生产。因此，生态资源的产业化过程还要求个人作为自主、理性、团结的人，基于集体理性和合作精神而行动，在满足生存需要的同时实现社会赋权与社会凝聚。另一方面，社会力视角下的生态承载力不仅强调生态资源利用对居民物质生活的保

---

① 马世骏、王如松：《社会－经济－自然复合生态系统》，《生态学报》1984 年第 1 期。

障作用，更侧重经济生产过程对生态环境质量的维护和促进作用。高质量生态环境使个人免遭环境污染、生态退化、气候异常、生物多样性锐减等生态危机所带来的生存风险的威胁。基于此，本书从生态资源的产业化和生态经济的安全化两个维度诠释东北振兴社会力中生态承载力的内涵。

（四）治理韧性力

"韧性"的本意是事物在遭受创伤、灾害、危机等外力破坏后的自我恢复能力。在 20 世纪后半叶，随着"韧性"概念在社会领域的运用，学界提出了"社会韧性"，用以强调社会结构所具有的某些特征对社会系统维持自身有效运作的贡献。譬如，国际韧性联盟在概括韧性的本质特征时便强调社会的自组织能力对该社会适应不断变化的社会环境的重要作用。[1] 也就是说，与侧重物质积累的经济韧性相比，治理韧性聚焦社会成员在以往的互动中所形成的动员自身资源以满足共同发展需要的能力。在协同治理理论框架下，治理韧性力意味着每个社会成员作为具有适应能力、彼此尊重和包容、追求自我实现的个人，基于协商理性参与集体行动，以求个人发展需求的实现。事实上，治理韧性不仅强调社会系统在紧急状态下的危机应对与恢复能力，还意味着社会成员在常态治理中通过集体行动实现自身需求的能力。研究表明，常态治理中所积累的信任等社会资本存量和制度优势直接影响其危机应对表现。[2] 同时，个人对集体和社会的认同感、社会凝聚力等社会性需要也会在集体行动中得以满足。

本书将治理韧性分为制度韧性、网络韧性和能力韧性三个维度。制度主义和文化主义对风险来源有着不同的理解。以风险社会理论为代表的制度主义者认为，在"有组织的不负责任"的背景下，政治、经济、法律等制度以及规范体系构成了西方社会现代风险的关键源头。他们虽然肯定风险的真实存在，却拒绝为其发生承担责任。而以风险文化理论为代表的文化主义者认为，风险在现代社会的增加是一种认识和文化现象，是由人们认识风险的途

---

① 朱正威、刘莹莹：《韧性治理：风险与应急管理的新路径》，《行政论坛》2020 年第 5 期。
② 赵延东：《风险社会与风险治理》，《中国科技论坛》2004 年第 4 期。

径的拓展和风险意识的增长导致的。而风险文化通过信仰和价值而发挥作用，不同文化背景下的团体将风险的产生归咎于不被信任的团体。虽然二者对风险责任的归属持不同看法，但均认为风险治理的民主缺位是风险泛化的重要因素。因此，应当基于包容、开放、理性、协商、民主的对话和沟通重塑风险治理体系，通过社会包容性、社会连接性和社会能动力的建设增强社会的制度韧性、网络韧性和能力韧性。[①] 其中，制度韧性关注包容性社会政策和社会治理结构的形成，网络韧性关注多元主体相互协作的关系网络、信任和共享规范，能力韧性则关注多层次的居民参与。

---

① 赵方杜、石阳阳：《社会韧性与风险治理》，《华东理工大学学报（社会科学版）》2018 年第 2 期。

中篇

第六章

东北生活幸福力：以舒适物理论为视角

幸福是人类生活追求的终极目标，也是国家发展和政府治理所致力的重要方向。从一般意义上说，幸福感是个体需求得到满足后在精神上产生的愉悦感，包括个体的生活条件、精神享受等方面。个体对于幸福感的认知主要在于个体对外部客观环境和现实生活的主观满意程度，这二者共同构建了幸福感评价体系，包含宜居程度（社会文明、经济富裕、环境优美、生活便利、公共安全等）以及社会凝聚（社会融合、团结、稳定）的价值和可持续发展（经济和社会平衡）等要素。[①]

虽然幸福感评价体系已经相当成熟，但它仍然是一套宏观评价体系。无论是社会文明程度、社会凝聚力还是发展平衡性都是数字统计结果，未能全面细致地描摹个体实际的生活体验。因此，本章引入舒适物的概念，将幸福感评价体系从宏观的统计数字落实到具体而微的生活场景，挖掘存在于真实日常点滴之中、有利于提高幸福感的社会生活要素。舒适物是指令人感觉舒适、愉悦、满足的服务、环境或设施，而舒适物的反面是令人不适的物体，即非舒适物。值得指出的是，还有一类中性物——既不令人难受也不带来舒适感的客观存在。

舒适物的分类包括自然舒适物（如气候和自然景观）、人造舒适物（例如

---

① 种聪、岳希明：《经济增长为什么没有带来幸福感提高？——对主观幸福感影响因素的综述》，《南开经济研究》2020 年第 4 期。

学校、医院、博物馆、剧院和公园等基础设施）、商业舒适物（包括便利的超商购物场所、丰富的商品供应、高质量和多样化的商业设施和服务等）以及社会舒适物（包括居民素质、宽容度、礼貌、政府作风、办事效率和低犯罪率等）。[①] 从舒适物的定义和分类来看（见表6-0-1），它涵盖了个体产生幸福感的场景条件和动态设置，是对如何创造幸福感这一问题的操作化解答。

表6-0-1　舒适物的内容分类

自然舒适物	气候和自然景观等
人造舒适物	学校、医院、博物馆、剧院和公园等基础设施
商业舒适物	便利充足的商业配套设施、丰富的商品供应、优质多样的商业服务等
社会舒适物	居民素质、宽容度、礼貌、政府作风、办事效率和低犯罪率等

第一节　东北资源环境蕴生自然舒适物

自然舒适物主要指特定地区的原生自然条件以及由此带来的舒适体验。舒适物并非一个绝对概念，就像任何事物都有两面性一样，个体对舒适物的认知也存在相对性，即通过调节和适应，中性物或非舒适物可以转化为舒适物。同时，经济社会发展所带来的不同资源需求也是舒适物发生变化的重要因素。在东北地区，丰富的物产资源和冬季寒冷漫长的气候形成了舒适物和非舒适物交织互构的局面，但东北人民通过自己的智慧以及对国家政策的响应，在一定程度上实现了将非舒适物和中性物转化为舒适物的目标，使东北成为极具吸引力和发展潜能的地区。

[①] 王宁：《城市舒适物与消费型资本——从消费社会学视角看城市产业升级》，《兰州大学学报（社会科学版）》2014年第1期。

一、原生自然舒适物：资源丰富与自然环境多样

东北地区自然资源丰富多样，其中包括森林湿地、天然温泉、肥沃黑土等优渥的原生自然条件，为人们的生活提供了大量自然舒适物。同时，多样的物产也为东北地区的发展创造了条件。

东北地区拥有我国最大的森林带，包括大小兴安岭森林、长白山森林和三江平原湿地三个国家重点生态功能区，是许多珍稀候鸟的重要迁徙地和繁殖地，也是我国生物多样性保护的关键地区。[①] 大兴安岭森林带在兴安盟境内以洮儿河为分界，分为南北两段，南部属于中温带阔叶林，而北部则主要由兴安落叶松组成。这片原始森林保留了独特的风景和地貌，雪兔、驼鹿和雪鹅是其中的特殊物种，杜香、越橘和岩高兰等植物也分布在此地。红松是东北地区的特产树种，中国目前仅有小兴安岭和长白山保留着较为完整的红松冰原始群落。得益于这些宝贵丰富的森林资源，东北的许多城市都被赋予了天然氧吧的属性。吉林省长春市是全国率先提出"森林城市"建设理念的城市，通过对森林资源的开发和设计，获得了"国家森林城市"的称号。大连市则在城市绿化方面名列前茅，其绿地覆盖率高达 45.42%，被誉为"中国的花园城市"。

东北地区的地貌格局主要由火山活动塑造。长白山是中国仅有的由火山喷发形成的名山，横跨中朝边境。作为一座层状复式活火山，它喷发产生的火山碎屑和浮岩形成了美丽的天池湖盆。此外，火山也创造了东北地区许多令人惊叹的景观，如五大连池、镜泊湖、阿尔山的火山地貌和伊通火山群等。火山活动不仅形成了这些独特地貌，还带来了丰富的温泉资源，使东北地区成为国内的温泉圣地。例如，长白山温泉、五大连池温泉和丹东的东汤温泉等。

长白山的聚龙泉是该地区温泉群中水量最丰富、分布最广泛、温度最高的温泉之一。聚龙泉的水中富含硫化氢气体，使得周围的青灰色火山岩呈现

[①] 于贵瑞、朱剑兴、徐丽：《中国生态系统碳汇功能提升的技术途径：基于自然解决方案》，《中国科学院院刊》2022 年第 4 期。

出层叠的红色或翠绿色的结晶。这种包含硫化氢、钙、镁等成分的温泉，具有显著的医疗价值，对皮肤病、关节炎和风湿症等疾病有良好的疗效。[1] 辽宁省盖州市的思拉堡小镇位于双台子温泉区，被誉为"泉城"。这座小镇建在山脚下，依托当地丰富的温泉资源，形成了集球场、滑雪场、马术、酒庄、游艇和别墅等多种项目于一体的综合旅游区。辽宁省鞍山市的汤岗子温泉是一处历史悠久的温泉，据说在唐代贞观年间就被人们发现并使用。汤岗子温泉拥有全国最大的天然热矿泥区，温泉底水温高达 72 摄氏度，且不受季节和气温影响。这些依托独特火山地貌形成的东北温泉，不仅提供娱乐休闲、保健养生，还提供文化体验，成为旅游收入的重要来源，带动了当地经济的发展并提高了居民的生活质量。

东北地区还拥有非常宝贵的黑土资源。黑土是土壤表层富含黑色或暗黑色腐殖质的土壤，是一种质地优良、肥力高、适合农耕的优质土壤，被誉为"耕地中的大熊猫"。东北地区是世界上主要的黑土带之一，北起大兴安岭，南至辽宁南部，西至内蒙古东部的大兴安岭山地边缘，东达乌苏里江和图们江。在典型的东北黑土区，土壤类型主要有黑土、黑钙土、白浆土、草甸土、暗棕壤、棕壤和水稻土等。土壤专家发现，在黑土层厚度达 30—100 厘米之间，有机质含量高达 5%—7%，是黄土地区的几倍。"一两土二两油"生动形容了黑土的肥沃程度，而这宝贵的土壤资源也已成为东北地区的象征之一。[2] 作为我国主要的商品粮基地，东北地区的黑土每年能够生产约 225—250 亿千克的粮食。

东北地区的江河资源也十分丰富。黑龙江作为我国第三大江，发源于海拉尔河，全长 4370 公里，横跨中国、俄罗斯和蒙古国三个国家，流域面积达到 184.3 万平方公里。黑龙江的流域面积超过长江，松花江、乌苏里江、结雅河、布列亚河是黑龙江流域的重要支流，在中国境内占据了整个流域面积的 48%。鸭绿江也是东北地区的一条重要河流，作为中朝边境的一部分，鸭绿

---

① 刘慧等：《吉林省长白山区聚龙泉群地热资源评价》，《吉林地质》2015 年第 3 期。
② 韩晓增、李娜：《中国东北黑土地研究进展与展望》，《地理科学》2018 年第 7 期。

江全长 785 公里，流经吉林省和辽宁省，在中国境内的流域面积约为 3.25 万平方公里。这些江河资源为东北地区提供了丰富的水资源，不仅滋养着广袤的农田和森林，为当地居民的生活和工业发展提供了重要的支持，已在一定程度上促进了东北地区的经济发展和民族交流。

丰富的河流资源和季风气候所带来的夏季降水，以及冻土层的存在，共同在东北地区形成了大面积的湿地和沼泽。位于黑龙江省东部最低处的三江平原，由松花江、黑龙江和乌苏里江的汇流冲积而成，是我国沼泽分布最为集中且广泛的地区之一，海拔仅为 35—70 米。作为北方湿地的代表，三江平原不仅物种多样，还是许多野生动物的栖息地，有 291 种脊椎动物和近 500 种高等植物。辽河三角洲也是非常著名的湿地，其湿地面积约为 60 万公顷，横跨辽宁省盘锦市和营口市。这个三角洲最为独特的景观是其秋季变为红色的大面积植被，被称为"红地毯"，还有广袤的芦苇沼泽。这里既是东亚和澳大利亚鸟类迁徙路线上的重要驿站，也是许多珍稀动物的栖息地，如丹顶鹤、黑嘴鸥和斑海豹，构成了丰富多彩的湿地生态系统。

东北多样化的物产，为东北地区的发展创造了条件。人参和鹿茸是东北最为出名的药材。其中，人参被誉为"百草之王"，是东北三宝之一。吉林省是我国人参产量第一的省份，在科技创新的推动下，吉林省人参产业正以标准化种植提高品质、以精深加工提升附加值，把资源优势转化为产业优势、经济优势。

作为国内公认的优质鹿茸产区，鹿茸产业广布东北地区。吉林省长春市双阳区素有"鹿乡"之称，在这里，从梅花鹿养殖到鹿茸生产已然成为独具特色的产业链。该地拥有全国最大的鹿茸交易市场，每到 6 月份前后的鹿茸收割季节，"鹿乡"便会迎来一派热闹繁荣的盛景。来自全国各地的客商聚集在各个摊位前，对梅花鹿养殖户拿出刚刚采割的新鲜鹿茸，看茸、议价、卖茸、收茸。高峰时期，"鹿乡"鲜茸交易市场日客流量超 5000 人次，日交易量 6 吨以上，日交易额超千万元。[①]

在东北食品生产中，木耳也颇为有名。2009 年 8 月，吉林省吉林市黄松甸镇被中国食用菌协会授予"中国黑木耳之乡"荣誉称号，现在黄松甸镇已经成为东北地区最大、全国知名的黑木耳生产基地。高品质的木耳生产，带动了当地商业价值链的延长。黄松甸镇不仅成为生产基地，也落户了许多科研院所。吉林农业大学将其作为教学实习基地和科研基地，国家级食用菌星火科技专家大院示范项目也在此处开展。黄松甸镇木耳极高的商业和科研价值，提高了当地的知名度，并在全国第七届食用菌学术研讨会暨新技术新产品交流会上被推荐为"全国名牌产品"。

二、转化自然非舒适物：寒地气候与经济社会适应性发展

东北地区位于我国纬度较高的地带，气候类型属于温带季风气候。夏季温热多雨，带来丰沛雨水；冬季寒冷干燥，雪天较多，且冬季持续时间长。从地理纬度和气候特征来看，东北地区在提供舒适居住环境方面并无明显优势，但这并不意味着东北不适合人类居住。从古至今，东北人民为了应对漫长严寒的冬季，创造了许多具有地域特色的保暖技术和御寒技巧。

为了满足冬季外出的需求，东北人民在抗寒保暖方面独具一格。大衣、皮帽、手套和耳罩几乎人人必备，这也为东北皮草市场带来了繁荣和发展。位于辽宁省辽阳市灯塔市的佟二堡镇，尽管户籍人口仅有 4 万人，但因其发达的皮草产业成为东北地区著名的旅游购物之都。[②]该镇从改革开放初期的偏远小镇发展为今天的"中国皮草之都"，与河北辛集和浙江海宁一起成为全国三大皮草生产、加工和销售基地。佟二堡镇的皮草产业起源于 20 世纪 80 年代初，如今已经成为享誉中外的皮装生产和销售中心。这里拥有东北地区最

---

① 中共双阳区委组织部：《吉林省长春市双阳区：统筹用好多方力量创新基层服务体系》，《中国城市报》2024 年 8 月 5 日，第 15 版。

② 刘茜：《触"电"转型　佟二堡毛皮产业谱新篇——中国皮草之都佟二堡》，《北京皮革》2024 年第 1 期。

大的皮装裘皮专营市场，生产各种丰富多样的皮草产品，价格也相对较低，受到国内外消费者的青睐。

鉴于佟二堡镇在旅游和消费融合方面的商业价值，辽宁省在 2018 年将其列为辽宁省三个"千亿元市场"重点建设项目之一，它也是辽阳市"3+3+X"产业布局的关键组成部分。佟二堡镇积极响应发展政策，将延长经济产业链作为主要培育方向，通过灵活扩大市场，塑造品牌形象，实现国际国内市场地位和影响力的不断提升。这一发展战略取得显著成效，灯塔市佟二堡镇在 2022 年被中国纺织工业联合会和中国服装协会授予了"中国皮革皮草服装名镇"的荣誉称号。皮草产业的发展极大地改善了佟二堡镇居民的就业环境和生活质量。

在居住条件方面，东北地区为了应对寒冷气候，也形成了极具特色的建筑风格。东北的房屋墙体较厚，窗户采用双层玻璃，注重采光，外观上显得坚固而整齐。在室内，人们发明了多种取暖方式。早期，由于东北地区煤炭资源丰富，采用室内烧煤来取暖，传统的土坯房通常采用火炉取暖，通过炉子和炉筒的高温辐射进行短期升温。土炕是东北人为取暖而发明的特色装置。土炕一般由土坯或砖块砌成，呈长条形状，上面铺设寝具，下面留有空洞用于烧火取暖。在土炕上，人们可以进行写字、看书、用餐等多种活动。东北地区的城市住宅大多采用集中供暖系统，从每年10月或11月开始供暖，一直持续到次年的 4 月，为居民创造温暖舒适的生活环境。随着对绿色发展的关注，东北地区的取暖方式也进行了改进。燃气取暖、生物质颗粒取暖等成为当前的新趋势，也带动了相关新兴产业的快速发展。

东北地区冬季漫长且雪天较多，这也给其带来了新的发展机遇。首先，冰雪景观在相关部门的开发和打造下，成为提高财政收入、改善居民生活、打造城市形象的重要抓手。东北三省都拥有丰富的冰雪资源，在景观打造和文旅宣传上，哈尔滨市是其中的代表。作为黑龙江省会城市，哈尔滨市多年来深耕旅游、精做冰雪，除冰雪大世界外，中央大街、太阳岛雪博会、伏尔加庄园等景区景点全面升级，全力提升游客体验性和参与度。2024 年，黑龙江省冰雪旅游以哈尔滨市为核心产生辐射效应，多点开花，促进全域受益。

例如，牡丹江市冰雪旅游产品进行了全面升级，在雪乡和镜泊湖两大核心景区推动下，全市各冰雪景区游览人数激增；佳木斯市则策划了以"冰至如归助力旅发"为主题的冰雪文化季，推出"东极跨年夜""东极之冬，三江泼雪节""首届佳木斯赫哲族伊玛堪文化节"等诸多活动，让游客获得了沉浸式体验冰雪美景和民俗文化的效果。①

其次，"冷能"作为中国东北地区独特的绿色能源，过去受制于技术水平和能源价格限制，未能得到应有的重视和开发，所以在大众心中仍然是一个相对陌生的概念。然而，长期以来，世界上许多国家都面临着能源短缺的问题，为应对这一挑战，开发新的清洁能源并实现区域发展成为包括东北在内各地区的重要议题。"冷资源"开发也成为关注重点。在过去，我国利用自然"冷资源"的方式包括速冻食品、蔬菜水果的冷藏保鲜、畜舍的温度调节、冰雕和建筑物制冷等。近年来，随着科技的进步、经济的发展以及产业结构的变化，人们的观念和资源配置方式发生了深刻调整。"冷资源"的利用逐渐向更深层次和更广泛的方向发展，催生了冰雪运动、特色养殖、寒地试车、大数据云存储等多样化产业。

随着大众对"冷资源"的认识不断提高，东北地区也开始逐步调整资源配置和结构。发展冰雪产业成为"冷资源"利用的主要方向。冰雪产业与旅游、体育、教育、文化、休闲及养老等行业不断深度融合，相关的雪场业、雪具业等产业链不断延伸，同时伴随着宾馆业、餐饮业、交通运输业、文化广告业等配套产业的持续发展。冰雪产业所释放的冰雪资源价值对地方经济起到了强大的推动作用，这一过程中刺激了新的消费需求，促进了冰雪资源的进一步开发。

最后，云计算的发展也为"冷资源"开辟了新的应用领域。这是因为云计算中心的建设需要大量制冷设备来解决设备发热问题，而北纬45度区域年平均气温在2—3摄氏度之间，可以利用长达8个月或更多时间的冷空气进行

---

① 张澍：《"尔滨"梦幻冰雪馆精彩"绽放"》，《黑龙江日报》2024年7月8日，第7版。

自然制冷，从而显著降低云计算中心的电力消耗。2010年11月，位于哈南工业新城的"中国云谷"正式启动，总规划面积达到50万平方米，主要发展云计算、物联网、软件与服务外包、新媒体和动漫影视制作等产业。目前，"中国云谷"已经吸引了300多家企业入驻，并签约了13个投资超过亿元的重点项目，总协议投资达310亿元，初步形成了数据中心、电子商务、大数据和云计算应用等四大板块。[①] 借助丰富的"冷资源"，哈尔滨的"云计算"产业异军突起。

试车产业也是充分利用"冷资源"的重要领域。每当寒冷的季节来临，黑龙江省边境城市黑河会吸引大量国内外机车制造商前来试车。该地区极寒的天气和独特的地理位置为车辆冷冻性能测试提供了天然的理想场所。2006年，黑河市专门成立了试车办公室，旨在培育试车产业。当下，黑河寒区试车的种类和范围不断扩大，吸引了从汽车整车、轮胎、摩托车到油品及轮胎黏结剂等领域的研发企业和机构前来进行测试。试车机构的增加，也带动了停车场地、试车员、维修、物流托运、配载等相关岗位和行业的发展，形成了完整的试车产业链条，在充分利用"冷能"的基础上，提供了大量的就业机会。黑龙江红河谷汽车测试股份有限公司CEO赵鑫宏表示："我们打造了全国路谱最综合的开放式寒区汽车测试基地，与国内170余家整车、零部件生产企业和科研院所建立起合作关系，整个试车季可以解决黑河当地近千人的就业问题。"

在应对地域气候的负面影响方面，东北地区已经通过利用本地资源和经验积累取得了进步，一定程度上实现了舒适物理论所描述的将非舒适物转化为舒适物的目标。然而，东北地区的原生气候条件并非仅带来了负面影响。实际上，东北地区不仅在冬季拥有舒适的室内环境，其凉爽的夏季和持续时间较长的春秋季节也具有明显的吸引力。尤其是在全球气候变暖的趋势下，东北地区原本并不优越的气候条件正在逐渐转化为它的地域优势。

---

① 薛婧：《算力加持筑牢新质生产力"底座"》，《黑龙江日报》2024年3月27日，第1版。

根据国家气象局监测数据，东北地区作为我国气候变化速率最大的季风气候区，近百年来温度增加了 1.43 摄氏度，是全球增温率的 2 倍，全国增温率的 3 倍。全球变暖给东北地区的寒冷气候带来了调节，并对粮食生长产生了一系列正面影响，如生长期延长、种植区域北扩和粮食总产量提升。统计数据也显示，在粮食作物中，近 50 年来，东北三省的玉米和水稻种植面积及总产量呈倍增趋势。以玉米为例，2011 年的种植面积比 1970 年增加了 1.4 倍，水稻种植面积增加了 4.5 倍，总产量分别增加了 5.6 倍和 10.2 倍。[①]

综上，虽然东北的原生气候条件并不优越，但东北人民依靠长期的技术进步和生活经验，在一定程度上将原本的非舒适物转化为舒适物。而全球气候变暖又进一步提高了东北地区的宜居程度，为该地区提升发展潜力、吸引外来人口和投资带来了更多机会。

第二节　东北工业历史构筑人造舒适物

人造舒适物主要是指人类在区域自然地理基础上，通过人工开发和改造形成的社会环境风貌，包括学校、医院、博物馆、剧院和公园等基础设施。相较于商业舒适物，人造舒适物最大的特征在于其非营利性，大部分人造舒适物的存在都是为了提升该地区的人文环境质量，为个体在物质消费之外的生活提供良好便利的体验。

一、东北历史遗产与工业产业基础

东北地区辽阔广袤，拥有丰富的历史遗产。根据时间和形成特征，东北的历史遗产可以分为三类：古代建筑、近代工业遗迹和被人工改造的自然地

---

① 邓振铺、王强、张强：《中国北方气候暖干化对粮食作物的影响及应对措施》，《生态学报》2010 年第 22 期。

貌。其中古代建筑主要来自清朝，近代工业遗迹主要受计划经济影响，人工改造的自然景观则主要产生于当地的自然资源开发。

作为清朝的发源地，沈阳故宫始建于 1625 年，是我国仅存的两大皇家建筑群之一。尽管沈阳故宫的面积仅为北京故宫的 1/12，并且建造时间比北京故宫晚了 200 多年，但它独具吸引力。沈阳故宫的建筑风格与北京故宫不同，展示了汉、满、蒙、回、藏等多民族的融合特色，具有浓厚的地域特色。此外，作为清王朝的重要驻扎地，沈阳故宫珍藏着大量清朝皇家宝藏，包括文溯阁本的四库全书，数量高达十几万件。因此，沈阳故宫与北京故宫、承德避暑山庄一起被列为清代三大皇家宫廷文物收藏库，并于 2004 年 7 月被列入《世界遗产名录》。除了沈阳故宫，东北地区还是众多皇家陵墓的聚集地，如昭陵、福陵、永陵等清王朝的皇家陵墓都位于东北地区，这些陵墓后来大多被开发成旅游景区，既保留了宝贵的历史遗址，也带来了旅游收入。

除了清朝的珍贵历史遗产，东北作为与朝鲜接壤的边界地区，还保留着大量高句丽的历史文化遗址。高句丽国是中国历史上北方的一个少数民族地方政权，起源于汉朝，持续存在了 705 年，后被唐朝所灭，留下了丰富的历史遗产。考古专家近年来对东北地区进行了考古发掘，发现尽管年代久远，但东北地区仍然保留着高句丽时期建造的城墙、指挥台和王宫遗址。位于本溪市桓仁满族自治县的五女山山城是高句丽国的发源地，北夫余王子朱蒙在这座山上建立了高句丽国，而高句丽的第一代王城"纥升骨城"的部分遗址也存在于此处。从高句丽到清朝的汉、满、蒙、回、藏融合，东北的历史遗址展现出明显的多民族特色，也反映出东北地区自古以来具有包容性强的特点，使得东北在后来的发展中形成了开放包容的地域文化。

进入现代，东北地区成为保留最多工业遗址的地方。这些工业遗产不仅是文化遗产，也是记忆的载体和档案的见证。工业遗产是人类文明和历史发展的重要组成部分，其所具有的历史文化、知识、科技、经济和艺术的价值已经在全球范围内得到广泛重视。东北地区最早的工业化始于日俄侵略时期，虽然这些遗址中蕴含着被侵略和占领的血泪历史，但它们也具有宝贵而多样的价值。

位于大连市旅顺口区的旅顺船坞是中国近代最早的大型船舶企业之一，也是中国北方第一座现代船舶修造厂，由中、德、法三国参与设计和建造。[①] 旅顺船坞的成立不仅带来了外来势力的先进技术，还迅速建立了中国第一条国际电报线路和东北地区第一条国内电报线路，并铺设了国内首条自来水管线。这些基础设施的建设推动东北形成了第一批工业产业工人队伍，也带动了大连的城市建设和发展。东北的工业遗产不仅展示了该地区的工业化历程，也见证了当时的科技进步和经济发展。

20世纪30年代，东北三省的兵工厂是全国最大的兵工厂，也是刘少奇在东北推动工人运动的重要基地。该兵工厂的机床设备数量超过其他所有兵工厂的总和，年产步枪超过6万支，同时还能够生产轻重机枪、各类迫击炮、山炮和野战炮。此外，汽车制造也是该兵工厂的主要业务，中国第一款自主生产的汽车——"民生牌"卡车便是在这里诞生的。1950年，兵工厂的枪械生产转移到北安并成立了庆华工具厂，成为当时我国唯一的冲锋枪厂。中国第一批正式使用的冲锋枪——50式冲锋枪就在这里生产，后来中国军队使用的大部分轻武器也出自该厂，这扭转了中国军队使用落后枪械的局面。[②] 此外，中东铁路也是东北地区重要的工业遗产，它不仅是东北地区最早的铁路主干线，也是东北城市建设的起点。作为中东铁路事件的发生和纪念地，中东铁路于2018年1月被列入中国工业遗产保护名录。

东北地区丰富的自然资源被开采，也形成了许多独特的产业景观，其中以煤铁矿遗址最为知名。抚顺西矿位于辽宁省抚顺市，曾是亚洲最大的

---

① 中华人民共和国工业和信息化部：《工业和信息化部关于公布第一批国家工业遗产名单的通告》，
2017年12月22日。

② 中华人民共和国工业和信息化部：《工业和信息化部关于公布第一批国家工业遗产名单的通告》，
2017年12月22日。

露天煤矿，如今成为亚洲最深的矿坑，坑深达 424 米。本溪湖煤铁公司具有悠久的采矿历史。据《南芬铁矿志》记载，本溪钢铁公司南芬露天铁矿（庙儿沟铁矿）历史悠久，与本溪地区采煤和冶铁业发展密切相关。早在辽代，庙儿沟铁山就有采售矿石的历史记载。明清时代，庙儿沟铁山是辽东地区重要的铁矿石产地之一。近代以来，它成为日本侵占东北后建立的第一个大型工矿企业，其中的彩屯矿竖井被誉为"东洋第一大竖井"。如今，本溪湖煤铁公司已被开发成为工业遗址博览园，既保护了工业遗产，又保存了历史遗迹。

阜新煤矿在中国工业发展史上具有重要的地位，代表了 20 世纪 50 年代我国煤炭工业的最高水平，也是全国四大煤炭生产基地之一。作为国内首个实现现代化、机械化和电气化的大型露天煤矿，阜新煤矿在全球机械化煤矿开采发展史上也占据着重要地位。[①] 新中国成立后，东北地区的钢铁产业实现了跨越式发展，而鞍山钢铁公司是其中最为重要的代表之一。作为新中国成立后首批建设的大型联合钢铁企业之一，鞍山钢铁公司获得了"共和国钢铁工业的长子""中国钢铁工业的摇篮"等荣誉称号。新中国的第一炉钢水、第一根钢轨和第一根无缝钢管都是出自鞍山钢铁公司之手。如今，鞍钢已成为辽宁省鞍山市的一张名片，它不仅见证了新中国钢铁工业的起步、发展和振兴历程，也在这片土地上培育出了许多英模人物，如孟泰、王崇伦、雷锋和郭明义等，他们为国家的发展做出了杰出贡献。

阜新煤矿和鞍山钢铁公司的发展历程不仅仅是经济发展的象征，更是整个东北地区工业化进程的缩影。这些产业的兴起不仅为当地带来了经济繁荣，也为国家的崛起做出了重要贡献。其历史和地位的意义远远超出了产业本身，被视为国家工业史和地方文化的重要组成部分。保护和传承这些产业遗迹不仅有助于记忆历史，更能够激励后人珍视资源、追求创新、为国家繁荣奋斗。这些独特的产业不仅成为东北地区宝贵的文化财富，也为游客们提供了一个了解和

---

① 唐巨鹏、潘一山：《煤炭资源枯竭型城市的灾害因素与控制对策——以辽宁省阜新煤矿为例》，《中国地质灾害与防治学报》2005 年第 4 期。

学习东北工业历史的场所。通过保护工业遗产和传承精神，我们可以更好地反思过去、展望未来，并为国家的可持续发展贡献智慧和力量。

除了煤铁矿产业，东北地区的石油和汽车制造产业也在国内占据着重要地位。大庆油田是中国最大的油田，也是新中国成立以来发现的第二大油田。在汽车制造方面，大连市的东清铁路机车制造所是 20 世纪初中国规模最大、技术最先进的机车工厂之一，也是亚洲规模庞大的工厂之一，其生产的机车接近世界水平。吉林省长春市被誉为"汽车之城"，与长春第一汽车制造厂的创建密不可分。一汽是苏联援建中国的一项重大工程，生产了诸如"解放"牌卡车、"东风"牌小轿车和"红旗"牌高级轿车等知名品牌汽车。如今，一汽不仅带动了长春市经济社会的发展，也在很大程度上解决了当地人民的就业和生活问题。

二、东北先发工业化和城市化基础

东北地区工业化和城市化起步较早，不仅带来了东北辉煌和繁荣的过去，而且使东北现在仍然拥有计划经济时期打下的坚实教育基础。时至今日，东北地区的教育水平仍然位居全国前列，表现为基础教育覆盖全面、高等院校林立，且高质量人才的培养数量遥遥领先。

新中国成立以前，东北地区是国内最早建立起现代基础教育体系的地方。1916 年 7 月，张作霖开始统治东北，提出了"兴学育才"的口号。在接下来的十几年中，东北地区共建成 12609 所小学和 258 所中等学校。张学良接任后，受西方文化思想的影响，他施行"教育救国"的理念，宣布不继承父亲的遗产，并拿出 1000 万元用于东北文化事业的建设。

新中国成立后，东北地区一直是我国的工业中心。当时中国与苏联关系良好，东北地区享有丰富的教育和建设资源，一直处于全国领先地位。目前，东北的高校数量依然居于全国前列，且文盲率远低于全国平均水平（见表 6-2-1、表 6-2-2）。

表 6-2-1　东北三省 2022 年高等教育规模

地区	普通高校（所）	"211"院校（所）	"985"院校（所）	"双一流"高校（所）
全国	2756	116	39	147
东北地区	260	11	4	11
辽宁省	114	4	2	4
吉林省	80	3	1	3
黑龙江省	66	4	1	4

数据来源：教育部及国务院学位委员会办公室网站。

表 6-2-2　东北三省 2020 年教育经费及文盲率统计

地区	教育经费（万元）	文盲率（%）
全国	530338681	4.9
辽宁省	10988599	1.6
吉林省	7204781	2.8
黑龙江省	8422728	2.3

数据来源：国家统计局。

　　例如，吉林大学、哈尔滨工业大学和大连理工大学以其优秀的学术实力和卓越的教育质量在全国大学排名中居于领先地位。吉林大学是全国百强大学之一，在多个学科领域取得了突出的成绩。在生命科学、地球科学、材料科学和化学等领域，吉林大学的科研成果名列国内前茅。此外，吉林大学拥有众多著名学者和科学家组成的优秀师资队伍，为学生提供了优质的学习和研究环境。哈尔滨工业大学是中国著名的理工科大学之一，以其出色的工科教育享誉全国。该校的工学、材料学和计算机科学在国内处于领先水平。大连理工大学也是中国知名的理工类大学之一，在工程、海洋科学和材料科学等领域拥有深厚的学术积淀。

　　作为一所历史悠久、卓越的教师培养基地，东北师范大学在培养师范生方面积累了丰富的经验，并为培养优秀的教育人才奠定了坚实的基础。[1]吉林大学、哈尔滨工业大学、大连理工大学和东北师范大学等高校的优秀表现，不仅彰显了东北地区在高等教育领域的实力，也为培养各领域的优秀人才做出了巨大贡献。调查数据显示，在2012—2022年十年之间，各省当选院士的人均人数排名中，吉林省位列第一，黑龙江省和辽宁省分别位列第七名和第八名（如表6-2-3所示），东北的人才培养能力可见一斑。

表6-2-3　近十年各省产出院士数排名（2012—2022年）

序号	省区	2022年常住人口（万人）	总数排名	当选院士数	人均排名
1	吉林省	2347.7	11	24	1
2	江苏省	8515.0	1	84	2
3	浙江省	6577.0	2	62	3
4	湖南省	6604.0	3	59	4
5	陕西省	3956.0	7	33	5
6	安徽省	6127.0	4	49	6
7	黑龙江省	3099.0	12	23	7
8	辽宁省	4197.0	9	30	8
9	湖北省	5844.0	6	37	9
10	北京市	2184.3	17	13	10

数据来源：搜狐数据。

三、自然与人文融合的休闲娱乐设施

东北地区拥有丰富的自然资源和较低的土地价格，为公共设施建设提供了良好的条件。依托优厚的森林资源条件，大连市白云山风景区打造森林动

---

[1] 张艳、姜莹、张雪：《高等教育与泛东北区域经济协调发展分析》，《沈阳农业大学学报（社会科学版）》2010年第6期。

物园，该园内拥有 200 多种 3000 多只动物，设有科研、展览、游乐、绿地和风景林等多种景点。哈尔滨市北方森林动物园也非常知名，动物园占地 558 公顷，生态环境优美，植被丰富，森林覆盖率超过 95.8%。园内设有猛禽园、鸟语林、猴山、灵长类馆、中型猛兽馆、极地动物馆等二十几个现代化动物馆舍，还有狮虎、鹿、熊、狼、非洲动物等五个大型散放区。沈阳植物园被誉为"森林中的世博园"，占地广阔，集东北、西北、华北地区的植物资源于一身。园内聚集了世界五大洲及国内重点城市的园林和建筑，提供了绿色生态观赏、精品园林艺术和人文景观建筑等。这些园区的建设体现了东北地区在保护自然环境、展示园林艺术和促进生态旅游方面所做的积极努力，同时也为人们提供了与自然亲近和欣赏美景的机会。

除了依靠丰富自然资源打造的公园，东北地区还拥有许多人造景观公园。长春世界雕塑公园是一个展示当代雕塑艺术的主题公园，同时也是融合了自然山水和人文景观的现代城市雕塑园。该公园是国家首批重点公园之一，占地面积 92 公顷，其中水域面积为 11.8 公顷。公园内主要包括 5 个展馆：长春雕塑艺术馆、松山韩蓉非洲艺术收藏博物馆、魏小明艺术馆、长春雕塑博物馆和雕塑体验馆。这些展馆展示了雕塑艺术与建筑艺术的完美结合，作品造型独特、内涵丰富，广受好评。伊春锦绣山水公园则以其独特的自然景观和人造景观而闻名。它是伊春市最大的园林，充满了自然生态气息。该公园不仅是天然的动植物园，也是向中外游客展示伊春市的窗口。公园内拥有东北地区最大的水上乐园和国内最大的木雕园林，深受游客喜爱。

除了拥有丰富的自然公园和人造公园，在运动娱乐设施上，东北地区因其地广人稀，也拥有大量天然的运动场地。根据 QQ 运动数据的统计，2016 年全国城市运动指数前 15 名中，长春市、大连市和哈尔滨市均榜上有名。此外，得益于极为便宜的地价，东北三省的露天运动场所数量遥遥领先，均居于全国领先水平（见表 6-2-4）。

表 6-2-4 东北三省露天运动场数量统计（2022 年）

地区	田径场（个）	球类运动（个）	冰雪运动（个）	健身路径（个）
吉林省	9043	1838	343	14587
辽宁省	4576	33786	55	28366
黑龙江省	3093	17675	194	12673

数据来源：国家体育总局数据。

第三节 东北服务设施带来商业舒适物

商业舒适物包括便利的商店、丰富的商品供应、高质量和多样化的餐饮设施和服务等，而这些内容往往与人们的日常生活交织在一起。在微博上以"东北"和"幸福"为关键词进行搜索，获取热搜当中的前 100 条内容，对其进行自然语言处理，得到词云统计图如图 6-3-1 所示：

图 6-3-1 微博以"东北""幸福"为热搜关键词的词云统计图

根据图 6-3-1，我们可以发现"美食""电影""烧烤"等词汇的出现频率较高，表明东北地区的饮食文化和电影产业是居民感受到幸福的重要内容。此类内容均包含在商业舒适物的范畴之内，即以刺激消费为核心而形成的各类场所，商店、餐饮和服务行业等为其中的主要代表。

一、东北美食文化与地域特色风味

东北饮食文化的形成受到三个重要因素的影响。首先，东北地区被大小兴安岭和长白山环绕，形成了相对封闭的地理环境，这使东北饮食保留了独特的地域特色。其次，东北地区土地肥沃，拥有丰富的森林资源和江河资源，这为东北带来了丰富多样的优质食材。最后，东北地区自古以来就是多民族多文化类型的交汇之地，从秦汉时期的东胡、肃慎，到唐宋时代的靺鞨、契丹、女真，再到清朝的满族，东北饮食融合了不同的民族特性。此外，与俄罗斯、日本、朝鲜和韩国比邻的地理区位，也让东北饮食增添了异国风味。

传统饮食是地域文化的重要组成部分。东北的传统饮食以炖菜为主，四大炖菜是东北菜的鲜明代表。小鸡炖蘑菇是具有浓厚地域特色和历史文化底蕴的传统名菜。它的起源可以追溯到东北满族文化。在制作上，这道菜选用当地的土鸡和野生蘑菇，经过精心炖制，口感醇厚，肉质鲜嫩，香气四溢。铁锅炖大鹅也是一道极具地方特色的菜肴，深受东北人民喜爱。这道菜源于东北农村地区，历史悠久，可以追溯到几百年前。猪肉炖粉条和排骨炖豆角也是东北乃至全国家喻户晓的家常菜，制作简单而味道香浓，深受当地人民喜爱。此外，锅包肉也是经典的东北菜。据文献记载，"锅包肉"起源于光绪年间，其色泽金黄，口味酸甜，深受当地人和外宾的喜爱。而哈尔滨锅包肉于2022年入选了国家《地标美食名录》。

东北的烧烤也独具特色。尽管长久以来，烧烤被认为是不上桌、不适合高级食材的烹饪方式，处于中餐烹饪的底层，然而，在几乎所有的中国城市和乡村中，烧烤都是备受喜爱和欢迎的美食。无论是宵夜小酒、露营户外、好友聚会还是全家团圆，烧烤都能营造出浓厚的氛围和格调。提到东北名吃，烧烤理所当然地名列前茅。与其他地区相比，东北烧烤因其靠近土地广袤和畜牧业发达的内蒙古自治区，故所采用的牛羊肉均质量上乘且价格实惠。此外，东北的烧烤通常都有专门负责火候的服务员，他们被统一称为"炭长"。每家烤肉店都会特别留一个人负责烧炭，并及时更换炭火，这也反映出东北人对烧烤的专注和对火候的讲究。在这些因素的共同作用下，东北烧烤无论是口感还是品质都独树一帜，成为人们喜爱的美食之一。

除了炖菜和烧烤，东北地区还拥有相当正宗的朝韩餐、日料和俄式餐厅。尤其是延边朝鲜族自治州，被誉为"东北小首尔"，作为全国朝鲜族最大的聚居地，延边朝鲜族自治州被公认为东北地区的"美食王国"，拥有正宗的泡菜、拌饭、烤肉和参鸡汤等朝鲜料理。东北地区也有数量众多的日料店和俄式餐厅，供当地人和外来者品尝各式各样的日本和俄罗斯美食。经过多年的融合与发展，东北地区的特色美食在多地区、多文化的背景下相互交融。无论是当地人还是游客，都可以在东北地区品尝到正宗且物美价廉的本地和异国美食，获得极强的满足感、幸福感。

二、东北冰雪文旅与商业消费融合创新发展

作为中国最北部的地区，东北地区将冰雪旅游作为经济发展的重点产业。近年来，东北三省充分利用丰富的冰雪资源开发冰雪产业，促进文旅商业消费，推动经济发展。其中，黑龙江省是我国冰雪资源最为丰富的省份之一，在发展冰雪经济方面具备国内外需求增长和供给优势。哈尔滨市的"冰雪大世界"、海林市的"雪乡"、漠河市的"北极"、抚远市的"东极"等都享有盛誉。在制度安排和政策支持方面，黑龙江将冰雪旅游产业纳入经济社会发展总体规划，出台了《黑龙江省冰雪旅游专项规划》和《黑龙江省冰雪经济发展规划（2022—2030年）》等政策，创新冰雪产品，提升服务质量和旅游体验，追求新的产业变革与发展机遇。

在实践探索中，黑龙江省充分利用自身丰富的冰雪资源和产业基础，积极践行习近平总书记"绿水青山就是金山银山，冰天雪地也是金山银山"的理念，将冰雪经济作为新增长点，推动冰雪运动、冰雪文化、冰雪装备和冰雪旅游的全产业链发展，成为老工业基地高质量转型发展的新动能。2022年

11 月，哈尔滨市和七台河市被授予"奥运冠军之城"纪念奖杯，带动了哈尔滨市冰雪装备产业的迅速发展。目前，哈尔滨市已初步形成以冰刀、雪板和冰壶为主的冰雪运动装备体系，以及以索道、魔毯、造雪和制冰设备为主的冰雪场地装备体系。这涵盖了制造、研发和服务等五大类的 2000 多家冰雪企业。冰雪经济所具有的强大带动性、乘数效应和综合效益，为黑龙江省增添了发展的新动力。根据商务部门的监测，在 2023 年春节期间，来自全国各地的游客纷纷前往黑龙江省的冰天雪地中欣赏冰雕和玩雪，哈尔滨市的住宿和餐饮企业销售额更是同比增长了 273.3%。

在吉林省，2022 年北京冬奥会的举办使该省的冰雪产业迎来了新的发展高峰。作为位于北纬 42 度的"世界冰雪黄金纬度带"，吉林省借助奥运契机，热情向全球展示其丰富的冰雪资源和优质的滑雪场，自豪地提出"冬奥在北京，体验在吉林，发展在吉林"的口号。冰雪运动的兴起和冰雪旅游的发展，让吉林省冰雪产业以令人瞩目的速度蓬勃向前。目前，吉林省已经建成了 54 座不同规模的滑雪场，拥有 279 条雪道，相较于 2016 年冰雪产业起步之初，分别增长了 80% 和 131%。雪道总面积达到 1139 公顷，居全国之首；雪道总长度已超过 330 公里，占全国的 12%。吉林省的滑雪场单日最大接待量可达 10 万人次，成为中国滑雪接待规模最大的省份之一。

冰雪资源的市场开发和商业化发展，也促使许多冰雪产业通过技术手段摆脱了季节限制，实现了持续收益，实现了"一季带三季"的利润模式。夏季滑雪场依然充满活力，超过一半的滑雪场都能进行反季节运营。除滑雪外，各地的滑草、民宿、花海、滑翔伞、热气球等丰富的游乐项目以及音乐会、露营节和山地运动节等节庆活动也吸引了大量游客，成为新的经济增长点。例如，吉林省在市场分析、特色产品规划、税费减免和贷款优惠等方面为各大滑雪场提供了支持，助力冰雪经济的四季延伸。在商业化运营日益成熟的背景下，东北地区已不再是被苦寒所束缚的地方，而是充满活力和发展潜力的投资圣地。

如果说冰雪建构了东北三省的户外商业景观和消费场所，那么寒冷的气候也深刻地影响了东北室内商业场所的建筑风格，形成了具有强烈地域特色的商场和购物中心。以吉林省长春市的"这有山"为例，为了满足人们在寒冷天气下仍然可以爬山和购物的需求，一座山被搬进了室内。"这有山"选址于一座旧厂房，其创始人一直想开展一个与众不同的文旅项目，于是致力于打造一座真实的人工景区，力求避免过度商业化的氛围，将店铺仅仅作为与山景相辅相成的一部分加以设计。自开业以来，"这有山"被评为 AAAA 级景区，原因在于其内部设计紧密围绕景区主题展开。整个室内空间占地 7 万平方米，设计师巧妙地融合了山坡和山洞两种风格。商场内部的主山高达 30 米，沿着山坡分布着各式各样的小吃街、话剧院、博物馆、书店、影院和展览空间，每个店铺旁边都配有相应的建筑景观。这样一来，逛店的人们总能感受到新鲜的体验，"这有山"也正式走上了"旅游 + 文化 + 消费"融合发展的道路。

以"自然 + 怀旧"为营销符号的巨大商业价值也在"这有山"得到了成功的展现。在内部设计上，"这有山"选择了东方、古风、山景古道等元素，与城市气质相符，其设计灵感源自长春的自然景区，石阶、山洞、山体、凉亭等元素被尽力还原，营造出一个山丘景区小镇的感觉。不仅如此，"这有山"还抓住了年轻人的怀旧情绪，它依托于靠近长春电影制片厂的选址优势，在商场中设计了许多情怀杂货铺，展示出老旧物件、古树、鸟鸣、古风衣着等细节。[①] 这些特质都让"这有山"成为长春著名的打卡胜地。

哈尔滨市的购物场所则展示了别有味道的国际风情。中央大街，曾被称为"中国大街"，是哈尔滨市西洋风情的象征。这条大街的历史可以追溯到1898 年。当时，哈尔滨市开始大规模修建铁路和城市基础设施，原本的沿江地带还是一片荒凉的低洼草甸，运输铁路器材的马车在泥泞中开辟了一条土路。随后，中东铁路工程局将这片荒地分配给定居在哈尔滨市的中国人，于是到 1900 年，这里形成了名为"中国大街"的街道，意指中国人居住的街

---

① 刘彬：《商场变"景区"，看这些商场的"生意经"——解析胖东来、文和友、这有山、唐山宴的出圈密码！》，《商业文化》2024 年第 11 期。

道。到 1928 年 7 月，"中国大街"正式改名为"中央大街"。自诞生以来，中央大街便成为哈尔滨市著名的商业街，吸引了众多外国商人前来经商，推动了贸易繁荣。经济的快速发展也促使这些商人在此兴建了许多建筑。正因如此，中央大街成为哈尔滨市的缩影，展现了文化交融的独特风格，因此被誉为"亚洲第一街"。

辽宁省在商业景观建设上的主要特点是将计划经济时期的文化符号和工厂遗址融入其中。铁西红梅文创园和 1905 文创园是沈阳特色工业文化街区消费场景的代表，并被评为"最具文化创意的园区"。工业是铁西区的根基，工业文化是铁西区的灵魂。近年来，铁西区不断挖掘历史上留存的工业遗址和老旧厂房背后的"文化空间"，将"锈场"变成了"秀场"，通过将工业文化融入现代消费元素，打造出了一系列展现新时代、新铁西的文化名片。

红梅文创园位于铁西区卫工北街 44 号，创办于 1939 年，占地超过 6 万平方米。园区以原沈阳市红梅味精厂的老旧厂房为基础进行改造，现已被评为国家级 AAA 景区，并成为首批国家级夜间文化与旅游消费集聚区、省文明旅游示范园区、市文化产业示范园区及夜经济示范街区。园区巧妙地融合了老工业空间与现代建筑风格，涵盖了创意设计、时尚餐饮、艺术展演、音乐创作孵化、创意集市和夜经济等多种文化消费业态，成为沈阳铁西老工业园区向现代国际文化创意园区转型的典范，深受市民喜爱，是时尚文化的热门打卡地。游客在这里不仅可以近距离体验艺术，还能参观发酵艺术中心的发酵罐特色展示，以及利用声光电技术打造的沉浸式味觉博物馆。

1905 文化创意园位于铁西区兴华北街 8 号，建于 1937 年。园区完好地保留了沈重集团二金工车间的工业遗址及其独特的工业风格，成为沈阳市首个集展览、演出、消费和文化体验于一体的多元化文创产业综合体。如今，该园区已发展成为辽沈地区一个具有重要影响力和吸引力的青年创意文化产业聚集地和孵化基地，并被评为全国创业孵化示范基地、省对外友好交流基地、省文化产业示范园区、市示范商业街区以及夜间经济特色街区。

从以冰雪作为设计核心的室外消费景观，到独具特色的室内消费景观，东北三省都充分利用了当地的自然资源和文化资源，创造出了具有地域特色的经济增长点。在东北地区，这些消费景观不仅为地区发展带来了动力，极大丰富了当地居民的生活和消费，同时也成为吸引外来游客的重要地标。

三、东北文化产业基础的现代转型

东北地区的文化产业以长春电影制片厂为主要代表。长春电影制片厂位于吉林省长春市朝阳区，厂区包括了拍摄场地、制片厂、剧组住宿等设施，拥有先进的拍摄设备和技术，是中国电影产业的重要基地。作为新中国成立后的第一家电影制片厂，长春电影制片厂在中国电影史上具有重要地位，为中国电影的发展做出了巨大贡献。

在发展进程中，长春电影制片厂创造了中国电影史上的多个"第一"。从1946年推出的第一部国产动画短片《大闹天宫》，到1951年成功拍摄的第一部国产长片《武训传》，再到1956年的第一部全彩色电影《幸福》，长春电影制片厂不断引领着中国电影的发展。尽管该制片厂曾经面临市场经济转型带来的种种挑战，但在吉林省委、省政府的大力支持下，通过改革和创新，成功实现了转型升级。经过多年的努力，长春电影制片厂逐渐恢复了盈利能力并取得了可观的成果。如今，长春电影制片厂依然是中国电影产业的重要支柱。它不仅为中国电影的发展提供了宝贵经验和资源，还吸引了许多电影人和观众前来参观和交流。

进入21世纪，作为"新中国电影的摇篮"，长春电影制片厂不断寻求振兴电影文化产业的新路径，并明确以电影为主题、以文化为切入点的电影振兴之路。在完善电影产业链和优化电影生产的基础上，重点发展后期电影业和副电影业。2001年，长影集团与北京保利集团合作成立了东方神龙影业公司，注册资金达3000万元。2004年元旦，由长影集团创办的长影频道正式开播。此后，长影集团积极与民营企业展开合作，成立了两家独立制片公司，并创办了影视艺术学校。2005年5月，长影世纪城正式开园营业。同年，长影集团对新长江电影城进行了重新装修和改建，并启动了初步的院线建设。新长江电影城的启用不仅填补了吉林省多厅电影院的空白，还进一步完善了省内的电影院线。2005 年，长影集团的洗印公司开始进行改革，完成了《韩城攻略》《头文字 D》《神话》《千里走单骑》等重量级影片的拷贝加工。近年来，长影译制片公司完成了《鲨鱼黑帮》《马达加斯加》《蓝精灵》《源代码》等进口大片的译制和配音工作，为长影集团的电影产业发展探索了新模式。

截至目前，长影集团每年制作的影片数量已超过 20 部，其影片生产业务稳步增长。经过改革，长影集团现拥有两家全资子公司、12 家控股子公司和 2 家参股公司。这些公司涵盖了影视产业的制作、发行、放映以及后期制作等各个环节。经过多年的努力，长影集团在 2010 年初步实现了"壮大主业、多元经营、以副养主、延伸电影产业链"的发展战略，电影创作和产业发展取得了显著成效，创作了 50 部故事片，净利润达 5979 万元，总资产运到 20 亿元。同时，长春电影频道、农村电影基地、长春电影艺术馆、长影世纪城以及海南世纪城的建设，成为长影集团电影产业链发展的新亮点。

为了进一步延长商业价值链，长春电影世纪城在规划和建设中注重突出高科技电影娱乐特色，并融入长春电影文化的细节，旨在将长春打造成为中国北方的电影旅游基地、电影生产基地和电影拍摄基地。电影娱乐始终是长春电影世纪城的核心主题，节目内容包括电影制作揭秘、影视加工再现、电影特效体验和影视娱乐欣赏。在此基础上，长春电影世纪城的电影文化旅游主要分为四大板块：创新科技板块（4D 特效电影、立体水幕电影、激光悬浮电影、动感球幕电影、三维巨幕电影等），惊险刺激板块（神州号、火山爆发、密林古堡、八卦阵等），体验演艺板块（电影探秘馆、英雄秀场等）和游艺欣赏板块（淘气堡、神秘古树、欢乐岛、祝福泉等）。在细节和主打项目上，长春电影世纪城力求独特创新。其中，4D 影院放映的电影《非常实验室》是长春电影自主开发的，而动感球幕电影则是全球最先进的动感电影，目前仅有拉斯维加斯的西泽酒店和环球影城才能放映此类电影。此外，5D 影院、激光悬浮影院等项目都是好莱坞环球影城中没有的。长春电影世纪城在发展过程中不断创新和拓展产业链，为东北电影行业的发展树立了标杆和方向，在创造商业价值的同时，也丰富了人们的娱乐休闲生活。

综上，东北地区的商业舒适物主要涉及餐饮服务、消费景观、休闲娱乐等多个方面，形成了传统与现代交织、开发和创新并举的良好局势。从特色产业到旅游消费，这些商业舒适物都在满足人们消费需求的基础上，吸引了大量外来游客，并创下多元经济社会收益。因此，东北地区并非只有辉煌的工业基础，它的现代商业也同样拥有独特的魅力，充满无限潜力。

第四节　东北发展底蕴造就社会舒适物

在舒适物理论中，社会舒适物是定义内容较为模糊的一个维度。相较于自然资源（自然舒适物）、人为建造的空间（人造舒适物）及消费场所（商业舒适物）的独立性和可见性，社会舒适物更强调个体在生活空间中实际体会到的感受和氛围，包括了居民的素质与态度、是否排外、圈际交往、普通话普及程度和社会治安等内容。因此，社会舒适物的形成与自然舒适物、社会舒适物和商业舒适物关系密切。换言之，正是当地的自然条件、文娱空间以及市场的发育和发展构成了社会舒适物的形成基础，同时，也生产创造了大量具有地域特色的文化符号。

一、自然条件与政策导向对东北地域人口性格的养成

东北人的性格大多松弛包容、豁达幽默。从自然资源丰富的角度出发，东北人拥有靠山吃山的资本和条件。无论是农民还是城市居民，肥沃的土地都给了他们最大程度的安全感。在东北地区，"大不了回家种地"这句俗话是一种确确实实存在的可能。相较于东部沿海城市高强度的工作压力和频繁的"996"作业，东北的工作节奏相对缓慢，日出上工、日落而归在东北并不是一种幻想和妄谈。

2015 年，北京大学社会调查研究中心联合某招聘网站对全国各城市的人均工作时间和休闲时间进行了调查。调查数据显示，上班族平均每天睡眠 7.33 小时，工作 8.66 小时，其中在公司工作 8.38 小时，在家工作 0.28 小时，上下班往返 0.96 小时，休闲等活动 7.05 小时。其中，广州市的上班族是最忙的，日均工作时间为 9.02 小时；最清闲的是长春市上班族，日均工作时间为 8.05 小时；沈阳市的上班族工作时间位列倒数第二，日均工作时间为 8.18 小时。

这种慢节奏的生活工作方式也使得东北人能够获得更多的睡眠时间和更好的睡眠质量。根据《中国睡眠质量 2020》的调查统计，全国排行前十的早睡城市如表 6-4-1 所示：

表 6-4-1 全国排行前十早睡城市（2022 年）

城市	入睡时间	排名
伊春市	22：58	1
哈尔滨市	23：22	2
潍坊市	23：23	3
长春市	23：25	4
大连市	23：26	5
沈阳市	23：30	6
宁波市	23：31	7
黄冈市	23：31	8
保定市	23：33	9
青岛市	00：33	10

资料来源：《中国睡眠质量 2020》。

上表显示，黑龙江省伊春市的入睡时间全国最早，哈尔滨市紧随其后，长春市、大连市、沈阳市也居于前列。早睡早起的日常习惯，能够让东北人更易拥有健康舒适的生活状态，也养成了较为松弛的性格特质。

除了自然条件外，东北人的松弛感也部分来自早年对计划生育政策的积极响应。第七次全国人口普查数据（见图6-4-1）显示，东北地区早年计划生育政策落实较好，每家每户基本只有一个孩子。

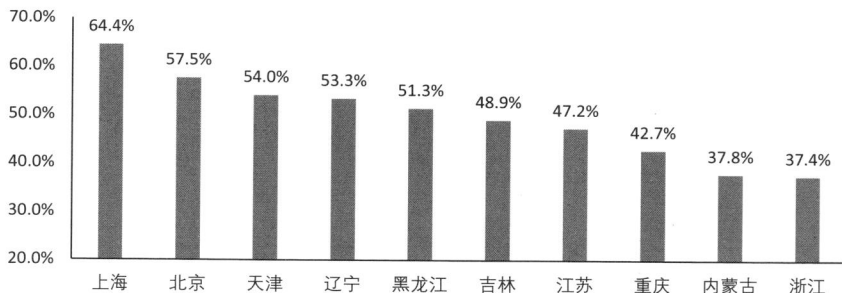

图6-4-1　部分省份独生子女家庭占比分布

数据来源：第七次全国人口普查。

子女数量少带来的优势，首先，在家庭层面表现为东北人的家庭负担较轻，生活压力小，家庭关系相对亲密，有助于提高生活幸福感。在《父母冲突、亲子关系与青少年抑郁的关系：独生与非独生的调节作用》一文中，研究者以亲子关系作为中介因素，独生状况作为调节变量，考察了父母冲突、亲子关系与独生和非独生青少年抑郁的内在关系。研究发现，独生子女的母子亲密、父子亲密程度显著高于非独生子女，母子冲突、父子冲突显著低于非独生子女。独生子女是子女角色的唯一承担者，父母往往会把更多的时间及精力投入到唯一的孩子身上，亲子关系自然会表现出更加亲密的倾向。

其次，在个体层面上，当家庭养育的孩子数量较少时，家长对孩子的资源投入会更集中，也更重视子女的教育，孩子往往能够得到全方位的发展。他们在未来的升学和就业上面临的同辈群体的竞争和压力相对较小。这同样有利于减少家庭负担，提高整个家庭的幸福感。

最后，长久来看，这一政策的实施让东北成为全国男女性别比最为平衡的地区。第七次全国人口普查数据显示，31 个省份中，总人口性别比在 100 以下的省份仅有 2 个（吉林省 99.69 和辽宁省 99.70），在 100 至 105 之间的省份有 17 个（黑龙江省 100.35），在 105 至 110 之间的省份有 9 个，在 110 以上的省份有 3 个。而大量研究表明，男女性别比与当地的犯罪率有极强的相关性。男性在人口中占多数时可能滋生更多的暴力行为，影响社会稳定。其原因在于男性相较于女性，通常表现出更强的攻击性和暴力倾向。当男性人数占多数时，会出现大量成婚困难的年轻男性，这可能引发暴力事件，甚至对社会治安造成威胁，从而导致社会结构的不稳定。而东北地区接近持平的男女性别比，无疑创造了更为稳定和安全的社会环境，人民的生活安全得到了一定程度的保障，幸福感也随之提升。

东北人性格的包容性主要体现为不排外和人际关系融洽。不排外的性格特质得益于东北在地理位置上与俄、日、韩、朝是近邻，跨文化交流氛围浓厚，语言文字多样，日语、朝鲜语和俄语在东北地区都有大量的使用者。此外，东北地区自古就有多民族融合的传统，并在闯关东过程中形成了接纳外来人口的历史经验。东北话和普通话差异甚微，外省人来到东北时基本没有交流障碍，也极大减少了外来人口的融入障碍。这些特征都养成了东北人不排外的性格特质，原住民对家乡的认可度高，而新住民也很容易和当地人打成一片。

人际关系融洽离不开东北地区长久以来的熟人社会基础。在东北，熟人社会的形成由一定的地域条件和计划经济时期的政策干预促成。入冬后，东北地区进入漫长的"猫冬"季节，人们大多聚集在一起，过着相对封闭固定的生活。这些生活习惯使东北人养成了喜欢结交朋友、爱"唠嗑"的社交特质，熟人社会关系在这种氛围中逐渐发育。而人际关系融洽、注重情感联结、彼此间信任度高的社会氛围，也为东北人创造了较高的生活安全感。从政策惯习上说，计划经济时期，东北人的工作和生活都围绕单位展开，社会关系和活动空间几乎一成不变，人人以厂为家，即便改革开放以后单位制逐渐解体，东北人依然保留了这种浓厚的单位认同、集体记忆和共同体情感，从而加深了熟人社会的特质。

讲求关系始终存在于中国人的日常交往之中，而熟人社会能否给当地人带来幸福感，则一直是我国幸福感研究的重要内容。有研究者分析了中国居民的主观幸福感及其影响因素，发现从人际关系的角度来看，认为大多数人是值得信任的人，其幸福感较强；而那些认为需要谨慎对待、时刻提防外人的人则幸福感较低。信任度不仅反映了个体对周围环境的感受，也是一种对社会风气的评估。感受到周围大多数人是"真善美"的人，往往会更加幸福。[①] 这一结论表明，熟人关系及其社会氛围在一定程度上能提高幸福感，也为东北人更容易获得幸福体验提供了佐证。

东北人也相当幽默。作为一直以来对国家政策响应最为积极的地区，东北在改革开放以来所受到的冲击是巨大的。下岗潮和单位制解体带来的生活压力，让东北人不得不培养出一种能够自我调侃的后天幽默感。调侃式幽默本质上是个体自我保护机制的表现，它反映了当个体无法适应外部环境的变化发展甚至与之产生冲突时，便会受到外来力量的挤压和整改。此类"修正"行为通常都是针对个人肉体或精神施加的压力。在这种情况下，个体极易采用调侃或自嘲的方式来消解外力的压迫，以此保持一个较为良好的精神状态。

豁达松弛的性格特质、不排外的社会氛围、注重关系的熟人伦理、幽默乐观的精神状态，让东北地区在社会凝聚力程度上居于全国前列。2006—2015 年全国社会状况综合调查数据也证实了这一事实。该调研中的社会凝聚力程度包含社会信任、社会规范与价值观以及社会认同。东北地区以 0.569 的分值在全国仅次于西南地区，社会凝聚程度位列第二（见图 6-4-2）。

---

① 徐映梅、夏伦：《中国居民主观幸福感影响因素分析——一个综合分析框架》，《中南财经政法大学学报》2014 年第 2 期。

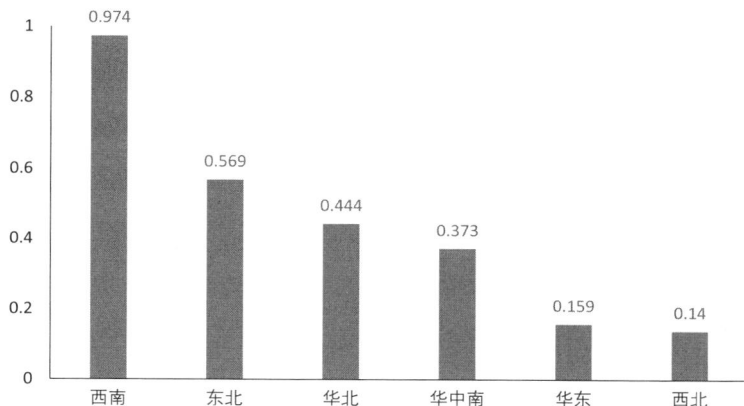

图6-4-2　全国各地区社会凝聚力程度数据分布图

数据来源：中国社会质量基础数据库。

二、东北历史积淀形成的特色文化符号

东北地区的文化符号相当多样，既包括凝结了战争血泪和奋斗历程的历史经验，也囊括了具有生活智慧的幽默文化。此外，东北作为现代化和城市化起步较早的地区，由时代变革与个体命运互动碰撞所形成的文化符号也极为丰富，并在当下以复古和怀旧的形式被再度唤醒，获得了新的生命力。

从历史的演变脉络来看，东北的重要文化符号之一——"东北抗联精神"形成于抗日战争时期，在这段痛苦屈辱的历史中，东北人民奋起反亢，在其中，忠诚于党的坚定的信仰信念，是东北抗联精神的基石和根本，是中国共产党人的首要政治品质和鲜明本色。勇赴国难的高尚的爱国情操，是东北抗联精神的核心和基调，是中国共产党人精神谱系的鲜红底色和遗传基因。血战到底的伟大的牺牲精神，是东北抗联精神的底蕴和强音，是中华民族的优良传统和精神血脉。而这些内容也共同构成了东北抗联精神这伟大的文化符号。

新中国成立以后，东北地区又作为我国重工业建设的先锋，形成了为国争光、为民族争气的爱国主义精神；独立自主、自力更生的艰苦创业精神；以讲求科学、"三老（当老实人、说老实话、办老实事）四严（严格的要求、严密的组织、严肃的态度、严明的纪律）"的求实精神和胸怀全局、为国分忧的奉献精神为内容的大庆精神。在大庆市这片石油开采的沃土上，以王进喜为代表的石油工人们也形成了"铁人精神"，即"为国分忧、为民族争气"的爱国主义精神；"宁可少活20年，拼命也要拿下大油田"的忘我拼搏精神；"有条件要上，没有条件创造条件也要上"的艰苦奋斗精神；"干工作要经得起子孙万代检查""为革命练一身硬功夫、真本事"的科学求实精神；"甘愿为党和人民当一辈子老黄牛"，埋头苦干的奉献精神。

无论是东北抗联精神还是大庆精神和铁人精神，这些文化符号都反映了东北在宏观战略层面作为精神支柱的重要性。随着经济社会的飞速发展，全新的带有浓厚生活气息的东北符号也不断被生产出来。"二人转""喜剧小品"和"乡村题材影视剧"是最能够代表东北早期文化类型的符号。东北二人转，亦称"蹦蹦"，是具有浓郁地方色彩的民间艺术，至今已有300多年的发展历史。最初的二人转，是白天扭秧歌的艺人在晚间演唱的东北民歌小调（俗称"小秧歌"）。后来，随着移居东北的人数逐渐增多，加上长期以来各地文化的交流，二人转的内涵得到了极大丰富。在原来的东北秧歌、东北民歌的基础上，又吸收了莲花落、东北大鼓、太平鼓、霸王鞭、河北梆子、驴皮影以及民间笑话等多种艺术形式，表演形式与唱腔都十分丰富。[1] 二人转也因此成为东北早期文化符号的代表。

我国的喜剧小品起源于20世纪80年代初，它继承和发展了话剧、二人转、小戏等戏剧形式的优点。其中，绝大多数表演者都是东北人，尤以陈佩斯、黄宏、潘长江、赵本山、范伟最为著名。[2] 在东北，铁岭市被中国曲艺家协会命名为"曲艺小品之乡"。铁岭市在全国走红，始于赵本山1990年的小品《相亲》。该节目在央视春晚舞台表演后，受到全国人民的喜欢，而后逐渐形成了以赵本山为核心的喜剧团队，东北小品开始在全国占有重要地位。

---

[1] 苏景春：《二人转历史渊源考证新探（一）》，《戏剧文学》2021年第7期。
[2] 孙艳红：《东北喜剧小品中的二人转现象》，《戏剧文学》2007年第11期。

乡村题材的影视剧，也是非常具有东北特色的文化符号。事实上，东北乡村题材的影视作品在国内始终占据一席之地。《刘老根》系列将关注重点对准农民创业，农民在新、旧思想的冲突之下，如何摆脱困境走向新生活，成为该作品的核心切入点。《乡村爱情》系列以爱情为切入点，扎根于当下的农村生活之中，在精神层面上关照当代农民的情感处境，对当代农民的情感世界进行了较为生动的描摹和丰富多彩的呈现。可以发现，东北乡村剧的主人公都是地道的东北平民，农村是他们生活工作的主要空间。而在剧情的设置上，东北乡村剧都以接地气和生活化的对话及场景为主。这些质朴且具有生活气息的内容，以其特有的艺术感染力更为广泛、更为持久地调动起全社会的情感力量，使人们在感动之时、动情之处，情更真、意更切地关注农村的现状，关注农民的命运。

三、"东北文艺复兴"带来新的符号活力

后现代理论学家齐格蒙特·鲍曼曾在《怀旧的乌托邦》一书中提到，历史的天使一度有如本雅明所说，"脸庞面朝过去"，并在过去的劫难中破碎，寄希望于未来世界。但如今，在经过现实的频繁打击以及面对未兑的不可信、不可控的巨大惶恐后，历史已经"掉了个头，他的脸从面向过去变成面向未来"，"过去"也因此成为可信者，"成为（真的或公认的）值得信任的对象，人们逐渐放弃了选择那即将破产的希望和未来的自由，更不再为之而努力"。① 于是，对未来不再抱任何希望的人们，开始将目光投向过去的"伟大怀抱"。这种怀旧倾向在新冠疫情结束后表现得尤为明显，复古风潮重回时尚界，各类以怀旧为主要情感要素的文艺作品层出不穷。这种对带有过去色彩符号的召回，让经历过工业辉煌又最终面临发展困境的东北再一次回到了文艺创作的中心，并凝结出新的具有时代价值的精神符号，"东北文艺复兴"的序幕由此拉开。

---

① ［英］齐格蒙特·鲍曼：《怀旧的乌托邦》，姚伟等译，中国人民大学出版社，2018 年，第 4—5 页。

"东北文艺复兴"是东北文化复兴的重要组成部分。东北文化复兴的口号于 2003 年提出，作为国家振兴东北老工业基地政策的衍生产物，实际上是东北深化经济社会改革的实践议题之一。① 文化复兴作为一个重要议题，其价值和具体路径已得到深入探讨，而"东北文艺复兴"则是近年来出现的新现象。2019 年 11 月 30 日，东北网络歌手董宝石在《吐槽大会》上以调侃的方式提出了"东北文艺复兴"的口号。之后经媒体发酵，"东北文艺复兴"演变为囊括了多项文艺形式的复兴风潮。在娱乐行业，二手玫瑰乐队、脱口秀演员李雪琴、短视频博主"老四"等是其中的代表；在文学创作方面，出现了"东北文艺复兴三杰"——双雪涛、班宇及郑执。此外，在影视行业也涌现出与过去农村喜剧题材迥异的作品，具体表现为创作关注点从黑土地转向了体制内的工厂。从计划经济时期到改革开放以来的工人或市民生活成为这些影视作品展现的重点，由此也生产出大量具有生命力的东北文化新符号。

作为受计划经济体制影响颇深的地区，东北几乎是中国工业化、现代化奋斗历程的缩影。从单位制覆盖经济社会生活到单位制逐渐解体，从经济繁荣的辉煌过去到如今漫长艰难的经济转型过程，东北始终是一个被宏大叙事所建构和深度改造的空间，这也注定东北地区所生产出的文化符号兼具时代厚重感和个体命运抉择的丰富意涵。正如在网上流行的"嘲笑东北，理解东北，成为东北"所调侃的那样，受全球经济周期影响的经济增长预期不足，在"内卷"和"躺平"之间挣扎彷徨的个体生活状态，还有持续走低的婚姻登记率、生育率和不断攀升的老龄化、少子化数据，这些在当今社会日益增多的问题都与长久以来困扰东北的"东北现象"并无二致。只不过，东北地区的转型似乎走在了全国其他省份的前面。

于是，我们开始渴望从东北过往的故事中寻找答案，试图找到新的灵魂安居地，这也是越来越多的文艺作品中开始频繁出现东北元素的重要原因。

---

① 杨丹丹：《"东北文艺复兴"的伪命题、真问题和唯"新"主义》，《当代作家评论》2022 年第 5 期。

无论是《人世间》将长春市作为重要取景地，还是《漫长的季节》将东北某钢铁厂的下岗潮作为曲折跌宕情节的发端，抑或是作家双雪涛在《平原上的摩西》中对工人苦难生活的描写，这些带着道道伤痕和时代烙印的生活化叙事符号，恰好在当下，给经济社会深度转型所滋长的茫然无措、焦虑不安的群体症候，提供了一丝丝慰藉和疗愈，也为处在十字路口的东北转型发展提供了可供省思和挖掘的材料。我们可以借助对过去的感怀，加深对现实的感知，不仅在心灵上获得一点安慰，也通过内在精神的对话和文化形式的共振重新激活新时代东北文化符号所拥有的崭新力量。

第七章

东北治理韧性力：基于"制度—网络—能力"分析框架

"韧性"（resilience）一词源自拉丁语"resilio"，意为反弹、弹回。"韧性"概念经历了"工程韧性—生态韧性—演进韧性"的发展过程，起初被应用于物理学领域，用来形容某些材料在遭受外力的冲击之后发生形变，又恢复到原初状态的能力。[1] 随着时代发展，"韧性"概念也逐渐被运用到心理学、生态学等不同学科中，用来描述一种遭遇心理创伤或生态破坏后恢复到均衡状态的能力。而在社会学研究中，社会韧性指的是"社会结构在遭遇破坏性力量后，所具有的维持社会正常运行的特质或能力"[2]。正如物理材质具有的韧性特征来源于物质本身的组成结构一般，社会所具有的韧性特征直接来源于社会的结构性（关系结构）、社会各部分的连接性（结构密度）以及社会的调适能力。因此，社会的结构性、社会的连接性、社会的调适能力三个维度构成了社会韧性强度的评价标准。具体而言，社会的结构性是指社会成员应处于一种稳定的社会结构中，这离不开制度的有效约束，使社会成员各司其职、按部就班，确保社会运转稳定有序；社会的连接性需要在社会成员间形成一种良性的互动网络，主要表现为多元主体间的协同关系；社会的调适能力主要是指社会的抗逆力，即在遭遇突发公共危机时，社会

---

①Bodin P., Wiman B., "Resilience and Other Stability Concepts in Ecology: Notes on Their Origin, Validity, and Usefulness," *ESS Bulletin*, Vol.2, No.15, 2004, p.33-43.

② 王思斌：《社会韧性与经济韧性的关系与建构》，《探索与争鸣》2016 年第 3 期。

成员共同解决危机的参与能力和社会秩序的可恢复能力。

新中国成立后，有着"共和国长子"之称的东北地区作为重工业基地承担了大量工业化建设任务，最早实行、最晚退出计划经济体制。在计划经济体制下，单位制超越了经济和管理机制，以其组织优势发挥着显著作用。"单位人"这一群体深受单位共同体的影响，单位制时期的社会记忆形塑了"单位人"的行动模式，导致其对单位制时期的身份认同根深蒂固，但这种根植于单位制的同质化集体意识，在当前个性化、原子化的社会情境中，显得格格不入。同时单位社区治理也面临着服务设施老化、物业管理缺失等困境，导致城市社区治理现代化的进程受阻。但是，我们如果把目光从"经济问题视角"转换为"社会优势视角"，就会发现，过往的单位共同体传统所造就的集体主义精神，恰恰是促进居民参与、社区团结和社会凝聚的优势资源。当我们运用"制度—网络—能力"三个维度来解析东北社会所具有的治理韧性力时会发现，东北社会治理具有标准化党建制度优势、多元互动网络优势和社会调适能力优势，这三方面共同构成了东北社会的治理韧性（见图 7-0-1），而这些治理优势的形成与东北地区单位共同体传统所建构的集体意识密不可分。因此，东北社会的治理韧性力不仅是东北社会治理转型过程中稳定有序的坚实保障，也是推进东北社会治理体系和治理能力现代化的不竭动力。

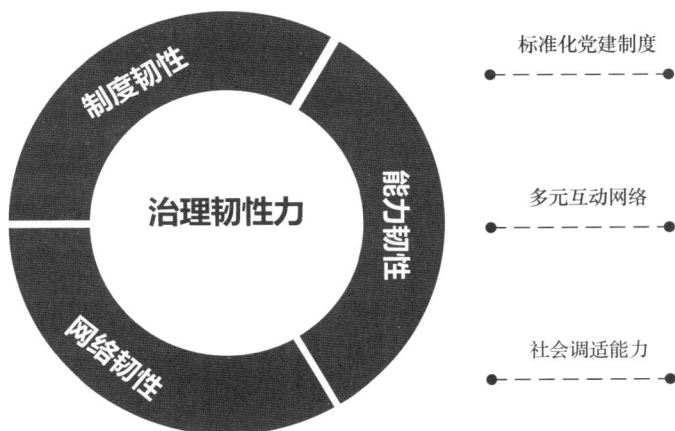

图 7-0-1　东北振兴的治理韧性力分析框架图

第一节　标准化党建制度优势提升治理效能

　　制度是社会结构有序运转的支撑，是约束社会成员的行为规范，也是治理活动得以展开的基础和凭据。制度的核心功能就是对各主体之间的角色关系进行权威性界定，为多元主体的治理行动提供合作秩序，从而有效保障治理活动的有序开展。东北地区的党建制度具有深厚的历史底蕴，诸如东北抗联精神、抗美援朝精神、雷锋精神、北大荒精神、大庆精神（铁人精神）、劳模精神等红色文化资源使东北地区在党建引领基层治理方面成效斐然，其所具有的超越历史时空的凝聚力与感召力，已经深深地融入东北人民的精神血脉，在社会治理中发挥号召动员、团结共治的巨大力量。

　　作为老工业基地的东北地区，经历了从单位制到街居制、社区制治理模式的平稳过渡，也在面对以新冠疫情为代表的突发公共危机时有序应对，这都离不开标准化党建所蕴含的制度优势。例如，在面对突发公共危机时，各级党组织，特别是基层党组织充分发挥模范带头作用，迅速建立应急指挥体系。党支部标准体系（BTX）中，"B"是指做实标准，全面规范基层组织建设；"T"是指做优特色，创新打造党建活动载体；"X"是指做强先进，充分发挥示范引领作用，从制度上确立了社会治理的组织框架，引导多元主体明确角色、有序合作，从而避免了权力的缺位、错位和越位。

一、党建引领基层治理

　　2020年7月，习近平总书记在吉林省长春市长山花园社区调研时指出，推进国家治理体系和治理能力现代化，社区治理只能加强、不能削弱。要加强党的领导，推动党组织向最基层延伸，健全基层党组织工作体系，为城乡社区治理提供坚强保证。[①]2023年12月，习近平总书记在广西壮族自治区南宁市蟠龙社区考察时，对当地党建引领聚合力、服务为本促发展的做法表

---

① 《习近平在吉林考察时强调：坚持新发展理念深入实施东北振兴战略　加快推动新时代吉林全面振兴全方位振兴》，《人民日报》2020年7月25日，第1版。

示了肯定，并指出坚持和加强党的全面领导，是做好各项工作的根本保证。社区是基层自治的基本单元，是国家治理体系的基层基础，通过社区这个平台，办好"一老一小"等民生实事和公共事务。积极回应群众关切是中国特色基层治理的显著优势，要把这一优势发挥好。建设多民族群众互嵌式社区，是促进各族群众交往交流交融的重要途径。① 在基层治理领域，东北地区涌现出一批标准化党建标杆，形成了具有地方特色的党建品牌或党建工作模式，如强调党建联结多元主体的"鸡冠红"党建品牌、深入落实"两邻"理念的"初心坊"小区党群服务站等。东北地区通过党建引领的制度优势，使基层治理中的各主体关系得到明确，社会治理体系运转稳定有序，激发了基层治理的活力与潜力，使基层治理在党建引领下蓬勃发展，不断推进治理体系和治理能力的现代化水平。

（一）确定角色定位，梳理治理架构

党建引领的制度优势之一在于确定多元主体的角色定位和协作模式，即解决基层治理的关键问题——"谁来管""怎么管""管什么"。党组织作为领导核心，通过对治理战略的统筹部署和治理决策的精准把控，调动多元主体按照既定治理方针各司其职，有序落实各项工作，从而化解复杂多变的各类治理危机。同时，党组织利用其影响力和号召力，凝聚社区党员力量，有效发挥党员的模范带头作用。以辽宁省沈阳市沈北新区为例，首先，沈北新区在总结过往治理经验的基础上，深入贯彻"两邻"理念，创新打造了一种嵌入式的小区党群服务站——初心坊，从而使"社区—楼栋—党员"的三级组织体系完善为"社区党组织—小区（网格）党支部—楼院党小组—党员中心户"的四级组织体系，使基层党组织充分发挥其组织优势，整合各方资源力量，形成治理合力，明确了在基层治理过程中"谁来管"。其次，是"怎么管"。沈北新区科学统筹，合理规划，根据人口数量、管辖面积、行政能力等因素科学划分网格，使每个网格不超过 300 户居民，同时将党建、综治、

---

① 《习近平在广西考察时强调：解放思想创新求变向海图强开放发展　奋力谱写中国式现代化广西篇章》，《人民日报》2023 年 12 月 16 日，第 1 版。

公安、民政、城管、信访、市监、卫健、应急等各类网格融入到小区治理网格，整合成"一张网"，实现"同网共治，一网统管"，力图将问题发现、矛盾化解、经验总结在基层治理的"一张网"中完成。

最后，是"管什么"。沈北新区依据"劳有所得、学有所教、病有所医、老有所养、居有所安"5个方面，打造了"舒心就业""幸福教育""健康沈阳""品质养老""平安沈阳"5个民生品牌，同时每个民生品牌扎根社区后都形成了各自的优势做法。例如，"舒心就业"品牌由社区党支部牵头建立"社企联盟""就业联盟"，联合多家企业发布用工需求、推送就业岗位、创建就业指导站。截至2022年7月，正良社区、晨兴社区、北苑社区等7个标杆社区创建的"就业指导站"累计对接有就业需求的居民427人，推荐就业成功58人，为40余家企业解决各类就业难题267件。①

（二）联结治理主体，发挥治理合力

党建引领的制度优势还在于有效联结各级党组织，使各级党组织共同参与到基层治理中。东北地区曾因自然资源丰富而兴盛，但长时间的资源开采导致部分资源的枯竭问题愈发严峻，过度开采引发的环境问题正成为亟待解决的治理难题。近些年来，东北地区各级政府以基层党建为落脚点，来整合多方力量，提升基层治理水平，为城市转型和环境治理奠定制度基础。以黑龙江省鸡西市鸡冠区打造的"鸡冠红"党建品牌为例，其主要做法为：一是优化社区党组织布局，保证党组织在基层治理中的全覆盖，为此，鸡冠区重新组建了32个社区大党委和193个网格党小组，健全了"社区党委—小区党支部—楼宇网格党小组"三级治理体系；二是采取"1+N"模式完善网格员队伍，即以党员为主体，选配企事业单位工作人员、群团组织工作人员和各类志愿者队伍，形成一支党建引领下的网格员队伍；三是以社区党组织为轴心，搭建社区、物业、居民和社会组织等多元主体的联动平台，在农村、社

---

① 《辽宁省沈阳市沈北新区：用脚步去丈量民情　用心灵去感受民意　用双手去托举民生——深入践行"两邻"理念　推进"初心坊＋四大民生品牌"小区治理"沈北模式"》，http：//dangjian. people.com.cn/n1/2022/0714/c441888-32475315.html。

区、机关、"两新"组织、国企五大领域打造"鸡冠红"附属党建品牌，分别为"红兴"党建、"红治"党建、"红领"党建、"红帆"党建、"红建"党建，完善多方的联络机制，充分发挥党建引领作用。

2021 年以来，鸡西市鸡冠区组织了全区 45 家单位党组织 500 余名党员干部到 32 个社区报到，倾力倾情参与辖区共建，将服务拓宽到生活、就业、教育、健康、法律援助等方方面面。截至 2022 年底，鸡冠区累计收集 1000 余条民生需求、储备 103 项轮值资源、捋顺 168 件工作项目，年均办好 1300 起民生实事。[①]通过党建引领的制度优势联结多元主体，鸡冠区的基层治理成果斐然，多元主体共建共治也助推党建凝聚力不断增强。鸡冠区依托于党建这一活化载体，打破了以往各个治理主体"单打独斗"的局面，重新将多元主体组织起来，构建了以基层党组织为核心、全域支持响应的全新治理格局，真正做到了社区内各类党组织、社会组织、企业的有机联结。

（三）创新党建形式，激发治理活力

为了激发基层治理的活力与潜力，东北地区各级政府不断创新党建活动方式和品牌，凝聚发展合力。以吉林省延边朝鲜族自治州敦化市开展的"五赛五比争五星"党建竞赛为例，敦化市在城市和乡村分别开展基层治理、乡村振兴方面的"赛书记、比履职能力，赛队伍、比建设水平，赛项目、比实际成效，赛治理、比和谐稳定，赛服务、比群众满意"全年评比活动，以"书记、队伍、项目、治理、服务"五大核心为评比要点，从而激励基层党组织和基层党支部书记在基层治理中大展身手，强化党组织的示范引领作用，形成浓厚的党建赶超氛围，推动基层党建迭代升级，从而将党建引领的制度优势转化为城乡基层的治理优势。

敦化市通过开展"五赛五比争五星"的活动，不仅激发了党建工作在基层治理中的政治功能和服务功能，更为基层治理的发展奠定了坚实的组织基础。辖区内各社区积极采取社区牵头、多方支持、齐抓共管等方式，完成

---

① 《黑龙江鸡西市鸡冠区：密织网格　激活末梢　党建引领精细化城区治理》，http：//dangjian. people.com.cn/n1/2022/0711/c441888-32471798.html。

"照亮回家的路""道德银行·爱心超市""温馨家园、为老助餐"等服务项目200余项，让居民在社区中感受到温暖和友善，得到大家的一致好评。通过"擂台比武"活动，敦化市各级党组织和书记们在基层治理和乡村振兴领域取得了新的成绩。2022年，全市农村领域村级集体经济发展向好向快，完成省定10万元、50万元、100万元目标80%以上，村均收入达到30.64万元，大蒲柴河镇、额穆镇实现所辖村党支部领办合作社全覆盖，全市党支部领办合作社注册并投入运营78家；城市领域党建联盟实体累计投入资金400余万元，14项政务服务事项下沉至网格党群服务站，88栋老旧楼完成"物业嫁接"，打造"红心物业"示范项目8个、成立业主委员会92个，党建引领基层治理成效不断凸显。①

二、党建赋能企业成长

党建制度的优势不仅体现在基层治理领域，更体现在赋能企业发展中。尽管历经几十年的市场化改革，东北地区仍以国有经济为主，黑龙江省国有企业资产规模比重约为64%，吉林省约为54%，辽宁省约为45%，都远高于全国平均水平。为解决东北地区部分国有企业创新动力不足等问题，应不断深化党建工作与生产经营的融合，激发东北地区企业发展的活力与潜力，以标准化党建引领企业高质量发展。

（一）党建推动企业高质量发展

近年来，东北地区各级政府将党建工作作为解决上述难题的切入口，力图通过党建工作，助力企业管理经营，激发企业生产活力，实现企业经济效益与社会效益双突破。以作为国家级新区、自贸试验片区、沈大国家自主创新示范区和中日（大连）地方发展合作示范区的辽宁省大连市金普新区为例，主体数量多、规模大的市场经营情况给金普新区的政企协同发展带来了挑战，政府与企业、企业与企业之间该如何构建良性的协作关系？面对此困

---

① 《敦化市2022年"五赛五比争五星"活动完美收官》，《延边日报》2023年1月18日，第2版。

境，金普新区党工委以党建为引领，提出"三融入双提升"的党建工作模式，具体措施为"党建融入管理，实现党建工作地位与企业管理水平双提升；党建融入生产，实现党建工作与企业经济效益双提升；党建融入文化，实现党群活动质量与企业社会效益双提升"[1]。例如，位于金普新区的融科储能装备有限公司党支部开展"支部立项目、党员定目标"活动，围绕降本增效成立了 10 个攻关小组，党员王世宇的新产品研发创新小组研制的新一代液流储能产品 Reflax，已远销海内外，降低成本 1700 多万元，为公司创造效益近 4000 万元。大众一汽发动机（大连）有限公司党委围绕企业降本增效提质，发起"新堡垒""新先锋"主题实践活动，为企业节约成本达 860 余万元。光洋科技有限公司成立以党员高技术人才李文庆命名的创新工作室，研发的五轴工具磨床设计内外防护等项目，年产值达 1000 万元，并已获得 9 项专利。[2]

金普新区通过将党建融入企业管理、企业生产和企业文化，引领政府、社会和企业的三方互动，将党的政治优势、组织优势、思想优势、人才优势转化为推动企业发展的创新动力。以红色引擎助推企业的转型升级，让党建引领深度融入企业创新发展、健康经营全过程，推动党建工作与企业全方面发展互补共融，形成了"党建强、企业强""企业强、党建更强"的良性循环新生态，构建了党的建设与企业健康发展双提升的共赢格局。

（二）党建联盟赋能产业强链

随着新一轮科技革命和产业变革的突飞猛进，技术创新和产业升级的节奏不断加快，市场竞争的复杂性和激烈程度也随之提升。因此，在全球化经济格局下，企业间的协同合作，特别是产业链的完善发展尤为重要。产业链的发展涉及政府机构、产业园区、领军企业、配套企业等多方面、多要素，随着重点产业发展规模的扩大，对集约化的需求会日益增加，单靠几个产业或部门难以突破产业发展的制约瓶颈。发展产业链既能够强化上下游企业的

联系，实现协作创新，更能够激发企业发展活力，重塑企业竞争力。东北地区产业链的问题主要集中于国有企业与本地民营企业之间的分工协作性不足，由于两者之间的协同效应较差，产业链上下游的融合和衔接度较低，无法形成具有本地优势的集群式发展路径。另外，国有经济与民营经济之间的脱节、重工业与轻工业之间的错配进一步加剧了这一问题，阻碍了东北地区产业基础优势的充分发挥。[①]

为了使重工业能在转型升级的过程中保持竞争力，吉林省委组织部、省非公党工委坚持围绕创新发展抓党建，探索并实践出一条汇集上下游、供产销的产业链党建模式，创新打造汽车、轨道客车、石化、医药等重点产业的党建联盟。该做法旨在以红色引擎破除壁垒、凝聚力量、整合资源，将党建引领的政治势能转化为企业竞争优势和产业发展动能。

譬如，长春市汽车产业党建联盟采用四方联建的策略进行组建，汇集一汽集团、地方国企、域内民企和产业园区四方共计 27 家企业 1123 个基层党组织 2.48 万名党员力量，以长春汽车产业城建设为着力点，精准对接 165 个5000 万元以上汽车产业项目，在项目建设上实现重大突破。长春市轨道交通装备产业党建联盟汇集了 62 家轨道客车配套企业，整合了高校、职校、银行、律师事务所等 20 个合作单位。依托中车长客龙头企业的示范带动与产业链条的纵向驱动，推动党的组织建设与产业发展同轴运转、同频共振。据统计，2021 年，长春市轨道交通装备产业党建联盟的轨道交通装备产值达到296 亿元。化工产业是吉林市重要的主导性支柱产业，吉林市化工产业党建联盟坚持抓党建与抓服务、抓发展相结合，定期组织召开联盟企业发展沙龙，协同落实化工产业转型升级和延伸项目，助力化工产业实现绿色发展、集群发展。通化市医药产业党建联盟积极搭建医药产业"供应－需求"平台、产业链企业沟通互信平台、省级医药协会沟通协作平台。到 2025 年，力争全市

---

① 余淼杰、曹健：《东北地区民营经济发展问题探析》，《国家现代化建设研究》2023 年第 4 期。

医药健康产业总产值达到 200 亿元，为新时代吉林全面振兴贡献党建力量。[①]

吉林省的产业链党建模式以党建联盟为载体，旨在加强产业链内部的衔接度和协同能力，推动整个产业链的创新和升级，促进组织资源与行业资源的充分整合，实现有形覆盖与有效覆盖的有机结合，从各自为战走向协同发展，形成握指成拳的合力，推动经济的高质量发展。

第二节　多元互动网络优势激活参与动能

"人的本质不是单个人所固有的抽象物，在其现实性上，它是一切社会关系的总和。"[②] 社会网络理论将社会成员和社会组织视为关系网络中的节点，其互动关系则是连接这些节点的链路，多元主体互动所形成的关系网络是社会治理的重要组织形态，体现着治理资源分布、流通和配置的具体形态。在某种程度上，网络韧性能力可以直接反映出治理韧性能力，制度运行也依赖于一定的组织结构。从总体上看，我们将关系网络划分为横向和纵向两方面，横向具有扁平式和分散化特征，而纵向则是层级式和中心化，只有二者的共同交织才能形成一张互动畅通、共享高效的治理网络。

社会资本理论进一步指出，关系网络对集体行动的促进作用不仅表现在其所带来的信息等资源的流动与获取上，还蕴含于网络中所凝结的共享规范、信任等无形资源对合作达成的推动力。[③] 长期以来，中国着力于保障不同主体的利益处于相对均一状态，在此基础上构建出更高层面的集体意识，从而实现"集中力量办大事"的共赢局面，即"力图实现集体意识与集体利益

[①]《吉林省：以党建联盟"红色引擎"激发产业链发展动能》，http://dangjian.people.com.cn/n1/2022/0729/c441888-32489149.html。

[②]《马克思恩格斯文集》第一卷，中共中央马克思恩格斯列宁斯大林编译局译，人民出版社，2009年，第501页。

[③]［美］罗伯特·D.帕特南：《使民主运转起来：现代意大利的公民传统》，王列、赖海榕译，中国人民大学出版社，2015年，第200—202页。

之间的良性循环，这可能是中国社会长期处于团结状态的奥秘所在"。[①] 而东北地区的集体意识在后单位时代仍然有所留存，这种集体意识能促进社会契约的发展。"社会韧性以社会契约为基础，后者有两个目标：约束社会成员之间彼此造成的外部性，以及防止自然冲击带来破坏性结果。"[②] 集体意识可以增强社会韧性，在治理上表现为多元主体在自发秩序和设计秩序的规范下进行互动，探索建立横向的协作平台和纵向的联动机制，依托二者实现多元协同共治的治理目标。

一、多元主体的平台协作

多元主体协同共治的实现需要依托于具体的治理平台。平台不仅是多元主体协作的具体场景，更是使多元主体能够围绕着"同一治理目标"进行协作。只有如此，才能最大限度地挖掘多元主体的协作潜能，发挥治理主体各自的治理优势，建立横向互动顺畅的治理网络。

（一）一庭两所多部门：就地协作化解矛盾纠纷

为推动和谐乡村、平安中国建设，就地化解基层矛盾纠纷，东北多地探索设置基层社会治理平台，汇聚多元力量，倾听不同主体对同一治理议题的看法和意见，从而找到多元主体的利益契合点，真正做到治理为了人民，推进治理体系与治理能力现代化进程。以辽宁省铁岭市昌图县设立的"一庭两所多部门"基层社会治理平台为例，昌图县将基层法庭、派出所、司法所、信访办、经营站、民政办、妇联等相关部门汇集到一个服务中心——社会治理服务中心办公室，相关部门与基层矛盾纠纷当事人面对面协商，实现多元矛盾化解方式，各相关部门耐心解答并给出化解纠纷的建议。

以往居民需要在不同部门之间奔波才能理顺的问题，现在只需要坐在服务中心，等待相关部门来答疑解惑，"一庭两所多部门"基层社会治理平台的

---

① 王道勇：《社会团结中的集体意识：知识谱系与当代价值》，《社会科学》2022 年第 2 期。
② ［德］马库斯·布伦纳梅尔：《韧性社会》，余江译，中信出版社，2022 年，第 40 页。

设立使各部门能够协同处理基层治理中的矛盾纠纷，从而使矛盾纠纷得到高效解决。同时，"一庭两所多部门"基层社会治理平台有标准的基层矛盾纠纷调处流程图，使多元主体协作具有可操作性，纠纷上报、纠纷调解、上级部门二次调解、上报县直部门、协助司法等一系列流程均有明确的工作流程，使基层矛盾得到妥善化解。调研数据显示，截至2023年6月，昌图县的"一庭两所多部门"基层社会治理平台已经成功调解各类矛盾纠纷2120件，培养"法律明白人"1400余人。

（二）五合五治：多种力量整合联动化解纠纷

近年来，基层治理领域强调建立"政治、自治、法治、德治、智治"五治融合基层社会治理体系，激发社会治理活力，提升社会治理效能。东北地区立足于本地实际，尝试走出一条具有当地特色的"五治融合"基层社会治理路径。例如，黑龙江省哈尔滨市平房区保国街道在"五治融合"的基础上，积极探索"五合五治"基层治理新格局。

保国街道建立了"3+7+1"运行模式，实现区、街道、社区三级的扁平化管理，整合7个中心，打造"一站式矛盾纠纷化解平台"，形成了区有综治中心、街道有综治调解大厅、社区有综治调解联络员"三体合一"的矛盾纠纷化解网络体系。借助该平台，花卉社区联合保国街道多次与平房区住建局等相关单位，就该社区"花卉小平房"8户居民的拆迁安置问题进行协商，最终成功解决困扰居民20余年的住房难题，提升了人民群众的获得感、幸福感和安全感。同时，保国街道在各个社区设立了心理疏导室、"双警"警务室、矛盾纠纷调解室以及视频监控研判室，打造了"四室一厅"；为"涉专"纠纷设置互联网无人律所，开通"云上调解"，创新开展信息联采、矛盾联调、问题联治，打破了时空限制，实现了业务的共融、情感的交融。街道打造虚实阵地，"实体＋线上""区级＋街社"让居民矛盾有处解、纠纷及时调，从纠纷萌芽到诉讼边缘，在基层综治各个流程相互衔接，提供硬件保障。

（三）五治融合：多元治理模式共助社区改造

"五治融合"不仅在基层矛盾纠纷调解中发挥重要作用，在老旧小区改造中同样具有重要意义。正是在"五治融合"思维的引领下，很多东北地区的老旧小区焕发出新颜，甚至成为社区建设的"网红典范"。

吉林省长春市二道区十委社区就在"五治融合"基层治理体系中探索出了自己的独特做法。在政治方面，为积极发挥基层党组织的核心作用，社区党委成立了一套三级党建责任模型，包括社区党委、小区党支部及楼栋党小组，这一体系实现了对基层的精细化治理，凝聚起自治管理的组织力量。在法治建设方面，十委社区设立了旨在及时解决居民间的矛盾纠纷的人民调解工作站，通过设立"百姓说事点""民情诉求站"为居民提供了表达意见诉求的渠道，引入"人民调解站""律师进社区"等平台丰富了法律服务的层次、扩大了法律服务的覆盖范围。在德治方面，十委社区发展草根宣讲员，同时还建立了一系列服务队伍，包括群众信息员队伍、普法宣传队伍、专业治安巡逻队、社区服务队伍等，社区成立了"竹青志愿联盟"，宣传党的路线方针政策，提供帮教、矛盾化解、心理咨询等服务。在自治方面，十委社区注重居民在社区治理中的主体地位，通过搭建协商平台，大力促进居民的主动性和自主性，并结合具体实践自创了"三下三上"自治协商法，探索完善了"党建＋自治"的管理模式。在智治方面，十委社区早在2016年就搭建了视频会议系统、平台指挥系统、单兵反馈系统和治安监控系统，还配备了人口信息及网格智慧管理等功能的综治中心，辖区居民信息册与公安联网互动，确保了快速响应能力和处理能力。

据调研材料显示，从2018年末到2023年2月，十委社区已累计为居民解决各类问题6000余件。十委社区充分利用互联网技术优化"三长制"工作系统，与驻社区企业进行合作，共同推出"乐e播"民生服务App。这些工具旨在通过技术创新实现社区特色化、网络化、时代化服务新模式，推动了社区治理向现代化、智能化转型。

二、多元主体的层级联动

相较于多元主体的平台协作，不同层级间的有机联动往往容易被忽视，但诸多治理实践表明，多元主体的层级联动蕴含着巨大的治理能量。特别是在应对突发公共危机事件时，从上至下的有机联动使危机应对变得有条不紊，能够合理调配治理资源，发挥多元主体的互动网络优势。

（一）三长联动：推动网格化治理升级

长春市在网格化管理的基础上构建"三长制"，按照"一格一长"原则，每个网格选配 1 名网格长，一般由社区"两委"成员兼任，"两委"成员不足的可由其他社区工作者担任。网格长是社区专职工作人员，楼栋长和单元长由乐于奉献、热心公益的志愿者和居民群众担任。每个楼栋、单元要配备 1 名楼栋长、单元长，配备方式有组织推荐、居民推选或个人自荐三种。

这一制度源于长春市二道区东盛街道万通社区的探索。为应对突发公共卫生事件，该社区率先实行"社区—楼栋—网格员"的三级联防联控架构，并以楼栋为单位采取"1+1"工作模式，确保了责任到人、包保到户。该社区的成功经验揭开了"三长制"从社区网格到超级网格的升级序幕。2020 年 3 月 20 日，长春市委、市政府发布《关于在全市社区建立"三长"联动机制 提升基层防控和治理能力的实施意见》(以下简称《意见》)，要求全市建立网格长、楼栋长、单元长"三长"联动机制，完善基层治理体系，提升基层防控和治理能力。《意见》明确了"三长"联动的职责定位，落实了"三长"的基层治理责任。一是收集民情信息；二是宣传政策法规；三是调处纠纷矛盾，主动、及时调解邻里纠纷，最大限度把矛盾纠纷消除在萌芽状态，建立和谐有序、守望相助的邻里关系；四是开展便民服务，注重了解辖区居民需求，带头参加社区组织开展的精神文明、志愿者队伍、社区服务等活动，积极组织辖区居民参加社区组织的各项服务活动；五是实施有效监督，协助所在社区查找工作中存在的问题，提出合理意见建议。

长春市政府将"三长"联动机制视为未来基层社区治理的基本机制之一，通过顶层设计将"三长"联动机制推广至全市。"三长"联动机制的基本路径是以党建作为引领，社区党组织下沉到网格、楼栋、单元内部，通过发挥"三长"联动作用，帮助解决实际问题，指导推动具体工作。"三长"联动机制作为一种社会治理创新机制，正在基层社会治理中迸发生命力与活力。

（二）四级联动：健全矛盾纠纷化解体系

近年来，为了充分发挥人民调解、行政调解、司法调解作用，东北地区各地政府纷纷建立完善的矛盾纠纷调处化解体系，强化非诉讼纠纷解决机制，推动更多法治力量向疏导端用力，从而不断满足人民群众高效公正解决矛盾纠纷的多元化需求，切实将矛盾纠纷化解在基层。以辽宁省为例，辽宁省完善"一站式"矛盾纠纷多元化解体系，形成四级联动模式。在 2023 年，该省以 1.6 万余个"村（居）民评理说事点"为基础，以乡镇（街道）矛盾调解中心为主阵地，以市、县人民调解中心为支撑，进一步规范和完善市、县、乡、村四级矛盾纠纷调处化解体系，从提升服务能力和水平、加强队伍和机构建设等多方面提档升级，推动构建多级联动的调处化解社会矛盾纠纷实体网络综合服务平台。据统计，2023 年 1—5 月，辽宁省各级调解组织共调解案件 12.5 万余件，确保小事不出村、大事不出镇、矛盾不上交。[1]

辽宁省丹东市在辽宁省四级联动模式的基础上，将 100 余名乡镇（街道）信访专干融入平台，并加入社区网格员、治保主任、楼长、村贤、"法律明白人"的工作力量，让"多兵种"作战的基层调解组织发挥更大作用。在朝阳市，司法行政系统聚焦防诈骗、反赌博、债务纠纷和农耕生产等领域，与公安机关有力配合，在化解矛盾纠纷的同时做好法律宣传和法律服务工作。在阜新市，市、县、乡三级的 93 个调解平台做到了视频调解点位覆盖，张彪法律服务团队能够通过视频连线，加强对司法所和评理说事点的指导，打破时间和空间上的限制，一站式解决矛盾纠纷。为提高人民调解队伍的专业化水平，辽宁省司法厅与省法院全面规范诉前特邀调解员选任、管理各项工作，强化诉前调解；联合省法院、省公安厅加强"四所一庭"联动，使基层司法所、公安派出所、人民法庭、律师事务所、基层法律服务所有机衔接，强化矛盾纠纷多元化解。

---

[1]《辽宁完善四级矛盾纠纷调处化解体系》，《辽宁日报》2023 年 6 月 14 日，第 2 版。

（三）党建联席：完善层级联动机制

长期以来，部分地区党建组织各自为战，缺乏有效的系统建设和整体建设，难以承接新形势新变化提出的新任务新要求。为此，必须从更高层面建立统一领导、协调各方、有序推进的城市基层党建工作机制。东北地区各级政府紧密结合城市转型发展实际，坚持问题导向，积极探索以组织联动、责任联动、载体联动为主要内容的四级联动体系建设，着力把市、县（市）区、街道、社区四级党组织力量拧在一起，责任落实下去，服务质量提升上来。其中，黑龙江省鸡西市走出了一条具有煤炭资源型城市特点的城市基层党建新路子——"鸡西模式"。鸡西市在市、县（市）区、街道、社区逐级建立党建联席会议制度，打破以往各领域党建条块分割、各自为战的局面，变单位党建"独唱"为城市基层党建"合唱"。

一是在市级建立城市基层党建联席会议。明确联席会议主要履行深入学习贯彻中央和省、市委重要文件、重要会议、重要讲话，研究部署重点工作，协调开展重大活动等6项职能。市委常委、组织部部长担任联席会议召集人，成员单位包括组织、政法、编制、财政、民政、人社等28个市直部门，逐个单位落实责任领导和联络人员。二是在县（市）区建立区域化党建联席会议。整合区域内党政机关、国有企事业单位、"两新"组织等党建资源，统筹划分到各个街道、社区。三是在街道社区实行联席会议主席轮职。驻区单位轮流"坐庄"，共商区域发展、共抓基层党建、共育先进文化、共同服务群众、共建美好家园。

第三节　社会组织能力优势释放共治潜能

从治理过程出发，社会组织能力应包含两方面：一是国家运用制度和规范管理治理事务的能力，即国家动员能力；二是多元主体共同维护公共事务的参与能力，即社会参与能力。二者共同构成了社会调适能力的"一体两面"，共同决定了治理韧性的强度。东北人民经历过长期且深刻的计划经济时代，对单位生活具有强烈的情感认同和社会记忆，这造就了其在响应社会动员和进行社会参与的能力优势。深厚的单位共同体传统使东北人民具有强烈的社会参与热情，推动了基层社会的协同共治。

一、集体参与的自治传统

单位社会高度纪律性和组织性传统为当前基层社会自组织提供资源。新中国成立初期，针对部分国企员工工作消极懈怠、违反劳动纪律问题，我国政府通过对革命伦理纪律的移植和对苏联体制的模仿塑造，在全国范围内贯彻了提倡劳动光荣、集体至上的社会主义文化，这种强调组织性和纪律性的惯习系统深刻影响了成长在老工业基地的东北人民。研究表明，在单位社会终结后，其原有的组织和文化传统与集体化的生活方式仍然在发挥作用，单位与社会交互共生继而孕育新的社区认同和社区整合，使社区治理的韧性得以提升。①

（一）协商共治：人人参与社区治理共同体建设

1985年，辽宁省的城镇化率为67.32%，位居全国第二，甚至高于上海市同期水平（61.62%）。② 先发城镇化现象导致如今的东北地区存在大量设施老化、环境脏乱的老旧小区。为了能够彻底改变老旧小区的脏、乱、差，各地政府达成共识，即老旧小区改造的重点是让居民参与进来，政府牵头改造，居民共建社区。

以辽宁省沈阳市和平区南市场街道和平新村为例。和平新村立足于自身实际和居民需求，以协商共治作为破解难题的钥匙，构建"1+1+1"（小区居民协商议事委员会、小区居民自我管理委员会、保障性物业公司）的老旧小

---

① 田毅鹏、王丽丽：《单位的"隐形在场"与基层社会治理——以"后单位社会"为背景》，《中国特色社会主义研究》2017年第2期。

② 国家统计局人口统计司、公安部三局：《中华人民共和国人口统计资料汇编（1949—1985）》，中国财政经济出版社，1988年，第606页。

区协商共治体系，决策共谋、发展共建、建设共管、效果共评、成果共享，形成"三位一体"的服务模式。同时，社区治理注重挖掘老教授、老法官、老律师等队伍中老党员的潜在力量，不仅使其担任网格党支部书记，还利用其在过去工作中的专长来为社区治理出谋划策，为社区居民排忧解难，解决各类矛盾纠纷问题。在和平新村推行的协商共治模式下，很多问题都可以通过议事协商解决。

此外，和平新村还以"串门"的方式了解社情民意，根据实际情况召开议事协商会议，让大家评事说理。和平新村社区以解决百姓身边事为出发点和落脚点，让居民由旁观者变成参与者，由参与者变成管理者，小院里呈现出和谐的大家庭氛围。

（二）社会协同：社会组织主动参与公共性建构

东北地区的社区建设往往是由社区党委牵头，与相关社会组织或社会团体合作，引入为老、助残、帮困、青少年教育的公益项目，使群众能够享有公益资源。同时，建立志愿者登记注册制度，挖掘有专长的"能人"和有爱心的"好人"，广泛参与到青少年教育、助残帮困、文体活动、助老服务等活动之中。以吉林省长春市南关区桃源街道文庙社区为例，自 2013 年以来，该社区先后创建了"国学大讲堂""孔子学堂"等终身学习品牌，打造了"童蒙养正"教育基地，为辖区居民开办国学文化课堂，教授古筝、戏曲、书画等课程，成立京剧、评剧、民乐、民舞等 13 支传统文化队伍，满足辖区老、中、青三代的业余文化生活。

2017 年，在社区党委的组织带领下，文庙社区滨河新村西五区成立自治委员会，居民通过众筹资金来粉刷墙壁，并用美图装点楼道，让老旧的单元楼道旧貌换新颜。2019 年，该社区开设居民议事场所"三尺巷"众议厅，建立议事协商机制，建立居民微信群，畅通群众意见反馈通道，发动群众宣传和监督，解决了 320 户居民的高空抛物问题。2020 年，社区以网格长、楼栋长、单元长为基础发动群众参与到楼道美化、野广告清理、小区绿化、卫生环境整治中，充分发挥"三长"联动作用，推行志愿服务"积分制"。2021 年年初，文庙社区开通了"幸福桃源"微信小程序，"三长"积极对接居民诉求，协力解决居民诉求及小区治理中的难点、堵点。居民眼中的"老旧破小"小区变身成为"幸福之家"。[①]

二、社会动员的社区改造

具有单位背景的社区自身是相对封闭且同质性较强的生活共同体，社区居民因来自一个单位，对社区居委会认同感较强。因此，"新时期衰落单位社区治理的关键就在于如何重新塑造一种'单位家园'的情感空间，激活单位人久违的家园意识"。[②]同时，在单位社区中，居民的单位认同感能够转化为一种响应社会动员的能力。在社区治理中，这种响应社会动员的能力优势也会进一步转化为社区治理的内在优势，同样也是东北地区社会治理韧性能力的重要组成部分。

（一）单位动员的组织传统

国企干部在单位制时期积累的丰富经验在单位社区的治理中也尤为重要。在面对社区内部矛盾冲突时，具有单位干部背景的社区书记或社区主任能够运用以往的治理技巧来应对社区在新时期面临的各种问题。在计划经济时期，各行业、领域的劳动者和党政部门工作人员都被集中起来，以便进行统一管理，这种高度组织性正是单位社会的基本特点。在单位制的成熟与发展过程中，该特征在日常生活中被内化于单位人的认知和行为模式，演变成了强调组织性的惯习。此类组织性优势可以被进一步挖掘，成为单位社区治理的组织性资源优势。

例如，1998年，拥有国企管理经验的孟玉文被聘任为吉林省长春市南关区长通街道永宁社区党委书记、社区主任，长期的国企管理经验使孟

---

① 《风起青萍浪成澜 十年踪迹十年心——桃源街道文庙社区"非凡十年"居民获得感不断提升》，
https：//mp.weixin.qq.com/s?__biz=MzIwNDg0Njc2MA==&mid=2247528394&idx=3&sn=9e6a5
0be90cb700b4de263bf645a8b65&chksm=973bcc0da04c451bdc8b6d42e5aad8d0faae24c86aa933
ff736c7f7bd73b44848898f3c8c7c7&scene=27。

② 芦恒：《三个优势促老工业基地贫困社区治理能力提升》，《国家治理》2019年第19期。

玉文深谙基层治理之道，在解决社区矛盾和促进社区发展的实践中总结出"千家走户法""千顺万捋法""精细管理法""重构社群法"等基层管理方法。同时，孟玉文善于利用"熟人"来化解社区治理矛盾，运用强大的组织动员能力和紧密的组织结构成功化解社会转型风险，为社区发展奠定坚实基础。[①]

（二）社会动员的组织优势

近年来，随着城市建设进程加快，为满足企业转型升级和经营规模扩大的需要，东北各地启动老旧小区升级改造工程。以辽宁省大连市沙河口区西安路街道兴新、兴社社区为例，2023年，兴新、兴社社区采取了政府"作主导"、居民"作主角"、参建企业"作主力"的方式，组建了完整的社区建设领导小组，发挥各方能力解决居民急难愁盼问题。具体措施为：一是开展"楼道革命"，拆除小区内违建建筑0.4万平方米，更换楼道破损单元门237樘，粉刷大白4.3万平方米，在满足条件的楼栋加装户外钢构电梯，消除安全隐患。二是开展"环境革命"，兴新、兴社社区与大连机车"工业遗产区"隔街相映，为了传承机车文化基因，沙河口区住建局调动一切有利资源塑造"机车文化特色街区"，由物业管理单位投资，全域植入机车元素，最大限度地保留了大连机车老宿舍的特色文化，重塑兴工街沿线的机车文化氛围和历史建筑文化氛围。三是开展"管理革命"，丰富社区发展新内涵，通过"EPC+O"模式引入企业力量参与物业管理和小区运营，通过"改造+管理+运营"模式，提升老旧小区改造"造血"功能，最大化发挥社会力量在物业管理中的作用，加快提升居民生活环境品质。

值得注意的是，在沙河口区创新的"EPC+O"模式下，居民不仅没有缺位，甚至扮演着最重要的角色。在改造前问需于民，充分发挥基层网格作用，通过问卷调查等方式，广泛征求居民改造意愿及改造需求，以居民需求"最大公约数"推动改造；在改造中问计于民，广泛召开座谈会，向居民讲解

---

① 芦恒：《三个优势促老工业基地贫困社区治理能力提升》，《国家治理》2019年第19期。

设计方案，征询意见，做到把好事办实、实事办好，形成最终改造方案；在改造后问效于民，邀请居民代表参与建设成果验收，进行满意度测评，充分听取居民对改造效果的意见并落实整改，让居民从"观众"变为"裁判"，确保"改到百姓心坎儿上"，不断提升改造工程的居民满意度。

同样在社区建设中，采取社区动员、居民参与方式的还有吉林省长春市宽城区团山街道长山花园社区。长山花园社区成功治理的关键在于其采用了一种"单位人再组织化"的治理模式，在面对居民大面积失业，集体行动频发之时，社区居委会通过转接党组织关系的方式把原单位的老党员、退休职工代表的"单位人"纳入社区党委组织的领导下，仅 2003 年一年时间就接收了将近 200 余名退休党员和退休职工，通过统一设岗定责的方法，有效发挥相关组织的管理作用。此外，社区还以这些老党员为主体设立了监督委员会、居民议事会、红袖标义务巡逻队、居家养老志愿服务队等多个组织，通过发挥组织优势提升了居民的话语权和参与感，同时也增强了社区对内部问题的自我管理能力。

第八章

东北安全维护力：推进高水平"平安东北"建设

随着全球化、现代化进程的加速演进，科学技术的日益创新，国际环境的深刻变化，人类社会发生了系统性的结构转型，正进入一个具有高度不确定性和复杂性的"风险社会"时代。金融危机、环境污染、恐怖主义、网络安全等重大问题频频发生，始料未及的"黑天鹅""灰犀牛"事件不断涌现。恰如乌尔里希·贝克所言，生活在现代社会恰如"生活在文明的火山上"[①]。与"风险""危机"相对立，"安全"代表着一种稳定、有序、和谐的客观状态，它指向对规则、和平、美好的维护与追求。[②] 它是个人生活幸福的根本前提，是社会长治久安的重要基石，更是国家发展进步的首要关切。如何保障、维护好安全，是整个人类社会发展进程中持续回应和解决的突出问题。

如今，国际形势错综复杂，国内改革发展稳定任务艰巨繁重。面对百年未有之大变局，以习近平同志为核心的党中央提出了"坚持总体国家安全观""统筹发展和安全"等重要论断，以有效防范化解各类风险挑战，确保社会主义现代化事业顺利推进。党的二十届三中全会通过的《中共中央关于进一步全面深化改革、推进中国式现代化的决定》强调，国家安全是中国

①［德］乌尔里希·贝克：《风险社会》，何博闻译，译林出版社，2004 年，第 13 页。
②董慧：《总体国家安全观的哲学内涵与时代价值》，《思想理论教育》2021 年第 6 期。

式现代化行稳致远的重要基础。必须全面贯彻总体国家安全观，完善维护国家安全体制机制，实现高质量发展和高水平安全良性互动，切实保障国家长治久安。① 受特殊地理环境、资源禀赋、产业基础等因素影响，东北地区在维护国家安全方面占据着重要地位、发挥着独特优势。2018 年 9 月，习近平总书记考察东北三省并在辽宁省沈阳市主持召开的深入推进东北振兴座谈会上强调，东北地区是我国重要的工业和农业基地，维护国家国防安全、粮食安全、生态安全、能源安全、产业安全的战略地位十分重要，关乎国家发展大局。② 2023 年 9 月，在东北振兴战略实施 20 周年之际，习近平总书记再赴东北考察，在黑龙江省哈尔滨市主持召开的新时代推动东北全面振兴座谈会上强调，牢牢把握东北在维护国家"五大安全"中的重要使命，牢牢把握高质量发展这个首要任务和构建新发展格局这个战略任务，统筹发展和安全。③ 由是观之，东北地区的使命地位与国家的安全大局、发展全局休戚相关。

第一节　中国国家安全体系的建构历程及东北实践

国之大者，安全为要。回望古代社会，我国思想家们便已提出关乎国家安全的深刻洞见。例如，"兵者，国之大事，死生之地，存亡之道，不可不察也"，"安而不忘危，存而不忘亡，治而不忘乱，是以身安而国家可保也"。它们既包含着实现国家安全的方法论智慧，又蕴藏着维护国家发展稳定应当居安思危、防患未然的前瞻性思考。近代以来，中国共产党的百年发展史亦是

---

① 《中国共产党第二十届中央委员会第三次全体会议文件汇编》，人民出版社，2024 年，第 65 页。

② 《习近平：解放思想锐意进取深化改革破解矛盾　以新气象新担当新作为推进东北振兴》，《人民日报》2018 年 9 月 29 日，第 1 版。

③ 《习近平主持召开新时代推动东北全面振兴座谈会强调　牢牢把握东北的重要使命　奋力谱写东北全面振兴新篇章》，《人民日报》2023 年 9 月 10 日，第 1 版。

维护国家安全、保障人民安全的奋斗史。百年来，党中央根植时代背景、应对风险威胁、怀揣忧患意识、丰富安全内涵，持续加强国家安全体系建设，带领全国人民进行"安全赶考"。

在学术界，近年来，国内学者关于国家安全体系的研究主要集中于对整体层面的考察，从动态变迁的视角探寻我国国家安全体系的演进发展是该领域的热点议题。总的来说，我国国家安全体系的演变是在不同时代主题和国际环境下国家安全战略深化发展的结果，是国家安全思想和国家安全实践深度结合的产物，深刻体现着国家安全理念及举措的继承与拓展、调整与完善、改革与创新。① 既有研究以建党（1921 年）、新中国成立（1949 年）、改革开放（1978 年）、党的十八大（2012 年）作为时间及事件节点，总结中国国家安全体系的发展脉络，认为其经历了传统国家安全观、非传统国家安全观和新时代总体国家安全观三个阶段②，其核心内容分别为主权安全、经济安全和总体安全③。钟开斌则采取层次结构分析法对国家安全体系进行考察，构建出"公共安全—国家安全—世界安全"分析框架，指出新中国成立至今，面对国家安全环境复杂、深刻的变化，我国国家安全体系先后经历了基于传统国家安全的单层结构，国家安全向公共安全"下沉"和向世界安全"上移"的过渡型结构，以及基于总体国家安全的三层结构，并形成多层次复合型国家安全体系。④

结合既有学者的研究，本书尝试根据"发展时期—时代主题—安全核心—类型体系"框架，梳理国家安全体系的百年演进历程（见表 8-1-1）。

① 王妍妍、孙佰清：《中国国家安全体系的演变历程、内在逻辑与战略选择》，《社会主义研究》2021
年第 4 期。

② 和晓强：《建国以来"国家安全观"的历史演进特征分析》，《情报杂志》2020 年第 2 期。

③ 张琳、赵佳伟：《中国共产党国家安全观的百年演进与现实启示》，《学习与探索》2021 年第 12 期。

④ 钟开斌：《中国国家安全体系的演进与发展：基于层次结构的分析》，《中国行政管理》2018 年第 5
期。

表 8-1-1 中国国家安全体系百年演进历程

发展时期	时代主题	安全核心	类型体系
新民主主义 革命时期	战争与革命	主权安全	主权型 国家安全体系
社会主义革命 和建设时期	战争与革命	政治安全	传统型 国家安全体系
改革开放和社会主义 现代化建设新时期	和平与发展	经济安全	非传统型 国家安全体系
中国特色社会 主义新时代	和平与发展	总体安全	总体 国家安全体系

一、新民主主义革命时期：主权型国家安全体系

百年前的世界处于战争与革命的时代，那个时期的中华民族由于与两次科技革命失之交臂，生产力落后、积贫积弱，在一次次战争中被迫割地赔款，国土四分五裂，国民生活于水深火热之中。当时，半殖民地半封建社会的近代中国"领土与主权的完整遭到严重破坏，司法和行政的统一不复存在"①。在中华民族内忧外患、社会危机空前深重的历史背景下，中国共产党肩负起救亡图存、建立主权独立的现代国家的时代责任。在"消除内乱，打倒军阀，建设国内和平""推翻国际帝国主义的压迫，达到中华民族完全独立"的目标指引下，党形成了以主权安全为核心、重视军事安全的主权型国家安全体系。

从中国共产党成立到中华人民共和国成立的 28 年里，中国共产党推动军事革命成为维护国家安全最直接、最有效的力量，以斗争谋民族独立、谋人民解放，全力赶走日本侵略者并推翻国民党反动统治。在土地革命战争时期，毛泽东强调要实行在枪杆上夺取政权，建设政权，开创"农村包围城市，武装夺取政权"的革命道路，同时明确党对军队的绝对领导。抗日战争时期，毛泽东强调充足的现代新式技术装备对军队实行反攻、收复失地的重

---

① 中共中央党史研究室：《中国共产党历史：第一卷（1921—1949）》，中共党史出版社，2011 年，第9 页。

要性①，并提出要团结一切可以团结的力量，建立抗日民族统一战线以抵抗侵略。解放战争中，毛泽东又提出了"集中优势兵力，各个歼灭敌人"的战略思想。在"军事革命保安全"思想引领下，中国共产党带领全国人民推翻了三座大山，成立了中华人民共和国，洗刷了过去旧中国惨遭侵略压迫的耻辱，极大地维护了国家主权安全。

新民主主义革命时期的东北地区，在党中央的正确领导下，各族人民开展不屈不挠的反帝反封建斗争，为民族独立和人民解放做出了历史性贡献，有力地维护了国家安全。以抗日战争为例，九一八事变爆发后，在中共满洲省委的支持下，部分东北军与东北各地的爱国群众自发组成东北抗日义勇军，浴血沙场，涌现出如黑龙江省的马占山、苏炳文，吉林省的丁超、高玉山，辽宁省的唐聚五、邓铁梅等一批抗日英雄。②而后，东北抗日义勇军联合东北抗日游击队、东北人民革命军组建成立东北抗日联军，成为中国众多抗日军队中必不可少的组成部分。东北抗日联军在鼎盛时有 11 个军，兵力近 4 万人。在敌我力量极其悬殊的情况下，东北抗日联军共出击 20 余万次，平均每天达 52 次以上，创造了毙伤日伪军 10 余万人的辉煌战绩③，锻造了伟大的东北抗联精神。抗战期间，东北地区贯彻杨靖宇将军"不论信仰、不分民族"的主张，"形成了多民族团结抗战的局面"④，少数民族同胞积极以各种方式参与抗日斗争。其中，辽东地区的满族、延边地区的朝鲜族、三江平原地区的鄂伦春族极具代表性。据统计，东北抗日联军中，满族战士可占部分连和班的 70%；11 个军中，有 2 个军中的朝鲜族战士占其军队人数的 50%，4 个军中有鄂伦春族的战士。东北地区各族人民在为期 14 年的抗日斗争中前赴后

---

① 中共中央文献研究室、中央档案馆编：《建党以来重要文献选编（1921—1949）》第十五册，中央文献出版社，2011 年，第 614—615 页。

② 冯仲云：《东北抗日联军十四年苦斗简史》，中央文献出版社，2008 年，第 9 页。

③ 任爽、刘勇、张士英：《白山黑水间写下不朽史诗——东北抗联精神述评》，《光明日报》2021 年 10 月 27 日，第 5 版。

④ 国家民委民族问题五种丛书编辑委员会《中国少数民族》编写组：《中国少数民族》，人民出版社，1981 年，第 64 页。

继、同仇敌忾，为世界反法西斯战争胜利做出了巨大贡献。

二、社会主义革命和建设时期：传统型国家安全体系

党的十九届六中全会通过的《中共中央关于党的百年奋斗重大成就和历史经验的决议》指出，社会主义革命和建设时期，党面临的主要任务是实现从新民主主义到社会主义的转变，进行社会主义革命，推进社会主义建设，为实现中华民族伟大复兴奠定根本政治前提和制度基础。这一时期，战争与革命仍是时代主题，新中国也仍旧面临内忧外患的严峻形势，以美国为首的西方资本主义国家和国内国民党残余力量均试图将新中国扼杀在摇篮中。可以说，该时期的中国共产党需谨慎应对包含国家统一、道路探索、现代化建设等在内的多重挑战。一方面，应切实保障人民群众最基本的生命财产安全，确保国内发展稳定以巩固新生政权；另一方面，应统筹好政治制度、经济体系、外交政策等以维护民族安全和政治安全，使新中国在国际舞台站稳脚跟。故而，以毛泽东同志为核心的第一代中央领导集体建立了以政治安全为核心、经济安全和社会安全等为从属的传统型国家安全体系。

第一，重视从党中央内部开展工作。毛泽东指出："我们一定要警惕，不要滋长官僚主义作风，不要形成一个脱离人民的贵族阶层。"[1]中国共产党始终与人民群众紧紧站在一起，真心实意为人民群众解决问题，获得了人民群众的拥护与支持，确保了政权不会从内部被攻破，保证政权安全和稳定。第二，防止外部反动势力的攻击。我国重视军事力量建设，相继在抗美援朝战争、金门炮战、中印边境自卫反击战、珍宝岛战役、西沙海战中取得胜利。重视维护国家军事安全，明确提出"积极防御，防敌突袭"的国防战略，并全面加强各个兵种建设，特别是空军和海军建设，全力提升军事实力，为保障国家安全提供坚实后盾。第三，争取构建广泛的国际统一战线。

---

[1] 中共中央文献研究室编：《毛泽东年谱（1949—1976）》第三卷，中央文献出版社，2013年，第34页。

20 世纪 50 年代，中国主动积极谋求建立新型国际关系，提出和平共处五项原则、"两个中间地带"、"三个世界划分理论"，努力创建和平的国际环境，捍卫国家安全。第四，关注产业布局和粮食安全。毛泽东曾在《论十大关系》中提出，要重视重工业、农业和轻工业的投资比例，推动经济发展更加稳固。其中，"农业关系国计民生极大""不抓粮食，总有一天要天下大乱"[1]。对经济、产业领域安全的关注在一定程度上为该时期维护国家政治安全提供了保障。

社会主义革命和建设时期，抗美援朝战争是我国维护政治安全的一大壮举。彭德怀曾多次表示，抗美援朝的军功，六七成应当归于后勤；抗美援朝的胜利，主要来自于东北地区。一方面，根据《抗美援朝纪实》记载，在抗美援朝战争期间，东北地区至少出动了 40 万部队，约占全国出动兵力的七分之一，是战略前线的中坚力量。另一方面，东北地区为志愿军的食物、武器补给提供了切实后勤保障。在志愿军正式进入朝鲜之前，东北地区便已为志愿军准备了 40 万公斤食用油、43 万公斤食盐、92 万公斤干菜以及 1674 万公斤粮食。到了作战时期，东北地区真正做到"前线需要什么，我们就生产什么"，战地技术小组深入战场前线，询问了解志愿军需要何种武器并加紧生产，像 90 反坦克火箭筒便由此而来。再如，东北地区真正做到"志愿军打到哪里，铁路就铺到哪里，机车就开到哪里"。吉林铁路局超过半数以上的机车和车辆成为"军运专列"，短短三天便安全运输 54 辆车以确保物资送达前线，职工干部和朝鲜铁路职工筑成一条条"打不断、炸不烂"的钢铁运输线，粉碎了敌人"重点轰炸，封锁咽喉"的阴谋。可以说，东北人民的战斗与奉献为抗美援朝战争胜利筑造了坚实堡垒。

该时期，在维护经济安全方面，东北地区立足各省实际，发挥资源优势，通过大规模的开发建设为我国社会主义经济建设提供了重要的能源保障、粮食保障，为支援全国做出了突出贡献。以黑龙江省为例，为了改变中

---

[1] 中共中央文献研究室编：《毛泽东年谱（1949—1976）》第三卷，中央文献出版社，2013 年，第 71 页。

国石油工业落后的状况，以王进喜、马德仁、段兴枝、薛国邦、朱洪昌"五面红旗"为代表的广大石油战线职工积极响应国家号召，克服环境恶劣、设备缺乏、生活艰苦等重重阻碍，成功开发建设大庆油田，不仅使黑龙江省一跃成为国家重要石油基地，还使中国石油实现自给自足，摘掉了"贫油国"的帽子。数据显示，大庆油田自 1960 年开发建设，仅用 3 年时间便生产原油 1166.2 万吨，占同期全国石油产量的 51.3%；1964 年进入快速上升阶段，原油产量于 1976 年跨上 5000 万吨台阶，创造了世界同类油田开发史上的奇迹。又如 1958 年开始的北大荒大规模开发，近 10 万名人民解放军复原官兵、随军家属、知识青年和革命干部进入黑龙江垦区，按照"边开荒、边生产、边建设、边积累、边扩大"的方针和"定额投资，包干建场"的方法，在一无经验、二无设备、三无资金的艰苦条件下，在三江平原和完达山南北的荒野上开垦出亩亩良田。据统计，到 1960 年，黑龙江省国有农场 92 个，耕地面积达 1767.7 万亩（1 亩 ≈ 666.67 平方米）。与 1957 年相比，社会总产值增长 1.62 倍，达到 5.5 亿元；国民收入增长 1.81 倍，达到 1.7 亿元；粮豆总产量增长 57.06%，达到 57.8 万吨。[①] 这不仅推动垦区开发建设成为国家主要商品粮基地，创造了巨大的物质财富，还孕育了"艰苦奋斗、勇于开拓、顾全大局、无私奉献"的"北大荒精神"，成为激励全国人民不断奋进的宝贵精神财富。

三、改革开放和社会主义现代化建设新时期：非传统型国家安全体系

与前一时期相比，改革开放和社会主义现代化建设新时期的国内外形势都发生了显著变化，邓小平提出时代主题已从"战争与革命"转向"和平与发展"。他指出："现在世界上真正大的问题，带全球性的战略问题，一个是和平问题，一个是经济问题或者说发展问题。"[②] 此外，伴随经济全球化、政治

---

① 中共黑龙江省委党史研究室：《中共黑龙江简史（1923—2003）》，中央文献出版社，2003 年，第 216 页。

② 邓小平：《邓小平文选》第三卷，人民出版社，1993 年，第 105 页。

多极化、文化多样化深入发展，金融危机、恐怖主义、民族分裂主义、文化渗透等非传统安全威胁逐步显露，这便要求国家安全体系的内涵随之扩展。在改革开放至 2012 年党的十八大召开的 30 余年间，中国逐渐形成了在保证政治安全和军事安全前提下，以经济安全为核心，辐射科技、文化、网络等非传统领域安全的非传统型国家安全体系。[1]

第一，高度重视经济安全。"社会主义如果老是穷的，它就站不住。"[2] 邓小平提出要靠发展解决问题的重要论断，通过"一个中心、两个基本点"推动中华民族"富起来"。此时，党中央牢牢抓住经济建设这一中心，通过发展国民经济为国家安全提供基础，同时逐步完善科学有效的经济安全体制机制，增强经济安全监测、预警及应对能力。第二，持续推动科学技术发展。邓小平强调科学技术是第一生产力。改革开放时期，党和国家高度重视并持续强化科技战略部署，确立"经济建设必须依靠科学技术、科学技术工作必须面向经济建设"的战略方针。1980—2015 年间，科技工作一直是国家发展规划与政府工作的重点内容，发展高新技术及产业、深入实施科教兴国战略、建设创新型国家等发展目标被纷纷提出。第三，关注发展中产生的非传统安全问题。党和国家与时俱进观察并监控发展中扩展出的新兴安全领域，如信息安全、金融安全、海外利益安全等，将其纳入国家安全体系并出台相关法律法规及时填补安全漏洞。可见，在改革开放和社会主义现代化建设新时期，国家安全的内涵和范畴得以丰富发展，已从传统安全领域向非传统安全领域拓展。

在改革开放和社会主义现代化建设新时期，东北地区认真贯彻落实《关于实施东北地区等老工业基地振兴战略若干意见》以维护国家安全。在该《意见》实施的 5 年间（2003—2008 年），在维护经济安全方面，东北地区经济发展明显加快，黑、吉、辽三省地区生产总值增幅高于全国平均水平，利

---

① 王秉：《中国国家安全体系现代化的历程、内涵与路径》，《湖南师范大学社会科学学报》2022 年第 6 期。

② 邓小平：《邓小平文选》第二卷，人民出版社，1994 年，第 191 页。

用外商直接投资水平大幅增长，金融环境日益改善。在维护社会安全方面，东北三省居民人均可支配收入稳步提高，累计新增城镇就业 1108 万人，黑、吉、辽三省城镇登记失业人员和失业率分别由 2003 年的 35 万人（4.2%）、28.4 万人（4.3%）、72 万人（6.5%），下降至 2008 年的 32.1 万人（4.2%）、24.3 万人（4.0%）、41.7 万人（3.9%），有效推动了居民安居乐业、维护了社会长治久安。在确保产业安全和科技安全方面，东北地区将确保国家重点产业链自主可控、安全可靠作为着力点，为国家重大战略提供有力支撑。例如，辽宁省本溪钢铁（集团）有限公司坚定落实科学发展观，以科技发展带动产业增量，仅一年时间（2003—2004 年）钢铁产量便增长 16.7%，钢、铁产量双双突破 500 万吨；黑龙江省哈飞航空工业股份有限公司则坚定走以我为主、自主创新道路，推动产品迭代升级，凭借较强的技术实力，在 2008 年跻身世界航空领域，发展成为外向型航空骨干企业。可以说，在推动东北振兴发展的征途中，东北三省始终在维护国家传统安全和非传统安全方面发挥着重要作用。

四、中国特色社会主义新时代：总体国家安全体系

2017 年 1 月，习近平主席在联合国日内瓦总部作的《共同构建人类命运共同体》的主旨演讲中指出，人类正处在大发展大变革大调整时期；也正处在一个挑战层出不穷、风险日益增多的时代。[1] 面临百年未有之大变局，我国安全与发展也面临着日趋复杂的形势。一方面，亚太再平衡和印太战略的提出、周边领土及海洋权益争端的兴起、外部资本控制国内企业的隐患等，使我国受到外部环境的冲击和挑战。另一方面，能源等战略物资的巨大缺口、生态环境的日益恶化、国民安全风险意识的贫瘠，使我国发展受到内部安全问题的阻碍。在此背景下，以习近平同志为核心的党中央创造性地发展出了统筹兼顾传统领域安全和非传统领域安全，统筹发展与安全的总体国家

---

① 《习近平：共同构建人类命运共同体》，《人民日报》2017 年 1 月 20 日，第 2 版。

安全体系。

从 2014 年涵盖政治、国土、军事、经济、文化、社会、科技、信息、生态、资源、核安全在内的"11 种安全"，到 2015 年国家明确关注金融、粮食、海外利益、外层空间、国际海底区域、极地等领域的安全问题，再到 2020 年将生物安全纳入国家安全体系，可以说，新时代我国国家安全体系无论是从空间上还是领域上都在不断外延扩展。[①] 例如，在政治安全方面，党和国家全面从严治党，整治党员干部精神懈怠问题，提升对"颜色革命"和意识形态渗透的警惕性；在社会安全方面，坚决防范"三股势力"威胁国民安全，加强反恐怖主义和境外非政府组织境内活动管理工作；在信息安全方面，颁布并完善《中华人民共和国反间谍法》《中华人民共和国国家情报法》等法律，以适应新时代新形势下对信息安全保护的新要求。可见，我国把安全发展贯穿国家发展的各领域和全过程，防范和化解影响我国现代化进程的各种风险，筑牢国家安全屏障。

2018 年 9 月，在沈阳市召开的深入推进东北振兴座谈会上，习近平总书记指出，东北地区是我国重要的工业和农业基地，维护国家国防安全、粮食安全、生态安全、能源安全、产业安全的战略地位十分重要，关乎国家发展大局。这一时期，东北地区统筹安全与发展。一方面，牢牢把握维护国家"五大安全"的独特使命，借助自然资源、产业基础、区位优势等，推动粮食安全压舱石作用进一步夯实，产业安全基础不断巩固，能源安全保障作用不断强化，生态安全屏障不断筑牢，国防安全保障稳步提升。另一方面，东北地区始终坚持以人民安全为宗旨，时刻把就业、社保、养老、食品药品安全、社会治安等问题放在心上并一个一个解决好，努力让人民群众的幸福感、安全感更有保障。

---

① 王妍妍、孙佰清：《中国国家安全体系的演变历程、内在逻辑与战略选择》，《社会主义研究》2021 年第 4 期。

第二节　维护"五大安全"夯实高质量发展根基

《东北全面振兴"十四五"实施方案》提出，到 2025 年，东北振兴重点领域取得新突破，维护"五大安全"的能力得到新提高。① 近年来，东北地区坚决扛起维护国家安全的政治责任，解放思想、扬长避短、转变思路，在实现高质量发展和高水平安全的良性互动中实现新突破。

一、国防安全——坚决守好祖国"北大门"

费孝通在《致"兴边富民行动"领导小组的一封信》中指出："观边疆治乱兴衰，可知国家统一还是分裂，国力强盛还是贫弱，民族和睦还是纷争，都与边防有着密切的联系。"② 作为确保我国国土安全的重要屏障和展示国家实力的时代缩影，边疆地区的稳定发展被置于我国发展全局的重要战略位置。2000 年 1 月 24 日，以振兴边境、富裕边民为宗旨的"兴边富民行动"正式启动，各地切实推进富民、兴边、睦邻、强国，促进边境地区发展稳定以保障国家安全。

就东北地区而言，其陆地与俄罗斯、蒙古、朝鲜接壤。陆地边境线以内蒙古自治区满洲里市为起点、辽宁省丹东市为终点，长达 6400 多公里，约占我国陆地总边境线的 30%。依据《兴边富民行动"十三五"规划》，黑龙江省、吉林省、辽宁省 3 个省共计 33 个陆地边境县（市、区）享受相关政策，足见东北地区在巩固祖国边防、维护国家统一方面的重要地位。多年来，东北地区各级政府大力开展"兴边富民行动"，统筹边境地区各项经济社会发展稳定任务，兼顾安全与发展，积极推进边境地区高质量发展，坚决守好祖国"北大门"。

---

① 《国家发展改革委有关负责同志就〈东北全面振兴"十四五"实施方案〉答记者问》，http://www.gov.cn/zhengce/2021-10/22/content_5644223.htm。
② 费孝通：《费孝通致"兴边富民行动"领导小组的一封信》，《民族团结》2000 年第 3 期。

（一）以"固边"打造"宜居乡村"

近年来，为提升边境村村民生活质量，打造乡村宜居新高地，东北地区大力推动边境县市在边境村加大基础设施和公共服务项目投入力度，打出了畅通对外交通、改善村容村貌、建设污水管网和水冲厕所的"组合拳"。以吉林省延边朝鲜族自治州为例，2023 年，全州加快"四好农村路"建设工程，新改建边境农村公路 138.3 公里，边境村硬化率、通达率已实现 100%；辖区各县（市）善用各类改厕基金，采用"分散式"和"集中式"污水管网改造相结合的改造模式，稳步推动边境村"厕所革命"，为边境村改建"室内水冲式卫生间＋室外生态式卫生间"，致力于让全部边民用上干净卫生的厕所，到 2023 年底已基本实现延边朝鲜族自治州管辖边境村全覆盖。近年来，边境村基础设施的完善和生活质量的提高，吸引了曾经离开故乡的边民回流。据统计，截至 2022 年底，全省 216 个边境村村域常住人口比 2021 年底增加 7179人，有效改善了"空心村"问题。在千里边境线上，一个个环境美、生活好、宜居宜业的村屯正在蝶变。

（二）以"兴边"带动"民富边兴"

东北三省深入挖掘边境区域自然资源丰富、生态环境优良等潜能优势，大力推进旅游经济、特色种养等乡村产业，吸引人才到边境村就业创业。以辽宁省大连市长海县为例，该县牢牢把握住"全国唯一的海岛边境县""全国最大海珍品养殖基地"的优势，全力打造海上"蓝色粮仓"和现代"海洋牧场"，推动传统"捕猎型"渔业向"农牧型"转变，积极创建国家级海洋牧场示范区。再如辽宁省丹东市宽甸满族自治县古楼子乡，该乡处于鸭绿江畔，气候湿润温和、沿江区域土地肥沃，优越的地理环境优势造就了蓝莓产业的发展。古楼子乡致力于打造"辽宁温室蓝莓第一乡"，让蓝莓化身为宽甸满族自治县人民增收致富的"金豆豆"。2022 年，据统计，全乡有 70% 的农民从事蓝莓及相关产业的生产活动，1000 余栋暖棚、3000 亩露地蓝莓，实现了 2000 吨销售量、产值近亿元的突破。近年来，在古楼子乡的带动下，截至 2024 年 3 月，宽甸满族自治县建有蓝莓暖棚 1500 余栋，冷棚 300

余栋，陆地种植面积 5000 余亩，蓝莓年产值超 2.2 亿元，村民们纷纷表示生活越过越好。在万亩碧海、青山绿水间，"产业兴边疆稳"的生动实践不断涌现。

二、粮食安全——当好稳产保供"压舱石"

习近平总书记强调："一个国家只有立足粮食基本自给，才能掌握粮食安全主动权，进而才能掌控经济社会发展这个大局。""粮食问题不能只从经济上看，必须从政治上看，保障国家粮食安全是实现经济发展、社会稳定、国家安全的重要基础。"[①]"中国粮食！中国饭碗！"2018 年 9 月，在黑龙江省双手捧起一碗大米时，习近平总书记的话意味深长。地域辽阔、集中连片、耕地肥沃、水系发达，这些天然优越的自然地理条件，使东北地区成为国家粮食发展与安全的重要战略基地，成为维护国家粮食安全当之无愧的"压舱石"。

（一）毫不放松确保粮食产量

2022 年，我国粮食总产量 68652.77 万吨，东北三省粮食产量占全国的 20.87%。其中，黑龙江省粮食产量 7763.14 万吨（历史第二高），连续 13 年位列全国第一，占全国的 11.3%，全力让"中国饭碗"装上更多优质的"龙江粮"；吉林省粮食生产能力稳步跨上 4000 万吨台阶，产量达 4080.79 万吨，排名全国第 3 位；辽宁省产量 2484.54 万吨，占全国的 3.62%（见表 8-2-1）。此外，东北地区还是我国重要的商品粮输出基地。黑龙江省粮食商品量、调出量多年来位居全国第一，分别占全国的 1/8 和 1/3，2013—2022 年累计为国家贡献了 1.47 万亿斤粮食；吉林省粮食常年调出量近 500 亿斤，2022 年净调出量稳居全国第 2 位，由此可见东北地区在统筹粮食安全发展方面的重要作用。

[①] 中共中央党史和文献研究室编：《习近平关于"三农"工作论述摘编》，中央文献出版社，2019 年，第 72—73 页。

表 8-2-1　全国粮食产量及东北三省占比

（单位：万吨）

地区	2013	2022
全国	63048.2	68652.77
黑龙江省 吉林省 辽宁省	7055.11 3763.30 2353.31	7763.14 4080.79 2484.54
东北三省合计	13171.72	14328.47
东北三省占比	20.89%	20.87%

数据来源：国家统计局。

奋力打造"粮食品牌"。东北大米被誉为"中华美食的瑰宝"，以其丰富的营养价值和独特鲜美的口感备受欢迎，其产地主要位于五常市、盘锦市、肇东市、绥化市等地，生长周期一般在 180 天左右。"北大荒""华润五丰""五常大米""十月稻田""柴火大院"等东北大米品牌备受好评。"2023 年东北大米品牌排行榜"数据显示，"十月稻田"的东北长粒香稻米位列全国的热卖产品第二位。除上述老品牌外，"吗西达""海兰江御米"等新品牌的关注度也日益上升。吉林省延边朝鲜族自治州和龙市光东村的返乡创业青年金君依托光东村的自然优势，巧用国家百万扶贫贷款积极开展有机稻米种植，一方面购买先进加工设备、扩大种植规模，提高粮食产量；另一方面请来农业专家改良水稻品种，提高粮食品质。目前，"吗西达"品牌大米越叫越响，已成为延边朝鲜族自治州的明星产品，通过电商平台销往全国各地，并远销日本、韩国等国家。

（二）持续重视耕地保护

一方面，东北地区聚焦高标准农田建设，保住"粮食生产的命根子"。黑、吉、辽三省深入实施"藏粮于地、藏粮于技"战略，争当现代农业排头兵，全力守好"粮仓命脉"。党的十九大以来，东北地区高标准农田建设成果颇丰，据统计，2023 年，黑龙江省建成高标准农田 868.6 万亩，累计建成面积达 1.08 亿亩，规模全国最大，农作物良种已实现全覆盖[①]；吉林省推动土地保护和耕地质量提升协同并进，新建设高标准农田 791.2 万亩，5 年增长 60.4%，此外，新增盐碱地改造耕地 25.4 万亩[②]；辽宁省新建和改造高标准农田 296 万亩[③]，进一步夯实了粮食安全根基。另一方面，东北地区加快实施黑土地保护工程。我国将黑土地视为"国宝"，东北地区典型黑土地耕地面积约 2.78 亿亩，是我国黑土地的主要分布区。近年来，黑龙江省结合跨 6 个积温带、含 15 种耕地土壤类型的现实情况，因地制宜探索并推广以秸秆还田为核心的黑土地保护旱田"龙江模式"和水田"三江模式"。吉林省则探索并推广以玉米秸秆覆盖、全过程机械化生产技术为核心的"梨树模式"，有效降低黑土地土壤侵蚀和退化，让"耕地中的大熊猫"越来越肥沃。

三、产业安全——助力打造制造业"国之重器"

习近平总书记强调，"新发展格局以现代化产业体系为基础"，要求"打造自主可控、安全可靠、竞争力强的现代化产业体系"。[④] 在现代化产业体系中，实体经济尤其是制造业具有核心和主体地位。东北地区作为"新中国工业的摇篮"，产业基础好、科教发达、人才积淀，集聚了大批事关国家经济命脉的战略性产业和骨干企业，为稳定上下游产业链条和维护国家产业安全提供坚实支撑。

---

① 梁惠玲：《政府工作报告——2024 年 1 月 24 日在黑龙江省第十四届人民代表大会第二次会议上》，《黑龙江日报》2024 年 1 月 31 日，第 1 版。

② 胡玉亭：《政府工作报告——2024 年 1 月 24 日在吉林省第十四届人民代表大会第三次会议上》，《吉林日报》2024 年 1 月 29 日，第 1 版。

③ 李乐成：《政府工作报告——2024 年 1 月 23 日在辽宁省第十四届人民代表大会第二次会议上》，《辽宁日报》2024 年 1 月 28 日，第 1 版。

④ 习近平：《加快构建新发展格局 把握未来发展主动权》，《求是》2023 年第 8 期。

（一）稳存量提升主导产业优势，扩增量加快培育新兴产业

总的来说，首先，东北地区借助企业智能化升级、服务化转型、绿色化转型等，促成机床、石化、钢铁、汽车等"老字号"改造升级。其次，通过延长、做强、做深产业链，实现"原字号"深度开发。最后，重视科技发展，加大对先进装备制造、新材料等产业培育力度，推动"新字号"不断壮大。例如，黑龙江省聚焦装备工业，依托中国一重、哈电集团等龙头骨干企业带动配套产业发展；瞄准石油化工业，实施减油增化，延伸下游产业链条；重视能源工业，深化央地合作建设"百年油田"，推进页岩油商业性开发取得实质性突破。[①] 吉林省全力打造万亿级汽车产业，扛牢民族品牌，加快布局新能源汽车，统筹抓好换电站布局，以构建新能源汽车产业生态。2022 年，在国家先进制造业集群竞赛中，长春市汽车产业集群上榜优胜者名单。辽宁省聚力创建先进装备制造、石油化工、冶金新材料 3 个万亿级产业基地，22 个重点产业集群建设取得积极成效。

（二）落实创新驱动发展战略，加强关键核心技术攻关

以黑龙江省为例，中国一重集团有限公司作为全国龙头企业，锚定"工业母机"和"国之重器"职责定位，党的十八大以来，共攻坚完成百万千瓦级核电机组常规岛整锻低压转子国产化等 181 项关键核心技术，再创 5 项世界第一。[②] 吉林省 2022 年在东北地区率先获批建设创新型省份，16 个方面 180 项重点任务扎实推进；实施科技成果转化"双千工程"，推动 1205 项成果在本地转化；新认定科技型中小企业 1804 户，全省高新技术企业数量达 3112 户。[③] 辽宁省坚持创新生态、创新平台、创新人才"三位一体"推进，2022 年，中国科学院大连化学物理研究所能源催化转化实验室被纳入首批

---

① 胡昌升：《政府工作报告——2022 年 1 月 23 日在黑龙江省第十三届人民代表大会第六次会议上》，《黑龙江日报》2022 年 2 月 8 日，第 1 版。

② 陆文俊：《建设具有全球竞争力的世界一流产业集团》，《国企管理》2023 年第 4 期。

③ 韩俊：《政府工作报告——2023 年 1 月 15 日在吉林省第十四届人民代表大会第一次会议上》，《吉林日报》2023 年 1 月 20 日，第 1 版。

全国重点实验室建设试点；全省实施"揭榜挂帅"科技项目共计253项，攻克关键核心技术共计29项。[①]总体而言，东北地区产业创新步伐加快，龙头企业不断把科研力量投入到被国外垄断或国内技术尚不成熟的领域，攻克一批"卡脖子"技术，屡屡填补国内空白。

（三）全方位提升信息技术优势，打造经济发展新引擎

东北地区持续推动数字经济加快发展，以数字赋能装备制造、食品加工、石油化工等传统产业。2022年，黑龙江省已累计建设5G基站3.5万个，建成运营大数据中心30个，标准机架5万架，在用服务器数量12.6万台；而截至2023年底，黑龙江省5G基站总数达7.2万个，标准机架超过10万架，上架利用率超过40%。吉林省加大区块链、人工智能、大数据等与制造业融合发展，构建多级别、多层次的工业互联网平台，加大对中小企业"上云上平台"的支持力度。2022年1—8月，吉林省集成电路产量达到15.8万块，比上年同期增长了66.3%；特别是在2022年8月，吉林省集成电路产量为3.7万块，相比上年同期增长了146.7%。辽宁省推动数字经济和实体经济深度融合发展，做大做强集成电路装备、软件、工业等一批数字产业集群；推动省级工业互联网平台达到80个以上，致力打造"5G+工业互联网"融合应用先导区；截至2024年6月，已累计建成智能工厂和数字化车间222个、智能工厂115个，培育省级工业互联网平台87个，聚力推进产业数字化赋能。

四、能源安全——科技赋能端稳"能源饭碗"

能源是工业的粮食、国民经济的命脉，关系到国计民生和国家安全。党的二十大报告提出，立足我国能源资源禀赋，坚持先立后破，有计划分步骤实施碳达峰行动，深入推进能源革命，加强能源产供储销体系建设，确保能源安全。2023年7月，习近平总书记在江苏考察时强调，能源保障和安全事关国计民生，是须臾不可忽视的"国之大者"。要加快推动关键技术、核心产品迭

[①] 李乐成：《政府工作报告——2023年1月12日在辽宁省第十四届人民代表大会第一次会议上》，《辽宁日报》2023年1月18日，第1版。

代升级和新技术智慧赋能，提高国家能源安全和保障能力。[①] 上述对能源安全的阐释字字千钧，对保障能源安全的要求清晰明确。作为国家重要能源和原材料基地，东北地区在能源供应方面有诸多亮点，并在近年来围绕资源优势、大力推进能源供给革命，持续强化在维护国家能源安全方面的支撑作用。

（一）加大油气资源勘探开发，保证高质量原油稳产

国家统计局数据显示，2020 年，全国原油产量为 19476.86 万吨，而东北三省的原油产量合计 4454.8 万吨，占全国比重的 22.87%（见表 8-2-2）。可见，东北地区原油生产在全国发挥着支柱作用。2023 年 3 月，我国陆上最大油田大庆油田传出捷报，累计生产原油突破 25 亿吨，占全国陆上原油总产量的 36%，大庆油田三次采油年产量连续 21 年超过 1000 万吨，年产油气当量始终保持在 4000 万吨，老油田仍旧发挥着能源安全顶梁柱作用。当前，采油难度持续加大，大庆油田始终坚持高水平科技自立自强，历经 5600 多次试验，实现三次采油技术重大突破，采收率在二次采油技术基础上提高了 14—20 个百分点。如今，更前沿的四次采油技术正在大庆油田实现地质认识、驱油机理等多方面突破。

表 8-2-2　2020 年全国及东北三省能源产量

地区	焦炭 （万吨）	原油 （万吨）	天然气 （亿立方米）	发电量 （亿千瓦时）
全国	47116.12	19476.86	1924.95	77790.60
黑龙江省 吉林省 辽宁省	1062.66 368.65 2297.07	3001.00 404.40 1049.40	46.78 19.81 7.37	1137.84 1018.83 2135.26
东北三省合计	3728.38	4454.8	73.96	4291.93
东北三省占比	7.91%	22.87%	3.84%	5.52%

数据来源：国家统计局。

[①]《习近平在江苏考察时强调：在推进中国式现代化中走在前做示范　谱写"强富美高"新江苏现代化建设新篇章》，《人民日报》2023 年 7 月 8 日，第 1 版。

（二）聚焦"双碳"战略目标，加快清洁能源项目建设

实现碳达峰碳中和目标要坚定不移，但不可能毕其功于一役，要坚持破立并举、稳扎稳打，逐步实现。以黑龙江省双鸭山市为例，按照"淘汰一批、替代一批、治理一批"原则，该市持续推进工业炉窑整治，推动煤炭落后产能升级改造，加强煤炭清洁高效利用，2022年煤炭年产能提升至2450万吨，较上年增长701万吨[1]，2023年煤炭产量突破2500万吨。东北三省还充分发挥风能光能资源丰富的优势，积极发展清洁能源，促进源网荷储一体化发展，构建风光水火储多能互补的现代能源体系，确保能源安全。以吉林省西部"陆上风光三峡"重点能源工程为例，2022年，该工程新增装机容量500万千瓦，超过以往十年所增总和，总装机容量达到1500万千瓦，全省电力外送规模达到171.8亿千瓦时，同比增长45.9%[2]，推动电力新能源产业成为吉林省千亿级支柱产业。辽宁省葫芦岛市徐大堡核电项目落地，兴城抽水蓄能电站和中船、大唐、辽能等一系列风电、光伏项目陆续开工建设，总装机容量超2000万千瓦、总投资超2000亿元的清洁能源产业集群初见雏形。此外，辽宁省大连市庄河市已建成海上风电项目4个，装机容量105万千瓦，成为我国北方单体容量最大、纬度最高的海上风电场。由一座座陆地、海上风场，光伏和生物质电站提供的绿色电能，正在维护能源安全中扮演越来越重要的角色。

五、生态安全——筑牢北疆生态安全屏障

生态安全是人类生存发展的基本条件，是经济安全的基本保障，也是政治安全和社会稳定的坚固基石。2015年，我国颁布实施《中华人民共和国国家安全法》，将生态安全作为维护国家安全的重要任务，明确国家在完善生态环境保护制度体系，加大生态建设和环境保护力度，划定生态保护红线，

---

① 邵国强：《筑牢"五大安全"基石》，《黑龙江日报》2022年4月16日，第3版。

② 韩俊：《政府工作报告——2023年1月15日在吉林省第十四届人民代表大会第一次会议上》，《吉林日报》2023年1月20日，第1版。

强化生态风险的预警和防控等方面的任务。巍巍大小兴安岭、辽阔的草原湿地、蜿蜒的河流界江，优越的自然禀赋使东北的森林面积、湿地面积、自然保护区占比均居全国前列，使之成为拱卫我国北疆的重要生态安全屏障。

（一）深入打好污染防治攻坚战

中国社会状况综合调查（简称 CSS）数据[①]结果显示（见表 8-2-3），2021年，黑、吉、辽三省居（村）民对环境安全状况评价的平均得分分别为 3.05分、3.08分、3.05分，均等于或高于全国平均水平（3.05分，最大值为 4 分），且较 2017 年有明显提升，足见近年来东北地区对环境保护和治理的重视。此外，2021 年东北三省居（村）民对居住地"生态环境状况"评价的平均得分分别为 3.59分、3.56分、3.71分，总体高于全国平均水平（3.57分，最大值为 4 分）。

表 8-2-3　2017 和 2021 年全国及东北三省环境安全评价

（单位：分）

地区	2017 年	2021 年
全国	2.84	3.05
黑龙江	2.83	3.05
吉林	2.81	3.08
辽宁	2.88	3.05

数据来源：中国社会质量基础数据库。

近年来，东北三省扎实推进生态文明建设，持续打好蓝天、碧水、净土保卫战。2022 年，黑、吉、辽三省空气质量提高，优良天数比例分别为95.9%、93.4%、90%，空气质量保持在全国第一方阵；水环境质量大幅改善，国考断面优良水体比例分别为 74.8%、81.8%、88.7%。东北地区持续巩固城

[①] 中国社会状况综合调查（Chinese Social Survey，简称 CSS）是中国社会科学院社会学研究所于2005 年发起的一项全国范围内的大型连续性抽样调查项目。该调查采用概率抽样的入户访问方式，调查区域覆盖全国 31 个省（自治区、直辖市），通过对全国公众的劳动就业、家庭及社会生活、社会态度等方面的长期纵贯调查，以获取转型时期中国社会变迁的数据资料。注：若无特别说明，本书使用的数据均未包括中国香港特别行政区、澳门特别行政区和中国台湾省数据。

市黑臭水体治理成果，狠抓县城、农村黑臭水体治理。2022年，黑龙江省完成16条国控清单农村黑臭水体治理和367个行政村生活污水治理任务，农村生活污水治理率达到26.3%，绥化市成功入选全国首批农村黑臭水体治理试点城市。吉林省城市生活垃圾焚烧处理占比达78%，同比提高13.6个百分点；新增城镇污水处理厂18座，新建改建污水管网552公里。通过深入推进环境污染治理，东北地区蓝天常见、碧水长流，绿色日益成为高质量发展的鲜明底色。

（二）强化生态环境保护和修复

东北地区坚持系统治理，统筹山水林田湖草沙一体化保护，系统修复被破坏的山体、河流、湿地、植被。2022年，黑龙江省实施小兴安岭—三江平原山水林田湖草生态修复工程，累计完成营造林122.6万亩，修复治理草原22.2万亩，修复湿地1万亩；2023年，龙江大地上的扩绿脚步未曾停歇，全省累计完成营造林129.45万亩，修复治理草原36.1万亩、退化湿地1万亩。[①]2022年，吉林省西部河湖连通主体工程全面完成，林草湿生态连通工程扎实推进，新建及改善提升绿水长廊1177.8公里，造林绿化221.4万亩。2023年，吉林省持续加快万里绿水长廊、林草湿生态连通、查干湖水生态修复与治理试点等项目建设，高质量完成林草生态修复202.1万亩。[②]2022年，辽宁省深入实施"绿满辽宁"工程，启动实施辽西北防风治沙固土三年攻坚行动，累计完成营造林158万亩，草原生态修复治理83.4万亩，水土流失治理300万亩。[③]2023年，辽宁省持续推进辽西北防沙治沙固土、辽东"绿肺""水塔"和黄渤海防护林建设，留白留璞增绿，共完成营造林258.9万亩，倾力打造美丽中国的"东北样板"。

---

① 梁惠玲：《政府工作报告——2024年1月24日在黑龙江省第十四届人民代表大会第二次会议上》，《黑龙江日报》2024年1月31日，第1版。

② 胡玉亭：《政府工作报告——2024年1月24日在吉林省第十四届人民代表大会第三次会议上》，《吉林日报》2024年1月29日，第1版。

③ 李乐成：《政府工作报告——2023年1月12日在辽宁省第十四届人民代表大会第一次会议上》，《辽宁日报》2023年1月18日，第1版。

（三）积极推进生物多样性保护

近年来，东北地区持续推进生物多样性保护工作，以提升生态系统多样性、稳定性、持续性。黑龙江省洪河国家级自然保护区积极探索东方白鹳人工筑巢招引工作，为全球东方白鹳物种保护贡献了近1/4的种群数量，2022年成功入选生态环境部生物多样性优秀案例。吉林省持续开展"绿盾"自然保护地监督专项行动，出台《关于进一步加强生物多样性保护的实施意见》，强调要进一步完善以东北虎豹国家公园为主体的自然保护地体系。近年来，吉林省生物多样性保护不断增强。监测数据显示，从2015年到2024年的9年时间，野生东北虎数量由27只增至70只左右，东北豹数量由42只增至80只左右，虎豹种群处于一个加速恢复的良性增长趋势。此外，据吉林省统计，在吉林境内繁衍停歇的中华秋沙鸭已有600多只，是5年前的2倍多。辽宁省大连市持续优化观测网络，掌握高等植物、鸟类、入侵物种等指示类群动态变化。据统计，2022年蛇岛老铁山国家级自然保护区内新增记录鸟类20余种，陆续有1200多只国家一级保护动物黄嘴白鹭来到大连长海繁衍栖息，创历年之最。在广袤的黑土地上，野生东北虎、东方白鹳、中华秋沙鸭、黄嘴白鹭等珍稀野生动物频频出现，东北俨然成为了虎啸山林、鸟飞鱼跃的自然乐园。

第三节　增进民生福祉，兜牢人民安全底线

民惟邦本，本固邦宁。2014年4月15日，习近平总书记在主持召开中央国家安全委员会第一次会议并发表重要讲话时强调，必须坚持总体国家安全观，以人民安全为宗旨；既重视国土安全，又重视国民安全，坚持以民为本、以人为本。[1]2017年2月17日，习近平总书记主持召开国家安全工作座

---

[1]《习近平：坚持总体国家安全观　走中国特色国家发展道路》，《人民日报》2014年4月16日，第1版。

谈会时强调，以人民安全为宗旨，走中国特色国家安全道路；国家安全工作归根结底是保障人民利益，要坚持国家安全一切为了人民、一切依靠人民，为群众安居乐业提供坚强保障。[①] 党的二十大报告再次强调，国家安全是民族复兴的根基，社会稳定是国家强盛的前提；增强维护国家安全能力，筑牢国家安全人民防线。[②] 可见，党和国家将人民安全作为国家安全议题的基底，将保护包括人民安全在内的人民各方面利益以及为人民群众提供生命、生存、生活的坚实保障作为国家安全工作的最终目的。

在推动东北全面振兴、推进国家高质量发展进程中，东北地区始终坚持把握好与人民日常生产生活相关的各项安全问题，致力于把就业、教育、医疗、社保、住房、养老、食品安全、生态环境、社会治安等问题一个一个解决好，努力让人民群众的获得感成色更足、幸福感更可持续、安全感更有保障。

一、落实就业优先政策，促进高质量充分就业

习近平总书记强调，就业是最大的民生工程、民心工程、根基工程，是社会稳定的重要保障，必须抓紧抓实抓好。党的二十大报告提出，实施就业优先战略，就业是最基本的民生。强化就业优先政策，健全就业促进机制，促进高质量充分就业。健全就业公共服务体系，完善重点群体就业支持体系，加强困难群体就业兜底帮扶。[③] 近年来，东北地区牢牢把握就业这一民生之本，落实落细稳就业各项举措，全力以赴做好稳就业工作。据统计，党的十九大以来，黑龙江省和吉林省城镇失业人数稳步减少，城镇登记失业率稳步降低。2022 年，黑、吉、辽三省共实现城市新增就业 108.77 万人，占全国城镇新增就业人数的

---

① 《习近平主持召开国家安全工作座谈会强调：牢固树立认真贯彻总体国家安全观　开创新形势下国家安全工作新局面》，《人民日报》2017 年 2 月 18 日，第 1 版。

② 习近平：《高举中国特色社会主义伟大旗帜　为全面建设社会主义现代化国家而奋斗——在中国共产党第二十次全国代表大会上的报告》，人民出版社，2022 年，第 52～54 页。

③ 习近平：《高举中国特色社会主义伟大旗帜　为全面建设社会主义现代化国家而奋斗——在中国共产党第二十次全国代表大会上的报告》，人民出版社，2022 年，第 47 页。

9%，业已实现零就业家庭动态清零。

（一）加大援企稳岗力度

稳就业首要在于稳企业。企业在，则岗位在、就业在。东北地区打好减税降费、援企稳岗等政策"组合拳"，有效提振市场信心，提升就业市场吸纳能力。以黑龙江省为例，黑龙江省聚焦"减负担、保企业、保用工"，出台《关于优化调整稳就业政策 全力促发展惠民生若干措施》，借助"三个继续"（继续实施失业保险稳岗返还政策，继续实施阶段性降低失业保险、工伤保险费率政策，继续实施失业保险技能提升补贴政策）和"一个强化"（强化金融支持稳企业保就业），降低企业经营成本、改善企业融资环境、缓解小微企业融资难问题，从而助力企业稳岗扩就业。

（二）促进就业扩容提质

除了依托实体企业的就业吸纳力外，东北地区还通过鼓励人才创业、支持灵活就业等举措，带动就业辐射力、提升就业承载力。以吉林省为例，吉林省积极搭建高质量创业平台，开展创业带动就业示范行动，如2022年全国双创周吉林分会场活动、第六届吉林省农村创业创新项目创意大赛、第九届"创青春"吉林省青年创新创业大赛等。此外，吉林省还大力支持新就业形态发展，为企业和劳动者提供更加精准的服务，发布人力资源市场工资指导价位、岗位供求和职业培训等信息，提供个性化便捷化的政策咨询、职业介绍、职业指导、创业培训及劳动用工等服务，全方位开发更多就业岗位。

（三）抓好重点人群就业

习近平总书记指出，做好高校毕业生、退役军人、农民工和城镇困难人员等重点群体就业工作。[1] 以针对高校毕业生这一群体的就业服务为例，辽宁省着力推进"振兴有你·就有未来"高校毕业生等青年群体就业服务"双百日"攻坚行动，大力实施就业见习拓展计划，落实"三支一扶"等专项基层就业计划，为每位有就业意愿的应届未就业高校毕业生提供1次职业指导、3

---

[1]《习近平在广西考察时强调：解放思想深化改革凝心聚力担当实干　建设新时代中国特色社会主义壮美广西》，《人民日报》2021年4月28日，第1版。

次岗位推荐、1次培训或见习机会，全力为其织密就业服务网。[①] 东北地区结合实际情况，秉持"重点群体稳，则就业大局稳"的理念，全力促成重点人群就业创业。

二、健全社会保障体系，补齐民生基础设施短板

党的二十大报告指出，社会保障体系是人民生活的安全网和社会运行的稳定器。健全覆盖全民、统筹城乡、公平统一、安全规范、可持续的多层次社会保障体系。[②]2018 年 9 月，习近平总书记考察东北三省时极为关注东北人民家庭收入怎么样、子女就业怎么样、住房改善情况如何、退休金和社保能不能按时领取、看病方便不方便等问题，并就深入推进东北全面振兴提出要求：更加关注补齐民生领域短板，让人民群众共享东北振兴成果。要确保养老金按时足额发放，确保按时完成脱贫任务，完善社会救助体系，保障好城乡生活困难人员基本生活。[③]党的十九大以来，黑龙江省、吉林省、辽宁省持续保持全省财政民生支出占公共财政支出的 86%、80%、75%，兜牢底线，保障民生，着力解决好人民群众的急难愁盼问题，为经济平稳运行、社会和谐稳定提供了有力支撑。

（一）稳步提升困难群体救助水平

习近平总书记在主持中共十九届中央政治局第十七次集体学习时强调，"要自觉主动解决地区差距、城乡差距、收入差距等问题"，"更加注重向农村、基层、欠发达地区倾斜，向困难群众倾斜，促进社会公平正义，让发展

---

① 唐佳丽：《稳岗位　拓渠道　扩容量　兜底线　我省优化调整稳就业政策措施》，《辽宁日报》2023 年 8 月 4 日，第 1 版。

② 习近平：《高举中国特色社会主义伟大旗帜 为全面建设社会主义现代化国家而奋斗——在中国共产党第二十次全国代表大会上的报告》，人民出版社，2022 年，第 48 页。

③ 《习近平：解放思想锐意进取深化改革破解矛盾　以新气象新担当新作为推进东北振兴》，《人民日报》2018 年 9 月 29 日，第 1 版。

成果更多更公平惠及全体人民"。^①东北地区切实提高兜底保障水平，加强低收入人口动态监测和救助帮扶。以吉林省为例，2021年，吉林省城乡低保标准分别提高12%、22%，平均保障标准分别达到月人均612元和445元；全年全省保障城乡低保对象87.2万人，保障城乡特困供养对象8.5万人，平均基本生活标准达到月人均931元和641元。2022年，吉林省城乡特困供养对象基本生活标准增长至月人均1031元和749元，均达到2021年城乡低保标准的1.68倍。此外，2022年，吉林省临时救助共帮扶144.75万人，人次均救助水平131元，累计支出18891.73万元。可见，在扎实推动共同富裕的新的历史阶段，东北地区十分重视社会保障的再分配功能，全力为人民生活托底。

（二）完善养老保障和服务体系

2023年5月，习近平总书记主持召开二十届中央财经委员会第一次会议，会议强调，要实施积极应对人口老龄化国家战略，推进基本养老服务体系建设，大力发展银发经济，加快发展多层次、多支柱养老保险体系，努力实现老有所养、老有所为、老有所乐。^②在提升城乡居民养老保险保障方面，黑龙江省聚焦"系统化、一体化、立体化"，不断健全城乡居民养老保险制度体系，建立了统一的城乡居民基本养老保险制度。截至2022年底，黑龙江省城乡居民养老保险参保人数已达到889万人，基本实现法定人群全覆盖；退休人员基本养老金按时足额发放并实现"十八连增"；边境县市为65岁以上参保对象提高城乡居民养老保险基础养老金5—10元/月，全省为该群体多支出城乡居民养老金1308万元；黑龙江省还增加了困难群体缴费模块，有48万名各类困难群体已经全部纳入政府代缴保费范围，实现代缴率100%。在推进养老服务发展方面，吉林省大力实施幸福养老工程，2022年，共建设55个综合嵌入式社区居家养老服务中心、78个社区老年食堂试点，为5600户特殊

---

① 《习近平在中共中央政治局第二十七次集体学习时强调：完整准确全面贯彻新发展理念　确保"十四五"时期我国发展开好局起好步》，《人民日报》2021年1月30日，第1版。

② 《加快建设以实体经济为支撑的现代化产业体系　以人口高质量发展支撑中国式现代化》，《人民日报》2023年5月6日，第1版。

困难老年人家庭实施适老化改造，26 个社区被命名为全国示范性老年友好型社区。东北地区积极推动养老保障和服务体系发展，为"银发族"打造幸福"夕阳红"。

（三）改善城乡居民居住条件

住房问题既是民生问题，也是发展问题。于小家，住房是依靠、是希望；于社会，住房是安居之本、是民生之要。党的二十大报告强调，坚持房子是用来住的、不是用来炒的定位，加快建立多主体供给、多渠道保障、租购并举的住房制度。[①] 近年来，一方面，东北地区不断完善住房保障政策体系，加快保障性住房建设，出台《黑龙江省关于规范发展保障性租赁住房的实施意见》《吉林省人民政府办公厅关于加快发展保障性租赁住房的实施意见》《辽宁省保障性安居工程建设和管理办法》，让全体人民住有所居。另一方面，东北地区着力推进城镇棚户区、城镇老旧小区、农村危房改造。据统计，2021年，黑龙江省棚户区改造开工 5 万套，城镇老旧小区改造开工 46.9 万户，农村危房改造 1.3 万户[②]；吉林省棚户区改造开工 1.81 万套，1749 个弃管小区（栋）实现动态清零，1623 个城镇老旧小区改造全部开工[③]；辽宁省改造城镇老旧小区 1246 个，改造农村危房 1.3 万户[④]。东北地区聚力提升人民群众的居住品质，助力千家万户实现"安居梦"。

（四）加快推进教育高质量发展

教育是国之大计、党之大计。党的十八大以来，我国持续用力幼有所育、学有所教，建成世界上规模最大的教育体系，教育普及水平实现历史

---

① 习近平：《高举中国特色社会主义伟大旗帜　为全面建设社会主义现代化国家而奋斗——在中国共产党第二十次全国代表大会上的报告》，人民出版社，2022 年，第 48 页。

② 胡昌升：《政府工作报告——2022 年 1 月 23 日在黑龙江省第十三届人民代表大会第六次会议上》，《黑龙江日报》2022 年 2 月 8 日，第 1 版。

③ 韩俊：《政府工作报告——2022 年 1 月 24 日在吉林省第十三届人民代表大会第五次会议上》，《吉林日报》2022 年 1 月 25 日，第 1 版。

④ 李乐成：《政府工作报告——2022 年 1 月 20 日在辽宁省第十三届人民代表大会第六次会议上》，《辽宁日报》2022 年 1 月 25 日，第 1 版。

性跨越，各级教育普及程度达到或超过了中高收入国家平均水平，教育事业中国特色愈加鲜明。东北地区在建设高质量教育体系，促进教育公平方面成效显著。第一，普及有质量的学前教育，实现优质均衡的义务教育。以辽宁省为例，辽宁省在 2023 年持续扩大学前教育普惠性资源，新增普惠学位 7091 个，普惠性幼儿园覆盖率达 88.8%；安排义务教育阶段家庭经济困难学生生活补助 6700 万元，惠及学生 10.7 万人；实施农村义务教育学生营养改善计划，安排资金 2.97 亿元，惠及 16 个乡村振兴重点帮扶县（区）40 余万名学生；适龄残疾儿童少年义务教育入学安置率为 100%。第二，全面普及高中阶段教育，坚持高中阶段学校多样化发展。2022 年，辽宁省高中阶段教育共有各类学校 810 所，其中普通高中 434 所、中等职业院校 376 所，二者招生比例为 64∶36；全省高中阶段毛入学率为 94.9%，比全国平均水平高约 3.3 个百分点。第三，积极推动高等教育高质量发展，提升高等教育竞争力。辽宁省教育厅积极支持大连理工大学、东北大学围绕造就拔尖创新人才和服务区域发展两个方面"先行先试"。在省内高校重组新建国家重点实验室 6 个，获批教育部重点实验室 5 个、教育部医药基础研究创新中心 1 个。东北地区全力提高人口整体素质，以人口高质量发展支撑东北全面振兴。

（五）完善健康保障及优化健康服务

党的二十大报告提出，推进健康中国建设。人民健康是民族昌盛和国家强盛的重要标志。把保障人民健康放在优先发展的战略位置，完善人民健康促进政策。[①] 东北地区贯彻落实《"健康中国 2030"规划纲要》，切实健全医疗保障体系，为人民群众提供优质高效的医疗服务。近年来，东北三省持续提高城乡居民基本医疗保险政府补助标准，2023 年已达到每人每年 640 元。黑龙江省基本医疗保险市级统筹已全面实现，基本医保参保率稳定在 95% 左右，"龙江惠民保"参保人数突破 500 万。吉林省制定《吉

[①] 习近平：《高举中国特色社会主义伟大旗帜　为全面建设社会主义现代化国家而奋斗——在中国共产党第二十次全国代表大会上的报告》，人民出版社，2022 年，第 48—49 页。

林省优化五类医保服务 20 条便民举措》，通过取消要件"简化办"、急诊就医"特事办"、医保待遇"两地同享"、待遇享受"最优享"等举措，切实解决人民群众在医保服务中遇到的难点、堵点问题。在医疗服务供给方面，辽宁省深入推进"三医联动"改革，围绕"强基础、建高地"精准施策，稳步推进优质医疗资源扩容和均衡布局，全面提升基层医疗卫生服务能力。到 2025 年，将累计建强乡镇卫生院 500 所、村卫生室 1 万所，全部达到基本能力标准以上水平。此外，在家庭医生签约服务上，进一步扩面、提质、增效，推进有效签约、规范履约，鼓励组合式签约、"互联网＋签约服务"等，做好重点人群服务，让百姓在家门口就能享受到优质医疗资源。①

三、标本兼治严防风险，打好稳大局保平安攻坚战

平安是老百姓解决温饱后的第一需求，是极重要的民生，也是最基本的发展环境。党的十八大以来，以习近平同志为核心的党中央坚持人民至上，始终把保持社会平安稳定作为治国理政的重大任务，将平安中国建设置于中国特色社会主义事业发展全局中谋划推进。从党的十八届三中全会通过的《中共中央关于全面深化改革若干重大问题的决定》提出"全面推进平安中国建设"的战略部署到党的二十大报告确定"平安中国建设扎实推进"的主要目标任务，我国的新时代平安中国建设不断取得新进展。近年来，东北地区围绕安全生产、防灾减灾救灾、食品药品安全、扫黑除恶等领域，切实开展保平安稳大局攻坚战。

（一）强化生产安全保障能力

党的二十大报告强调，坚持安全第一、预防为主，建立大安全大应急框架，完善公共安全体系，推动公共安全治理模式向事前预防转型。推进安全

---

① 王敏娜、王月：《推进"三医联动"改革 提升群众健康获得感——"增进民生福祉 倾力为民办实事"主题系列发布会④》，《辽宁日报》2023 年 7 月 14 日，第 1 版。

生产风险专项整治，加强重点行业、重点领域安全监管。[1]党的二十届三中全会通过的《中共中央关于进一步全面深化改革、推进中国式现代化的决定》强调："完善安全生产风险排查整治和责任倒查机制。"[2]东北地区压实压紧安全生产责任，坚决防止重特大安全事故发生。党的十九大以来，黑龙江省健全完善安全生产"五大体系"，深入开展安全生产"十查十治"，生产安全事故起数、死亡人数分别比上个五年下降89.3%、52.1%。[3]2022年，吉林省深入开展安全生产专项整治三年行动和安全生产大检查，全省生产安全事故起数和死亡人数同比分别下降29.7%和33.89%。辽宁省坚决落实国务院安全生产15条措施和省50项具体举措，深入开展安全隐患排查整治，2022年全年未发生特大安全生产事故。

（二）全力抓好自然灾害防治

近年来，东北地区持续提高防灾减灾救灾和急难险重突发公共事件处置保障能力，加强国家区域应急力量建设。黑龙江省全面实施"三清单一承诺""两书一函"机制，森林草原防灭火取得"人为火不发生、雷击火不过夜"的显著成绩；吉林省全面打赢防汛抗旱保卫战，实现"零垮坝""零溃堤""零伤亡"，截至2023年，连续42年无重大森林火灾；辽宁省着力战胜历史罕见的自然灾害，如2020年的台风"三连击"、2021年的"11·7"特大暴雪，防灾救灾实现"零死亡"。

（三）强化食品药品安全监管

习近平总书记在主持十八届中央政治局第二十三次集体学习时强调，食品药品安全关系每个人身体健康和生命安全。要切实加强食品药品安全监管，用最严谨的标准、最严格的监管、最严厉的处罚、最严肃的问责，加快建立科学完善的食品药品安全治理体系，确保人民群众"舌尖上的安全"。

---

[1] 习近平：《高举中国特色社会主义伟大旗帜　为全面建设社会主义现代化国家而奋斗——在中国共产党第二十次全国代表大会上的报告》，人民出版社，2022年，第54页。

[2]《中国共产党第二十届中央委员会第三次全体会议文件汇编》，人民出版社，2024年，第65页。

[3] 黑龙江省人民政府：《黑龙江省2021年法治政府建设情况报告》，2022年3月30日。

东北地区持续加强食品药品安全监管[①]，牢牢守住食品药品安全底线，提高食品安全治理水平，打造食品产业良好发展环境。经过多年努力，东北地区紧紧抓牢"社会认可、群众满意"这一标尺，食品安全状况平稳向好。2022年，长春市、沈阳市、大连市荣获国务院食安办"国家食品安全示范城市"称号。

（四）完善社会治安综合治理

党的二十届三中全会通过的《中共中央关于进一步全面深化改革、推进中国式现代化的决定》指出："完善社会治安整体防控体系，健全扫黑除恶常态化机制，依法严惩群众反映强烈的各类违法犯罪活动。"[②]黑龙江省秉持打小打早、露头就打原则，2021年，八类案件及涉众型经济犯罪案件立案分别下降 9.6%、5%，公众安全感满意度为 98.6%。[③]吉林省常态化推进扫黑除恶斗争，健全社会矛盾纠纷多元预防调处化解机制，2022年信访积案化解率达 99.03%。辽宁省夏季治安"百日行动"成效明显，违法犯罪总量持续下降。伴随"平安龙江""平安吉林""平安辽宁"的扎实建设，东北人民的幸福感、安全感持续提升。CSS2021数据显示（见表 8-3-1），黑、吉、辽三省居（村）民对人身安全状况评价的平均得分分别为 3.44 分、3.39 分、3.25 分，基本优于全国平均水平（3.29 分，最大值为 4 分）；交通安全状况的平均得分分别为 3.04 分、3.26 分、3.01 分，均高于全国平均水平（2.97 分，最大值为 4 分）；个人和家庭财产安全状况的平均得分分别为 3.34 分、3.46 分、3.23 分，基本优于全国平均水平（3.28 分，最大值为 4 分）。总的来说，东北三省人民对社会安全情况的评价持续向好，人民的安全感越来越足。

---

① 《习近平：牢固树立切实落实安全发展理念　确保广大人民群众生命财产安全》，《人民日报》2015年 5 月 31 日，第 1 版。

② 《中国共产党第二十届中央委员会第三次全体会议文件汇编》，人民出版社，2024 年，第 66 页。

③ 黑龙江省发展和改革委员会：《关于黑龙江省 2021 年国民经济和社会发展计划执行情况与 2022 年国民经济和社会发展计划草案的报告》，《黑龙江日报》2022 年 2 月 11 日，第 4 版。

表 8-3-1　2021 年全国及东北三省社会安全评价

（单位：分）

地区	人身安全	交通安全	个人和家庭财产安全
全国	3.29	2.97	3.28
黑龙江省	3.44	3.04	3.34
吉林省	3.39	3.26	3.46
辽宁省	3.25	3.01	3.23

数据来源：中国社会质量基础数据库。

第九章

东北生态承载力：注入全面振兴绿色动能

改革开放以来，中国的现代化进程越来越注重统筹发展与生态的关系、实现经济增长与环境保护协同共进，呈现出鲜明的"生态现代化"取向。[①] 生态现代化理论强调，生态环境并非一种难以改变的后果，而是推动社会发展、技术创新和经济变革的一个重要动力。[②] 也就是说，工业化、城市化与经济增长不仅和生态环境可持续发展具有兼容性，而且也可以作为一个重要机制推动环境治理。只有积极挖掘生态资源优势，以生态优势推进现代化进程，才能实现一种兼融现代化与生态环境的"有质量的"经济。[③] 正如习近平总书记所指出的："良好生态环境是东北地区经济社会发展的宝贵资源，也是振兴东北的一个优势。"[④] 保护生态环境，就是保护经济社会发展的潜力和后劲。在推进东北全面振兴过程中，必须坚持把生态文明建设融入到城乡融合发展、居民生产生活等各个方面，为东北全面振兴注入绿色动能。

[①] 洪大用：《经济增长、环境保护与生态现代化——以环境社会学为视角》，《中国社会科学》2012 年第 9 期。

[②] 洪大用：《环境社会学：事实、理论与价值》，《思想战线》2017 年第 1 期。

[③] 郇庆治、［德］马丁·耶内克：《生态现代化理论：回顾与展望》，《马克思主义与现实》2010 年第 1 期。

[④] 《习近平在辽宁考察时强调：在新时代东北振兴上展现更大担当和作为 奋力开创辽宁振兴发展新局面》，《人民日报》2022 年 8 月 19 日，第 1 版。

第一节　自然资源禀赋为东北实现生态现代化夯实基础

新中国成立后，作为"新中国工业摇篮"的东北地区，依托煤炭、钢铁、石油等自然资源，打造了一大批关乎国民经济命脉和国家安全的重要战略性产业，促进了东北工业基地的快速崛起与持续繁荣。这不仅使新中国成立初期的经济困境得到迅速纾解，更对我国后续的经济发展与国防安全产生重大影响。在推动东北全面振兴的当下，东北地区优越的自然资源禀赋再次成为推动东北高质量发展、实现生态现代化的强大动能。我们必须立足东北地区自然资源禀赋，发挥东北地区比较优势，以自然资源禀赋推动东北产业转型，以比较优势助力东北全面振兴。

一、白云黑土助力东北发展现代化大农业

东北的高质量发展离不开农业的高质量发展，东北地区的现代化离不开农业的现代化。作为中国最富饶的"粮仓"，东北地区的农业发展不仅对我国的农业发展至关重要，更对我国的国家安全与社会稳定具有重要意义。习近平总书记在考察东北三省时，曾多次就农业发展问题作出重要指示。2016 年5 月，习近平总书记在黑龙江省考察期间，听取黑龙江省委省政府工作汇报时指出，黑龙江省是农业大省和粮食主产区，要统筹抓好现代农业产业体系、生产体系、经营体系建设，因地制宜推进多种形式规模经营。[1]2018 年9 月，习近平总书记在北大荒建三江国家农业科技园区考察时强调："农业是基础性产业，中国现代化离不开农业现代化。农业要振兴，就要插上科技的翅膀，就要靠优秀的人才、先进的设备、与产业发展相适应的园区。"[2]2023 年9 月，习近平总书记在黑龙江省考察时强调："要以发展现代化大农业为主攻方向，

---

[1]《习近平在黑龙江考察调研时强调：深化改革开放优化发展环境　闯出老工业基地振兴发展新路》，《人民日报》2016 年5 月26 日，第1 版。

[2] 张晓松、杜尚泽：《奋力书写东北振兴的时代新篇——习近平总书记调研东北三省并主持召开深入推进东北振兴座谈会纪实》，《人民日报》2018 年9 月30 日，第1 版。

加快建设现代农业大基地、大企业、大产业，率先实现农业物质装备现代化、科技现代化、经营管理现代化、农业信息化、资源利用可持续化。"[1]时至今日，作为第一产业的农业，依然是东北地区经济发展的支柱产业。但是，东北地区实现高质量发展，已不能再依靠传统农业，而是要探索出一条兼具规模化与智慧化的现代农业发展道路。

为何习近平总书记多次强调东北地区要大力发展现代化大农业？现代化大农业的基础在"大"，即"规模化"。正如习近平总书记所说："东北地区有条件发展规模化经营。"[2]也就是说，东北地区具有发展现代化大农业的诸多天然优势。

（一）广阔的耕地总面积和较大的人均耕地面积是发展现代化大农业的前提

第一，东北地区耕地面积广阔。从耕地面积来看，《2023年中国统计年鉴》显示，截至2022年，东北三省的耕地总面积为29732.3千公顷，占全国耕地总面积的23.3%，而东北地区的国土面积仅占我国国土面积的8.2%。在全国31个省（市、自治区）中，黑龙江、吉林、辽宁三省的耕地面积分别位列第一、第四和第十二名。同时，2013—2019年，在全国耕地面积普遍呈减少趋势的情况下，东北三省的耕地面积在2019年均有所增加（见表9-1-1）。

表 9-1-1　2013—2022 年东北三省耕地面积统计

（单位：千公顷）

	2013 年	2014 年	2015 年	2016 年	2017 年	2019 年	2020 年	2021 年	2022 年
全国	135163.4	135057.3	134998.7	134920.9	134881.2	127861.9	127436.7	127516.8	127579.9

---

[1]《习近平在黑龙江考察时强调：牢牢把握在国家发展大局中的战略定位　奋力开创黑龙江高质量发展新局面》，《人民日报》2023年9月9日，第1版。

[2]《习近平黑龙江考察：农业合作社是发展方向》，人民网，2016年5月25日。http://jhsjk.people.cn/article/28378088。

续表

	2013 年	2014 年	2015 年	2016 年	2017 年	2019 年	2020 年	2021 年	2022 年
黑龙江省	15864.1	15860.0	15854.1	15850.1	15845.7	17195.4	17180.2	17165.8	17131.3
吉林省	7006.5	7001.4	6999.2	6993.4	6986.7	7498.5	7466.8	7449.8	7444.3
辽宁省	4989.7	4981.7	4977.4	4974.5	4971.6	5182.1	5159.4	5153.6	5156.7

数据来源：《2023 年中国统计年鉴》。

第二，东北地区人均耕地面积较大。从人均耕地面积来看，《2023 年中国统计年鉴》显示，截至 2022 年，黑龙江省、吉林省、辽宁省的人均耕地面积分别为 0.55 公顷、0.32 公顷和 0.12 公顷。其中，黑龙江省人均耕地面积是全国平均水平的 6.1 倍，吉林省人均耕地面积为全国平均水平的三倍多。广阔的耕地总面积和较大的人均耕地面积使东北地区拥有着其他地区所没有的大面积集中连片、适宜从事现代化农业生产的耕地资源，为实现规模经营、助力现代化大农业发展奠定了坚实基础。

（二）良好的气候条件和水文条件为东北地区发展现代化大农业提供保障

第一，东北地区的气候条件适宜发展农业。从气候条件来看，东北地区地处亚欧大陆东岸，大部分处于中温带，夏季炎热、冬季寒冷，属于典型的温带季风气候。虽然纬度较高，但云量较少且夏季日照时间长的特点，给东北地区带来了丰富的太阳辐射资源。尤其是在夏季，东北地区温度较高、降水量大，适合栽培水稻、玉米、大豆、高粱等一些喜温喜湿的作物。

第二，东北地区水文资源满足农业发展需求。从水文条件来看，东北地区水文资源丰富，江河、湖泊数量众多。河流分布以大小兴安岭、长白山为界，以东为松花江、嫩江等，以西为黑龙江、乌苏里江、鸭绿江等。东北地区湖泊总水域面积为 9.3 万平方千米，平均水域面积约为 15.2 平方千米，湖泊径流主要靠降水补给。东北地区平均年降水量约为 350—1000 毫米，降水主要集中在农作物生长期（5—9月），年降水量基本能满足农作物的需求。[1]良好的气候条件和水文资源进一步助力东北地区发展现代化大农业。

（三）优质的土壤资源有助于提升东北地区现代化大农业的质量

第一，东北地区具有肥沃的黑土地。作为世界四大黑土区之一，东北地区黑土地主要分布在辽河平原、松嫩平原和三江平原，以土壤有机质含量高而著称。肥沃的黑土地奠定了东北粮仓的重要地位，也奠定了东北地区现代化大农业的品质基础。以松嫩平原为例，松嫩平原黑土土层厚度达40—60cm，有机质含量为2.5%—7.5%，氮含量为0.15%—0.35%，适合种植玉米、小麦、大豆、高粱、甜菜等粮食作物和经济作物。[2]从东北三省的黑土面积来看，黑龙江省拥有典型黑土耕地面积1.56亿亩，占东北典型黑土区的56.1%[3]；吉林省地处东北黑土地核心区，拥有黑土面积约9811万亩，占全省耕地面积的87.8%[4]；辽宁省拥有约2800万亩的典型黑土区耕地面积，占全省

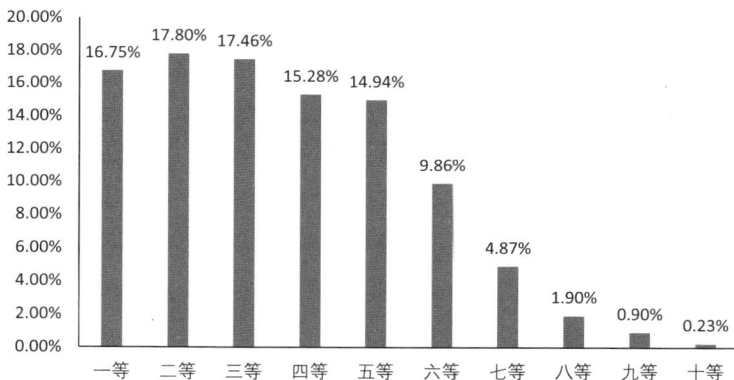

图 9-1-1 东北地区耕地质量等级比例分布图

数据来源：《2019年全国耕地质量等级情况公报》。

---

[1] 王学迅：《东北生态农业发展现状及对策研究》，西北农林科技大学硕士学位论文，2019年，第15页。

[2] 王学迅：《东北生态农业发展现状及对策研究》，西北农林科技大学硕士学位论文，2019年，第15页。

[3] 祝大伟：《记者走进黑龙江农耕一线，探访黑土地保护实践——管护有技巧 土沃肥力高》，《人民日报》2024年5月23日，第4版。

[4] 徐远志：《"农"情深耕黑土地 守护"大国粮仓"——农行吉林省分行金融服务粮食安全纪实》，《吉林日报》2023年12月8日，第8版。

耕地总面积的 36%[1]。

第二，东北地区具有更加优质的耕地。一方面，农业农村部发布的《2019 年全国耕地质量等级情况公报》显示，全国 20.23 亿亩耕地根据质量优劣被划分为 10 个等级，耕地质量等级最高的是东北区（包括东北三省全部地区和内蒙古自治区东北部）。其中，2.34 亿亩耕地被评为 1—3 等，约占东北区耕地总面积的 1/2；1.80 亿亩耕地被评为 4—6 等，约占东北区耕地总面积的 2/5（见图 9-1-1）。另一方面，近年来，东北地区大力推进高标准农田建设，现代农业发展基础不断夯实。截至 2022 年，黑龙江省累计建成高标准农田 10265 万亩[2]；吉林省累计建成高标准农田 4400 万亩，约占全省永久基本农田的 1/2[3]；辽宁省累计建成高标准农田 3765 万亩[4]。东北地区优质的土壤资源决定了东北地区的现代化大农业是高品质的农业。

二、冰天雪地助力东北发展冰雪文旅产业

随着 2022 年北京冬奥会等大型冰雪赛事的成功举办和"三亿人参与冰雪运动"政策号召的影响，全国逐步掀起了一场规模宏大的全民参与冰雪运动的热潮。对发展冰雪产业具有天然优势的东北地区紧抓机遇，深入开发冰雪运动、冰雪旅游等冰雪产业，将"冷资源"打造成"热经济"，逐渐发展成为我国冰雪文旅产业的"领头羊"。早在 2016 年，习近平总书记参加十二届全国人大四次会议黑龙江代表团审议时就曾指出："绿水青山是金山银山，黑龙江的冰天雪地也是金山银山。"[5] 2018 年 9 月，习近平总书记再次强调："要充分利用东北地区

① 李越：《我省累计实施黑土地保护利用近 1500 万亩次》，《辽宁日报》2023 年 10 月 28 日，第 1 版。
② 岳海兴：《黑龙江累计建成高标准农田 10265 万亩》，《农民日报》2023 年 5 月 27 日，第 2 版。
③ 朱思雄、祝大伟、郑智文：《吉林加强高标准农田建设》，《人民日报》2023 年 4 月 12 日，第 1 版。
④ 吕杰、张芮嘉：《奋力打造现代化大农业发展先行地》，《农民日报》2024 年 3 月 2 日，第 5 版。
⑤ 霍小光：《习近平参加黑龙江代表团审议：冰天雪地也是金山银山》，人民网，2016 年 3 月 7 日。http://jhsjk.people.cn/article/28178832。

的独特资源和优势，推进寒地冰雪经济加快发展。"①2023 年 9 月，习近平总书记在黑龙江考察时指出："把发展冰雪经济作为新增长点，推动冰雪运动、冰雪文化、冰雪装备、冰雪旅游全产业链发展。"②"漫天飞雪、天寒地冻"的气候劣势正是东北地区发展冰雪文旅产业的天然资源优势与强大比较优势。

（一）东北地区的气候适宜发展冰雪文旅产业

气候条件是发展冰雪文旅产业的重要自然禀赋。第一，从气温来看，东北三省中，黑龙江省冬季平均气温最低，2022 年哈尔滨市冬季（12—2 月）平均气温为 –15.9 摄氏度；吉林省居中，2022 年长春市冬季（12—2 月）平均气温为 –12.1 摄氏度；辽宁省冬季平均气温最高，2022 年沈阳市冬季（12—2 月）平均气温为 –9.4 摄氏度（见图 9-1-2）。东北地区冬季时间较长，适宜的气温使得冰雪资源能够长时间保存，推动了东北地区冰雪产业的发展。

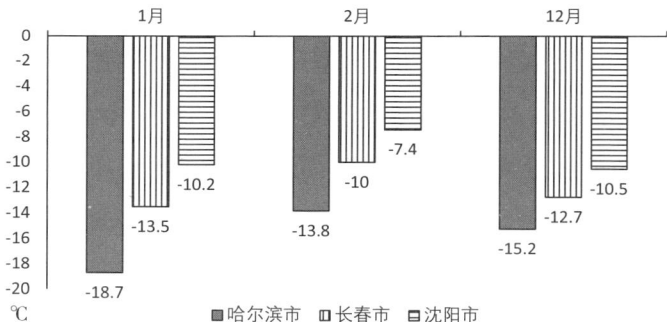

图 9-1-2　2022 年哈尔滨市、长春市、沈阳市冬季（12—2 月）气温分布图
数据来源：《2023 年中国统计年鉴》。

第二，从降雪量与雪期来看，东北三省地处我国高纬度地区，与世界冰雪经济发达地区纬度几近相同，处于世界"冰雪黄金纬度带"，年平均降雪量可达 30 毫米，具有冰雪季节持续时间较长、雪量丰沛、冰雪共存等特点。具

---

① 《习近平：解放思想锐意进取深化改革破解矛盾　以新气象新担当新作为推进东北振兴》，《人民日报》2018 年 9 月 29 日，第 1 版。

② 《习近平在黑龙江考察时强调：牢牢把握在国家发展大局中的战略定位　奋力开创黑龙江高质量发展新局面》，《人民日报》2023 年 9 月 9 日，第 1 版。

体来看，黑龙江省地处东北三省最北端，冰雪期可达 120 天，具有雪量多、雪质好、雪期长等优势；吉林省冰雪期为 100 天左右，长白山等部分区域雪期长达 6 个月；辽宁省地处东北三省最南端，冰雪期超过 70 天，雪质呈"暖雪暖冰"特征，适合长时间从事户外冰雪运动。[①]

（二）东北地区山地资源丰富，海拔高度、山体坡度适宜，是天然的滑雪滑冰场

东北地区丰富的山地资源助力冰雪产业的发展。具体来看，黑龙江省尚志市亚布力镇拥有 3 座梯次相连且海拔均高于 1000 米的山峰，雪资源存留期可达半年之久。吉林省山脉众多，长白山处于"冰雪黄金纬度带"，是世界三大粉雪基地之一，多低山丘陵（3000 米雪线高程左右）的地形适宜开展冰雪运动。[②]辽宁省西部为低山丘陵地貌，地形高低起伏、坡缓林密，东部山区地处长白山脉，海拔较高、垂直落差大，均为开展冰雪运动的理想之地。

依托丰富的冰雪资源禀赋，东北三省将冰雪文旅产业作为产业转型的重要支撑。黑龙江省投资 424 亿元布局冰雪旅游、冰雪文化、冰雪体育，推动冰雪经济发展；吉林省致力于将冰雪产业打造为中国寒地冰雪经济高质量发展示范区和"带动三亿人参与冰雪运动"重要承载区；辽宁省推进"冰雪旅游+"产业发展模式，构建冰雪旅游、冰雪运动、冰雪装备研发制造等为一体的产业发展体系，着力打造"北方最暖冰雪休闲旅游地"。根据中国旅游研究院发布的区域冰雪热度数据，东北地区是我国冰雪旅游的重要目的地，冰雪旅游资源成为东北地区旅游业的重要支柱。《中国冰雪旅游发展报告（2023）》显示，东北地区的哈尔滨市、长春市、沈阳市、吉林市、伊春市、牡丹江市、长白山保护开发区 7 个城市和开发区被列入"2023 年冰雪旅游城市 12 佳"

[①] 孙哲：《东北三省冰雪产业高质量协同发展的现实困境与实践通路》，《沈阳体育学院学报》2023 年第 4 期。

[②] 李岫儒、柴娇、马连骄、姜禹臣：《东北冰雪运动产业发展的文化生态阐释：内涵、困境与方略》，《沈阳体育学院学报》2020 年第 6 期。

榜单，黑龙江省的冰上杂技系列演出"冰秀"、黑龙江省哈尔滨市的冰雕艺术与松花江冰雪嘉年华、吉林省长白山的雪地马拉松等 4 个项目被评为"2023年冰雪经典和冰雪时尚项目"。

三、风光无限助力东北发展新能源产业

党的二十大报告指出，要深入推进能源革命，加强煤炭清洁高效利用，加快规划建设新型能源体系。[①] 东北地区作为我国重要的能源基地，在新能源产业发展中具有举足轻重的地位，必须大力推动能源清洁低碳高效利用，推进工业、建筑等领域清洁低碳转型。2023 年 9 月，习近平总书记在黑龙江省考察时提出，整合科技创新资源，引领发展战略性新兴产业和未来产业，加快形成新质生产力。[②] 形成新质生产力，关键在于培育新能源、新材料等战略性新兴产业。发展新兴产业不仅是东北地区产业转型升级的重要内容，也是东北地区实现生态现代化的必由之路。

（一）东北地区风光能源丰富，新能源产业前景广阔

第一，东北地区风能资源丰富。据统计，东北地区风能资源开发潜力为9.7 亿千瓦，占全国 28%。[③] 从东北三省的风能资源来看，《2023 年中国风能太阳能资源年景公报》显示，2023 年，黑龙江省、吉林省和辽宁省 100 米高度年平均风速均超过 6.0 米 / 秒、年平均风功率密度均超过 300 瓦 / 平方米，在全国 31 个省（市、自治区）中排名均在前四（见表 9–1–2）。其中，辽宁省 100 米高度年平均风速超过 6.7 米 / 秒，仅次于内蒙古自治区，年平均风功率密度超过 350 瓦 / 平方米，在全国 31 个省（市、自治区）中位居第一。吉林省不仅具有丰富的风能资源，而且风能资源品质较高，具有风切变大、风

---

① 习近平：《高举中国特色社会主义伟大旗帜 为全面建设社会主义现代化国家而团结奋斗：在中国共产党第二十次全国代表大会上的报告》，人民出版社，2022 年，第 51—52 页。

② 《习近平在黑龙江考察时强调 牢牢把握在国家发展大局中的战略定位 奋力开创黑龙江高质量发展新局面》，《人民日报》2023 年 9 月 9 日，第 1 版。

③ 郭建宇、陈扬：《思想纵横｜实现东北全面振兴，东北能源高质量发展要先行》，http：//finance.sina.com.cn/wm/2021–10–16/doc-iktzscyy0010739.shtml。

速稳定、极端最大风速小、空气密度大等特点，是中国九大千万千瓦级风电基地之一。

表 9-1-2　2023 年各省（区、市）100 米高度层风能资源平均值（前 10 位）

省份	平均风速（米/秒）	排序	省份	平均风功率密度（瓦/平方米）	排序
内蒙古自治区	6.96	1	辽宁省	358.50	1
辽宁省	6.75	2	内蒙古自治区	347.99	2
黑龙江省	6.66	3	吉林省	328.73	3
吉林省	6.63	4	黑龙江省	311.66	4
青海省	6.22	5	新疆维吾尔自治区	241.83	5
海南省	5.80	6	青海省	234.53	6
西藏自治区	5.72	7	甘肃省	228.69	7
山东省	5.72	7	海南省	215.89	8
甘肃省	5.71	9	北京市	213.09	9
广西壮族自治区	5.61	10	广西壮族自治区	208.38	10

数据来源：《2023 年中国风能太阳能资源年景公报》。

第二，东北地区太阳能资源丰富。据统计，东北地区的太阳能年日照时数在 2500 小时左右，预计可开发装机容量为 1.6 亿千瓦。从东北三省的太阳能资源来看，《2023 年中国风能太阳能资源年景公报》显示，2023 年，东北绝大部分地区处于太阳能资源丰富区，年水平面总辐照量为 1300 千瓦时/平方米左右，固定式光伏发电最佳斜面年总辐照量为 1600 千瓦时/平方米左右，在全国 31 个省（市、自治区）中排名靠前。

丰富的风光能源成为推动东北地区产业转型的重要依托。以吉林省为例，吉林省能源局发布的《吉林省新能源和可再生能源发展"十四五"规划》显示，吉林省风能、太阳能资源可装机容量分别为6900万千瓦和4600万千瓦，但开发量均不足潜在开发量的10%，具有巨大的开发空间。近年来，吉林省聚合各方力量、整合各方资源，抓住新能源建设这个经济发展的"关键点"，通过能源优势激活发展潜能。2021年，吉林省"陆上风光三峡"项目启动。作为全国唯一的风电本地消纳综合示范区，吉林省白城市积极将资源优势转化为产业优势，探索出了一条新能源优势充分释放的发展新路。2023年，三一通榆大容量风机碳纤维技术应用示范风场220千伏送出工程竣工并正式投运并网，标志着吉林省白城市新能源装机容量突破1000万千瓦，成为东北地区首个"千万千瓦级新能源发电城市"。[①]

（二）东北地区依托风光发电资源，大力布局氢能产业

随着风光新能源装机容量大幅上涨，东北地区依托风光发电资源，不断加速氢能产业布局，形成风光制氢一体化、风光制绿氢合成氨等一大批风电光伏氢能并行的重大项目。例如，吉林省深入开展"氢动吉林"行动，构建氢能"一区、两轴、四基地"发展格局。其中，"一区"即依托资源、区位、贸易等优势，打造国家级新能源与氢能产业融合示范区；"两轴"即横向构建"白城—长春—延边"氢能走廊，纵向构建"哈尔滨—长春—大连"氢能走廊；"四基地"即建设吉林西部国家级可再生能源制氢规模化供应基地、长春氢能装备研发制造应用基地、吉林中西部多元化绿色氢基化工示范基地和延边氢能贸易一体化示范基地。[②]辽宁省着力构建"一核、一城、五区"的氢能产业空间发展格局。"一核"即打造中国氢能产业创新策源地和高端装备制造基地；"一城"即充分建设生产、生活、生态"三位一体"的氢能产业新城；"五区"即鞍山燃料电池关键材料产业集聚区、朝阳燃料电池商用车产业集聚区、阜新燃料电池动力系统及配套产业集聚区、葫芦岛低压合金储氢装备及

---

① 张磊、尹雪：《白城市成为东北首个"千万千瓦级新能源发电城市"》，《吉林日报》2023年6月12日，第7版。

② 刘静、赵丽君：《加强吉林省氢能产业发展的对策》，《中国工程咨询》2023年第5期。

材料产业集聚区和盘锦氢气储运装备产业集聚区。[①]

（三）东北地区依托风光发电资源，构建能源开发与装备制造协同产业体系

丰富的风光发电资源是发展装备制造、能源开发等新能源产业的基础和依托。近年来，依托风光资源，东北地区积极打造新能源产业聚集高地。例如，2022 年，吉林省发布《吉林省新能源产业高质量发展战略规划（2022—2030 年）》，强调以风光资源为基础，建立涵盖技术研发、装备制造、资源开发等具有国内领先水平的新能源产业集群。以吉林省白城市通榆县为例，该县全面推进"能源大开发"，积极谋划建设绿电消纳综合示范区，打造绿电、化工、零碳三个产业园的"一区三园"新能源产业新赛道加速模式。在风电装备制造上，通榆县积极完善风电装备制造全产业链，先后引进 10 余家全国知名的装备制造企业，从风机整机到紧固小件、从螺丝到整件，均能实现当地生产。截至 2024 年，通榆县已经成为全国唯一一个可实现风电全产业链产品"一站式采购"城市，销售范围辐射整个东北三省及内蒙古自治区东部，装备制造业年产值可达 30 亿元以上。[②]

第二节　新兴产业发展为东北实现生态现代化保驾护航

在中华人民共和国版图上，作为重要的工业基地，东北地区曾为全国工业体系与国民经济体系的建设和发展做出了历史性贡献。但是，新世纪以来，东北地区经济增速不断下滑，并引起社会各界的关注。一方面，东北地区的工业设备与技术老化现象严重，传统资源型产业逐步衰退；另一方面，东北地区在工业发展过程中，造成了较为严重的环境污染和生态破坏问题，东北地区的可持续发展能力受到削弱。自 2003 年东北振兴战略实施以来，产

---

① 王敏：《发展绿色氢能助力东北全面振兴路径探讨》，《中国煤炭》2023 年第 7 期。

② 王天武、刘畅：《通榆跃升》，《中国县域经济报》2024 年 6 月 3 日，第 1 版。

业振兴始终是实现东北振兴的重中之重。当前，人口红利、投资红利、资源红利等日渐式微，经济增长已经不能主要依靠要素和投资驱动。东北地区面对工业内部产业结构高级化程度低、现代化服务业及高技术产业发展缓慢、产能过剩等问题，必须坚持走以生态优先、绿色发展为导向的生态现代化之路，以生态优势赋能产业转型，以新兴产业助力生态发展。

一、现代化大农业推动东北生态转型

东北地区是保障国家粮食安全的"压舱石"，东北三省的粮食产量约占全国粮食总产量的20%。[①]2023年9月，习近平总书记在黑龙江省考察时，专门指出了"现代化大农业"这一主攻方向，并从提高粮食综合生产能力、建设现代化良田、把农业建成大产业等方面做出部署，强调在拓展农业发展空间中，促进农业增效与生态转型。[②]现代化大农业的核心在"现代化"，即在传统农业发展的基础上融入现代科学理念，充分运用云技术和大数据等信息技术提升传统农业活动的效率。现代化大农业发展的关键在于对土地的科学利用和对农业活动的合理化改革，通过大数据等技术记录农业生产过程，构建起集作物生长模型分析、环境生态监管、精准调节为一体的自动化系统，推动农业生产的精准化管理，从而提升农业资源的利用效率和保证生态环境的稳定。[③]

（一）现代农业可以降低污染排放、节省资源消耗

传统的农业生产是一种粗放式经营，农业生产活动中过度施肥、灌溉不当、药物滥用等问题普遍存在，这不仅会导致农业生产资料利用率低下，更易造成土壤污染和水体污染。现代农业借助先进科技手段，一方面，可以通

---

① 余志刚、崔钊达、宫思羽：《东北地区建设国家粮食安全产业带：基础优势、制约瓶颈和建设路径》，《农村经济》2022年第5期。

②《习近平在黑龙江考察时强调：牢牢把握在国家发展大局中的战略定位　奋力开创黑龙江高质量发展新局面》，《人民日报》2023年9月9日，第1版。

③ 宋洪远：《智慧农业发展的状况、面临的问题及对策建议》，《人民论坛·学术前沿》2020年第24期。

过实时监测、诊断和精准预防作物病虫害等问题，实现施肥和植保过程的精准化和靶向化，避免大量不必要的农药和化肥使用，大大减少土壤污染和水污染现象[①]；另一方面，能够更加精准掌握天气、土壤、作物生长情况等数据信息，有利于在种植、灌溉、施肥、农药使用等方面节约资源消耗，从而减轻对环境的负担。

（二）现代农业可以提升农产品品质，提高可持续发展能力

传感器、调节器等智能化仪器设备在农业生产过程中的应用，可以协助农业生产者全面监控和诊断作物生长过程中的各个环节，检测并分析土壤、作物、营养成分等数据，实现精准化种植，从而大幅度提高农产品的品质。同时，智能技术的运用也为现代农业绿色健康发展创造了基础条件，在保证农产品数量与质量并重的同时，降低农业生产过程中水资源、土地以及环境等自然资源的损耗，推动农业的可持续发展能力不断增强。

近年来，东北地区依托农业发展优势，积极推动农业的生态化转型。以吉林省公主岭市为例，吉林长春国家农业高新技术产业示范区立足公主岭市农业的优良基础，积极发展智慧农业，不断提升该区农业发展的现代化、集约化、科技化水平。一方面，积极开展"无人农场"项目。通过应用融合大数据、5G 等信息化技术于一体的现代农机装备——无人驾驶农机，实现自动启动、操作农具等，提高了耕种作业质量、作业精度和工作效率。另一方面，大力发展智能大棚。通过在蔬菜大棚内安装传感器、控制器等设备，工作人员可以通过电脑实时监控蔬菜长势和生长环境，并随时调控生产指标，实现蔬菜种植管理智能化。同时，农业生产过程中应用智能水肥一体化系统，农业生产者只需通过简单操控，就可以实现精准施肥灌溉，不仅省时省力，而且节约水肥。

吉林省在实现从"会种地"到"慧种地"的过程中，不仅大幅提高了农业生产效益，更在推动农业生态系统的创新性转型方面迈出了重要一步。

[①] 牟晓燕、吴自涛：《绿色发展理念视角下智慧农业发展的基本目标、关键问题实现路径》，《科学管理研究》2021 年第 4 期。

以黑龙江省绥化市为例，该市以推动绿色生产为目标，大力实施测土配方工作。① 据统计，全市测土配方施肥面积达到 2656 万亩，占耕地面积的 93.2%。同时，积极发展绿色种养循环，在青冈、望奎、兰西等 8 个县（市、区）开展绿色种养循环项目，构建粪肥还田组织运行模式，建立示范区 1.65 万亩，落实田间试验 24 个，建立肥效监测点 160 个。其中，望奎县在推进绿色农业发展工作中，强化绿色生产技术支撑，鼓励粪肥发酵还田，在全县建设 695 个粪便储存池和 4 处区域性大型粪污处理中心，打造 60 处高标准集中沤肥场，每年可堆沤发酵粪肥近 50 万吨，还田面积 30 万亩以上。

此外，绥化市积极推进绿色生产基地创建，共创建全国绿色食品原料标准化生产基地 890 万亩，绿色（有机）食品农产品和地理标志农产品发展到 759 个。全市绿色（有机）食品认证面积达到 1203 万亩，占耕地总面积的 42%。绥化市依靠科技农业扩产能、依靠绿色农业提品质，不仅实现粮食生产优质高效，更用实际行动推动东北生态转型。

二、冰雪文旅产业强化东北生态发展

冷冰雪，既是热产业，也是绿色资源。习近平总书记指出："北京冬奥会、冬残奥会就像是一个弹射器，可以推动我国冰雪运动和冰雪产业飞跃式发展。"② 东北地区以冰雪旅游为中心，已形成以"哈洽会"为代表的"冰雪旅游＋商务会展旅游"，以"哈夏音乐会"、金上京博物馆为代表的"冰雪旅游＋避暑旅游、文化旅游"，以东北虎林园、方正森林公园为代表的"冰雪旅游＋生态旅游"，以中央大街、索菲亚大教堂为代表的"冰雪旅游＋都市风貌旅游"等多元冰雪旅游形式，初步构建冰雪旅游多元化体系。冰雪经济已然成为东北

① 崔砚泽、董新英：《望奎一"增"一"减"绿色发展》，《黑龙江日报》2023 年 11 月 8 日，第 7 版。
② 陶相安：《推动冰雪运动和冰雪产业飞跃式发展》，《人民日报》2022 年 4 月 28 日，第 14 版。

地区重要的经济增长极。[①] 东北地区冰雪产业的发展在推动经济增长的同时，也促进了东北地区的生态发展。

（一）发展冰雪产业有助于强化东北地区自然生态保护意识

第一，冰雪的颜色为白色，长期以来在人们心中以洁白纯净的象征而存在，而冰雪产业的发展以冰雪自然生态的存在为前提和基础。在此意义上，发展冰雪产业将促进人们生态意识的提升，进而推动东北地区成为更加纯净的冰天雪地。第二，发展冰雪产业必须依托自然资源禀赋，所以必须坚持科学规划、合理利用，最大限度降低产业发展对生态环境的影响。只有加强生态保护，才能筑牢冰雪产业发展的根基，推动冰雪产业向纵深发展。同时，发展冰雪经济，更能让人们意识到保护生态的重要性。

（二）发展冰雪产业有助于推动东北产业实现绿色转型

冰雪产业作为"绿色产业"，以生态环境和资源禀赋为基础，以绿色低碳为核心，以产业发展与环境保护的共生共荣为发展理念。自然资源禀赋的前提条件决定了冰雪产业发展的绿色化，决定了发展冰雪产业必须坚持生态、环保、节约、低碳，只有如此，才能实现冰雪产业的可持续发展，实现经济增长与环境保护和社会永续的和谐发展。[②] 所以，在东北地区发展绿色低碳的冰雪运动产业，有助于推动产业发展的绿色转型。

近年来，东北地区深入贯彻习近平总书记关于"绿水青山就是金山银山、冰天雪地也是金山银山"的理念，坚持以生态保护为前提推动冰雪经济高质量发展。以黑龙江省牡丹江市雪乡旅游风景区为例，该地始终坚持绿色发展，建设生态雪乡。[③] 雪乡旅游风景区在发展冰雪产业之初，便树立尊重自然、保护自然的生态观念，始终坚持走绿色发展道路，努力实现科学发展、

---

① 曹健、马卫星、李莉：《我国东北地区冰雪旅游文化资源深度融合发展的路径》，《社会科学家》2022 年第 9 期。

② 王韶玉：《我国冰雪运动产业绿色发展的路径研究》，《中国社会科学院研究生院学报》2017 年第 5 期。

③ 马一梅、赵辉：《大海林林业局坚持绿色发展建设生态雪乡》，《黑龙江日报》2017 年 2 月 8 日，第 8 版。

可持续发展、超越发展。

一方面，全面停止商业采伐。2006年，面对雪乡双峰的积雪厚度不断下降的严峻现实，当地林业局决定停止森林采伐，放弃了每年上万立方米的木材采伐任务。另一方面，加大绿化力度。实施雪乡国家森林公园生态环境整治工程，完成了1600亩林相改造补植、18992亩生态功能区造林，森林质量不断提高。同时，改变当地供暖方式。为改善耗材取暖方式对生态造成的破坏，林业局通过建设供热中心进行集中供热，减少了能源消耗，改善了生态环境。雪乡景区的开发过程，也是当地生态意识不断增强、生态建设不断推进的过程。

三、新能源产业助力东北加快生态转型

2023年9月7日，习近平总书记在黑龙江省哈尔滨市主持召开新时代推动东北全面振兴座谈会时，对东北能源工作做出重要指示，积极培育新能源、新材料、先进制造、电子信息等战略性新兴产业，积极培育未来产业，加快形成新质生产力，增强发展新动能。加快发展风电、光伏、核电等清洁能源，建设风光火核储一体化能源基地。[1]近年来，东北三省围绕资源优势加速布局清洁能源，持续加快风光核储等一系列清洁能源项目建设，这不仅有利于保障电力安全可靠供应、加快构建新发展格局，更对于加快能源低碳转型、推动东北全面振兴具有重要意义。

（一）发展新能源产业有利于降低污染排放、提升资源利用率

第一，酸雨、大气污染等问题主要由煤炭和石油等传统能源燃烧所产生的污染物导致。从东北地区的能源消费结构来看，2020年黑龙江省、吉林省和辽宁省的煤炭能源消费比例分别为58.4%、66.8%和56.6%[2]，煤炭等非清洁能源的使用仍然是东北地区环境污染的重要原因。而太阳能和风能发电

---

[1]《习近平主持召开新时代推动东北全面振兴座谈会强调：牢牢把握东北的重要使命 奋力谱写东北全面振兴新篇章》，《人民日报》2023年9月10日，第1版。

[2] 冯雨欣、刘生：《东北地区产业绿色转型升级的问题及对策探究》，《现代商贸工业》2022年第24期。

等新能源产业可以减少废水、废气的排放，推动东北地区实现产业绿色转型升级。例如，吉林省积极建设"绿电"园区，利用风能、光能等清洁能源来电解水制氢，做到二氧化硫、氮氧化物等污染物的零排放。同时，传统燃油驱动的交通工具产生的尾气是空气质量恶化的主要因素之一，而以电动汽车为代表的新能源产业的发展和应用，可以最大程度减少交通行业污染，提升空气质量。第二，传统产业不仅使用有限的化石能源资源，而且利用效率较低，而新能源产业利用更为充足且环保的能源资源，能够高效地将自然资源转化为可用能源。例如，太阳能光伏发电利用太阳能辐射产生电能，风能利用风力产生动力。

（二）发展新能源产业有利于减少环境破坏、保护生态系统

第一，新能源产业的发展可以减少对自然环境的破坏。传统能源的开采和利用往往需要破坏和占用大量的土地资源，如煤矿和油田的开发都基于对土地的占用和破坏而展开。而新能源产业只需要利用太阳、风等自然条件，无须破坏大面积的土地资源，有利于保护生态环境的完整性。第二，新能源产业的发展有利于生物多样性的保护。比如，太阳能光伏板的建设不仅能够提高土地的利用效率，还能在一定程度上改善水土流失和水源涵养，有效遏制土地荒漠化，促进草原恢复。

近年来，东北地区积极发展新能源产业，助力东北生态转型。以黑龙江省寒地氢能示范区建设为例，一方面，政府积极布局氢能产业。黑龙江省政府发布《黑龙江省中长期科学和技术发展规划（2021—2035年）》，推动光—热—生物联合制氢、电化学水解制氢等关键技术的研究。数据显示，2023年1—7月，黑龙江省新能源项目开复工62个，装机858.5万千瓦，在建规模创历史新高。截至7月底，全省新能源和可再生能源并网装机2081.9万千瓦，占发电总装机的47.8%；发电量287.4亿千瓦时，占全省总发电量的38.9%。[①] 同时，黑龙江省推动实施"氢绿龙江"行动，不断完善氢能产

① 张赢：《百家企业！千亿规模！万吨产能！东北地区因何刮起"氢"风？》，https：//www.ne21. com/news/show-183354.html。

业生态一体化过程，从"制—储—输—用"积极构建绿电、绿氢、绿碳等创新链及生态链，建设黑龙江氢能产业先行示范区。另一方面，省内企业积极参与助力氢能产业发展。宝泰隆新材料股份有限公司地处黑龙江省七台河市，是东北地区产业链较为完整的独立焦化企业。为推动黑龙江省氢能产业发展，宝泰隆新材料股份有限公司基于自身资源优势，联合中石油黑龙江销售分公司等三家公司，以打造东北地区乃至全国领先的氢能产业发展高地为目标，积极探索和布局氢能产业，大力推动氢能产业核心技术、设备开发和市场推广等方面实现全方位突破，通过氢能布局来实现产业发展的低碳化转型。

第三节　东北地区的生态现代化实践

毋庸置疑，中国快速的经济社会发展不仅加剧了环境压力，更付出了一定的环境代价，但是这一过程也孕育着协调生态保护与经济发展的契机和潜力。一个由政府、市场和公众等多个主体合作共治环境的局面正在浮现、形成乃至定型，并由此开辟出中国生态环境治理的特色之路。[①] 尤其是自党的十八大以来，习近平总书记多次对东北地区的生态文明建设做出重要指示，如"大力推进生态文明建设""巩固提升绿色发展优势""维护国家生态安全""增绿就是增优势、护林就是护财富"等。大力推进生态文明建设是新时代东北地区全面振兴的重要一环，"生态就是资源、生态就是生产力"越来越成为政府、市场和全体居民的共同认识。

一、持续加强环境治理，政策推动绿色发展

近年来，东北三省深入贯彻落实党中央把保护生态环境摆在优先位置，

---

① 洪大用：《环境社会学：事实、理论与价值》，《思想战线》2017 年第 1 期。

坚持绿色发展的精神，加快推进生态强省建设，努力打造美丽中国的东北样板。据统计，2013—2022 年的 10 年间，东北三省的生态环境质量得到明显提升。从东北三省的环境空气质量优良天数来看，2022 年，黑龙江省环境空气质量优良天数比率为 95.9%，同比上升 1.3 个百分点；吉林省平均优良天数比例为 93.4%，高于全国平均水平 6.9 个百分点；辽宁省优良天数比例平均为 90.0%，同比上升 2.1 个百分点。从东北三省省会城市的环境空气质量优良天数的年度变化来看，黑龙江省哈尔滨市的环境空气质量优良天数从 2013 年的 238 天增加到 2022 年的 310 天，吉林省长春市的环境空气质量优良天数从 2013 年的 231 天增加到 2022 年的 336 天，辽宁省沈阳市的环境空气质量优良天数从 2013 年的 215 天增加到 2022 年的 320 天（见表 9-3-1）。

表 9-3-1　2013—2022 年哈尔滨市、长春市、沈阳市的
环境空气质量优良天数统计

年份	环境空气质量优良天数		
	哈尔滨市	长春市	沈阳市
2013	238	231	215
2014	242	239	191
2015	232	237	207
2016	282	291	249
2017	270	276	256
2018	312	322	285
2019	304	306	284
2020	303	305	287
2021	310	330	315
2022	310	336	320

数据来源：《2023 年中国统计年鉴》。

　　东北地区生态环境质量的改善得益于环境治理的全面推进和持续加强。黑龙江省扛起生态文明建设和生态环境保护政治责任，坚定不移走生态优先、绿色发展之路。第一，聚焦蓝天、碧水、净土、美丽乡村、原生态"五大保卫战"。通过制定完善多部生态环境保护法规，推行排污许可"一证式"管理、开展入江河湖排污口排查整治，致力于实现"龙江蓝""碧水清""黑土沃"。第二，深入开展生态保护修复工程。2016年以来，黑龙江省立足山水林田湖草沙生态保护修复工程，通过提升生态系统质量，实现人与自然和谐共生的现代化。2022年，黑龙江省实施山水林田湖草沙统筹治理，修复治理草原22.2万亩，修复湿地1.6万亩，国控断面优良水体比例达到81.3%。①第三，从百姓福祉入手开展生态改善行动。优先解决百姓反映强烈的突出问题，紧抓秸秆禁烧和散煤治理，累计削减替代散煤300余万吨。②

　　吉林省始终坚持以高品质生态环境支撑高质量发展，加快推进人与自然和谐共生的现代化。第一，深入开展天蓝、水美行动。为从源头和各渠道减少空气污染，实施秸秆全域禁烧，建立秸秆"五化"综合利用＋无害化处置的"5+1"模式，全省秸秆综合利用率达82%，综合离田率达97.2%。为推动水生态保护修复，统筹实施水生态、水环境、水资源"三水共治"。以查干湖为例，通过实施大安灌区退水治理应急工程、查干湖污水处理工程等重大治污和生态工程，查干湖生态条件大为改善，成功变身"鱼米之乡"。③第二，加快推进减污降碳行动。积极推动减污降碳创新试点工作，推进重点领域、重点行业减污降碳协同增效，双碳"1+N"政策体系加速构建，通过打造中韩（长春）国际合作示范区等"双碳"服务配套产业群，倡导减污降碳、清洁发展。第三，法治监管体系进一步健全。制定修订《吉林省黑土地保护条例》《吉林省生态环境保护条例》等多部环境资源保护法规，通过不断加强立法和

① 吴三玺：《筑牢祖国北方生态安全屏障》，《黑龙江日报》2023年10月5日，第1版。
② 吴玉玺：《"三山三水"厚植高质量发展生态底色》，《黑龙江日报》2022年9月10日，第1版。
③ 高健飞：《打造美丽中国吉林样板》，《新长征》2022年第10期。

监督工作，为加快生态强省建设提供有力法治保障。[1]

辽宁省始终坚持把生态文明建设摆在全局工作突出位置，深入推进生态文明建设和生态环境保护取得新成效。第一，深化工业治理，扼住污染源头。把深化工业治理放在重中之重，不断推进钢铁、石化等重点行业减污降碳，加快推进重点领域碳达峰和绿色低碳转型。2022年以来，支持重点企业实施超低排放改造，24家企业累计完成重点改造项目397个。[2]第二，大力实施生态保护修复工作。积极开展绿色矿山建设、蓝色海湾整治行动。绿色矿山数量由2019年的25家提升到2023年的111家，整治修复滨海湿地6948公顷、岸线77公里。[3]第三，强化污染环境行为执法力度。制定修订《辽宁省环境保护条例》等多部法规，开展"亮剑斩污""清源""昆仑"等专项行动，严厉打击偷排偷放等环境违法行为。[4]

二、不断革新生产技术，创新驱动绿色发展

人们关于技术创新与生态环境关系的认知经历了从"技术进步导致环境污染和生态破坏"到"技术是保护环境的重要力量"的转变[5]，尤其是20世纪80年代以来，随着科学技术的快速发展，技术进步越来越成为推动经济增长和生态改善的重要动力。近年来，东北地区紧紧抓住技术革新这个"牛鼻子"，通过技术进步促进生态改善，实现经济发展与环境保护的协同共进。

以中国石油天然气股份有限公司吉林油田分公司为例，该公司近年来不

① 马博峰、赵楠：《守护白山松水 绘就生态画卷——吉林生态强省建设提档升级》，《中国环境报》2023年8月10日，第4版。

② 赵静、陈博雅：《擦亮生态底色 建设美丽辽宁》，《辽宁日报》2023年8月15日，第1版。

③ 陈博雅、赵静：《保护生态环境 创造高品质生活——"辽宁这十年"系列报道之四》，《辽宁日报》2022年8月19日，第11版。

④ 刘乐：《全链条依法严打污染环境违法犯罪——今年以来全省共侦破污染环境刑事案件170余起》，《辽宁日报》2023年6月6日，第2版。

⑤ 洪大用：《环境社会学：事实、理论与价值》，《思想战线》2017年第1期。

断强化绿色技术研发利用推广，通过创新厚植鲜明绿色发展底色。[①] 一方面，积极利用物联网技术，降低作业风险。该公司部分油井、管线分布在环境敏感区，环境风险较高，一旦发生漏失，危害较大。公司通过探索将物联网技术与管线泄漏报警有机结合，加上穿越水域地区设置紧急切断阀等物防、技防手段防治漏失，同时不断加大资金投入对敏感区管线进行更新，近年来更新敏感区管线800余公里，管道失效率下降显著，确保风险可控。另一方面，加快技术研发，助力清洁生产。为实现清洁生产，该公司先后引进并应用了钻井泥浆不落地技术等多项技术，修井作业先后研发了钢制清洁作业平台、PVC软体清洁作业平台、井口密闭清蜡作业技术，钻井泥浆不落地技术、清洁作业技术的应用使得公司清洁生产水平得到了进一步提升，大大减少了污染物的产生。据了解，2019—2021年，该公司年均二氧化碳注入量达到26.2万吨。2022年开始，该公司持续提升技术手段，二氧化碳埋存量有了跨越式提升，年均注气量提高37%。

技术创新不仅体现在生产方面，更体现在经营方面。中国石油天然气股份有限公司辽阳石化分公司在强化生产技术创新的同时，积极提升经营管控的智能化水平，实现生态环境保护与生产经营同向发力。[②] 一是投用智能控制系统，实现精细化管控。公司把环保指标纳入生产指标管控，加强生产全过程环保管理，严格落实在线监测操作纪律、工艺纪律，突出薄弱环节、重点部位、关键项目监测管控，环保监测车载雷达对装置重点部位进行24小时不间断监测。2023年上半年，公司44座环保设施，30套在线监测设施投用率100%，主要污染物连续稳定100%达标排放，区域周边空气优良率超80%。二是打造"工业互联网＋安全环保生产"平台，实现精准化整治。公司利用平台不断优化环保风险隐患的排查治理和信息化管理，对发现的环保隐患实施挂牌督办，强化对污水、固废等十大环保隐患整改，实施优化中水回用、污油减量回炼等技术攻关举措，强化雨污分流系统运行，提升污水治理系统

① 《吉林油田：守护生态环境 擦亮绿色名片》，https：//www.sohu.com/a/713074425_120578424。
② 《全国生态日专题 | 辽阳石化：低碳引航 逐绿而行》，https://www.sohu.com/a/713004721_158724。

抗冲击和应急反应能力。2023 年上半年，公司废水排放量同比下降 7%，污水回用量同比增加 16%。

三、提高居民环保意识，人人参与绿色发展

城乡居民的环保意识是衡量国家的文明程度的一个重要指标。环保意识是人们对于人与环境之间关系的认知、理解的基础上形成的参与环境保护的自觉性。[①] 长期以来，我国居民对于环境保护的意识较为薄弱、态度较为消极，关于采取环境保护行动的主体性较弱。而近年来，随着环境污染问题的日益凸显、居民对生命健康权益重视程度的提高，居民的环保意识日渐提升。

从全国范围来看，生态环境部发布的《公民生态环境行为调查报告（2022 年）》显示，近 80% 的受访者在日常生活中会主动关注或传播交流环境方面的信息，近 60% 的受访者能够主动做到分类投放垃圾、践行绿色消费，居民在"关注生态环境""节约能源资源""选择低碳出行"等 6 个方面行为表现良好。2021 年中国综合社会调查（简称 CGSS2021）[②] 数据显示，在 2741 名受访者中，61.73% 的受访者表示对环境问题"非常关心"和"比较关心"，仅 3.43% 的受访者表示对环境问题"完全不关心"。在东北地区，以辽宁省为例，109 名受访者中，68.80% 的受访者对环境问题"非常关心"和"比较关心"，只有 2.75% 的受访者表示对环境问题"完全不关心"（参见表 9-3-2）。可以发现，东北地区居民的环保意识略高于全国平均水平。

---

① 包智明、陈占江：《中国经验的环境之维：向度及其限度——对中国环境社会学研究的回顾与反思》，《社会学研究》2011 年第 6 期。

② 中国综合社会调查（Chinese General Social Survey，CGSS）是我国最早的全国性、综合性、连续性学术调查项目，由中国人民大学中国调查与数据中心负责执行。自 2003 年起，每年一次对中国大陆各省市自治区 10000 多户家庭进行连续性横截面调查，通过系统、全面地收集社会、社区、家庭、个人多个层次的数据，总结社会变迁的趋势，探讨具有重大科学和现实意义的议题。

表 9-3-2 2021 年全国和辽宁省居民对环境问题的关注程度

关注程度		全国	辽宁省
态度	完全不关心	3.43%	2.75%
	比较不关心	10.47%	11.01%
	说不上关心不关心	23.68%	17.43%
	比较关心	49.62%	52.29%
	非常关心	12.11%	16.51%
	无法选择	0.69%	0.00%
样本数		2741 人	109 人

近年来，东北地区高度重视提高居民的环境保护意识，积极推动居民对于环境保护的态度从旁观者到参与者。以辽宁省沈阳市为例，该市积极开展绿色低碳活动，生态文明理念深入人心，绿色生活方式正成为人人崇尚的社会新风尚。①2014 年，沈阳市正式启动生活垃圾分类试点工作，全面落实生活垃圾"四分类"要求。在垃圾分类实施过程中，沈阳市尤其注重培养居民的生活垃圾分类习惯与环境保护意识，通过设立生活垃圾分类科普基地、在各类公共场所开展社会宣传、打造居民身边的宣教中心等方式，努力推动垃圾分类从全社会共识到全社会行动的转变。截至 2023 年，沈阳市生活垃圾回收利用率超 35%，生活垃圾分类注册人数达到 195.69 万人。越来越多的人积极加入到绿色低碳生活的行列，成为生态文明建设的实践者、推动者，人人参与生态文明建设的良好局面正在形成。

以黑龙江省伊春市为例，经过多年努力，该市从"砍树人"变身"看树人"，实现从因林而兴到因林而富的转变。伊春市曾有 60 多年的采伐历史，为国家提供木材 2.7 亿立方米，占同期全国国有林区的 20%。经过长期采伐，

---

① 赵静、陈博雅：《擦亮生态底色 建设美丽辽宁》，《辽宁日报》2023 年 8 月 15 日，第 1 版。

伊春市可采伐利用的成过熟林资源仅剩 10%。[①]2013 年，因林而兴的伊春全面停止商业采伐，走上生态优先、绿色发展的生态道路。从过度开发、无序砍伐，到实行森林采伐审批制，再到全面停止商业性采伐，伊春人民的环保意识逐渐增强。

据统计，停伐 10 年来，伊春市的森林蓄积量年均增长 1000 万立方米以上。伊春人民积极发展生态经济，向产业生态化、生态产业化转型，依托森林构建林果、林菌、林药、林畜等林下产业链，实现收入增长与生态保护双赢。

---

① 张艺开：《营林造林，发展林下经济，黑龙江伊春——因林而兴 绿富共赢（美丽中国·小城看生态④）》，《人民日报》2023 年 7 月 3 日，第 13 版。

下篇

第十章
东北全面振兴与中国式现代化同向同行

正如亚历杭德罗·托莱多所言："经济增长只是发展的手段，而不是发展的最终目标。"[①] 如前所述，过去 20 年的东北振兴历程实质上是东北地区顺应中国式现代化的条件、理念和动力的深刻变革而持续调整和改革的过程。党的十八大以来，随着中国式现代化内涵的不断丰富，东北振兴被赋予新的意涵。未来，随着我国发展阶段的转变和发展方式的升级，我们要以美好生活的实现为根本目标重新审视东北振兴的发展历程和前景，通过发掘区域高质量发展的差异性优势找寻东北全面振兴的发展自信。

第一节　重新审视东北全面振兴的发展优势

无论是比较优势理论还是竞争优势理论，都主张国家或地区通过发掘优势来提升竞争力。但是，学界多以问题思维分析东北现状，即关注如何补齐劣势和短板。实际上，问题思维源于病理学研究，认为只有解决和消除问题，个体成长、地区发展才能回归正轨。与问题思维不同，优势视角认为"问题"的存在只是暂时的、表面的、人为赋予的，人们可以激发自身优势和

---

① ［秘鲁］托莱多：《共享型社会》，郭存海译，中国大百科全书出版社，2016 年，第 117 页。

潜能予以化解。因此，它强调运用更积极的眼光看待区域发展危机，跳脱出经济的单一维度，从社会文化多元化视角激发地区优势和潜能，找寻东北社会的自性。

一、国有工业产业基础蕴含转型升级持久动力和空间

改革开放前，东北迅速崛起的工业化为如今其制造业升级和现代服务业发展奠立了良好基础。一方面，东北地区制造业升级基础良好。近年来，国际国内环境的变化和数字经济风险凸显，使制造业在产业链中的地位不断提升。研究表明，一个国家或地区在迈入中等收入国家或高收入国家后的一段时间内，其制造业的高质量发展对推动经济稳定增长仍贡献卓著。[1]但与低收入阶段不同，随着发展阶段转变和人口红利消失，未来中等收入和高收入国家制造业发展对资本和技术密集度要求大幅提高，而东北地区前期工业化积累的良好的产业基础和人力资本等都将有助于推动规模经济效应产生。[2]从现有的统计资料我们可以发现，本世纪以来第二产业仍在黑、吉、辽三省产业结构中占关键地位，这在吉林和辽宁两省尤为明显。长期活跃的工业企业为东北地区未来实现制造业升级和进一步嵌入全球产业网络奠定了良好基础。

另一方面，东北国有工业企业多属战略性支撑产业，其深厚传统有助于维护国家战略安全。有观点认为，民营经济发展迟缓而国有经济体制僵化是造成东北经济困境的原因之一，去国有化是东北地区脱困的必由之路。但是，若考虑东北地区特殊的战略定位，我们可以意识到东北国有经济发达的必然性和优势。国务院《关于东北全面振兴"十四五"实施方案的批复》指出，"统筹安全和发展"是东北全面振兴的重要原则。"安全"成为东北地区发展的战略要求，被置于与"发展"同等重要的地位。这一政策定位意味着，维护国防、能源等国家战略安全的需要决定了国有制造工业仍将在东北

---

[1] 郭克莎、彭继宗：《制造业在中国新发展阶段的战略地位和作用》，《中国社会科学》2021年第5期。
[2] 蔡昉：《从比较优势到规模经济——重新认识东北经济》，《学习与探索》2019年第9期。

经济中占据重要地位。这是因为能源加工、装备制造等产业具有投入门槛高、投资风险大等特征，市场主导的资源分配常难以维持其健康发展。一直以来，国家全力支持发展具有战略意义的"中国制造"，在一定程度上使中国避免陷入拉美现代化困境，这是中国特色现代化道路的重要经验。因而，国有工业企业仍将在东北经济结构中占据重要地位，而东北地区深厚的国有工业基础将为其统筹推进安全和发展创造条件。

在今后一段时期，要持续稳妥做好国有企业混合所有制改革，落实《深化东北地区国有企业混合所有制改革实施方案》，进一步协同推进公司产权层面"混"和治理层面"改"，加快推动完善公司法人治理结构和市场化经营机制，提升国企管理水平和市场竞争力。

二、服务配套条件和老龄化助推康养新业态发展动能

先发工业化特征为当下东北现代服务业发展创造了良好条件。一方面，服务业已成为东北三省的经济支柱，发展基础良好。自 2016 年以来，吉林、辽宁两省第三产业占比均高于 50%。

另一方面，人口老龄化为康养等现代服务业发展创造了广阔市场。第七次全国人口普查数据显示，东北地区老龄化程度远高于北上广等经济发达地区。人口老龄化是负担，更是机遇。老龄社会的到来使养老、医疗、健康等产业市场需求骤增，为现代服务业发展创造了机遇。另外，新冠疫情的暴发更为此类市场需求进一步扩展提供了契机。调查显示，疫情导致 74% 的受访者改变了生命观，93% 的受访者将"身体健康"视为人生最重要的事。[1]如今，东北地区已展开相关探索。例如，黑龙江省、辽宁省多地均成功将助老扶老与信息化建设密切结合，以智慧养老推动信息经济和社会服务的协同发展，并被评选为全国老年友好社区建设典型案例。

---

[1] 林宝：《康养结合：养老服务体系建设新阶段》，《华中科技大学学报（社会科学版）》2021年第5期。

三、自然资源禀赋和农业先发优势夯实城乡融合根基

现代化过程是农业部门逐渐衰落，其在产业结构中的主导地位逐渐被第二、三产业取代的过程。但对东北地区而言，维护国家粮食安全和生态安全是东北发展的重要任务。因此，与其他地区不同，农业将是东北经济增长的重要支撑。作为全球三大黑土地带之一，东北地区自然资源丰富，地广人稀，农业生产规模化、机械化基础良好。东北农业产业现代化、智能化水平较高。研究表明，东北农业现代化水平远高于全国其他地区；同时，它在近年来农业现代化指数增幅也最明显。[①]换言之，东北农业现代化发展不仅基础扎实，且发展势头良好。另外，东北生态环境良好，农村建制完整，"绿水青山就是金山银山、冰天雪地也是金山银山"的自然风景别具一格。这些资源优势既是东北旅游业错位发展的基础，也是提高农村现代化水平的重要抓手。

四、集体创业文化和基础教育体系积蓄人力资源潜力

东亚国家尤其是中国的现代化历程表明，现代化不是发源于西方国家的文明属性在世界范围的复制，而是地域传统文化和现代制度创新不断交互、裂变、融合的过程。东北地区特殊的发展经历使其保有一批具有浓厚爱国主义情怀和劳模精神的工人群体，以及富有闯关东精神的农民群体，他们身上的创业文化和开拓精神是东北转型发展的隐性动力。譬如，计划经济时代，东北快速工业化过程铸就了"铁人"王进喜等一批劳动模范，并形成了"爱岗敬业、争创一流、艰苦奋斗、勇于创新、淡泊名利、甘于奉献"的劳模精神。他们对国家集体的忠诚与对工业生产的热诚建构了工业化迅速发展的合理性基础。如今，面对国内外日益复杂的局势，强化国家主义的创业文化对促进东北产业升级、维护国家安全意义重大。

在劳动力素质方面，东北科技人才和技术人力资源潜力巨大。新中国成立初期，随着重要工业项目布局在东北，大批专家力量被抽调而来，一些大

---

① 安晓宁、辛岭：《中国农业现代化发展的时空特征与区域非均衡性》，《资源科学》2020 年第 9 期。

专院校和科研机构作为配套设施纷纷在东北地区建立，为东北经济社会发展培养了大量有用之才。直到现在，东北地区仍保有丰富的人才资源。长期以来，"单位办社会"的福利供给模式营造了相当完善的基础教育体系，使东北居民的受教育程度普遍较高。第七次全国人口普查数据显示，黑、吉、辽三省 15 岁及以上人口平均受教育年限分别为 9.93、10.17 和 10.34 年，分别位列全国第 14、第 9 和第 6 位。与此同时，劳模精神的代际传递和文化资本的累积还共同造就出一批既有情怀又重实干、技能优与学历高兼备的青年人才，成为未来新经济发展的关键力量。

五、单位福利传统和宽松生活氛围培植社会质量优势

经济社会协调发展不仅关注社会要素对经济增长的积极作用，更强调经济发展对社会进步的推动作用，最终不断增强人的幸福感、获得感和安全感。东北地区成熟的工业化体系和"单位办社会"传统也为其社会质量提升创造了空间。

首先，"单位办社会"传统为市场主体服务民生保障、履行社会责任提供了经验基础。在计划经济时代，遍布东北地区的国有企事业单位一直秉持"单位办社会"的传统，追求生产效益和民生保障的齐头并进。这尽管使企业背负了包袱，但为企业参与社会服务提供了鲜活素材和宝贵经验。例如，近年来，全国各地纷纷出台措施，鼓励企业单位自办幼儿园、托儿所，并给予自办幼儿园的企业适当补贴。一些有条件的企业还在探索开设员工子女托管班。如今，随着全面建成小康社会目标的实现，实现共同富裕将是未来中国经济社会发展的主要追求。2021 年中央财经委员会第十次会议提出，将第三次分配纳入维护社会公平的基础性制度安排体系，标志着企业参与共同富裕社会建设的理念被提升至新的政策高度。在此语境中，东北由来已久的"单位办社会"传统为新时代建设共同富裕社会提供了可资借鉴的实践经验。

其次，部分社会质量指标优势明显。成熟的工业化带来高水平城镇化，

第七次全国人口普查数据显示，吉林省城镇化率为 62.64%，黑龙江省为 65.61%，辽宁省为 72.14%，后二者均高于全国平均水平（63.89%）。城镇化水平较高使东北城镇住房、交通、医疗、餐饮等公共服务设施较为完善。与南方发达省份不同，东北生存压力和生活成本较低，社会环境相对舒适。研究表明，虽然东北地区经济增速低于华东地区，但其社会经济保障水平、社会信任与凝聚力等社会质量指标优于经济发达的华东地区。[1] 可见，虽然东北经济饱受诟病，但其社会发展在部分领域优势显著。

低生活成本和轻松的社会氛围有助于吸引青年人才。相关研究表明，青年人多面临沉重的生活压力和生存竞争，特别是在北上广等特大城市。"躺平"一词的流行反映了青年群体不堪重负的焦虑感，即青年人因阶层固化而产生的"求之不得的厌倦"和"努力打拼却无从选择的无奈"。相较之下，东北生活成本相对较低，生存压力较小，个人发展空间充足，且城镇化水平较高、公共服务供给相对健全。尽管资源枯竭与经济增速放缓使部分城市收缩，但这不意味着城市衰退和废弃，而是城市发展定位从"增长机器"到"人居之所"转变的契机。[2] 如是言之，未来东北通过精简城市规模、优化营商环境、提升服务水平，满足青年人多样、现代的生活需求，以低成本、高质量为青年人才营造舒适宽松的生活发展空间，充分展现东北地区引留人才的天然优势。

总之，虽然东北经济增长趋缓，但东北社会蕴含的内生优势不容忽视，诸如产业基础、转型空间、新兴产业、人力资源、社会质量都是未来东北新经济、新业态、新模式的生长点。反观国外重工业基地发展轨迹，如英国格拉斯哥、法国洛林、德国鲁尔和美国锈带地区，它们从衰落到重新崛起的转型至少经过了 50 年。当前东北振兴在短时间能取得如此成效，令人振奋鼓舞，其时间优势明显。换句话说，经济放缓绝不等于社会衰退。我们应当从

① 崔岩、黄永亮：《中国社会质量指标指数分析》，《国家行政学院学报》2018 年第 4 期。

② 张京祥、冯灿芳、陈浩：《城市收缩的国际研究与中国本土化探索》，《国际城市规划》2017 年第 5 期。

人的全面发展出发，重新认识东北振兴。东北振兴的目标不应局限于经济上追赶发达地区，而应探求适合自身需要的转型之道。

第二节　将东北发展优势转化为全面振兴胜势

新时代新征程推动东北全面振兴，我们要牢牢把握东北在维护国家"五大安全"中的重要使命，牢牢把握高质量发展这个首要任务和构建新发展格局这个战略任务，统筹发展和安全，努力走出一条高质量发展、可持续振兴的新路子。新时代新征程推动东北全面振兴实现新突破，我们要明确东北经济社会高质量发展的主要目标和主要任务，深刻领悟习近平总书记视察东北立意之深、擘画东北思量之远、寄望东北千钧之重，在中国式现代化进程中奋力谱写东北全面振兴新篇章，努力把宏伟蓝图变为美好现实。

一、坚持人民主体地位，发挥东北全面振兴的主体性优势

人民是东北振兴的最大底气，也是东北振兴最深厚的根基。新时代新征程推动东北全面振兴，我们要始终站稳人民立场，坚持以人民为中心的发展思想，共享振兴发展成果，坚持振兴为了人民、振兴依靠人民、振兴成果由人民共享，切实增强人民群众获得感、幸福感、安全感，不断把人民对美好生活的向往变为现实。

以人民为中心，坚持人民主体地位，是对以资本逻辑为核心的资本主义发展模式的批判和超越。资本主义发展模式以追求资本的无限增值为目标，将美好生活化约为个人通过竞争所获得的资源总量的多寡，生活质量被等同于经济增值。以优绩制为代表的竞争逻辑不仅没有兑现它所允诺的社会公平，反而成为贫富分化和社会冲突的助推器。在资本宰制下，发展背离人的全面发展这一根本目标，限制了我们对美好生活的追求。以人民为中心的中国式现代化实践探索恰恰提供了以政治手段引导资本逻辑服从于人民意志的

新模式，将实现全体人民的共同富裕视为中国式现代化的本质要求。中国式现代化既没有否定物质消费和资本主义生产方式的积极意义，但也未如资本主义文明形态那般陷入对增长神话的迷恋无法自拔，而是根据人民生活质量的改善评价经济社会发展。

完善民生社会保障、扎扎实实办好每一件民生实事，一直是东北全面振兴发展的重中之重。例如，黑龙江省、吉林省农村自来水普及率均达到95%以上，位居全国前列；吉林省将"双减"工作列入全省重大民生工程，学生对学校生活满意度居全国前列，控辍保学工作被教育部评为优秀工作案例并在全国推广；2019—2023年，辽宁省已累计改造老旧小区5230个，惠及居民236.9万户，改造规模居全国前列。基础设施和公共服务供给均等化水平的提升使农村居民休闲生活越发多姿多彩。生活环境持续改善使东北居民具有较高的生活幸福感。"2019年中国社会状况综合调查"数据显示，有83.3%的受访者同意"总的来说，我是一个幸福的人"这一陈述，仅次于华北和华东地区。这表明东北地区虽然经济增速缓慢，但得益于其良好的区域发展基础和城乡均衡关系，已有的经济发展成果能够更充分地惠及东北人民。

推进东北全面振兴，必须坚持以人民为中心，要始终把保障和改善民生作为出发点和落脚点。各级党委和政府要坚持将有限的资源用在刀刃上，保基本、兜底线、广覆盖，尽力而为、量力而行，使发展成果更多更公平地惠及全体人民。坚持政府要过紧日子、老百姓要过好日子，东北各级政府财政支出要大力向民生领域倾斜，持续提升基本公共服务保障能力。要着力促进就业，加大对中小微企业稳岗支持，推动大众创业、万众创新，拓展就业空间，积极发展灵活就业，保障灵活就业人员基本权益。保证养老金按时足额发放，加强教育、医疗、养老、托育等公共服务，推进老旧小区改造，争取中央财政专项转移支付支持和倾斜。

未来，我们必须坚定不移地始终坚持以人民为中心，完整准确全面贯彻以人民为中心的发展思想，把维护人民的主体性地位和根本性利益作为振兴发展的出发点，确保人民群众在东北全面振兴中的主体地位不动摇。在继续深入推进东北经济高质量发展的同时，维持东北共同富裕的内在优势，将东北全面振兴的成果惠及广大人民群众。

二、维护国家"五大安全"，拓展东北全面振兴的战略优势

习近平总书记充分肯定了东北地区在维护国家"五大安全"等方面所取得的新进展新成效。维护"五大安全"是以习近平同志为核心的党中央从大处着眼赋予东北的神圣使命，彰显了东北在国家战略全局的重要地位和作用。我们要增强大局意识、全局观念、系统思维，一切工作都要聚焦维护国家"五大安全"来谋划开展，努力为党和国家工作全局做出新的更大贡献。

一方面，针对维护国家战略安全需要，应加大对高端装备、粮食生产与加工、能源开发与利用等关键领域科技创新支持力度，打造技术创新高地和更多"大国重器"。建立健全覆盖项目对接、规划设计、政策信息共享、重大项目服务督导等全环节的央地合作工作机制，以轨道交通、航空航天、人工智能、装备制造等重大科技成果落地投产推动大型央企嵌入本地企业互动网络，加快地区产业融合、产城融合，提高区域全产业链水平。

另一方面，以制度创新推动区域均衡发展，充实经济增长的外部动力。我国区域发展不均衡的一个重要原因在于，发达地区因交通等条件的改善实现了无限劳动力供给，这使其产业转移速度滞后于产业升级速度，"先富带动后富"难以实现。虽然当前国家为东北对外开放合作、承接发达省份产业转移等提供多样的政策支持，但新时代东北全面振兴的实现还需要通过更加系统的顶层设计、更加强劲的制度创新，吸引外部资本、技术、管理经验等生产要素集聚，促使本地产业、科教、环境、社会质量优势与发达地区的信息、技术和资本要素相结合，探寻区域协同发展和推进共同富裕的新模式。

同时，增强经济增长的共享品质，夯实东北地区维护国家总体性安全的社会安全基座。通过上述创新驱动和产业升级举措，拓展就业机会、改善生态环境和人居环境、提升生活品质和治理能力，使广大人民群众充分参与振兴发展过程、真正分享振兴发展果实，切实将维护国家安全的战略

优势、技术优势、产业优势、国企主业优势转化为东北经济社会高质量发展的持续动力。

三、加快三个现代化，充分释放东北全面振兴的内生优势

新时代新征程推动东北全面振兴，要牢牢把握高质量发展这个首要任务和构建新发展格局这个战略任务。高质量发展是全面建设社会主义现代化国家的首要任务，是东北全面振兴的必由之路，必须坚决摒弃拼资源、拼环境、拼消耗的老路，努力实现速度、结构、质量和效益的有机统一。构建新发展格局，有利于东北加强与国家重大区域发展战略的对接合作，参与国内产业分工调整、承接沿海地区产业转移，为东北地区实现弯道超车、跨越式发展提供了方向坐标。习近平总书记明确提出，加快构建具有东北特色优势的现代化产业体系、加快推进农业农村现代化、加快建设现代化基础设施体系。这"三个现代化"立足东北发展实体经济这个根本，洞悉产业升级趋势，突出主体功能定位，抓住了东北全面振兴着力点和突破口，为我们精准发力、扬长补短，以重点领域突破带动全面振兴发展提供了重要遵循。

其一，围绕发展现代化大农业这一主攻方向，要积极发展休闲农业、循环农业、智慧农业等新型农业业态，推动东北生态农业由生态保护型向多功能综合开发利用转变；建立生态保护补偿机制，为主要粮食生产区基础设施优化、生产工艺创新、水土保护提供技术、资金等要素支持，推动发展定位从"增长机器"向"人居之所"的转变。

其二，围绕以科技创新推动产业创新，加强绿色制造业人才培养，提升智能制造科技的创新和应用能力。通过技术升级、税收减免、财政补贴、贷款优惠等措施，助推高耗能、高污染等重点领域企业参与数字化、网络化、智能化改造，积极培育新能源、新材料、先进制造、电子信息等战略性新兴产业，推动绿色产业链、绿色价值链、重大工程项目的全生命周期绿色管理，实现产业链绿色化。活跃新经济业态，通过创新景观绿化、资源循环利用等方式推动旅游产品迭代升级，兼顾保护自然与普惠社会。

其三，围绕加快建设现代化基础设施体系，加快论证和建设油气管道、高铁网和铁路网、新型电网和电力外送通道、新一代移动通信和数据网，加强同京津冀协同发展、长江经济带协同发展、长三角一体化发展、粤港澳大湾区建设、西部大开发等国家重大战略的对接，促进东北地区更好融入全国统一大市场。要推动基础设施绿色化转型，扩展清洁能源应用场景，建立绿色消费激励机制，用绿色发展理念指导城市更新行动，建设绿色居住空间和商业综合体，积极引导居民主动践行绿色生活理念。

四、优化政治生态和营商环境，彰显东北全面振兴的制度效能优势

新时代推动东北全面振兴要进一步优化政治生态，营造良好营商环境，引导党员、干部树立正确的政绩观，激发干事创业热情。长期以来，一些地方政府过度看重经济增长指标，十分重视招商引资成绩，在领导干部评价考核中搞"唯GDP论"。随着发展理念的更新，政府职能和角色也在与时俱进，政府部门逐渐从发展经济、追逐利益的运动员转向守护规则、制定标准的裁判员。培育风清气正的政治生态、营造优质公平的营商环境、提供便民利民的公共服务，是政府履职尽责的基本义务，也是吸引人才和投资、发展和壮大经济的基础条件，更是规范政府与市场关系的重要前提。

通过体制机制改革重塑政府与市场关系，实现有为政府与有效市场的统一，是东北全面振兴的重要议题。近年来，东北各级党委和政府狠抓体制机制改革，向内用力、自我革新，努力提升行政管理和服务水平，持续建设和促进营商环境市场化、法治化，显著提高东北政府治理能力和市场服务意识，区域市场化水平和营商环境质量明显提升。调查表明，东北多地的营商硬环境竞争力、城市综合经济竞争力、基础设施和公共服务水平都有显著提升，制度改革的成效正逐渐释放。

未来，推动建设"国企敢干、民企敢闯、外企敢投"的营商环境，要进一步优化政治生态和发展环境。东北地区广大党员、干部要继续解放思想、

转变观念，增强市场意识、法治意识、服务意识，全面构建亲清统一的新型政商关系，降低潜在的制度性交易成本和社会成本，增强市场主体在东北投资兴业的热情和信心。

五、推进省际城乡融合治理，涵蓄东北全面振兴的一体化优势

东北地区省际、城乡发展不平衡不仅表现在各省政府治理不协同、步调不一致、产业竞争同质化，还体现在城乡居民收入和公共服务水平的差异上，更体现在各地区发展机遇和能力的不均衡上。以农业为例，东北地区由于土地资源丰富、机械化程度高，农业现代化水平一直高于其他地区，是我国粮食安全的"压舱石"。在现实中，东北农业生产优势并未转化为农民收入优势和农村现代化建设优势。特别是在主要产粮区，"产粮大县"仍然是"财政穷县""工业小县"，居民收入、基础设施和公共服务等方面的城乡差距仍在根本上限制着居民生活质量的提升。

东北三省一区地缘山水相连、资源禀赋相似。推动这些区域要素跨区流通、产业分工与协同创新、生态环境共保共治等，不仅有利于各自比较优势的发挥，形成整体合力，更有利于推动落实东北担负的维护国家"五大安全"的战略定位。因此，我们要进一步推进东北各省之间、中心城市之间、城乡之间发展一体化，实现协同联动、共谋振兴，保障城乡居民享有均等化的医疗卫生、科教文化等服务。实现东北全面振兴新突破需要三省一区多元力量的协同参与，涵蓄东北全面振兴的旺盛生命力。

第三节 中国式现代化引领东北全面振兴新征程

在中国式现代化语境下，东北振兴发展应立足于本地社会生态，置身于全面建设社会主义现代化国家的新征程，深刻理解和把握高质量发展的内涵，而非简单地仿照发达地区发展经验。换言之，振兴东北战略不是一个区

域经济赶超战略，而是更加注重发展内涵和生活幸福的高质量发展，更好统筹质的有效提升和量的合理增长。已有研究仍以发展主义审视东北发展，把东北全面振兴化简为经济要素改革，以产业增长指标评价东北振兴政策效果，而忽视了作为中国式现代化重要实践的东北振兴内涵的丰富性和动态性。

一、以人民为中心重塑东北全面振兴的发展主体

以资本逻辑为核心的发展模式以追求资本的无限增值为目标，将美好生活化约为个人通过竞争所获得的资源总量的多寡，生活质量被等同于经济增值。早在 19 世纪，马克思就曾对资本逻辑下的两极分化发出警示，认为资本主义社会中的"劳动为富人生产了奇迹般的东西，但却为工人生产了赤贫"①。如今，以优绩制为代表的竞争逻辑不仅没有兑现它所允诺的社会公平和共同繁荣，反而成为贫富分化和社会冲突的助推器。②据美国人口普查局2022 年公布的报告显示，2021 年美国基尼系数高达 0.494，且家庭实际收入中位数较 2020 年略有下降。在资本宰制下，发展背离了人的全面发展这一根本目标。

中国式现代化恰恰提供了以政治手段引导资本逻辑服从于人民意志的新模式。从"小康社会"到"和谐社会"再到"以人民为中心"的发展思想的政策演进说明，"人民"一直是中国式现代化发展的核心。党的二十大更是将"实现全体人民的共同富裕"列为中国式现代化的本质要求。中国式现代化既没有否定物质丰富和资本主义生产方式的积极意义，但也未如资本主义文明形态那般陷入对增长神话的迷恋无法自拔，而是根据人民生活质量的改善评价经济社会发展。以振兴东北为例，无论是在经济失速的旋涡中还是处于经济飞速增长的黄金时期，"维护广大人民群众根本利益""切实保障和改善民

---

① 《马克思恩格斯文集》第一卷，中共中央马克思恩格斯列宁斯大林著作编译局编译，人民出版社，2009 年，第 158 页。

② ［美］迈克尔·桑德尔：《精英的傲慢——好的社会该如何定义成功？》，曾纪茂译，中信出版社，2021 年，第 12 页。

生""满足人民日益增长的美好生活需要"等任务一直是东北各级党委和政府工作的重中之重。

虽然第一轮东北振兴政策强调通过市场化转型和变革实现经济可持续发展，但如何妥善解决东北人民因企业破产导致的失业和生活困难、基础设施运转不力等困境亦被视为迫在眉睫的任务。经过 20 年的振兴发展，东北地区虽然在经济增速、人均收入、市场主体质量等方面较全国平均水平仍有一定差距，但其共同富裕基础扎实。例如，据统计，2023 年，黑、吉、辽三省人均可支配收入分别为 29694、29797、37992 元，分别位列全国第 24、第 23、第 10 名，但该排名均高于三省人均地区生产总值在全国的排名（依次为第 30、第 27、第 19 位）。此外，从城乡收入差距看，2023 年黑、吉、辽三省城乡居民收入比分别为 1.85、1.93 和 2.14，不仅优于全国平均水平（2.39），甚至小于北京市（2.37）、广东（2.34）等发达地区。这表明东北地区虽然因经济增速缓慢而饱受诟病，但得益于其良好的区域发展基础和城乡均衡发展，已有的经济发展成果能够更充分地惠及全体居民。

未来，如何在推动区域经济发展的同时维持其共同富裕优势，确保人民是经济增长主要受益者的中心地位，直接关系东北全面振兴的成效。东北地区各级党委和政府在努力追求经济高质量发展的同时，要更加准确理解东北人民共同富裕的内涵和外延，建构科学合理的指标体系和循序渐进的实践模式，开掘东北共同富裕取得实质性进展的发展动力，深化东北地区对共同富裕实践路径卓有成效的有益探索，从而进一步处理好共同富裕和共同奋斗的关系、做大蛋糕与分好蛋糕的关系、尽力而为与量力而行的关系、短期效益和长远规划的关系。与此同时，还要从东北人民对美好生活的需要出发，研究如何通过补齐共同富裕短板、提升共同富裕质量、夯实共同富裕基础，满足东北人民日益增长的美好生活需要，实现物质性需要、社会性需要和心理性需要的有机统一，助力解决地区之间、城乡之间、经济结构之间发展不平衡不充分的问题，实现经济发展、安全保障与民生改善的良性互动。

二、以优化营商环境为抓手释放东北全面振兴的制度效能

有观点认为，以经济增长为目标的"发展型政府"主导是东亚国家取得经济奇迹的法宝。[①]改革开放初期，一些地方政府宛若一个容纳若干产业的大型集团董事会，政府招商引资规模和经济增长水平成为评价官员工作的核心指标，区域竞争演变为"区域经济锦标赛"。随着发展理念的更新，政府角色从经济增长的划桨者转向高质量发展的掌舵者。2019 年，《优化营商环境条例》发布，为规范政府与市场关系提供了系统指南。在持续深化改革下，我国成为全球营商环境改善幅度最大的经济体之一。

受计划体制惯习影响，营商环境欠佳一直被视为东北振而不兴的关键因素之一。通过体制机制改革重塑政府与市场关系是东北振兴的重点议题。在过去 20 年间，从经济体制改革到行政管理体制改革，使东北市场化水平和营商环境质量明显提升。《中国城市竞争力第 19 次报告》显示，2021 年，包括沈阳市、大连市、长春市在内的东北多地的营商硬环境竞争力、城市综合经济竞争力位居全国百强。近年来，华为、腾讯、阿里巴巴等诸多互联网巨头布局东北也表明，制度改革的成效正逐渐释放。

但是，营商环境持续向好不等于经济发展的同步加速，更不等同于经济社会协调发展。一方面，虽然东北政府治理能力显著提升，但潜在的制度性交易成本和社会成本仍限制着市场主体在东北投资兴业的热情和信心。辽宁省以优化政治生态为抓手破除市场活动的隐性制度壁垒，其政策成效仍有待进一步观察。另一方面，政府要引导企业克服盲目逐利倾向，将企业发展与参与公共治理、提升居民福祉有效结合。东北地区有着浓厚的"单位办社会"传统，为企业参与社会治理提供了丰富的经验素材。未来，如何将"单位办社会"的历史传统与当前企业参与社会治理的现实需求相结合，推动改革成果向民生福祉的转化，仍有待进一步探索。

[①] 燕继荣：《中国共产党领导的中国现代化：探索、成就与经验》，《人民论坛·学术前沿》2021 年第 11 期。

三、以城乡融合发展增强东北全面振兴的共享品质

发展的终极目标是人民福祉的增加，即城乡居民能够获取丰富的医疗服务、教育、食品、住房、政治经济参与等发展机会，最终实现更广泛的人类潜能。改革开放后，城市和工业发展从农村汲取大量的劳动力、生产资料等生产要素，造成难以逾越的城乡鸿沟。城乡发展失衡不仅表现在城乡居民收入和公共服务水平的差异上，更体现在城乡居民发展机遇和能力的不平等上。在此背景下，城乡融合发展是中国式现代化的必然要求。政策话语的演进表明，城乡居民生活质量和发展权益的平等性逐渐成为衡量区域高质量发展水平的重要指标。

由于土地资源丰富、工业化基础扎实等特征，东北农业现代化水平一直高于其他地区，是我国粮食安全的"压舱石"。因此，"农业"和"农村"一直是东北三省政府工作报告的高频词。据统计，2021年，吉林省主要农作物耕种收综合机械化率达到92%，高于全国平均水平20个百分点。2021年，黑、吉、辽三省农村常住居民人均可支配收入增速均超过全国平均水平。有观点认为，恰恰是较高的农业劳动生产率削弱了东北地区工业发展的劳动力供给。近年来，随着乡村振兴战略深入实施，东北地区各级政府着力改善农村居民生活环境与公共服务供给。据统计，黑龙江省、吉林省农村自来水普及率均达到95%以上，位居全国前列；吉林省有线电视、文化活动广场、图书室、手机通信网络、硬化路、村通客车等基础设施实现全覆盖。基础设施和公共服务供给均等化水平的提升使农村居民休闲生活越发多姿多彩，居民生活环境的城乡差距正逐步缩小。

虽然东北地区通过集中居住、服务下乡、基础设施改善等方式缩减公共服务供给的城乡差距，但受制于地方政府财力有限的现实约束、人口密度相对偏低的地域特质和持续的人口流失等因素，如何保障农村居民享有高质量的医疗卫生、科教文化、环境保护等社会服务是东北地区推进城乡发展一体化的重要议题。

四、以社会创生再造东北全面振兴的内生治理动力

伴随着市场转型深入，加速的生存竞争和过度的物质消费给人们带来严重的压力和焦虑，也使生活世界冷酷灰暗。面对社会加速导致的异化困境和全面转型带来的复杂性治理情境，我们需要整合和吸纳多元力量参与社会治理，使整个社会保持活力和安定有序。推进中国式现代化需要处理好活力与秩序的关系，中国式现代化应当而且能够实现活而不乱、活跃有序的动态平衡。

以基层治理为例，计划体制遗留为东北地区创新社会治理实践提供了社会基础。计划经济时期的东北城市建设具有鲜明的"先厂后市""以厂兴市"特征，并逐步发展为小家庭嵌套式的单位制社会。[①] 单位社会中家庭关系、工作网络、社区归属的高度重叠特征和东北人热情幽默的文化氛围，使东北社区居民自治的社会资本丰厚，"家长式"的社会管理实践也为当前东北社区治理与服务提供了丰富的经验素材。早在 21 世纪初，沈阳市积极探索由社区成员代表大会、社区协商议事委员会和社区（管理）委员会组成的社区自治组织，在全国产生广泛影响。经过多年探索，如今的沈阳市以小区为基本单位，依托"三长五员"工作专班，打造出党建引领"两邻"基层治理模式，营造了舒适、包容、绿色、开放、和谐的社区环境。整体而言，东北地区的社会信任和凝聚力水平也优于部分发达地区，人类发展指数也高于全国平均水平，仅次于东部地区。

未来，实现东北全面振兴新突破仍然需要培植社会参与的多元力量和内生动力。各级党和政府通过行政资源供给与居民生活需求的更加精准匹配，充分调动广大居民的积极参与和多元主体的协同联动，努力实现东北社会治理既充满活力又安定有序。唯有如此，才能真正推动东北区域的发展定位从"增长机器"向"人居之所"的转变，使人民获得感、幸福感、安全感更加充实、更有保障、更可持续。

[①] 谢雯：《历史社会学视角下的东北工业单位制社会的变迁》，《开放时代》2019 年第 6 期。

五、以人与自然和谐共生涵养东北全面振兴的持久生命力

自 1972 年《增长的极限》问世以来，人与自然的和谐共生逐渐成为国际共识。无论是西方话语下的"绿色增长"还是拉美实践中的"超越发展"，都将"确保生产和消费处于环境限制之内"作为后增长型政府的主要职责之一。在资本逻辑下，自然必须先转换为用货币衡量的商品方可获得价值，继而才能引起社会的关注、开发，才能获得保护的资格。由此，资本主义国家主张对自然的价值予以测算并金融化，使其转变为自然资本。然而，作为金融产品的自然资本实际上却为发达国家转移污染责任提供了工具。

"棒打狍子瓢舀鱼，野鸡飞进饭锅里。"东北地区凭借其独特的区位优势和丰富的生态资源存量，承担着维护国家生态安全的重大政治责任。"生态""环境"一直是东北振兴的关键词，其重要性在过去 20 年显著提升。2016 年，习近平总书记参加十二届全国人大四次会议黑龙江代表团审议时提出"冰天雪地也是金山银山"的重大创新论述，凸显了生态保护与开发在东北振兴中的战略地位和重要价值。随着生态建设在国家话语中的地位日渐突出，"生态"也逐渐从有待解决的"问题"转变为东北经济社会发展的"优势"，并涌现出冰雪旅游、特色康养、中药材种植、新能源生产等众多新业态。中国旅游研究院发布的《中国冰雪旅游发展报告（2024）》显示，在 2024 年冰雪旅游十佳城市中，有 7 地来自东北地区。

必须指出的是，生态转型必须惠及所有人，否则会滋长新的社会不平等。在现实中，虽然新兴产业的发展为东北地区创造了大量的就业机会并带动城乡居民增收，但并未从根本上扭转经济发展以牺牲自然为代价的趋势。以能源结构为例，新能源项目的落地虽然有力推动了东北能源生产结构的优化升级，但并未使其能源消费结构发生质的改变，煤炭、石油等化石能源仍然在东北能源消费中占据绝对主导地位。据统计，2023 年，一次电力占吉林省能源生产总量的 32.6%，但仅占全省能源消费总量的 10.7%，而煤炭所占比重分别为 20.2% 和 66.8%。

第十一章

拓展东北振兴社会力的问题与出路

　　党的十八大以来，东北经济社会发展取得了令人瞩目的成就，彰显出自然资源丰富、文化内蕴鲜明、社会安全稳定、治理有效有序等独特发展优势。然而，面对全球新一轮科技革命和产业变革的浪潮以及国内外复杂多变的经济形势，东北地区也暴露出社会舒适物开发程度较低、公共服务体系不健全、技术创新能力不足、生态承载力有限、人口流失严重等现实问题，严重制约了东北经济社会高质量发展。

第一节　东北提升生活幸福力面临的障碍与优化路径

　　东北地区的自然舒适物、人造舒适物、商业舒适物以及社会舒适物都具有独特优势。丰富的自然资源、多样的历史和工业遗产、具有地域特色的消费品和消费场景、极具凝聚力的社会氛围为东北人民获得生活幸福感打下了坚实基础。然而，市场转型带来的发展阵痛，诸如产业结构固化、资源浪费、人口流失、消费降级以及失业率升高等，成为阻碍东北生活幸福力提升的主要因素。

一、东北提升生活幸福力面临的障碍

（一）原生自然舒适物过度开采和非自然舒适物改造转化不足

一直以来，东北地区都发挥着作为国家粮食安全"压舱石"的重要作用，但这也让东北出现了土地过度垦殖、土壤严重流失、化肥不恰当使用导致的土壤酸化和板结化问题。类似的，东北地区的森林、湿地等自然资源也一度面临资源过度消耗、环境污染等生态问题。尽管国家及时发现了这些问题，并制定了相关的政策措施，但这些不当的开发行为依然给东北地区自然环境的保护和恢复带来了极大的挑战。此外，自然资源丰富也让东北地区缺乏较强的挖掘新能源和清洁能源的动力，从而产生了一种原生资源被掏空的同时又缺乏探索新能源动力的叠加式负面效应。[1]

受东北地区气候和地域条件的限制，非自然舒适物转化形成的资源和产品对外输出受阻，且内部市场萎缩。以皮草为例，皮草之所以在东北地区拥有广阔市场，是因为当地冬季漫长，且气温能达到零下20多摄氏度。在这样极端的天气下，家家户户都需要准备防寒保暖的衣物。相比于羽绒服、冲锋衣，皮草能够提供更好的防寒效果。此外，貂皮大衣因其价格昂贵，也成为地位和身份的象征。然而，对于其他地区的人来说，皮草的性价比并不高，清洗难度大且用到此类衣物的场合较少，由此导致国内皮草市场逐渐萎缩。皮草只是东北地区非自然舒适物转化中所面临问题的一个缩影，很多为了适应气候环境而生产的东北商品，都面临着对外出口困难、对内市场萎缩的现实问题。

东北地区对原生资源的依赖性大，资源利用的转型非常困难。长达半年的冬季供暖，在为东北人提供舒适的居住温度的同时，也导致能源过度消耗问题日益严重。近年来，东北采暖季煤炭供应日益吃紧，屡次出现煤炭供应"告急"的状况。东北煤炭保供已成为区域重大民生问题，引发多方关注，每年冬季，国家有关部门都会强调做好东北三省供暖用

---

[1] 沈镭、钟帅、胡纾寒：《新时代中国自然资源研究的机遇与挑战》，《自然资源学报》2020年第8期。

煤保障。这一现状表明，东北地区的供暖方式转型迫在眉睫。而对于新能源的开发和使用，尽管冷能和冰雪资源在东北已经得到部分推广，但依然存在一定的开发难度，其原因在于冷能和冰雪资源属于新型资源，缺乏成熟高效的开采利用技术和体系。[①] 东北地区对于冷能和冰雪资源的开发，仍然处于持续催生新型产业、在发展中发现问题并不断治理优化的艰难摸索阶段。

（二）人造舒适物宣传和开发不足，缺乏持久充足的内生动力

在人造舒适物所包含的工业产业基础与历史遗产上，宣传不足、社会影响力和吸引力较弱，是东北地区面临的主要问题。事实上，东北地区拥有很多极富地域特色的景观，无论是历史建筑还是工业遗址，都独具一格，然而在大众媒体上却并没有得到有力的宣传。公众对东北经济社会文化遗产的重视程度不够，缺乏充分的了解，一些人甚至存在误解。在工业遗产旅游的开发上，东北地区的工业遗产发展文脉与城市协同发展之间存在张力，各项工业遗产之间呈碎片化割裂状态，缺乏综合管理和系统开发方案，未能形成有效的资源集群。

在人造舒适物上，东北地区先发的城市化和工业化，为东北地区奠定了坚实的教育基础。然而，近年来东北地区的人才外流问题却日益严重，导致人造舒适物的长期发展和可持续开发缺乏内生动力。究其原因，高素质的人才都对自身的发展有着较高的期待，大多倾向于在更优质、更舒适、更有潜力的地区工作和生活。早年的东北地区凭借计划经济时期积累的教育教学资源，在高校数量和人才培养数量上占据优势。但改革开放之后，东北地区经济社会发展速度逐渐滞后于东部沿海地区，且在基础教育和高等教育办学水平方面，东北地区也逐渐落后于东部发达地区。因此，大量由东北高校和科研机构培育的高质量人才会倾向于选择流向东部沿海和南方省份。值得一提的是，一些东北地区高校和科研机构的管理存在行政化特征，教学科研服务

---

① 李政、杨思莹：《东北地区潜在红利开发与系统性振兴策略》，《社会科学辑刊》2018 年第 1 期。

措施创新不足、因循守旧，加速了优秀人才的外流。[①] 人口、人才是一个区域人造舒适物的核心要素，其大量外流会导致该区域人造舒适物的开发利用内生动力不足。

（三）商业舒适物的文化内蕴和价值创意挖掘不足

以东北地区的饮食为例，其最大特点是分量大、口味重。与南方精致细腻的菜品相比，东北菜的做法相对粗糙，更加注重食物的味道而非加工、制作、摆盘的可观赏性。这种做法使得东北菜在视觉上显得不够精致，从而影响其在正式商务场合的展示效果，限制其商业附加值的提升。因此在宣传推广上，东北饮食很难像南方饮食一般，在外形和设计上精准捕获大众的注意力。此外，伴随着全民健康意识的提高，控制热量和盐分摄入已然成为大众追捧的饮食习惯，而这对于调味偏重、以炖和烤为主要烹饪方式的东北菜来说，无疑加大了推广难度。

在文化资源与商业化相结合的道路上，东北仍然有很长的路要走。以长春电影为例，作为"新中国电影的摇篮"，却未能及时抓住商业化、市场化的大势之趋，实现产品创意和经营模式的革新。在长春市长影世纪城开发建设中，新建设的项目设备落后、内容不够吸引人；传统的项目规划不合理，给游客带来的旅游体验较差。[②] 此外，在娱乐场所的建设方面，不同于迪士尼这类依靠纯粹的人造景观和知名度而建立起来的消费综合体，东北地区的休闲娱乐设施主要与自然景观相结合，未能挖掘刨造可以与之融合的商业符号和文化创意，因此拉动消费的能力不强。另外，东北地区的基础设施建设相对滞后，这也是制约东北地区经济持续发展、商业价值创造的重要因素。

（四）社会舒适物缺乏进取精神支撑和文化符号引领

在社会舒适物上，长期的计划经济和地方保护政策，导致一些东北人在

---

① 杨威、杨芳侠：《高校引进人才流失意图影响因素分析——以黑龙江省哈尔滨市 H 高校为例》，《中国人口科学》2011 年第 2 期。

② 孔朝蓬：《大电影产业链的完善之路——长影集团影视资源衍生价值开发与影视文化拓展》，《吉林大学社会科学学报》2013 年第 4 期。

改革开放后，精神面貌和工作状态不能与时俱进，工作生活积极性较低，办事讲求人情胜于效率。在社会凝聚力方面，很多原本看似有利的地域条件，也给东北带来了很大的负面影响。全国最肥沃的土地、丰富的森林和矿产资源，让东北人能够靠山吃山靠水吃水，且将近半年的寒冬也让东北人养成"猫冬"的习惯，因而缺乏饱满的进取精神。

实力雄厚的工业基础、得天独厚的农业禀赋，使得东北人很早就过上比国内大多数地区更为富裕的生活，这种情况也使得东北人倾向于维持一种相对安逸的生活方式。长期的计划经济也削弱了东北人独立创业的能力，养成了"一切行动听指挥"的习惯。因此，如何调动东北人工作生活的积极性，摆脱长久以来的体制惯性，成为振兴东北的关键所在。尽管改革开放以来，单位制逐渐解体，但单位制的制度弊端依然存在，例如，东北人非常讲关系，且关系和人情往往凌驾于规则之上，导致很多人办事不遵守正式的规则和程序，而是通过建立和拓展个人关系获得特殊的待遇或优势。

在社会舒适物中，东北文化符号的宏大叙事色彩偏重，文化价值虽高，但商业价值较低。具体而言，东北早期的文化符号呈现出一种宏大叙事和乡土气息双向发展的趋势，缺乏与城市中个体命运相连的叙事和文化意涵，这与追求个体化叙事的市场经济不相符合。此类符号所蕴含的往往是时代的伤痕和对自我命运的无奈，在推动经济发展中的作用极为有限，这也是东北全面振兴所面临的极大挑战。

二、东北地区提升生活幸福力的优化路径

（一）做好原生自然舒适物的保护和可持续开发

在自然舒适物上，对于原生的自然舒适物，要做好资源保护和可持续开发利用。具体而言，相关部门首先要制定自然保护区分类治理体系，建立健全自然保护区网络。同时，针对环境问题进行科学研究和治理技术创新，不断推动环境保护技术的发展和应用。各地应当鼓励建立环境保护技术创新中心和实验室，为保护区管理和资源利用提供科学依据。

其次，政府应当制定相关政策和法规，严格保护生物多样性和自然景观，禁止破坏性的开发和捕捞活动。加大环境监测和执法力度，建立有效的监测系统和执法机构，加强对资源过度开发、污染物随意排放等违法行为的打击力度。积极推进对违法企业的处罚和整改进度，形成有力有效、常态长效的监管体系。

最后，在现代农业发展上，提倡发展生态旅游和绿色农业，鼓励农民采用环境友好的耕作方式和可持续的资源利用方式。例如，利用数字技术，推行可持续林业管理、渔业渔政管理制度，确保资源的可再生性和可持续性。

（二）推动跨境跨省合作助力非自然舒适物的改造与转化

在非自然舒适物的改造和转化中，东北地区要打破地域限制，推动跨境跨省合作，实现区域一体化发展。"打造对外开放新前沿"与"补齐开放合作短板"既是东北地区实现全面振兴的必然选择，也是加快形成全面开放新格局的重要一环，更是我国致力于推动构建开放型经济、共建人类命运共同体的坚定行动。

首先，东北地区位于东北亚的核心地带，紧邻俄、朝、蒙、日、韩。地理邻近特征让东北地区在跨境合作上拥有优势。因此，东北本地的资源转化既可以借鉴国外经验，也可以将自身具有地域特征的产品经过改造提升后向外输出，开拓国外市场。然而，想要实现这一目标，东北地区的边境城市需要深化开放，促使自身成为内外合作的节点。同时，还要加强与腹地城市的联动，并对边境口岸通关通道及过境运输的便利化进行提升。①

其次，在跨省合作上，据初步统计，"十四五"以来，东北地区与东部地区部分省市干部交流已达 1700 多人，合作项目总投资金额超过 7000 亿元。②这也预示了东北地区在未来发展中的重要风向，即积极推进跨省合作，充分

---

① 胡伟、夏成、陈竹：《东北建设成为对外开放新前沿的现实基础与路径选择》，《经济纵横》2020 年第 2 期。

② 祝嫣然：《东北地区与东部地区对口合作有了新进展》，《第一财经日报》2024 年 8 月 2 日，第 2 版。

发挥区域比较优势。哈尔滨市与深圳市的跨域合作是东北地区与东部地区对口合作的典型案例，一北一南的两个城市在搭建合作平台载体、共促科技成果转化、开展产业务实合作等方面取得了卓有成效的进展。在未来，东北地区与东部地区的跨省合作，要以习近平新时代中国特色社会主义思想为指导，完整准确全面贯彻新发展理念，深入落实党中央、国务院决策部署，共聚创新发展活力、共育特色优势产业、共拓开放发展之路。

（三）积极宣传、保护和开发东北的历史遗产和工业遗迹

在人造舒适物上，对于历史和工业遗迹，政府应加强保护工作，制定保护计划和修复方案。相关部门要注重保留历史建筑的原貌和风貌，合理利用和开发文化遗产，提高保护的可持续性。在做好修复和保护的基础上，文旅宣传部门还要提高宣传推广力度，利用新媒体全方位展示东北地区的文化资源。相关部门要积极推动开展民俗活动和传统艺术的培训和展示，做好网络宣传，最大范围促进文化交流和传统技艺传承。

（四）充分挖掘地域文化符号的媒介商业价值

在商业舒适物上，东北地区要充分挖掘文化符号的商业价值，并充分利用自媒体进行宣传。2024年年初哈尔滨旅游的爆火，成为东北地区值得借鉴的优秀案例。哈尔滨市之所以能在2024年年初一跃成为大众旅游消费的"新宠"，原因在于自身文化资源足够充分，同时各个景点实现了与多个网络热点的联动，并运用极具"网感"的宣传方式，实现了破圈，吸引了大量的外来游客。

首先，积极挖掘地域特色文化资源。冰雪旅游一直以来都是哈尔滨市的老牌项目，获得了政府在资金和政策上的持续支持。2024年"尔滨出圈"现象的背后，是其在冰雪旅游之外，还联动本地民俗、跨国文化、异域风情，对当地的俄罗斯风情建筑和景点进行了大力宣传。同时，相关部门也宣传了当地以鄂伦春族为代表的民族文化。这些丰富的文化资源为哈尔滨市旅游增添了更多的吸引力。

其次，在联动多个商业知识产权（IP）上，哈尔滨市也走在了前列。哈尔

滨市极具俄式风情的建筑，推动了"哈格沃兹"的出现，联动了经典魔法商业电影《哈利·波特》中的魔法学校霍格沃兹，从而吸引了大批"哈迷"前来旅游参观。而具有欧式特点的圣索菲亚教堂前供人乘坐游览的豪华马车，则与网络热梗"出逃公主"和"公主请上车"实现联动，让大批游客蜂拥而至。

最后，哈尔滨市在社交平台上的宣传也颇具"网感"。冰雪季到来之前，哈尔滨市文旅部门就已经开始加大了网络宣传力度。2023 年 9 月以来，该部门陆续推出了多条爆火视频。例如"欢迎来北境""霍格沃兹哈尔滨分校""尔滨你让我觉得陌生"等兼具趣味性和热度的宣传视频。此外，哈尔滨市极具"网感"的宣传也体现在其极高的造梗能力上，且这些梗兼具幽默感和形象性。"南方小土豆""南方砂糖橘""南泥北运"等符号的创造，既体现了东北人的亲切热情，也传播了东北旅游的特色，带动了不同年龄段的人来到哈尔滨市旅游。纵观哈尔滨市由文旅出圈带动商业发展的过程，其他省份城市也可以借鉴哈尔滨市的宣传方式，对自身的文化资源进行深度挖掘，通过与具有商业价值或流量价值的知识产权作品合作联动，获得社会关注。

同时，文旅部门在社交媒体的宣传上，也要培养"网感"，找准可以营销推广的热点和话题，而不是简单地模仿照搬其他城市的宣传文案和宣传方式。"网感"的培养，首先需要相关部门积极关注流行文化和网络热点，了解当前网络上的热词、流行语、表情包等元素，掌握网络文化的演变趋势，从中提取可以与当地资源相结合的符号。其次，有关部门要及时采用回复评论、私信交流等方式与受众进行互动，了解他们的需求和反馈，不断调整自身宣传方式以迎合大众口味。最后，相关部门要积极利用全新的技术手段，通过数据分析和调研，收集分析各类社交媒体平台上的数据，了解受众的行为习惯和需求，让新媒体宣传更容易被大众关注和接受。

（五）挖掘创造东北特色的新时代文化符号

东北文化在振兴之余，也应当创新和发展。唯有如此，东北文化才能不被时代淘汰，成为具有地域凝聚力的核心支柱。法国符号学家罗兰·巴特指出："符号是一种表示成分（能指）和一种被表示成分（所指）的混合物。表示成分（能指）方面组成了表达方面，而被表示成分（所指）方面组成了内容方面。"①对于文化而言，物质表现形式是文化的重要内容，构成了文化符号的能指。对于物质存在而言，"要跻身文化行列，条件应是获得文化意蕴、文化价值和文化品格。它们或者体现民族生活的特色，或者记录民族历史的脚步，或者透露着民族的行为规范和价值取向，传递着民族的生存经验和生存理想，总之能告诉人们一些提升精神、完善人类的信息"②。这些凝结了民族历史和精神的文化信息构成了文化符号的所指。

东北地区应当积极在物质形式和文化精神之间建立更紧密的联系，形成具有地域代表性的文化符号。那么东北的文化符号应当如何构建呢？尤里·洛特曼于1984年提出"符号圈"这一文化空间概念。在他的论述中，"符号圈"包含了各种符号、文本存在和活动的空间，是类型文化的载体。不匀质性、不对称性和界限性是符号圈的基本特征，其内部结构由符号圈"中心""中间区域""界限"组成。同时，洛特曼认为："符号圈中的每一个符号系统都是独立的，但同时它们都处于整体化了的符号圈里。"③洛特曼的理论思想为东北地区文化符号的创造提供了思路。

首先，东北地区要建立自身的符号圈"中心"。这些中心的建构既要在精神层面体现东北地区的文化精髓，也要反映人民的精神追求和共同理想，由此才能与普罗大众形成共鸣。因此，东北地区除了要对包含历史血泪、创业实践和奋斗历程的符号进行再度凝结，也需要注重新时代人们对文化符号的新需求，不断更新符号所包含的价值内核。

其次，符号圈"中间区域"由地方文化的代表性符号组成，构成地方文化符号圈的主体部分，也是相对稳定的部分。它们遵循和体现符号圈"中心"的精神实质、语法规则，是符号圈"中心"的间接性能指。这些符号都是区

---

① ［法］罗兰·巴特：《符号学美学》，董学文、王葵译，辽宁人民出版社，1987年，第35页。

② 白春仁：《文化的符号学透视》，《解放军外国语学院学报》2004年第6期。

③ 康澄：《文化符号学的空间阐释——尤里·洛特曼的符号圈理论研究》，《外国文学评论》2006年第2期。

域文化在历史发展进程中的精华沉淀，也是该地方的文化符号圈成为其自身的确定性证据。[①] 东北地区应当基于中心符号，建立能与之联动、相互彰显的文化内容和相关的物质基础。例如，东北各地可以顺应近年来的复古风潮，以回顾计划经济时期各种厂矿生活、集体创业、技术攻关为核心，设计包含这些元素的场所和主题活动，不仅可以拉动当地的旅游消费，也可以加深符号本身的精神内蕴。

最后，"界限"是地方文化符号圈的必备组成部分，它把不同地方文化分割为内部空间和外部空间。但这种地方文化的边界意识随着经济一体化和信息传播技术的快速发展日渐淡化。因此，文化符号的建构一定要具有地方特色，形成能够将自身文化符号系统与其他文化符号区别开来的界限。[②] 界限一旦被建立，就能阻挡与符号圈"中心"相冲突的文化符号的进入，或通过转换功能将外在的文化符号文本与符号圈内的文本融合，进而丰富发展地方文化符号圈。[③] 这一点在东北文化符号的建构中，应当侧重于塑造新时代东北文化符号与其他地区的差异和比较优势。从过去的辉煌历史到如今的发展阵痛，东北地区无疑拥有属于自身的、独特的历程、符号和故事。因此，如何将这些符号提取出来，并结合当下的时代境遇，为这些符号赋予全新的含义，塑造东北地区特殊的地域形象，是东北地区在文化符号挖掘创造上所需要面对的深层挑战。

第二节　东北拓展治理韧性力存在的难题及风险应对

让·德·拉·封丹在《橡树与芦苇》这首寓言诗中讲述了一个故事：当

---

① 陈雅：《地方文化符号系统的建构与创新》，《青海社会科学》2008 年第 3 期。

② 王秉：《安全文化符号系统的建构研究》，《中国安全科学学报》2015 年第 12 期。

③ 康澄：《文化符号学的空间阐释——尤里·洛特曼的符号圈理论研究》，《外国文学评论》2006 年第 2 期。

暴风雨来临的时候，坚硬的橡树在狂风中拔地而起，而看似柔弱的芦苇却在随风摇摆中生存下来。在充满易变性、不确定性、模糊性、复杂性的"乌卡时代"，我们需要加强构建东北地区的韧性能力以抵御各种已知和未知的风险，更好地应对风险社会的各种挑战和威胁。

一、东北拓展治理韧性力存在的难题

面对单位制的日渐式微，作为老工业基地的东北地区虽然在制度、网络、能力三方面体现了其在社会治理方面的独特韧性，但相较于其他区域，单位制仍然隐性作用于社会治理空间，制度惯性导致党建引领的形式化和悬浮化、网络结构缺乏多样性和开放性、治理体制"技术过剩、治理短缺"等问题都给东北社会治理现代化进程带来了潜在的风险。

（一）制度惯性引发党建引领基层治理悬浮化

当社会情境发生变化时，制度需要进行动态调适以适应社会的发展，从而保持社会的整体稳定，这种制度的动态调适能力，即为制度韧性。制度韧性能够在不确定的社会环境中对抗风险和挑战，是保持制度稳定性与持续性的核心能力。

受计划经济体制的影响，东北社会结构具有明显的总体性特征。在高度集中的社会管理模式下，国家通过单位的链条和网络介入社会，实行全方面的社会控制。[①] 改革开放后，东北地区在很长一段时间都未能摆脱计划经济时期遗留的制度惯性，在行政管理体制和资源调控方式上都存在路径依赖。

制度惯性在一定程度上限制了东北社会治理模式的转型步伐，"强国家、弱社会"的治理格局使社会治理陷入"行政有余、治理不足"的困局。在计划经济体制和单位管理制度的长期影响下，东北更多延续着行政权威主导的社会管理模式。社会管理强调权力主体的单一性和权威性，通过纵向层级组

---

① 路风：《单位：一种特殊的社会组织形式》，《中国社会科学》1989 年第 1 期。

织结构将统治意志进行有效贯彻，要求执行行为的整体性和统一性。相较之下，社会治理主张权力主体的多元化，通过横向多主体间协同解决公共问题，强调社会的差异性和地方性。[①] 在"强国家、弱社会"的模式下，社会对全能型的政府产生依赖，自治能力发育缓慢，延续了传统社会管理格局下将自身视为客体的思维框架。受自上而下的行政逻辑影响，部分地区居民既缺乏参与社会治理的意愿和能力，也缺乏参与的渠道和制度保障，社会自组织力量发育受阻。例如，长春市某社区辖区内的学区房产权流转频繁，每年七八月份常有建筑垃圾随意堆放，严重影响社区居民的生活质量。究其原因，建筑垃圾不属于环卫部门处理范围之内，建筑垃圾的运输需要单独收费；住户也不愿承担运输垃圾的费用，半夜将建筑垃圾偷偷堆在路边。因而，社区居委会"大事化小、小事化了"，一旦发现建筑垃圾堆放，社区就自掏腰包雇佣卡车将建筑垃圾运走，如此周而复始，建筑垃圾随意堆放的问题成为基层治理的顽疾。

无论是四级联动还是三级联动，其强调的是从上至下的"下达"，在某种程度上忽略了从下至上的"上传"，即基层治理缺乏从下至上的信息传输机制，导致基层治理只能"单向度运转"。单向度的行政逻辑在社会治理中一直居于主导地位，治理逻辑的运作空间受到压缩，所以在后单位时代党建引领社会治理的东北实践中，我们更多看到的是依托自上而下的行政权力将党组织延伸到基层社会，容易出现形式化、悬浮化的问题。

在一些地方，党建嵌入社会治理领域的过程中出现空转的现象，党建符号性的强化在一定程度上没有转化为组织动员的实质性效果。笔者调研发现，少数基层党组织与居民的实际生活脱节，存在"重建轻管""出了党支部就是群众"等问题，在一些地方，无论是基层党组织的设立还是党建宣传都是依靠行政力量推动，单方面嵌入到基层治理领域，其职能在实际治理中被虚化，无法有效发挥组织的动员力量和凝聚力量，导致党建引领的制度优势

---

① 彭勃：《从行政逻辑到治理逻辑：城市社会治理的"逆行政化"改革》，《社会科学》2015 年第 5 期。

无法充分转化为治理效能。

（二）社会关系网络结构缺乏多样性和开放性

社会关系网络是治理韧性力的重要组成部分，涵盖个人、组织、社会等多个层面，在微观、中观、宏观层次展现出社会支持、信任、参与、认同、整合等多样化功能。[①]

从微观层次出发，社会关系网络属于个体之间的互动机制以及关系建构，其韧性力主要体现在社会资本的互惠性和信任感，是个人投资、获取和使用嵌入在关系网络中的资源以获得回报的形式。[②]微观层面的关系网络可以为个体提供情感支持、物质资源和机会、信息等社会资源，帮助个体应对风险并实现个人发展。从中观层次出发，组织在社会关系网络中起到了连接个体和社会的中介作用，是网络中的关键节点，承担着连接、协调、分配、聚合等职能，其韧性力体现在资源配置机制、信息传递机制、整体协同能力等面向。从宏观层次出发，社会关系网络涉及更广泛的社会结构和社会系统，包括认同、规则和秩序等资本的构建和转化，其韧性力涵盖社会参与能力、社会动员能力和社会整合能力的建构。在现代化进程中，网络韧性的培育和发展越发重要。然而，在东北地区，关系网络韧性建设面临着诸多挑战，特别是关系网络结构的多样性和开放性不足成为阻碍其发展的关键因素。关系网络的同质性和封闭性会使资源和信息流动受阻，进而削弱其学习能力和适应能力。

一方面，东北全能型政府的角色延续削弱了其他主体（企业、社会组织、公民等）的发育和成长，权力的集中导致政府在社会治理中出现缺位、错位、越位的交织现象，形成社会从属于国家、公民依附于政府的格局，制约了社会自主性和多元性的发展。譬如，尽管很多单位制时期的组织如今已

[①] 陈瑶、夏杰长、陈湘满：《社会网络视角下的城市韧性培育：理论机制与路径选择》，《治理现代化研究》2024 年第 4 期。

[②] Kadushin C., "Too Much Investment in Social Capital?", *Social Networks*, Vol.26, No.1, 2004, p.75 - 90.

经解体，但其遗留的社会网络在空间和时间情境中得以积累和延续，为居民参与公共事务和提高社会凝聚力提供丰富资源。但是，由于部分居民参与基层治理的渠道和平台建设比较滞后，社会关系网络资源被发掘的程度有限，这些弥散在主体内部和主体间隙的社会资本被闲置甚至逐渐流失，制约了居民社会参与质量的提高。

另一方面，多样性是韧性的另一个促进因素，它同时还能增强稳健性。[①]东北地区的社会关系网络多由家庭、单位、熟人朋友圈等同质性较高的节点构成，高效的信息传递机制、资源共享机制和社会参与机制难以建立，导致社会关系网络的整体协同能力不足。单位制在东北地区遗留了非常多的单位小区，单位人的空间集聚会造成社会网络的排斥性，同质化的网络节点和连接方式使资源和信息的流动受阻，形成高度封闭性的网络结构和特殊主义的社会交往偏好。

在东北地区，人情社会的规则依然存在，"人情""关系""圈子"占据着重要地位，更多以利益交换和资源获取为目的，这种缺乏异质性的网络结构展现出极强的工具性和功利性，与宏观层面所倡导的建立在广义信任和认同基础上的社会网络有着本质区别。这种现象在社会网络理论中被视为"关系主义"或"关系导向"，反映了社会资源的分配和获取在很大程度上依赖于个体之间的社会关系网络，而非制度化的、透明的规则和程序，显著降低了社会网络的开放性，无法以更高层次的情感和认同充分动员和整合各种社会力量，严重制约了网络韧性力的提升。

（三）基层治理实践"技术过剩、治理短缺"

既有研究认为，单位制是改革开放前中国社会的基本组织形态，具有高度整合、低度分化的特点。[②]在该时期，国家对社会进行总体性支配，国家权力的介入程度较深。随着单位制解体，国家对社会的控制程度逐渐松动，总

①［德］马库斯·布伦纳梅尔：《韧性社会》，余江译，中信出版社，2022年，第20页。
② 李汉林：《变迁中的中国单位制度——回顾中的思考》，《社会》2008年第3期。

体性支配开始向技术治理转变。① 然而，笔者通过对东北地区的调研发现，技术治理在实践中面临着明显的扭曲变形和水土不服。具体而言，治理技术往往脱离了具体的治理情境，过于强调治理手段的标准化建设、治理结果的可展示性和治理过程的痕迹管理，制约了能力韧性的提升。

东北地区治理手段的标准化建设比较常见，在决策过程和执行机制上过于强调规范化和程序化，较为集中的权力结构缺乏必要的灵活性，导致治理过程的机械性和被动性。例如，东北某省的基层工作要求达到"五化"，即责任任务"清单化"、流程进度"图表化"、标准要求"模板化"、行管知识"手册化"、工作推进"机制化"。该省在提升基层治理效能中将全省范围内的党支部规范化建设作为重要抓手，打造了涵盖 10 个领域的 14 类特色载体，为社区党支部工作制定了 5 张任务清单、42 个操作指南图表以及 43 个实用文书模板。社区治理的技术化转型及其表现出的标准化趋向，使纷繁复杂的治理场景更加清晰简单，脱离了真实的生活情境。治理主体对治理实践的程序化追求遮蔽了治理的真正目标，使治理陷入了形式化困境。在压力型体制之下，各类行政事务的不断下沉导致基层承担的工作任务越来越重。然而，基层有责无权，只能依赖国家政策与资源，成为照章办事的程序执行者，最大限度地展示治理成果、规避治理责任、寻求技术治理路径。基层在回应治理技术时表现出机械性，被动地将治理技术嵌入社区治理过程，导致各类技术工具五花八门，却无法适应社区的具体情境，大量治理技术的盲目堆砌使社区治理逐渐内卷化。在目标责任考核中，部分地区还表现出应付姿态，绕开现存的各类深层矛盾，依托技术的更新升级来挖掘治理增量，以替代性治理方案来证明和展示自身的治理能力，但治理技术的迭代升级却表现出对治理对象的无涉性。

当治理效果以它的展示价值来衡量时，治理便容易陷入"形式化""内卷

---

① 渠敬东、周飞舟、应星：《从总体支配到技术治理——基于中国 30 年改革经验的社会学分析》，《中国社会科学》2009 年第 6 期。

化"的困境。① 基层的权责失衡导致基层政府习惯于通过控制治理内容来尽可能地压缩自己的成本支出，即将治理实践限定在易于展示的项目。例如，东北某省将治理平台当作数字政绩，各级政府部门在缺乏统一规划的情况下，为了各自政绩竞相开发和建设种类繁多的政务 App、信息系统以及微信公众号等，且各平台间还普遍存在着功能雷同、标准不一、联通缺失等问题。同时，把数据作为政绩展示的"秀场"，重复制造台账、表格、短视频等数字形式，使基层治理背上了沉重的负担。纷繁复杂的治理事务被制作成展品，成为按规则展示的治理内容，来充分说明治理的有效性和回应性，从而获得上级的注意力。正如调研中一位社区工作人员所言："工作只有看得见，能上墙、进栏、填表格，才算真正干出结果。"基层政府和基层工作者既是基层治理创新的主动展示者，同时也是行政控制链条上的被凝视对象。基层治理实践对展示效益的过度追求，是一种以"成本—收益"的工具理性替代"服务为本"的价值理性的做法，客观上忽视了其应当践行的社会责任。

近年来，"上面千把锤、下面一根钉"的问责机制让基层苦不堪言。笔者在东北某地的调研中发现，为了能够及时评估社区治理的成效，上级部门建立了一系列指标和清单，如小区治理"问题清单"、共建单位"服务清单"、居民群众"督评清单"等等，辅以社区工作人员的行为规范，这些共同组成了社区治理标准体系。如此繁杂的标准指标使社区工作人员忙于应对指标考核，每一项指标都与自己工作的成效息息相关。在绩效考核手段和属地问责压力的作用下，痕迹管理被广泛应用，使基层治理的内容及流程都遵循既定的方式，通过文字、数据、表格和图片材料加以展现，使监督、检查和考核有迹可循，便于操作。但对痕迹管理的过度强调，导致一些基层部门对展示性痕迹的依赖和对真实绩效的忽视，从而滋生了以"迹"为"绩"的痕迹主义。②

---

① 刘威、徐明琨：《治理创新越来越难？——社区治理的麦当劳化及其超越》，《南通大学学报（社会科学版）》2023 年第 5 期。

② 颜昌武、杨华杰：《以"迹"为"绩"：痕迹管理如何演化为痕迹主义》，《探索与争鸣》2019 年第 11 期。

在痕迹展示的驱动下，基层工作者发展出两种主动应对行为：一种是"表演性留痕"。例如，在某街道的服务活动中，工作人员与服务对象按照预设场景和精心设计的情节拍摄具有"亮点"的照片或视频，相关参与者会停顿数秒甚或重复数次，以期留下完整的痕迹。这类摆拍行为追求的是依靠"熟人"高效完成治理展示任务。另一种应对行为是"预备性留痕"，即一些基层工作者在服务和治理活动尚未开展或完成的情况下，先将留痕任务一次性完成，以备不时之需。例如，在某街道在社区尚未启动或尚未完成社会工作服务项目时，一些工作人员就已经着手填写表格、制作PPT、撰写总结报告，导致治理活动的本末倒置。一些基层工作者将其从事的工作调侃为"填表达人"，以表达自身所感受到的来自文案工作的压力。数据、台账、档案、表格照片、视频等材料都是展示治理过程与效果的重要工具，各类治理项目的评估也依赖于上述治理痕迹的策略性呈现。痕迹管理的本意是保证监督有据，但过度严格的留痕工作不仅带来基层治理对工具形式的过分关注，也加重了基层工作者的压力与负担。

二、东北拓展治理韧性力的风险应对

我们立足于东北振兴的新阶段，应当超越传统经济领域的局限，认清东北地区在构建新发展格局中的战略地位，明确其在维护国家"五大安全"的战略地位，通过制度、网络、能力韧性的提升，走出一条具有东北特色的高质量、可持续发展之路。

（一）拓展制度韧性：以制度适应性破局僵化治理

要真正振兴东北，单靠短期的风口、资源或是政策，无法永立潮头、长盛不衰。对于东北地区来说，应该摆脱对传统社会管理模式的路径依赖，增强区域社会治理体系在面对内外部环境变化时的适应力。现代社会治理是一个以政府干预和协调为主导、以基层社区自治为基础，并以社会组织为中介，广泛动员公众参与的互动过程。① 为了有效提升东北地区的制度韧性，一方面，需要不断提升政府治理体系和治理能力的现代化水平，从传统的管制型政府向现代的服务型政府转变，以确保公共服务的高效与社会秩序的稳定。另一方面，应大力推动社会的自我发育，通过提升自治水平来构建国家与社会之间的良性互动，实现社会整体治理效能的提升。制度惯性给治理体制的发展带来了阻力，一个重要的表现就是自治能力发展明显滞后。在制度的惯性作用下，现行制度在很大程度上是从政府逻辑出发，制度决策与执行难以适应复杂多变的治理情境。

东北地区各级政府应该从传统的管理思维转向现代的治理逻辑，主动转变职能以适应社会发展。将国家与社会的关系简单地视作"管"与"被管"的二元对立关系已不符合现代治理制度的要求，社会不应仅作为被指涉的客体。我们应重视社会自治能力的建设，推动社会治理从"官本位"向"民本位"转变，坚持以人为本的价值取向，秉持以人民为中心的发展理念，使社会治理根植于人民群众的实际需求，以增进民生福祉为核心目标。在制度不断完善的过程中，培育发展社会的自治能力，以基层党组织为载体，充分发挥其引领力量和桥梁作用，吸纳和整合各种社会力量，构建"党委领导、政府负责、社会协同、公共参与、法治保障"的现代化治理格局。

制度设计都是在特定的时间和空间情境下建构的，随着时空的变化，原有制度会出现效率递减或者产生堕距。适应性是衡量政治组织和政治程序制度化程度的重要维度。② 在面对内外部环境的不确定性和复杂性时，制度需要依据社会情境自我完善并不断演进，加强其适应性以提升应对风险和挑战的能力。制度的适应性可以理解为与其应用环境的动态契合度，通过意向性表达，反映人类意识同外在世界的对象或事态之间的相适程度。③ 基于此，东北

---

① 李培林：《创新社会管理是我国改革的新任务》，《人民日报》2011 年 2 月 18 日，第 7 版。

②［美］塞缪尔·P. 亨廷顿：《变化社会中的政治秩序》，王冠华、刘为译，上海人民出版社，2008 年，第 11 页。

③ 方钦：《制度：一种基于社会科学分析框架的表诠》，《学术月刊》2016 年第 2 期。

地区政府应在遵循国家治理总体逻辑的前提下，构建具有地区特色的、真正符合东北人民需要的社会治理制度；坚持公平正义原则，不断扩大有序参与；通过提升治理能力、畅通参与渠道、拓展实践领域、完善协同机制，激发多元主体的主体意识与参与热情，切实维护人民群众的根本利益。

概言之，制度的适应性是一个多维度的概念，涉及规范、秩序、共识等多个方面。提升制度的适应性是一个复杂、系统、长期的过程，需要兼顾短期效应和长远反馈，能够通过制度适应性调整和变迁真正提升社会治理效能，增强抵抗扰动的能力，构建符合时代需求的顶层设计，为社会的可持续发展奠定坚实的制度基础。

（二）提升网络韧性：以关系包容性促进共生治理

从组织层面来看，治理系统的韧性是基于组织规模与治理资源的张力调适。[1] 为了解决当前东北地区普遍信任缺失、正式规范乏力、公共精神不足和参与网络不健全等困境，在推动东北全面振兴的过程中，我们应重视社会资本的重要作用，提高居民对公共事务的参与程度，提升社会自组织水平和自适应能力，从微观的主体利益拓展到宏观的社会秩序，不断增强居民的社会认同感和凝聚力。"所谓治理就是对合作网络的管理，又可称为网络管理或网络治理，指的是为了实现与增进公共利益，政府部门与非政府部门（私人部门、第三部门或公民个人）等众多公共行政主体彼此合作，在相互依存的环境中分享公共权力，共同管理公共事务的过程。"[2] 因此，构建治理共同体是提升东北地区社会关系网络韧性的必然路径。

首先，多元主体是基层治理的力量之源，应深入挖掘和培育社会力量，鼓励居民参与公共事务，通过优化公众参与平台，吸引多元主体参与公共事务的共商机制和决策过程。一方面，推动企业主体在东北振兴中承担更多的

---

[1] 容志、宫紫星：《理解韧性治理的一个整合性理论框架——基于制度、政策与组织维度的分析》，《探索》2023 年第 5 期。

[2] 陈振明主编：《公共管理学——一种不同于传统行政学的研究途径》，中国人民大学出版社，2003 年，第 8 页。

社会责任，特别是在就业、环保、慈善和社区建设等方面发挥积极作用。各类企业不仅是经济增长的引擎，也是社会发展的重要力量。另一方面，鼓励和支持社会组织、志愿力量参与社区治理和公共服务供给。这些组织往往能够触及政府和市场难以覆盖的领域，丰富公共服务供给、为其他主体提供沟通和互动的桥梁，从而提高社会整体韧性。这种广泛的参与可以增强社会凝聚力，积累社会资本，并为政策制定提供更为多元的视角。同时，打造物理和虚拟的公共空间载体，将公共空间作为公与私嵌合的支点，通过开放性和包容性的社区建设，增强居民之间的互动和信任，培育社区内部的社会资本，形成一个以党政力量为主导，吸纳多元主体的参与式治理模式。

其次，多元主体合作有时存在着职责不清晰、结构不明确、目标不统一等问题，这种各自为战的局面大大降低了治理效能。如何让多元主体从无序走向有序，生成"1+1>2"的治理合力成为关键。要提升网络韧性，必须在治理实践中，处理好多元主体之间的利益分歧，摒弃东北地区传统的"官本位"思想，建立政府、企业、社会组织和公众共治机制，通过简政放权改革向社会赋权增能，使多元主体在区域发展中各司其职、各尽其能。这种共治模式不仅可以提高决策的科学性，还能增强政策的执行力。

最后，在东北地区塑造共同体精神，打造共建共治共享的社会治理格局。在邻里共商、资源共享、平台共建、文化共创中增进共识，通过横纵交织的社会网络激活与整合多主体力量和多要素资源。基层治理共同体能够通过共同价值追求、情感道德、礼仪习俗等关系纽带凝聚多元主体参与基层治理的共识，通过集体行动形塑治理秩序、增进互惠互助、提升情感温度，解决基层治理中自治力不足、凝聚力不强等问题。[1]从实践路径上，培育基层治理共同体有利益和情感两个渠道，其中，利益共同体是情感共同体的基础，情感共同体是利益共同体的升华。一方面，要将参与主体的个人利益和共同利益相融合，构建并畅通利益表达平台，将自下而上的诉求与自上而下的回

---

① 唐兴军：《论精细化治理中的社区共同体重建》，《江西师范大学学报（哲学社会科学版）》2023年第3期。

应相结合，鼓励各主体参加公共活动，减少主体间的陌生和疏离，激发多元主体的内生动力，使其进行持续高频、互惠互助的交流互动。另一方面，要通过东北特色的在地文化、独有的集体回忆塑造公共精神和情感认同，有效地将工具性的互惠互利转化为情感性的休戚与共，提升居民之间的认同感和凝聚力，建设"人人有责、人人尽责、人人享有"的基层治理共同体。

（三）增强能力韧性：使基层治理创新扎根社区经验

中国政府改革 30 年的经验表明，社会治理创新不仅仅是一个追求技术理性的过程，更重要的是实现价值理性的过程，如果忽视基本的价值选择问题，社会管理可能变成一种缺乏灵魂的盲动。伴随技术治理理念融入东北社会治理场域，无论是智慧平台等科学技术工具，还是项目制、标准化等制度技术，都为治理的展示提供了工具和渠道。基层治理的理性维度被无限放大，效率和技术成为了人们关注的焦点，而其情感维度却被搁置和忽视。例如，社区治理使用的网格化管理系统，推动了基层治理体系问题发现机制的智慧化，实现了从模糊到清晰的展示目标。

换言之，治理技术工具与展示逻辑互相强化，二者都是工具理性在治理领域的蔓延和扩张，也因此，基层政府日益追求治理技术的更新升级和治理内容的可展示性，"围着政策转、按着指示办、做给领导看"的扭曲政绩观在东北地区越发盛行，严重制约了区域的能力韧性提升。实质上，不同治理场景对技术适配的要求各不相同，技术治理的局限性主要体现在治理技术的单一性与治理场景的多样化之间的矛盾。当治理技术与治理场景适配时，治理效能会显著提高；反之，则会导致治理效能降低。应充分考虑到治理场景的特殊性和复杂性，完成治理技术的单一性与治理情境的多样化之间的惊险一跃。[①] 因此，应将治理重心从技术本身转向对治理情境的适应，将技术的外部植入转化为扎根情境的治理工具，以提升治理的能力韧性。

首先，治理实践的技术应用和创新应该坚持人本原则。从数字技术在治

---

① 吕德文：《治理技术如何适配国家机器——技术治理的运用场景及其限度》，《探索与争鸣》2019 年第 6 期。

理领域的推广过程看，技术使用的意义更多着眼于提升治理能力，发挥技术在治理精准化、精细化和标准化方面的重要作用，核心是强化治理者的能力，因此是一种以"国家"为中心的治理，也正缘于此，作为治理表象的形式才会被凸显，形式主义、案牍主义、痕迹主义才有生存空间。因此，我们需要反思技术治理的内在价值。技术与社会之间的互动史表明，对一个合作有序的社会而言，技术从来都只是工具，工具运用的逻辑才是决定技术影响社会秩序的关键因素。[1] 无论是技术本身缺陷所致的负面影响，还是受社会偏好扭曲的技术消极后果，其根源都在于人的异化。[2] 技术并未失控，但对技术的集体想象使我们忽略了美好生活的其他维度，因此我们需要恢复对世界丰富而深邃的想象，摆脱对技术的单一想象，重新思考未来社区人与人、人与物、物与物的互动关系。我们需要以人作为价值评判的尺度，在技术引入时要贯彻有限工具原则，坚持人本主义而不是事本主义。价值因人而生，只有"人"才是治理的终极价值。

其次，应打破东北地区基层政府对技术理性的迷思，走出对治理展示性价值的膜拜，重构社区治理主体与基层政权组织之间的权力关系，用多元平等的参与性互动代替行政垄断的资源性依赖。尤其是治理技术的生成、应用和推广，不能仅仅依靠政府的力量，而应培植技术理性生长的社会土壤，鼓励各类治理主体积极参与到社区治理手段和方法的探索之中，尊重居民的独立性和话语权。治理技术与治理情境的调适并不是单向地用行政力量绑定基层治理，也不是简单地将治理技术嵌入治理过程，而是国家治理与社会治理的耦合，连接和畅通二者的"输入"与"输出"。专业化的服务是社区治理的核心要义，技术化的管理是社区治理不可逆转的趋势。政府要营造开放互动的社区治理结构，搭建技术化与专业化之间的沟通对话平台，实现技术化与

① 邱泽奇：《智慧生活的个体代价与技术治理的社会选择》，《探索与争鸣》2018 年第 5 期。
② 陈新：《注意力竞争与技术执行：数字化形式主义的反思及其超越》，《社会科学战线》2021 年第 8 期。

专业化的有效互构。①唯如此，由行政推动的技术支配治理才能走向国家和社会互动、技术与治理互嵌的结构耦合。

最后，基层治理本身就是解决社会问题的重要机制，致力于回应变化环境中的不确定性、不稳定性，但技术治理对标准程序的追求、对稳定指标的强调和对技术升级的偏爱，在一定程度上限制了基层治理回应社会风险和化解矛盾冲突的能力。如果我们将基层治理置于东北区域转型的历史进程之中进行考量，就不难发现，社区治理与本土文化、历史传统紧密相关，与单位制的瓦解、家庭结构的变迁等宏观社会转型密切联系。换言之，我们只有重新理解居民的朴素需求和社区建设的原初意义，使社区治理沿着本土文化和历史传统的生成脉络进行创新，才能形成针对性的服务策略和建设方案。基层治理经验的生成具有特殊性，蕴藏在社区日常的实践积累中，这些治理经验或许零散、不够系统，但它充满了旺盛的生命力，是治理技术的原初形态。

我们只有利用社区本土经验不断赋能创新技术治理，构建从日常治理经验到标准化治理技术的生长链条，才能释放更大的社区治理红利。强调治理能力的创新，需要我们重新思索传统治理方式的优势，特别是内生性的传统治理智慧。由上至下的数字化转型，特别是对老旧小区的智慧化改造，往往忽略了老旧小区的传统治理智慧。一些年纪大、社会经济地位较低的居民虽然缺乏数字技能，但他们与社区具有独特的"亲和性"，这正是数字技术所缺少的交往感与人情味。传统治理智慧与现代数字技术的融合才是智慧社区发展的真正未来，因此，传统治理智慧应与现代数字技术同频共振。具体而言，要充分考虑到治理情境的文化背景、差异需求和现实条件，将治理技术植入到具体的治理情境中，使普适性的治理技术与异质性的治理情境无缝衔接，真正使技术赋能治理落实到社会、服务于生活、造福于人民。

---

① 陈友华、邵文君：《技术化与专业化：社会治理现代化的双重路径》，《南开学报（哲学社会科学版）》2022 年第 2 期。

第三节　东北维护国家安全力面临的挑战及因应之策

东北地区依托其资源优势、产业和科教基础、基层治理等传统优势，在维护国家"五大安全"、保障人民群众生命财产安全上表现出强大的能力，切实推动高质量发展与高水平安全的良性互动。但不能忽视的是，受内外部因素影响，东北地区在维护国家安全上仍面临多方面的现实制约。

一、东北维护国家安全力面临的挑战

（一）东北边境地区潜在不确定性风险

首先，东北地区受地缘政治因素影响，存在涉及区域安全、国民人身安全的隐患。东北地区毗邻朝鲜、俄罗斯、蒙古国、日本、韩国五国，位于东北亚的核心地带，受国际关系不稳定性影响，边民的活动范围难免受限；如若政局不稳，还会使国民生命财产安全受到威胁。

其次，东北边境地区在边境旅游业蓬勃发展的过程中，面临着因人员流动大、社会情况复杂等造成的社会治理难题。边境旅游是指居民在相邻两个国家的陆地边界口岸的特定范围内开展的旅游活动，主要包括边境地区游和边境跨国游两种形式。目前，东北地区边境旅游发展较突出的有：以吉林省延边朝鲜族自治州、辽宁省丹东市为代表的中朝边境游；以黑龙江省黑河市、绥芬河市为代表的中俄边境游；以内蒙古自治区二连浩特市、满洲里市为代表的中蒙边境游。然而，中、朝、俄、蒙四国政府具有不同的法律规定及社会管理政策和机制，这导致东北边境地区旅游难以对跨区域流动人员进行系统性的规范和管理。[①] 此外，在大规模旅行热潮的掩饰下，部分非法越境贩子进入我国开展诈骗、偷盗等违法行为，亦有部分边民及不法商贩出售假

[①] 崔哲浩、吴雨晴、张俊杰：《国家安全视域下东北地区边境旅游发展研究》，《中国生态旅游》2022年第3期。

冒伪劣商品，利用"边民互市"走私敛财，从事违规的商品倒卖活动。[①] 这既对居民的生命财产安全造成了威胁，也对我国跨境贸易的繁荣稳定发展提出了挑战。

最后，东北边境地区受历史遗留问题和文化渗透问题影响，潜存"认同型安全风险"[②]，即边境居民对本国本民族文化认同的异化。于东北边境地区而言，特殊的地理方位使其面临着复杂的社会文化环境，也使其逐渐成为境外宗教势力渗透的主要地区。以吉林省延边朝鲜族自治州、内蒙古自治区满洲里市为例，两地居民以朝鲜族、蒙古族为主。两个少数民族与朝鲜及蒙古国在历史文化上具有一定的相似性和关联性，这使部分宗教极端势力和反华分子借此大做文章，借助网络新媒体、公益活动等形式对我国进行各种滋扰，并利用语言相通性进行文化渗透、发展宗教势力、鼓吹民族分裂及独立，妄图破坏东北边境地区的稳定性。[③] 长此以往，东北边境地区居民的民族认同、国家认同难免受到干扰，亦可能存在消解中华民族共同体意识的严重危害。

（二）东北粮食安全可持续性隐患显露

耕地是国土空间中重要的战略资源，它不仅与国民的日常生活息息相关，同时关系到国家的粮食安全及农业现代化的可持续发展。然而，随着区域耕地的过度开发和高强度、不合理利用，我国东北地区面临着黑土区土壤肥力下降、土地沙化、土地盐碱化等问题，这不仅使我国耕地生态系统面临较大压力，也在一定程度上对东北地区维护国家粮食安全、发挥"压舱石"作用形成了制约。

一方面，东北地区的黑土地经多年高强度利用，大量黑土层流失、土壤

[①] 翟立强、刘漫与、丁振辉：《中俄边境贸易发展的现状、问题及建议——基于满洲里、绥芬河和黑河三地的分析》，《经济问题探索》2013年第10期。

[②] 田里：《边境旅游面临的国家安全问题研究》，《湖湘论坛》2022年第2期。

[③] 崔哲浩、吴雨晴、张俊杰：《国家安全视域下东北地区边境旅游发展研究》，《中国生态旅游》2022年第3期。

肥力日渐衰退、黑土容重[①]日益增加，可概括为黑土层在"变薄、变瘦、变硬"[②]。水利部公布的《中国水土保持公报（2023年）》显示，东北黑土区水土流失面积为20.89万平方公里，占其土地总面积的19.20%，其中，水力侵蚀面积13.32万平方公里，风力侵蚀面积7.57万平方公里。在水蚀、风蚀和冻融侵蚀等的作用下，东北地区黑土层正以年均0.1—0.5厘米的速度剥蚀流失，初垦时黑土层平均厚度约60—80厘米，目前大部分黑土层厚度处于20—40厘米区间，甚至吉林省约12%黑土地的黑土深度不足20厘米。与黑土厚度减少相伴，黑土耕作层土壤有机质含量与养分元素也在日益下降。在近60年间，土壤有机质含量下降了1/3，而平均有机碳含量每10年下降1.4克/千克。此外，既有的研究表明，自然黑土的容重范围为0.80—1.00克/立方厘米；而1982年全国第二次土壤普查数据显示，我国黑土容重为1.00—1.10克/立方厘米，如今已增加至1.25—1.30克/立方厘米。[③]黑土层的变薄、变瘦、变硬，将直接导致农作物产量的减少。中国科学院调查表明，每侵蚀1厘米黑土层，玉米就将减产123.7千克/公顷。由此可见，黑土地的持续退化将对中国粮食生产带来巨大挑战，直接影响到我国的粮食安全。

另一方面，当前东北地区推广保护性耕作较为困难，存在着主客观因素的双重制约。东北黑土区保护性耕作的核心要求是在不翻耕土壤、地表有秸秆覆盖情况下进行免耕、少耕播种，从而实现作物稳产高产与生态环境保护的双赢。然而，从现实情况来看，第一，我国玉米常年连作，其产生的大量秸秆增加了保护性耕作技术的实施难度。第二，东北地区各省份玉米种植行距较小且并不统一，相对狭小的间距难以清理出没有秸秆的播种带，而对农

---

① 容重：（土壤）容重是指一定容积的土壤（包括土粒及粒间的孔隙）烘干后质量与烘干前体积的比值。这个比值不仅反映了土壤的紧实程度，还间接影响了土壤的许多重要性质，如保水能力、透气性和根系生长等。一般而言，紧实的土壤不利于植物生长，而疏松的土壤则更有利于植物的生长。

② 李保国、刘忠、黄峰等：《巩固黑土地粮仓 保障国家粮食安全》，《中国科学院院刊》2021年第10期。

③ 李胜龙、李和平、林艺等：《东北地区不同耕作方式农田土壤风蚀特征》，《水土保持学报》2019年第4期。

业机械设施的不同需求又使各省难以统一推广保护性耕作。[①] 第三，东北黑土区部分农民仍持有传统耕作观念，习惯于旋耕起垄、精耕细作的传统耕作方式，他们担心保护性耕作出苗不好、病虫草害多影响产量，因而对保护性耕作的积极性和接受度较低。[②] 第四，农民普遍文化水平较低也限制了其对保护性耕作技术的理解与实施。

（三）东北地区面临人口安全风险

人口问题是"国之大者"，是我国长期面临的基础性、全局性、战略性问题。人口安全作为非传统国家安全的重要组成部分，对国家安全的影响是基础性的、战略性的和深远性的。我们必须重视把握人口各要素之间，以及人口与经济社会、资源环境等外部要素间的相互关系，全面客观认识东北地区人口形势，正视新发展阶段东北地区在人口安全上面临的突出问题。

一方面，东北地区生育率较低，人口负增长水平居全国之首，青壮年人口流失严重。国家统计局数据显示，2022 年，我国人口出生率为 6.77‰，人口自然增长率为 –0.60‰；东北三省的人口出生率均不足 5‰（黑龙江省 3.34‰、吉林省 4.32‰、辽宁省 4.08‰），且较上一年均有所下降（黑龙江省 3.59‰、吉林省 4.70‰、辽宁省 4.71‰）。东北三省的人口自然增长率伴随人口出生率同步下降，黑龙江省人口自然增长率由 –5.11‰下降至 –5.75‰、吉林省由 –3.38‰降至 –4.07‰、辽宁省由 –4.18‰降至 –4.96‰，东北三省人口规模呈连续负增长态势。此外，依据 2020 年第七次全国人口普查主要数据，东北地区 2010—2020 年间人口总量大幅下降，人口负增长程度极为严重，其中黑龙江省人口总量减少 646 万人，人口自然增长率为 –16.87%，位列全国人口负增长之首（见表 11-3-1）。东北地区人口总量的变化与人口的迁移流动紧密相关。有学者基于现有数据分析得出东北地区人口流动情况，并指

① 敖曼、张旭东、关义新：《东北黑土保护性耕作技术的研究与实践》，《中国科学院院刊》2021 年第 10 期。

② 王桂霞、杨义风：《当代中国农村耕地资源保护的实践探索与策略优化——以黑土地保护为中心兼及其他》，《河北学刊》2021 年第 6 期。

出，黑龙江省和吉林省为人口净流出省份，2020 年，两省净流出人口分别为 353.76 万人和 178.10 万人，且流动人口多为青壮年劳动力。[①]

表 11-3-1　全国及东北三省人口数及增长率情况

（单位：万人，%）

	年份	全国	黑龙江省	吉林省	辽宁省
人口数	1990 年	113368	3521	2466	3946
	2000 年	126583	3689	2728	4238
	2010 年	133972	3831	2746	4375
	2020 年	141178	3185	2407	4259
增长率	1990—2000 年	11.66	4.76	10.63	7.40
	2000—2010 年	5.84	3.86	0.67	3.22
	2010—2020 年	5.38	−16.87	−12.34	−2.64

数据来源：《2020 年第七次全国人口普查主要数据》。

　　另一方面，东北地区年龄结构失衡，少年儿童比重持续下降，人口老龄化正加速发展。从 2020 年第七次全国人口普查数据来看，东北三省的少年儿童人口比例较为接近，黑、吉、辽三省分别为 10.31%、11.71% 和 11.12%，但远低于全国平均水平（17.95%），居于全国末位（见表 11-3-2）。相较于 1990 年，黑、吉、辽三省少年儿童人口比例均降幅较大，分别下降了 16.28%、14.45% 和 12.10%。从短期来看，少年儿童人口的减少，在一定程度上能够减轻社会在教育和医疗等方面的负担，如减轻托育压力、降低教育投入，也有利于激发个体对家庭结构、育儿观念的再思考，推动个人及家庭生活质量的提高。但长远地看，"少子化"却意味着未来的人力储备减少、人口可持续发展能力弱化，意味着人口生产力、创造力、支撑力、生命力的丧失。另外，通过"七普"数据发现，2020 年黑、吉、辽三省 65 岁及以上老年

[①] 张丽萍、王广州：《东北地区人口负增长特征及突出问题研究》，《社会科学辑刊》2023 年第 2 期。

人口比重分别为 15.61%、15.61% 和 17.42%，均高于全国平均水平（13.50%），其中辽宁省是全国老龄化程度最高的省份（见表 11-3-2）。相较于 2010 年，黑、吉、辽三省老年人口比重分别增加了 7.29、7.23 和 7.11 个百分点。人口老龄化将增加黑、吉、辽三省在社会保障、养老服务、医疗卫生等方面的压力，使社会负担过重，进而对区域经济社会发展带来不利影响。

表 11-3-2 全国及东北三省人口年龄构成

（单位：万人，%）

年龄		全国	黑龙江省	吉林省	辽宁省
0—14 岁	计数	25338	329	282	474
	占比	17.95	10.32	11.71	11.12
15—64 岁	计数	96776	2359	1750	3044
	占比	68.55	74.07	72.68	71.46
65+ 岁	计数	19064	497	376	742
	占比	13.50	15.61	15.61	17.42

数据来源：《2020 年第七次全国人口普查主要数据》。

二、东北维护国家安全力面临挑战的因应之策

（一）强化总体国家安全观，提升多元协同治理能力

首先，构筑维护东北边境安全的多元力量体系，形成维护国家安全的强大共识和有效合力。面对国际国内形势的深刻变化，国家安全不能单单依靠政府力量进行维护，应积极调动多方力量、运用多元手段确保边境地区和谐稳定和长治久安。第一，注重传统力量与非传统力量相结合，坚持完善东北地区党政军警民"五位一体"的合力治边新格局，坚持"党"管总、"政"主责、"军"主防、"警"主治、"民"主察的安全治理体系。其中，更好发挥东北边境地区各类非政府组织及社会团体、爱国人士等在维护边境安全方面的

作用，建立由人民群众组成的群防工程。第二，注重"软"力量与"硬"力量相结合。在数字时代，依托传统媒介（如广播、电视、收音机）和各类新媒体平台（如微信、微博、抖音、B站），形成宣传边境安全的舆论阵地，强化边民对边境地区不法分子及其违法犯罪行为的认知和警惕。第三，针对当前存在的非法越界、非法贸易、黄赌毒等对东北边境地区安全产生威胁的违法犯罪活动，应强化法律层面的管控，加大对犯罪分子的惩处力度。同时，应加强边界两侧的防卫合作，与邻国积极对接相关法律法规、强化对流动人员的共同监管，共同维护边境地区的繁荣稳定。

其次，推动跨境旅游合作区和边境旅游试验区深入发展，通过促进东北边境地区总体发展水平提高，为维护经济安全和社会安全提供切实保障。一般而言，边境地区的经济发展水平相对落后，这成为边民违法犯罪的主要诱因。而边境旅游作为我国边境地区的一种开发方式，近年来对繁荣边境地区经济、助力边民脱贫解困、缓解社会冲突矛盾起到了重要支持作用。因此，应进一步推动东北边境地区旅游产业建设以提升经济安全治理能力。其一，积极推动各国政府及非政府组织共同参与跨境旅游合作区的规范及管理机制制定，在统筹协调政府、企业及边民利益诉求的基础上，加强旅游要素建设、培塑特色旅游品牌、打造旅游精品线路，强化边境休闲度假区、特色美食区、民俗体验区塑造，推进文旅体深度融合。其二，政府部门应依托东北地区边境口岸城市特色旅游资源，对边境旅游示范区进行统筹规划。例如，在中朝边境城市（如延吉市、丹东市）发展民俗文化游，在中俄边境城市（如黑河市、珲春市）发展购物游、冰雪游，在中蒙边境城市（如满洲里市）发展草原游等。

最后，借助"育引结合"、强化文化宣传等手段巩固文化认同，提升东北边境地区文化安全治理能力。就我国边境地区而言，前文所提及的潜在的"认同型安全风险"或者说"认同危机"是威胁国家安全的内生性、实质性因素。① 因而，如何保障我国边疆地区文化主权处于相对安全和不受内外威

① 余潇枫、徐黎力、李正元等：《边疆安全学引论》，中国社会科学出版社，2013年，第23页。

胁的状态、降低文化冲突的可能性，① 是维护我国文化安全必须回应的问题。第一，通过思想宣教和制度宣教强化边民的国民意识，引导他们认识到其在兴边、守边、固边中的社会责任和独特价值。第二，通过振兴边境地区文化产业、打造具有地方特色的民族活动等方式，丰富边民的文化娱乐生活、提升边民的生活幸福感和归属感，进而强化东北边境地区居民的民族认同、文化认同。第三，通过挖掘并传播边境地区旅游产品的文化内涵、强化边境旅游文化的体验感，一方面加强边境旅游者对国内外不同民族文化的认知与学习，另一方面不断提高边境地区居民的生活福祉、增强其文化自信。

（二）坚持黑土地用养结合，筑牢东北粮食安全压舱石

习近平总书记强调，东北是世界三大黑土区之一。一定要采取有效措施，保护好黑土地这一"耕地中的大熊猫"。因此，东北地区应坚持对黑土地开展水土保持综合治理，坚持实施保护性耕作，推动中低产田恢复为原来的高产田，为农业生产的可持续发展贡献力量，更好发挥粮食安全"压舱石"作用。

一方面，应加强黑土区的土壤监测、水土保护和流失防治工作。第一，依托天、空、地立体监测技术体系对东北黑土区的土壤有机质、地形地貌、土壤类型、温度墒情等展开常态化监测，形成黑土地的"健康档案"②，进而分步骤、分类别、针对性地推进黑土地保护工作。第二，针对黑土地水土流失情况，应大力推行水土保持综合治理措施，如采用"工程措施、植被措施、耕作措施"相结合的方式。具体而言，在工程措施方面，推进蓄排工程建设、修建坡面排水工程以实现径流改造；在植被措施方面，通过在坡耕地建造绿化带、开展植树种草行动、建设生态防护林等举措以提高土壤蓄水能力；在耕作措施方面，借助暇穗留杆、合理轮作、深松土壤蓄水等措施以实现保护黑土地的目标。第三，鼓励广大农民投身水土流失防治工作，通过加强宣

---

① 崔哲浩、吴雨晴、张俊杰：《国家安全视域下东北地区边境旅游发展研究》，《中国生态旅游》2022年第3期。

② 张艺开：《给黑土地做"CT"》，《人民日报》2023年9月6日，第6版。

传教育让农民意识到黑土地保护工程对其生产生活的重要影响，激发农民参与这项系统性、长期性工程的热情与积极性。

另一方面，采取适宜东北黑土地的保护性耕作模式，稳步扩大实施面积。我们应遵循绿色发展和可持续发展理念，根据东北地区各地粮食生产的地理布局，因地制宜实施保护性耕作，如采取免耕少耕、田间垄作或秸秆还田的方式，不断提高土壤有机质含量、改善土壤质量、恢复黑土生产力。此外，还可以借鉴我国其他地区种养结合、循环农业的经验，将种植业与养殖业相结合，发展绿色生态农业，用畜禽粪便替代化学肥料，以缓解黑土地土壤硬化问题。最后，加强对农户保护性耕作技术的培训指导，着力培养一批能够熟练掌握保护性耕作技术的生产经营能手和农机作业能手；同时加强政府宣传和重点农户的带头作用，调动农民参与保护性耕作的积极性和主动性。

（三）以人口高质量发展谱写东北全面振兴新篇章

面对当前东北地区人口生育率持续走低、人口负增长日益突出、"少子化""老龄化"问题越发凸显等现实问题，在推进东北全面振兴过程中，应把实现东北地区人口高质量发展摆在重要位置，要兼顾人口数量与人口质量、人口结构与人口有序流动，在做好基本民生保障的同时注重人才的培养与吸纳。[1]

第一，优化人口发展战略，建立健全生育支持政策体系。东北地区应结合自身实际，探索实施更加积极、放眼未来的人口政策，通过生育配套政策的完善，减轻家庭生育、养育、教育的负担，进而提高东北地区人口生育意愿、促进生育率的增长。例如，应坚持以"生得出""养得起""有人带"为目标，建立健全生育福利及救助、生育保险、托育服务、就业促进等支持政策，巩固和加强生育服务行政管理及专业服务。同时，分类施治，对生育多孩的夫妇提高奖励和支持力度，加大对积极生育家庭的物质奖励与政策照顾，积极营造生育友好的社会环境。

---

[1] 王晓峰、刘华伟：《东北全面振兴下人口高质量发展的实践之路》，《人口学刊》2024 年第 1 期。

第二，加强对东北地区人口流动的动态监测，保障流动人口的人身安全，有效防范各类人口风险。东北地区应借助大数据、云计算、人工智能等数字技术，提高人口领域安全监测预警能力，针对边境人口、民族人口、特殊人群等展开重点监测，同时对境外流入人口实施关注、定期访查，保证对社会安全的可控性。

第三，积极应对人口老龄化，确保老年人共享发展成果。一方面，东北地区应着重对养老保险制度优化改革，发展多层次、多支柱养老保险体系以满足城乡老年人对养老保险的不同需求，同时通过降低社保缴费额以减轻老年群体的参保压力，切实实现"老有所养、老有所安"。另一方面，东北地区应积极探索银龄人才资源开发策略，发掘在农业、工业、教育、医疗等领域的银龄人才，开发提升银龄人才价值，畅通人才流动渠道，协助老年人与市场进行高效对接；同时为有意愿且有能力继续学习、工作的老年人提供渠道，推进终身学习体系建设，为其提供职业技能培训和就业指导，协助老年群体实现"老有所为、老有所乐"。

第四，加大人才引进力度，吸引人才驻足、回流。一方面，应为人才创造良好的成长发展环境，实施更加积极、更具吸引力的人才政策，构建有利于人才发展的培养机制、人尽其才的使用机制及各展其能的激励机制，构建以能力、贡献、创新价值等为核心的人才评价体系，打造人才创新创业的优良生态。另一方面，大力实施"引凤归巢"行动，引进黑吉辽籍紧缺的高层次人才，通过优化人才服务保障体系，构建人才住房、子女就学、配偶安置等全方位服务体系，吸引外流人才"归巢"。

第四节　东北涵蓄生态承载力遭遇的困境与未来发展

面对日益严峻的环境危机，现代社会体系发生了技术、组织、制度等层面的变化。在理念层面，经济增长与环境保护相协调的必要性越来越受到重视；在实践层面，经济增长与环境保护协调发展的举措不断强化。东北地区的现代化乃至中国的现代化进程都在朝向经济增长与环境保护双赢的方向发展。但是，中国现代化进程的特殊性与复杂性决定了中国尤其是东北地区在生态现代化的实践道路上并非一帆风顺，而是面临着诸多潜在困境。

一、东北生态现代化实践的现实困境

（一）治理主体作用有限导致生态现代化困境

近年来，"绿水青山就是金山银山"的生态文明建设理念深入人心，生态环境治理初见成效。要健全生态环境治理体系，推进生态环境治理责任体系、监管体系、市场体系、法律法规政策体系建设。但是，随着环境问题及其治理过程的日益复杂化，政府与市场等主体在环境治理过程中的作用发挥并不充分。

1. 不同层级政府对于促进经济增长和保护环境的选择存在张力

政府作为环境治理的重要主体，在推进生态转型、实现生态现代化过程中发挥主导作用。研究表明，在经济快速发展过程中，环境政策对改善环境质量、降低环境恶化速度具有重要作用。[1] 然而，国家制定的环境政策在地方的实施往往会影响和制约环境保护的效果。[2] 具体来看，中央政府负责制定环境政策，基层政府负责环境政策的具体落实。但是，基层政府承担生态文明建设责任的同时，又承担着发展当地经济的重任。虽然近年来我国的经济总量和人均收入水平增长迅速，但推动经济增长依然是政府尤其是基层政府的重要职能。从全国范围的经济发展速度来看，东北地区的地区生产总值增速相对于东部、中部和西部三个区域仍然处于末位。[3] 因此，提升经济发展速

---

① 张晓：《中国环境政策的总体评价》，《中国社会科学》1999 年第 3 期。

② 包智明、陈占江：《中国经验的环境之维：向度及其限度——对中国环境社会学研究的回顾与反思》，《社会学研究》2011 年第 6 期。

③ 王菡、单菁菁、武占云：《"东北振兴" 20 年：进展、问题及对策》，《区域经济评论》2024 年第 2 期。

度、促进经济增长仍然是推动东北全面振兴实现新突破的基础和关键。

所以，在实践中要真正实现经济增长与环境保护的有机统一仍是一个两难选择，由此导致中央政府推进生态文明建设的政策措施难以得到很好落实。在环境政策的实施过程中，"生态"与"发展"的矛盾使得政策文本在治理实践中产生变形的情况时有发生，不仅难以实现环境保护的初衷，甚至给当地生态环境带来了更多的不确定性。[①]

2. 市场机制在生态现代化过程中发挥作用的条件不完备

由于生态文明建设的系统性、复杂性以及政府作用的有限性，必须发挥市场机制在生态现代化中的应有作用。实际上，市场机制也正是生态现代化的核心要素之一。[②]但是，长期以来由于东北地区的自然资源产权制度滞后、信息公开体系不完备等因素，生态现代化进程中的市场机制未能得到应有发展。

一方面，环境信息化建设不完备。环境治理过程中，市场机制发挥作用的基础在于环境信息的充分公开，但在环境信息公开的具体实践中存在着诸多问题。例如，部分地方环保部门为维护政府形象，有选择地公开相关信息，导致部分环境污染信息隐而不显；部分企业为逃避责任，采取环境数据造假等行为。信息获取的高成本以及信息获取的失真，都会导致较高的市场交易成本，也会大大降低相关制度遏制环境污染的作用。另一方面，自然资源的交易组织不健全、交易制度不完善。我国的排污权交易制度、碳排放交易制度有待完善，交易主体尚不成熟，排污税费征收标准不科学等问题广泛存在，制约了市场机制在环境治理过程中的作用发挥。

（二）技术创新不足导致生态现代化困境

科学技术是构建现代环境治理体系的重要支撑，也是实现生态现代化

---

① 荀丽丽、包智明：《政府动员型环境政策及其地方实践——关于内蒙古 S 旗生态移民的社会学分析》，《中国社会科学》2007 年第 5 期。

② 郇庆治、［德］马丁·耶内克：《生态现代化理论：回顾与展望》，《马克思主义与现实》2010 年第 1 期。

的核心动力。但是囿于技术创新不足，技术赋能在环境治理过程中的作用仍然有限。

1. 技术条件客观上相对不足，制约生态现代化的进程

近年来，我国大力推动绿色科技创新。《"十四五"生态环境领域科技创新专项规划》《节能中长期专项规划》等政策措施的出台，激发了科研机构的创新动力，取得了大批技术创新成果，但我国的技术水平与西方发达国家之间还存在较大差距。虽然东北地区近年来与国内外科研机构建立合作关系，初步构建了以高等院校、科研院所等为依托的技术研发体系，但在通信设备、电子信息制造、新材料等领域仍然缺乏核心竞争力。即使辽宁省在东北三省中具有最雄厚的工业和制造业基础，但是其工业生产设备的数字化率仅为43%，低于全国5.5个百分点。[①]

同时，东北地区对技术资金的投入不足也影响着技术创新能力的提升。据统计，2020年黑龙江、吉林、辽宁三省的科学技术支出占财政一般公共预算支出的比例分别为0.8%、1.0%、1.2%，与我国东部沿海省份的科学技术支出占比存在较大差距。[②]关键技术的缺乏与技术创新投入的不足都制约了东北地区的生态文明建设进程。

2. 技术应用的系统规划缺失，阻碍生态现代化的实现

科学技术在工业生产和环境保护中的作用越来越受到人们重视。但是由于缺乏技术应用的系统规划，技术在工业生产中的应用所带来的作用比较有限。例如，东北地区近年来高度重视新能源资源的开发与应用，大力布局新能源产业。然而，在实践过程中存在诸多不协调不匹配问题。东北地区处于高能源低负荷状态，需要大量送出或以其他方式来进行消纳，但是由于规划的动态调整和修正不足，规划的发展目标难以与实际的电力需求相匹配，地区内的消纳空间和外送消纳空间均难以突破，电力系统的灵活调节能力不

[①] 王菡、单菁菁、武占云：《"东北振兴"20年：进展、问题及对策》，《区域经济评论》2024年第2期。

[②] 冯雨欣、刘生：《东北地区产业绿色转型升级的问题及对策探究》，《现代商贸工业》2022年第24期。

足。同时，可再生能源的规划制定缺乏科学性与系统性。东北地区可再生能源的规划一方面要兼顾电源、电网与用电需要，另一方面也要纳入冬季供热调峰对风电消纳的直接影响。对于怎样将新能源发展与东北地区的特点加以有效融合，仍需进行更为深入的研究和探索。

（三）经济发展不充分导致生态现代化困境

总体来看，中国目前仍然处于工业化、城市化的快速发展阶段，一方面，制造业还在蓬勃发展，钢铁、水泥等传统能源原材料工业所占比重仍然较大，短期内难以避免较大的能源消耗和环境污染排放。另一方面，在发展过程中，以经济增长为主要目标的发展现状，在一定程度上抑制了居民环保意识的提升。

1. 以工业为支柱产业的产业现状难以实现生态现代化的快速转型

从我国的产业结构现状来看，虽然第三产业的重要性日益突出，但是第二产业依然是支撑国民经济的支柱产业。虽然近年来随着国家政策的引导和市场需求的转变，传统重化工业增速放缓，但是从第二产业的构成来看，冶金、化石等传统产业在第二产业中仍然占比较高，高新技术产业发展不足，对资源型产业、重工业的结构性路径依赖依然阻碍着东北地区的经济结构转型。[1] 因此，东北地区的产业结构调整无法在短期内实现，资源能源危机和环境问题难以快速消除，传统工业向生态工业的转型升级任重道远。

2. 以经济增长为主要目标的发展现状制约着居民环保意识的提升

经过改革开放 40 多年的高速发展，我国已成为全球第二大经济体，但人均国内生产总值仍低于世界平均水平，发展生产力仍然是当前的重要任务。近年来，虽然我国居民的环保意识不断增强，但是追求生活水平的提高遏制了居民生态保护意识的普遍提升。这不仅不利于生态文明建设政策的落实落地，也难以夯实推进生态现代化的社会基础。CGSS2010 和 CGSS2021 的数据表明，十年来我国居民的环保意识不但没有得到提升，反而略有下降：在

---

① 李培林：《理解与应对：我国新发展阶段的南北差距》，《社会发展研究》2022 年第 1 期。

2010 年的 3715 名受访者中，65.68% 的受访者对环境问题"非常关心"和"比较关心"，而在 2021 年的 2741 名受访者中，对环境问题"非常关心"和"比较关心"占总受访者的 61.73%。

二、东北生态现代化实践的未来发展

生态现代化是现代社会的一个历史阶段，突出表现在绿色转向的工业结构调整。[①] 我国目前正在推进工业结构的绿色转型，在此过程中，生态因素越来越成为现代社会分析的一个重要维度，生态保护越来越成为全体居民的共同实践，社会发展越来越按照生态原则对国家政策和社会实践进行修正和调试。作为传统的老工业基地，过去东北地区以牺牲资源和环境为代价的发展模式使地区资源和环境危机逐渐显露。未来，需要在完善政府和市场的环境治理机制、强化科学技术在生态转型中的核心作用、充分调动居民参与环境保护的积极性等方面进一步发力，助力东北地区真正实现经济增长与环境友好双重目标的全面振兴。

（一）聚焦环境治理主体，进一步优化环境治理机制

实施支持绿色低碳发展的财税、金融、投资、价格政策和标准体系，发展绿色低碳产业，健全绿色消费激励机制，促进绿色低碳循环发展经济体系建设。逐步完善以政府为主导、以企业为主体的环境治理体系始终是生态现代化实践的重要保障。

一是健全环境治理的保障机制。一方面，优化环境治理体系中的政府治理机制。建立完善不同层级政府间的管理机制，推动各级政府在环境治理中形成合力。建立一体化生态区域行政区划，实行差别化的考核方式，根据主体功能区划确定生态环境保护指标权重、形成同类区域比较的政绩考核方式；构建多维度的考核指标体系，将中央政府对地方政府的政绩考核指标由单一的经济增长转变为涵盖经济发展、社会发展和生态环境保护等多个指标于一

[①] 洪大用：《经济增长、环境保护与生态现代化——以环境社会学为视角》，《中国社会科学》2012 年第 9 期。

体的综合性指标体系，以此改变地方政府采取的以牺牲环境为代价的粗放型发展模式；建立地域间的生态补偿机制，实现承担保护生态环境成本与享受改革发展成果的平衡。另一方面，强化市场机制在环境治理中的作用。健全自然资源交易组织和交易体系，优化政府对自然资源价格和市场准入的经济性监管方式，进一步提升监管水平、提高监管效率；完善自然资源产权种类齐全的交易市场，强化政策法规对交易行为的规范力度，提升交易的规范性与透明性；完善信息披露制度和环境信用体系建设，加强信息不完整和数据弄虚作假的惩罚力度，最大限度确保信息的真实可靠。

二是以数字技术赋能生态治理转型。2023 年 7 月，习近平总书记在全国生态环境保护大会上指出，深化人工智能等数字技术应用，构建美丽中国数字化治理体系，建设绿色智慧的数字生态文明。[①]一方面，政府依托数字技术推进生态环境治理和治理能力现代化。将数字技术应用于生态环境治理领域，不仅可以实时获取生态环境数据，提升生态环境监管的信息化、智慧化、数字化水平，还可以通过分析生态环境数据，精准识别生态环境问题、实时做出决策安排，为生态环境治理的应急准备和响应体系提供支撑。比如，通过建立省级生态环境大数据平台，统筹省、市、县三级环保系统的业务数据，构建环境监测、环境监管和公众服务三大信息化体系，助力全省生态环境监管形成一盘棋、一本账，推动生态环境治理决策的高效与精准。另一方面，企业依托数字技术实现过程治理的绿色高效。通过数字技术实现企业生产、研发、销售等各个环节与业务流程的实时链接，构建信息共享、网络互联、平台互通的数字化生产过程控制体系，准确监测生产过程中的资源消耗和污染排放，提高资源要素的配置效率，提升企业生态环境治理的系统性和精准性。

（二）聚焦科技创新，强化科技在生态转型中的核心支撑作用

在实现高水平科技自立自强、构建新发展格局战略目标背景下，以技术创新为突破口推动东北产业转型升级，成为东北地区实现生态现代化的核心动力。

[①]《习近平在全国生态环境保护大会上强调：全面推进美丽中国建设　加快推进人与自然和谐共生的现代化》，《人民日报》2023 年 7 月 19 日，第 1 版。

一是优化科技创新的体制机制。一方面，持续强化生态转型中的科技组织管理体系。聚焦生态文明建设，构建央地协同、部门联动的关键核心技术攻关保障机制，强化生态转型关键领域、关键环节的保障能力。依托东北地区在储能装备、轨道交通、数控机床、燃气轮机等领域拥有雄厚产业基础和领先技术的优势，建立重大任务、重要项目的联动实施机制，主动服务和融入重大技术装备攻关、产业基础再造工程等国家战略规划和政策体系，以攻关突破一批标志性装备为目标，不断强化技术攻关、成果落地与政策执行等方面的衔接。另一方面，建立实施生态转型关键核心技术攻关机制。围绕能源资源安全保障、碳达峰碳中和等目标，重点开展矿产资源绿色勘查开发、煤层气等清洁能源勘查开发等关键技术攻关，持续加强科学技术对污染治理、生态修复、产业转型等方面的支撑。

二是充分发挥科技创新对产业创新的牵引作用。一方面，强化科技创新引领。加大技术研发投入力度，进一步优化"政府＋企业＋科研机构＋高校"创新合作模式，通过多元主体的合作，健全能源产业技术体系，在提高相关产业的技术研发应用水平、加强关键核心技术攻关的同时，提升自主创新能力，降低对国外关键技术和关键设备的依赖程度。另一方面，以新技术新模式推动产业结构调整。立足东北地区现有的装备制造业基础，通过技术创新改造促进装备制造、汽车、石化等传统优势产业发展，提升重大技术装备以及核心技术与关键零部件研发制造水平。以信息化、智能化、集成化为突破口，充分利用工业互联网等现代信息技术，积极培育壮大新一代信息技术、生物医药、新材料、新能源、新装备等战略性新兴产业和未来产业，支持哈尔滨市、长春市、沈阳市、大连市等地打造国内领先的新兴产业集群，加快形成新质生产力。[①]结合农民增收与农业增效，推进农业产业链的智慧化升级，加强数字技术、低碳技术、绿色技术在农业产业生产加工环节的应用，将智慧、绿色的发展理念贯穿于农业产业发展全过程，实现农业产业由传统发展模式向智能、生态、高效的现代农业发展模式转型。

---

① 王蕾、单菁菁、武占云：《"东北振兴" 20 年：进展、问题及对策》，《区域经济评论》2024 年第 2 期。

（三）聚焦全民行动，提升居民参与环境保护的积极性

全面推进美丽中国建设要坚持全社会行动，开展美丽中国建设全民行动，把建设美丽中国转化为全体人民行为自觉，鼓励园区、企业、社区、学校等基层单位开展绿色、清洁、零碳引领行动，形成人人参与、人人共享的良好社会氛围。东北地区的居民环保意识略高于全国平均水平，但仍然需要进一步提升，并将其转化为具体的环保行动。

一是激发社会参与环境保护的内生动力。习近平总书记指出，"抓生态文明建设，既要靠物质，也要靠精神"[1]，要积极培育生态文化，把推进生态文明建设转化为全体人民的自觉行动。一方面，持续强化生态文明教育，提升居民参与环境保护的意识和能力。在生态环境保护过程中，居民不仅可以监督政府的环保政策执行，还可以作为重要参与力量践行环保理念。通过建立完善家庭、学校、社会"三位一体"的生态文明教育体系，拓展生态文明教育渠道、创新生态文明教育方式，既要提升居民环境保护的意识，又要保证居民具有参与环境保护的能力，确保居民在环境保护中的主体地位。另一方面，依托数字技术提升居民生态环保意识。数字技术不仅可以将线下生活中的绿色行为方式转移到线上，通过线上丰富多元的绿色场景激励更多居民参与低碳捐步、光盘打卡、公益植树等环保行动，更可以通过线上公共平台向居民传递绿色生活理念和低碳生活方式，进而推动全社会形成节能减排、绿色低碳的文明生活新风尚。[2] 以支付宝的"蚂蚁森林"项目为例，用户可以通过公共交通出行、线上缴纳水电费等低碳行为获得虚拟的"绿色能量"，进而根据"绿色能量"的数量在生态修复地区种植树木，以此带动居民践行低碳减排的生活方式。2023年"蚂蚁森林绿色生态伙伴大会"公布的数据显示，"蚂蚁森林"自上线以来带动超过6亿人参与低碳生活，产生超过2000万吨"绿色能源"，累计种下了4.75

---

① 中共中央宣传部、中华人民共和国生态环境部编：《习近平生态文明思想学习纲要》，学习出版社、人民出版社，2022年，第93页。

② 张进财：《用好数字技术实现"双碳"目标》，《学习时报》2022年4月22日，第4版。

亿棵树，参与共建了 31 个自然保护地，极大地激发了居民的生态环保意识。[①]

二是提升社会力量参与环境保护的组织化水平和数字化能力。一方面，培育健全社会组织，提升居民参与环境保护的组织性。社会组织参与环境保护，不仅可以克服个人力量的分散，还可以作为居民与政府的沟通桥梁强化环境政策的执行。通过加强政府在政策、资金等方面对社会组织的扶持力度，积极培育、壮大环保社会组织，并鼓励其理性、深入参与生态文明建设。另一方面，拓展环境保护的数字化应用场景，提升居民参与环境保护的数字化能力。随着互联网、大数据等数字技术的迅猛发展与广泛应用，数字技术正深刻地影响和改变着人类的生产方式、生活方式和治理方式。东北三省在紧抓数字发展新机遇、开拓数字经济新蓝海的同时，应积极发挥数字技术在赋能居民参与环境保护方面的作用。例如，构建智能化的生态文明信用体系，通过大数据、云计算等数字技术量化消费者的碳减排行为，形成个人碳账本作为个人绿色信用基础，促进全社会自觉践行绿色低碳生活。[②] 依托数字技术研发打造契合居民低碳生活新风尚的绿色消费产品和绿色消费平台，在促进全社会形成绿色消费模式的同时，倒逼社会生产的绿色转型，释放更多生态红利[③]，最终实现经济的高质量发展。

---

① 刘燕：《七年累计捐资 34 亿元，蚂蚁森林已种下 4.75 亿棵树》，《中国环境报》2023 年 8 月 31 日，第 5 版。

② 陈伟雄、李宝银、杨婷：《数字技术赋能生态文明建设：理论基础、作用机理与实现路径》，《当代经济研究》2023 年第 9 期。

③ 梁琦、肖素萍、李梦欣：《数字经济发展提升了城市生态效率吗？——基于产业结构升级视角》，《经济问题探索》2021 年第 6 期。

第十二章
迈向后增长社会的东北振兴

无论是不断演化成熟的发展理论还是全球老工业基地的振兴实践，都在提示我们要跳出经济增长去看待"发展"。若我们将发展的目标和现代化的愿景拓展至经济社会和谐共进，落实到人的全面发展，那么我们对东北振兴的认知也便不再囿于单一的经济指标的提升，而是要在国家发展宏图之中依据区域特点与优势实现"适恰的发展"。因此，东北如何挣脱发展主义思想的桎梏，转而从优势视角出发探索一条符合自身实际的振兴之路，成为亟待解答的时代课题。

第一节　拓展东北振兴社会力须处理好三个重要关系

在新征程上，我们要奋力开创东北振兴发展新局面，必须正确处理好三个重要关系。

一、处理好有效市场与有为政府的关系

东北地区的体制性机制性问题，关键是从计划经济向社会主义市场经济转型的过程中，市场与政府的关系没有完全理顺。东北振兴要把体制机制改革的重点放在正确处理市场与政府的关系上，充分发挥市场在资源配置中的决定性作用，更好发挥政府作用，推动有效市场和有为政府更好结合。在新时代东北全面振兴

的新征程中，要着力破解体制机制障碍，有序推进重点领域和关键环节改革，不断激发市场主体活力，积蓄发展动能，增强各类经营主体创造力和竞争力。

（一）营商环境是市场与政府关系的"风向标"和"试金石"

加快建设高质量营商环境、提升营商服务能力，其核心是消除市场壁垒，让市场机制能够发挥资源配置的决定性作用，使企业实现自主经营、平等竞争，消费者自主消费，商品和要素自由流动。[①]

近年来，东北各级党委和政府高度重视营商环境建设，努力提升市场化、法治化、国际化程度。例如，复制推广"放管服"改革先进经验做法，组织开展政务失信专项治理活动。持续优化营商环境，东北三省率先出台省级《优化营商环境条例》，设立营商环境监督机构，组织开展营商环境试评价，以评促改。东北三省还成立东北振兴金融合作机制，连续开展"金融助振兴"系列活动，推动改善金融环境。

经过不断努力，东北营商环境取得显著改善，吉林省营商环境迈向全国第一方阵，沈阳市入选全国营商环境标杆城市。从鞍山市"千名干部进企业"听呼声、解难题，到丹东市创新设立"办不成事"反映窗口为群众办理服务兜底，再到沈阳市生态环境部门打破以罚代管，将"罚单"变"处方"，助力企业健康发展……不少企业和群众反映，如今的东北，"门难进、脸难看、事难办"的现象越来越少，"钉钉子、马上办"的举措越来越多，营商环境建设更加市场化、法治化、国际化。

虽然东北营商环境建设取得了长足发展和明显成效，但东北市场体系仍然存在制度规则不够统一、要素资源流动不畅、地方保护和市场分割等突出问题，相关体制机制障碍亟待破除。例如，对不同所有制、不同规模、不同地区的市场主体，东北一些地方在基础设施建设、服务业准入、采购招标等领域，在提供土地、资金等要素时，仍然存在或明或暗的歧视和附加条件。又例如，在资质、纳税、准入、环保、质检、卫生消防等方面，东北一些地方监管标准、执法依据和执法尺度差异较大，企业难以形成稳定预期，极大增加了企业运营的制度性成本。

---

① 年猛：《空间不均衡陷阱、内生增长与东北振兴》，《行政管理改革》2022 年第 5 期。

（二）东北优化营商环境要有大作为、新作为

第一个着力点是"通"。东北地区以更具通用性的制度、规则和进一步互联互通的设施，推进各项便利创新要素全境流动，统筹一站式通用服务功能的布局，优化交通等基础设施资源配置，促进人员、货物、资金便捷高效流动，深入推进重点领域规则衔接、机制对接，便利企业资本在各地投资建设，激励公众自由流动就业创业。

第二个着力点是"同"。东北在维护全国统一大市场的前提下，结合东北区域和各省重大发展战略的实施，优先开展区域营商环境一体化建设，构建一致性（"同"）的营商服务标准、营商服务规则、营商服务评价和监督体系。在一致性标准、规则的约束下，针对东北地区营商环境评价发现的问题，逐项制定整改措施，推动完善机制、改进服务。

第三个着力点是"统"。东北各地加快执行中央关于全国统一大市场、优化营商环境的改革精神，打破地方本位主义等束缚，不断提升公共服务水平，持续强化"放管服"改革，着力优化营商环境，为企业减负，为市场松绑，让市场要素自由流动，有效提升资源配置效率。全面落实《优化营商环境条例》，压缩企业登记、项目审批等事项时间。创新公平公正监管方式，全面实施市场准入负面清单，严格落实减税降费措施，降低企业生产经营成本。

第四个着力点是"智"。通过完善数字化新型基础设施建设，推动数字赋能营商环境提质增效。东北地区应围绕营商环境建设，加速建设数字化、智能化、一体化的基础设施，培育数字经济新业态、新模式，赋能制造业、物流业、农业等传统行业数字化转型，抓住数字经济发展机遇，充分释放信息赋能优势。

东北营商环境显著改善，既带来要素回流的集聚裂变效应，萌生一系列新理念、新技术、新业态，激活振兴事业的"一池春水"；又以致富带富的辐射带动效应，把更多在外拼搏的人才引回来、留得住，为东北全面振兴注入"源头活水"。营商环境改善带来的是久违的活力、澎湃的动能、振兴的希望。

（三）把东北营商环境稳在高水平"关键在人"

首先，构建"营商网＋人才流＋产业链"互动互促的新模式。确立"以发

展优势产业培育优秀人才，以人才返乡创业引领产业发展，以优质营商环境吸引人才回流聚集"的总体思路，把扶优营商环境、扶强创业人才、扶大优势产业作为推进经济结构调整的突破口，完善产业引贤机制，优化人才留在东北创业的氛围和环境，推动人才回归、资金回流、项目落地，引领东北全面振兴新突破。

其次，以"居家式服务"让创业人才、投资企业、孵化项目倍感乡情温暖。对重要人才、重大企业或项目开展"找婆家""认娘家"服务活动，在土地、技术、资金、人才等要素配置上提供贴身"居家式"服务，在财政奖补、金融服务、减轻税费、土地要素、创业平台、示范带动等方面制定出台优惠政策，从创业立项、项目审批、工程建设到经营实行全链条式服务，同时帮助回归人才、创业企业、孵化项目妥善解决医疗、教育、住房等社会服务需求，努力使返乡人才"回得来、留得住、干得好、有奔头"。

再次，建立精准营商环境数据库，强化创业人才或企业认同感。对创业人才或企业进行"拉网式"摸排，建立精准营商环境数据库，了解创业意向、发展需求、痛点堵点。组织企业家或创业代表到创业示范园区、示范项目参观考察，展示东北振兴图景，对有意向来东北投资创业的企业家或人才实行专人对接，全程跟踪服务。

最后，分类施治、服务到位、精准到人，打通东北乡贤返乡创业"最后一公里"。要整合部门资源，分类制定东北乡贤返乡创业支持政策，及时解决返乡创业融资难、用地难、引才难等痛点、难点、堵点问题，为东北乡贤返乡创业、乐业、兴业搭好"台子"、铺好"路子"、架好"梯子"。

二、处理好领头雁与群雁齐飞的关系

党的十八大以来，推动实现东北全面振兴新突破的大手笔、大制作不断：黑龙江省重点建设哈尔滨都市圈；吉林省将"一主六双"产业空间布局提升为"一主六双"高质量发展战略；辽宁省增强辽中南城市群和沈阳、大连两大中心城市引领带动区域发展的能力，提高沈大城镇发展轴和京沈城镇发展轴集聚发展水平，构建"一群双核两轴"的城镇空间格局，打造辽宁省高质量发展的核心动力。

（一）增强中心城市辐射带动力，形成高质量发展能量极

世界城市发展史表明，中心城市与其他区域之间是集聚与辐射并存、拉力与推力共生的互动关系，即先将资源要素集聚到中心城市形成增长极，中心城市发展后又对其他区域产生辐射带动作用，形成高质量发展的动力源、能量极。区域经济社会的高质量发展在很大程度上取决于区域内中心城市的辐射主导功能。中心城市在区域发展体系中居于核心地位，区域内中心城市的经济实力更强，城市功能更完善，科技更为先进，人口、教育、资本、消费、基础设施等要素的聚集程度更高，能够发挥辐射带动区域整体发展、完善区域城市体系建设的主导作用。

推动东北经济社会高质量发展，必须充分发挥中心城市在推动区域发展与改革创新中的引领示范作用，将哈尔滨市、长春市、沈阳市、大连市打造为区域发展中最为重要、最具活力的增长极。经济增长不会同时出现在区域内所有地方，而是少数具有带动作用或区位条件优越的城市率先发展为经济增长极，不断将经济动力和创新成果向外扩散，从而带动周边地区的发展，形成规模经济和集聚经济效应。推动东北全面振兴取得新突破，必须增强中心城市的集聚和扩散效应，推动哈尔滨市、长春市、沈阳市、大连市成为引领东北高质量发展的动力源，必须多措并举建设"长春现代化都市圈""哈尔滨都市圈""辽中南城市群"，巩固提升哈尔滨、长春、沈阳、大连等城市的区域创新中心能力、聚集区域资源要素能力和辐射主导带动能力，推动它们成为东北全面振兴的制高点、能量极。

这些举措就是为了发挥区域中心城市的龙头作用，以点带面促进区域整体发展。推动东北高质量发展必须完善区域规划，优化资源配置，合理布局产业结构，使区域内的创新要素和经济活动在地理空间中不断扩散与流动，使资本、人才、技术、信息等资源要素和城市先进的治理观念、思维方式、服务流程等制度要素在区域内部充分传播，有效促进区域创新发展共同体建设，缩小区域内部差距。

（二）多点协同突破，形成群雁齐飞V字发展阵型

区域资源整合与协同发展已成为全球化和区域竞合发展的大趋势。新时

代推进东北全面振兴，必须坚持区域整合协同发展，提升中心城市辐射带动力，发挥地区间的比较优势，加大对区域内欠发达地区扶持力度，展现后发优势，建设高质量发展的区域动力系统。

多年来，沈阳、大连、长春、哈尔滨4个中心城市经济总量约为东北三省的一半，是东北经济的基本盘和主引擎。为了充分发挥中心城市在推动东北地区深化改革创新中的引领示范作用，东北三省多措并举推动产业和人口向哈长、辽中南等城市群集中，启动建设沈阳现代化都市圈，大力提升大连东北亚国际航运中心地位，巩固提升长春区域创新中心功能，发挥哈尔滨对俄合作中心城市作用，不断增强中心城市综合承载力和辐射带动力。国家和东北三省政府先后制定出台辽宁沿海经济带、长吉图开发开放先导区、沈抚改革创新示范区等重点区域专项规划和实施方案，加强对国家级新区等重点开发开放平台的指导支持，集聚资源要素，推动其成为新的区域增长点。

黑龙江省重点建设哈尔滨都市圈，通过哈尔滨中心城市辐射阿城、双城、五常、尚志、宾县、肇东等6个区县，构筑对北开放的前沿新高地。吉林省"一主六双"高质量发展战略以长春市为核心，辐射带动吉林、四平、辽源、松原、梅河口等城市协同发展，构建"一核、两翼、三圈、多带"空间布局，推动长春吉林一体化协同发展和长春四平一体化协同发展"双协同"，建设"长春现代化都市圈"，促进城市间的融合互补发展，打造带动吉林、服务国家、具有国际影响力的现代化都市圈。辽宁省强调要增强辽中南城市群的经济和人口承载能力，提升沈阳、大连都市圈核心功能，推进锦州、鞍山、营口、丹东等区域性中心城市建设，保障战略性新兴产业、先进制造业等发展空间需求。

除了发挥哈尔滨、长春、沈阳、大连这些领头雁城市的辐射主导作用，还要形成多点突破、群雁齐飞的大雁阵。围绕"中心城市经济圈"，形成"V"字形队列，协同整合系统提升，推动区域高质量发展。推动东北经济社会高质量发展必须加大对区域内各地区的精准支持力度，建立分类指导、滚动推进的经济转型支持机制，努力使中心城市实现率先突破，进一步优化营商环境，扎实推进产业结构调整，提升粮食综合生产能力，不断完善基础设施，提高人民生活水平，集聚人口与生产要素，推动老工业城市的转型发展。

城市间的关系和联系是区域整合协同发展的焦点。在国家新型城镇化与城乡一体化发展的背景下，城市协同发展与空间整合成为城市群或经济带提升综合实力、应对国内外激烈竞争的重要手段。推进东北经济社会高质量发展必须切实加强系统性思维，突出整体性谋划，统筹规划和布局区域整体发展格局，大力推进跨区域资源整合，加快构建"核（中心城市）、圈（城市圈）、带（产业带）"空间布局，推进区域资源整合协同发展，形成更强的区域竞争力，实现新的发展跃升。同时要更加注重城乡统筹，打造工农互促、城乡互补、协调发展、共同繁荣的新型工农城乡关系，实现城乡共同进步、共同发展。

（三）延链补链强链，促进产业链创新链价值链深度融合

推动东北高质量发展必须牢牢把握经济社会高质量发展根本要求，在积极推动传统产业转型升级、重视发展实体经济的同时，要大力培育新兴产业，构筑特色产业优势，努力构建现代产业体系，加快形成发展新动能。

一是巩固发展主导产业，加快推进现代新型汽车和零部件、装备制造、电子信息等重点产业发展，大力支持中国一汽、中国一重、哈尔滨电气集团创建世界一流企业，大力支持长春市建设世界一流国际汽车城，推动哈尔滨市建设东亚文化之都，提高主导产业全产业链水平，着力打造完整产业生态体系，构筑振兴发展新优势。

二是培育壮大新兴产业，聚焦现代中药、现代服务业、电子信息、新一代信息技术等重点产业，把新一代信息技术、高端装备制造、绿色低碳、生物医药、数字经济、新材料等战略性新兴产业发展作为重中之重，构筑产业体系新支柱。

三是建设特色产业发展新高地，聚焦农产品和食品深加工、冰雪和避暑休闲生态旅游、医药健康等特色产业，优化布局、整合资源，构筑环绕中心城市的产业走廊，做精文化生态旅游大环线，将东北资源优势转化为市场优势，大力构建全国领军性或龙头型的医药品牌，不断提升产品附加值。

加快产业链集群化发展，大力推动产业融合发展，提升整体竞争力和创新附加值。加快各类产业的深度融合发展，大力发展服务型制造业，培育壮大新兴产业，形成大中小企业相互配套、融通发展的产业格局，促进创新创造和科技成果在本地转化。同时要务实推动东北三省一体化发展，畅通向北开放新高地建设、向南和向东开放大通道建设，着力构建高层次、全方位、立体化的开放新高地。努力打造多点支撑、多业并举、多元发展的产业发展新格局，使各类市场要素在东北配置合理、流动有序，使东北经济从传统产业"一柱擎天"向新产业蓬勃发展的多业支撑结构调整转变，进一步延链补链扩链强链，打造科学合理、梯次推进的产业生态体系，为推动东北经济社会高质量发展培育强劲动能。

（四）数字赋能催生新经济、新业态，释放创新动能

抓创新就是抓发展，谋创新就是谋未来。要把创新作为培育东北振兴内生发展动力的主要生成点。一方面，重点培育高新技术产业，使之成为东北经济高质量发展的强劲引擎，不断激发创新驱动内生动力。另一方面，推动东北经济社会高质量发展必须通过数字化转型引领产业结构升级和社会治理创新，助推效率变革和动力变革。

通过数字赋能，将数字技术与产业链、创新链深度融合，不断催生新业态、培育新动能、重塑创新链、重构产业链，依靠科技创新赋能产业链、创新链协同发展，加快推动数字产业化，加快利用互联网新技术新应用对传统产业进行全方位、全角度、全链条的改造，提高全要素生产率，大力打造国家级创新创业基地、国家级清洁能源生产基地、国家级生物医药产业基地，不断释放发展新动能。

推进东北高质量发展、实现东北振兴新突破，关键在于释放创新动能，将数字赋能放在首要位置，充分释放数字对经济的放大、叠加、倍增效应。科技创新是区域经济社会发展的源泉和动力。以数字赋能产业发展，加快科技成果转化应用，促进科技创新与实体经济深度融合，是高质量发展的核心。推动东北高质量发展是一个长期的系统工程，要站位高远、通盘考虑、抓住关键。从现在到今后的一个时期，是数字化引领全面创新、构筑数字化

新优势的重要战略机遇期。东北要进一步明确，振兴发展不是把已经衰败的产业和企业硬扶持起来，而是集中力量使重点地区、重点优势产业和企业提质增效，加快产业转型升级、新旧动能转换，把加快数字化转型、培育新兴产业放在更加重要的位置，加快发展一批新兴产业集群。

数字化转型有助于发挥数字经济牵引作用，激发企业数字化转型、产业数字化升级内生动力，进一步推动新经济、新业态创新发展，深度赋能产业数字化转型，打造创新驱动、人才集聚、协同有序的数字化产业生态体系，在新的历史起点上开创东北经济社会高质量发展的新局面。我们要积极营造有利于"高、精、尖、新、特"创新的政策和制度环境，依托科研院所和高等院校等优势科研力量和高新技术企业等市场力量，推进产学研用一体化、数字化，组建各创新主体相互协同的高水平"创新联合体"，激发调动全社会的创新热情。

三、处理好发展新质生产力和改造升级传统产业的关系

新质生产力的提出，意味着在强国建设、民族复兴新征程上，我们要进一步以科技创新推动产业创新，以产业升级构筑新竞争优势，加快实现高素质人才集聚和高水平科技自立自强。新质生产力的构成要素主要包括产业升级、科技创新和人力资本的跃升，而人才是第一资源，没有人力资本的跃升，就不可能实现新质生产力的崛起。

（一）发展和形成新质生产力"关键在人"

"关键在人"彰显着人创造历史、推动历史发展的主体地位与作用，蕴含着尊重客观规律与发挥主观能动性相结合的辩证逻辑。党的十八大以来，习近平总书记在不同场合多次论及"关键在人"，深刻理解蕴含其中的要旨，对于我们以更加主动的作为、更加高昂的精神状态投身东北振兴战略事业，推动东北全面振兴实现新突破具有重要意义。提高人口素质、促进人口高质量发展是"关键在人"重要思想的具体实践和生动缩影。

人口问题是事关全局性、长期性、战略性的问题。习近平总书记指出，

要提高人口整体素质，以人口高质量发展支撑东北全面振兴。[1]我们要深入学习、深刻领会习近平总书记重要讲话精神内涵，进一步强化人口发展的战略地位和基础作用，推动"人口红利"向"人才红利"转变，为东北高质量发展、可持续振兴提供坚强支撑。

近年来，东北各级党委和政府采取了一系列引才、育才、用才和留才的综合性政策举措。例如，黑龙江省推出"人才振兴60条""创新发展60条"政策，优化了"拴心留人"的条件。吉林省"六个回归"势头喜人，"创业奋斗、就在吉林""吉人回乡"创新创业热潮高涨。辽宁省深入实施"兴辽英才计划"，突出"带土移植"，加强自主培养和引进高水平技术团队相结合。内蒙古自治区不断完善"1+N+X"人才政策体系，构建"一心多点"人才工作新格局。

2023年，辽宁省扭转了连续11年的人口净流出局面；吉林省人口实现由2022年净流出18.07万人到净流入4.34万人的转变；黑龙江省招收博士后1005人，同比增长31.7%。然而，东北人口人才外流的趋势尚未得到根本扭转，尤其是对高端人才的吸引力和黏合力还有待增强。人口流失、老龄化和少子化的交织加速导致人力资本总量减少、有效劳动力不足，这会遏制劳动生产率的提高，减缓科技创新的步伐，进一步阻碍新质生产力的培育和未来产业的形成。特别是长期以来东北地区人口"失血"现象严重，年轻人的外流和专业技术型劳动力的流失将进一步弱化东北新质生产力发展的人力资源支撑。

因此，作为最活跃、最具决定性意义的能动主体，人力资本的不断壮大将促进新质生产力的不断涌现和升级，推动着经济的高质量发展。可以说，培育高素质人口、汇聚高水平人才是东北全面振兴最大的新质生产力之源，是东北新质生产力生成和发展的必由之路。

新质生产力起点是"新"，关键在"人"。新质生产力与"战略性新兴产业""未来产业"紧密相连，重点聚焦技术含量高的新产业、新技术、新业态、新模式，强调发展战略性新兴产业、未来产业，增强发展新动能。新时

---

[1] 《习近平主持召开新时代推动东北全面振兴座谈会强调　牢牢把握东北的重要使命　奋力谱写东北全面振兴新篇章》，《人民日报》2023年9月10日，第1版。

代东北全面振兴新征程，加快形成新质生产力必须要实现人口高质量发展，为产业升级、数字赋能、绿色发展提供质高量足的人力支撑。

（二）以人口高质量发展厚植新质生产力内核

新时代新征程推动东北全面振兴，我们要牢牢把握高质量发展这个首要任务和构建新发展格局这个战略任务。而人口问题是国之大者，是高质量发展的重中之重，是构建新发展格局的战略支撑。推动东北全面振兴新突破，说到底为的是人，靠的也是人。高素质人口、高水平人才是培育新质生产力、壮大新兴产业、发展未来产业的核心支撑和关键动能。因此，必须持续营造和激发有利于发展的人口规模、结构和素质能力叠加优势。

第一，以新兴产业和数字赋能积蓄释放人口高质量发展驱动力。

发展壮大新兴产业，构建与之配套的现代化基础设施，是优化人口结构、促进人口高质量发展的驱动力和能量源。围绕建设"智造东北"，要大力推动传统产业的数智化、网联化、低碳化转型，为提升人口创新能力和数字素养注入强大的"数智动能"；围绕牢牢把握粮食安全主动权，深入实施藏粮于地、藏粮于技战略，培养现代农业科技人才和新型职业农民，助力黑土地保护、农业绿色发展和农产品深加工，为巩固"国家粮食安全的压舱石"地位提供人力资源支撑；围绕建设"生态东北"，为东北振兴注入强大的"绿色动能"，要构建生态保护和能源开发一体化人才队伍，加快推进光伏、风电和生物质能等新能源产业的规模化、效益化；围绕人口流失和深度老龄化、少子化，打造"康养东北"，打造"医疗＋养老＋旅游"的现代产业生态，提升康养领域的人才储备、项目创意和投资热度，用高质量的照顾养护体系吸纳满足高增长的健康消费需求。

第二，以优质公共服务和宽松发展环境增强高质量人口引留吸引力。

人口高质量发展既要看总量，更要看质量；既要看人口，更要看人才。高学历的技术人才和高技能的产业工人共同决定了技术创新对经济社会的拉动。因此，首先，我们要构建多样化、高水准、全方位的人才保障体系，降低高学历、高技能等不同类型人才配偶就业、子女就学、买房落户的制度成本，以平等、体贴、包容的态度改善其社会经济地位。其次，有序开展行业组织、评估机构等第三方承接职业资格和能力水平的认定、评价工作，建立与人才贡献相适应的激励机制。再次，要推进青年友好型城市建设，为致力于民生保障的社会企业的发展创造良好条件，持续提升公共服务保障能力，充分尊重和保障青年人的劳动权益，以宜学、宜业、宜心、宜居的环境增强东北人才引留吸引力。最后，加大对托育服务机构、学前教育机构建设及幼师队伍培养的投入力度，重视和支持医学院校开设儿科专业，培养更多的儿科医生和护士，比照实施"双15%"的税收优惠政策区和海南自由贸易港有关个人所得税优惠政策，对东北地区高端人才的个人所得税实际税负超过15%的部分予以免征。

第三，以优质职业教育和在职培训打造懂技术会创新的产业工人队伍。

围绕产业布局，推动产业工人技能提升。一方面，聚焦吉林省产业升级和主导产业发展方向，紧紧围绕全省重大战略、重大工程、重大项目，重点结合新能源、新装备、新材料、新农业、新旅游、新电商的"六新产业"，推动产教融合、校企合作，完善职业教育和在职培训体系，培养适应科技进步日新月异新形势和实施制造强国战略新要求的新型产业工人；另一方面，聚焦农业及农产品加工、石油化工、冶金建材、装备制造业等传统产业的转型升级，深入推进传统产业工人的技能培训行动，通过对传统产业工人的挖潜、再造和升级，将低技能、劳动单一化的传统产业工人打造成为在思想上适应信息科技革命变革趋势、在行动上具有过硬专业技能的新时代产业工人。

围绕创新创造，创新产业工人培养模式。一方面，实施产业工人"回炉深造"行动。积极开展继续教育活动，加强与科研院所、重点高校的交流与合作，把青年人才和技术骨干输送到合作院校进行深造，在学习中强化岗位理论知识，在实训中提升生产操作技能，将理论学习与专业实训紧密结合，培育更多理论扎实、技术领先、能力突出的产业工人。另一方面，实施产业工人"青蓝结对"行动。建立健全产业工人内部培养体系，积极推行学徒制培育模式，大力支持省市级工匠、技术骨干带项目、带团队、带徒弟，充分发挥劳模工作室、工匠工作室的品牌效应，依托平台深入开展技能培训、技术交流、技术革新、技术协作，扎实推动青年产业工人队伍技术技能水平和创新创造能力的提升。

（三）发展新质生产力，不能忽视、放弃传统产业

2024年以来，东北三省经济运行总体呈现筑底企稳态势，成果令人瞩目，但经济发展向上的动力仍显不足，尤其是新质生产力还不够强劲。因此，要持续做好"以新促质"大文章，提升振兴发展核心竞争力。对于老工业基地来说，加快转型发展是必答题。加快向新质生产力转换、转移和集聚，可以说是至关重要。构建具有东北特色优势的现代化产业体系，聚焦推进新型工业化，一方面要加快发展高新技术和战略性新兴产业集群，积极培育未来产业；另一方面要促进传统优势产业高端化、智能化、绿色化发展。

第一，新质生产力需要原创性、颠覆性技术催生。

新质生产力，核心在于创新。长久以来，东北地区发展很大程度上是依靠资金、劳动力和自然资源等生产要素的粗放投入而实现。与传统生产力相比，新质生产力能高效集聚创新要素并自主拓展发展新赛道，逐步摆脱传统的人力和资源驱动型增长模式，实现低成本优势向创新优势转变。东北老工业基地应大力鼓励"0到1"的技术突破，真正做到以科技创新引领产业全面升级。

新质生产力需要原创性、颠覆性技术催生，必须加强基础研究和前沿研究，实现"0到1"的催化蜕变。新质生产力涉及领域新，但正是这种"新"，需要不断投入、长期积累、反复试验甚至试错，容易让人看不清，就会导致许多领域研发投入很长时间内没有见效，影响到下一步的决策和投入。

当前，制约东北老工业基地新质生产力发展的一个重要因素，就是"转化"。如何打通科技成果转化"最初一公里"这一堵点，需要我们解放思想，创新制度设计，促进生产要素自由流动。新质生产力不仅是技术层面的革新，更是思维方式、生产方式和产业结构的全面创新。具体可以从三个方面入手：一抓资源引进。主动对接国家重大战略，融入区域协调发展，吸引外部资本和技术转移，促进产学研合作。二抓平台建设，搭建孵化器、科技园、研发中心等创新载体，为创新创业提供一站式服务。三抓政策保障，制定税收减免、财政补贴等优惠政策，改善信息网络、交通物流等基础设施，优化营商环境。

第二，政府扶持引导新质生产力发展既要"大度"也要"适度"。

各级政府要统筹谋划，勾勒出"任务书""施工图"和"时间表"，着力提升新兴产业集聚的规模和质量，避免沿用过去发展传统产业的路径和思维来推进新兴产业发展，避免过度追求规模优势和过度聚集各类要素，避免出现多点开花、大而不优、产能过剩等问题。新质生产力培育要坚持以人为本、因地制宜，避免同质化无序竞争的低水平重复建设。

值得注意的是，政府扶持引导新质生产力发展既要"大度"也要"适度"。一方面，要强化对战略性新兴产业重大工程项目的投资牵引作用，统筹用好各级各类政府资金、创业投资和政府出资产业投资基金。另一方面，要避免产业依赖政府补贴引起周期性波动，加大市场化引导，带动社会资本支持战略性新兴产业发展。

与此同时，鼓励金融机构创新开发适应战略性新兴产业特点的金融产品和服务，探索建立新兴产业金融服务中心或事业部。例如，围绕黑土地保护、建设高标准农田，通过发行黑土地的绿色债券、加大对黑土地保护的绿色贷款力度、实施黑土地项目的绿色评级制度、推动黑土地开发建设的绿色保险制度等途径，打造综合绿色金融服务体系。

第三，发展新质生产力，不能忽视、放弃传统产业。

发展新质生产力，要积极培育战略性新兴产业、未来产业，但也不能忽视、放弃传统产业。传统产业在我国制造业中占比超80%，尤其是在东北老工业基地，集聚着一批关乎国家产业安全的装备制造龙头企业。如何在"育新枝栽新苗"的同时，让"老树发新芽"，是老工业基地急需解决的问题。因此，要解决好传统产业转型升级中的"破与立""取与舍"问题，开启传统产业的"二次创业"。

"传统"不等同于"低端"，传统产业不代表落后生产力。新质生产力的核心是全要素生产率的提升①，而看似"旧"的传统产业，正成为提升全要素生产率的重要依托。要从旧产业中寻找新方向，比如传统煤炭产业，又"黑"又"粗"，附加值低，因而我们要从旧赛道中延伸拓展新赛道，发展精细化工

---

① 高帆：《中国新质生产力的发展逻辑：基于生产率比较的研究》，《社会科学战线》2024 年第 8 期。

等新技术和新材料，从"黑"中找"白"，"粗"中取"精"。

因此，一方面，要坚持"加减乘除"并用，着力构建战略性新兴产业和传统制造业并驾齐驱、生产性服务业和生活性服务业相互促进、信息化和工业化深度融合的新格局。把传统优势产业改造重点放在提质增效、延伸产业链上，推动传统行业在转型中形成新动能。

另一方面，要进一步明确振兴发展不是把已经衰败的产业和企业硬扶持起来，而是集中力量使重点地区、重点优势产业和企业提质增效，把培育新兴产业放在更加重要的位置，加快发展一批新兴产业集群。积极做好改造升级"老字号"、深度开发"原字号"、培育壮大"新字号"三篇大文章，把筑牢国家粮食安全"压舱石"和新型城镇化建设结合起来，下大气力改变工业"一柱擎天"和结构单一的"二人转"产业体系。

第二节　拓展东北全面振兴社会力的优势空间

在新时代，发展不再是对经济增长的迷恋，而是对经济社会协同进步的追求，其根本目的在于满足人的美好生活需要。这一转向不仅蕴含着对"何为发展"和"为何发展"的深层反思，也包含着对西方现代化道路和标准的彻底批判。后发展地区发展目标的差异决定了其不同于发达地区的发展路径。东北振兴不必完全模仿东部和南方发达地区经验，一味追求经济赶超，而要着力于如何在发达社会的文化冲击下保持自身特色，开掘持续、协调、良性发展的内生动力。

一、以外嵌型制度创新和内源型产业再造助推全面转型

从国家话语来看，振兴东北战略被重新定位：从经济上赶超东部和南方发达地区转向保障国家安全的区域协同发展。维护国防、粮食、生态、能源和产业安全是东北发展的底线，即满足国家战略安全需要已经构成了东北发

展的"硬标准",在此"底线"基础上进一步谋求区域协调发展。因此,我们需要跳出东北来看待东北振兴,采用全局性、整体性视野挖掘和激活地区内外部优势。

东北发展的辉煌历程亦表明,在诸如解除边禁带来的人口迁移、国家扶持引起的要素集聚等外力推动下,东北经济社会获得了裂变式上升。从这个意义上说,东北崛起的关键动力并非内部生成的,而是源于外部嵌入的制度突破。来自政策调整、权力动员、技术植入或国家调控的各种外部力量为地区发展注入劳力、资金、技术、设备、政策保障等生产性要素,最终推动东北跨越式发展。这说明,新时期实现东北全面振兴新突破,源自国家顶层设计、对外开放合作的外嵌式制度创新是重要的"机会窗口",为吸引先进生产要素的集聚、燃起大众创新创业的热情赋予合理性价值,进一步强化激励机制和动力机制。

有观点认为,国有工业企业"一业独大"是东北经济长期振而不兴的症结所在,因此大力发展现代轻纺工业是振兴东北的大势所趋。但这种观点忽视了东北的本土实际和产业基础,任何地域的发展都因其独特的资源优势和内外部契机而各有侧重。对于拥有大型制造业辉煌过去的东北而言,产业发展面临的瓶颈是"工业不强"以及由此带来的"低值低智",而不是工业发展过度,更不是要"去除"国有工业企业。我们不能舍本逐末,丢弃雄厚的工业制造业传统优势,而去发展毫无根基的轻纺工业。如是言之,实现东北全面振兴,既需要外嵌式制度创新注入发展活力和动能,又需要积极挖掘和激活内源式产业优势,发挥国企主业优势和带动作用,集中力量推动重点地区、优势产业、龙头企业提质增效,努力打造多点支撑、多业融合、多元发展的产业发展新格局。

二、以国企主业优势和中心城市辐射带动产城深度融合

依托国有企业主业优势,引领、带动各类所有制企业加大战略性新兴产业投资布局力度。例如,在一汽、长客、哈电、沈飞等头部企业带动下,鼓

励具备条件的各类所有制企业独立或联合承担国家"卡脖子"技术的研发、新能源、新装备、新材料的产业化、前沿科技产品的应用场景等建设项目，着力打造能源资源消耗低、环境污染少、附加值高、市场需求旺盛的产业发展新引擎，使东北加快走上创新驱动、内生增长、绿色低碳的新道路。同时，提升哈尔滨、长春、沈阳、大连等中心城市的规模和聚集能力，建设都市圈、产业群、创新体和价值链，通过扩散和辐射效应带动区域整体发展。

进一步促进大型国有企业融入区域产业网络，加快产城深度融合、提升核心竞争能力。一方面，以轨道交通、航空航天、人工智能、生物医药等重大科技成果落地投产推动大型央企嵌入本地企业互动网络，加速地区产业融合，提高区域全产业链水平，将维护国家战略安全的技术优势转化为助推东北经济增长的持续动力。另一方面，围绕哈尔滨、长春、沈阳、大连等中心城市，以重大技术突破和重大发展需求为基础，紧跟新一轮科技革命和产业变革的前沿，以新能源、新装备、新材料、新医药、新旅游等新兴产业集群建设推动生产、生活、生态融合发展，加快形成以产促城、以城兴产、产城融合的发展态势。完善智联网联基础设施，探索智慧城市运营模式，率先试点建设一批应用场景和服务设施，提高产业集群公共服务能力，满足高品质生活消费需求。

三、以新兴产业引擎和数字技术赋能引领新旧动能转换

数字赋能新兴产业是东北树立产业核心发展优势，实现"换道超车"的重要方向，是培育发展新动能、争取未来竞争新优势的关键领域，对东北经济社会全局和长远发展具有重大引领带动作用。通过数字技术赋能，加快新兴产业与传统产业的深度融合，助推传统产业质量变革、效率变革和动力变革，培育大批新技术、新产品、新业态、新模式，创造大量就业岗位，形成稳增长、促改革、调结构、惠民生的有力支撑。

新制造、新能源、新材料、新农业、新医药、新旅游、新基建等新兴产业及其配套设施是推动产业结构转型升级、引领高质量发展的新增长极、

驱动力和能量源。围绕建设"智造东北"、为东北振兴注入强大的"数智动能"，要大力推动传统产业的数智化、网联化、低碳化转型；围绕牢牢把握粮食安全主动权、巩固"国家粮食安全的压舱石"地位，深入实施藏粮于地、藏粮于技战略，用现代科技助力黑土地保护、农业绿色发展和农产品深加工，持续增强农业产业链、提升农业价值链；围绕建设"生态东北"、为东北振兴注入强大的"绿色动能"，要加快推进光伏、风电和生物质能等新能源产业的规模化、效益化；围绕培育壮大新业态、新模式，打造电子商务、直播经济、冰雪旅游、避暑休闲等新的经济增长点，使"冰天雪地也是金山银山"的理念落地生根、开花结果；围绕建设"医药健康创新高地"，推动东北医药产业提质增效，要集中突破生物医药领域重大关键技术，促进人参等道地药材生产加工体系化、高端化、品牌化；围绕人口流失和深度老龄化、少子化，打造"康养东北"，打造"医疗＋养老＋旅游"的现代产业生态，提升康养领域的人才储备、项目创意和投资热度，用高质量的照顾养护体系吸纳满足高增长的健康消费需求。

四、以优质社会服务和宽松发展环境增强人才引留吸力

一方面，技术革新不能忽视人的发展。社会的幸福感、凝聚力、包容度能够带给个体较丰富的心理资本，使人保持健康的心理状态，面对压力表现出更强的适应能力。另一方面，技能水平也是人力资本的重要部分。新自由主义将创新的产生归功于研发的成功，但技能形成理论强调，生产实践和实验研发都是产品研发的重要环节，高学历的技术人才和高技能的产业工人共同决定了技术创新对经济的拉动。但是，高学历人才与高技能工人在社会经济地位、社会福利待遇等方面的差异明显，存在失衡风险。因此，首先，要构建多样化、高水准、全方位的人才保障体系，降低高学历、高技能等不同类型人才配偶就业、子女就学、买房落户的制度成本，以平等、体贴、包容的态度改善其社会经济地位。其次，有序开展行业组织、评估机构等第三方承接职业资格和能力水平的认定、评价工作，建立与人才贡献相适应的激励

机制。再次，要推进青年友好型城市建设，为致力于民生保障的社会企业的发展创造良好条件，持续提升公共服务保障能力，充分尊重和保障青年人的劳动权益，以宜学、宜业、宜心、宜居的环境增强东北地区人才引留吸引力。最后，发挥闯关东精神、劳模精神、大国工匠精神等东北优秀文化传统的引领作用，促使个人职业进步与国家前途命运紧密结合。

五、以东北历史文化优秀因子激活区域创新创业生命力

从敢闯敢干、生存至上的乡土移民文化，到艰苦奋斗、奉献至上的社会主义集体创业文化，再到开拓创新、效率至上的市场改革文化，不断丰富的东北地域文化因子，流淌在广大东北人的血液之中，塑造着东北创新创业的精神气质。乡土移民文化以闯关东精神为代表，核心是"闯"；社会主义集体创业文化以大庆精神、北大荒精神为代表，关键是"创"；市场改革文化以大国工匠精神、黄大年精神、新铁人精神为代表，实质是"新"。作为宝贵的精神财富和潜在的文化资源，这三种文化形态杂糅生长，其中蕴含"进取开拓与耿直粗放共生""包容开放与保守自满并存""勇敢开新与被动依赖同在"的矛盾属性，既构成了东北转型发展的内驱动力，也一度滋生社会惰性和文化阻力。

新时期，积蓄和释放东北振兴新突破的文化新动能，必须回到东北社会内部和历史深处，反思性地开掘和创造性地提升东北地域文化生命力。一是激活和汲取东北历史文化的精髓元素，赋予时代意涵、丰富表现形式，使其有滋有味、有声有色，以社会化的文化生成机制实现个体文化自觉、社会文化繁荣和国家文化自信紧密结合，让东北文化"活"起来。二是推动东北地域文化"入世""入市""出新""出彩"，以包容性的文化融合机制消除精英与"草根"、官方与民间、现代与乡土、本土与外来的隔阂，使东北文化"动"起来。三是数字赋能文化创意产业发展，通过市场化的文化再造机制促进移民文化、红色文化、工业文化和民俗文化融会贯通，实现数字化再现和沉浸式体验，使东北文化"火"起来。

第三节　迈向后增长社会的东北振兴

随着发展阶段和发展理念的转变，发展不再是对增长神话的盲目追求，而是恢复人类幸福所立足的平衡感。新时代东北全面振兴，不是通过一味发展经济维续对无限增长的迷恋，而是以美好生活为目标、以人民幸福为依归重构发展蓝图。一个好的社会需要满足四个基础性条件：社会保障（福利维度）、社会凝聚和包容（治理维度）、社会永续（生态维度）和社会赋权（参与维度）。[①] 我们应摒弃将东北振兴视为区域经济赶超战略的传统观念，按照后增长理念的"好社会"的标准，从本地社会生态出发，将振兴东北的未来置于全面建设社会主义现代化国家的新征程之中。

一、加快经济发展成果向社会生活质量转化，探索共享型经济增长模式

后增长社会并不排斥经济增长，而是要充分发挥经济增长的基础性作用，在做大"蛋糕"的基础上使人民共享发展成果。随着东北发展迈向后增长社会，应当将共同富裕放在更为突出的地位，构建初次分配、再分配、三次分配协调配套的基础性制度安排，加强对低收入者等边缘化群体的帮扶，使他们能够享受平等的发展机遇，以收入分配体系重构提高经济发展的"道德"收益，提升东北人民的共享型增长感。

一方面，用共享型经济增长模式夯实东北地区维护国家总体性安全的社会安全基座。紧密围绕维护国家战略安全的政治使命，首先，东北各地应把创新作为推动区域高质量发展的第一动力，充分发挥本地的科教、人才和产业优势，加大对新材料与新能源、航空航天、粮食生产加工、生物医药、高端装备制造等战略新兴领域创新的支持力度，优化创新创业环境，培育一批"专精特新"企业和制造业单项冠军企业。其次，在总结现有经验的基础

[①] ［荷］沃尔夫冈·贝克、劳伦·范德蒙森、弗勒·托梅斯等主编：《社会质量：欧洲愿景》，王晓楠等译，社会科学文献出版社，2015 年，第 269、272、278 页。

上进一步优化央地合作模式，建立健全从关键技术研发、政策信息共享、人力资源互通到重大项目跟踪指导的全方位央地协同体系，以轨道交通、航空航天、人工智能、生物医药、能源装备等重大科技成果落地投产推动大型央企嵌入本地"政府–企业–院校"互动网络。这不仅将促进地域内产业与城市的深度融合，还将提升整个区域的全产业链竞争力。再次，大力宣传科技向善、商业向善理念，鼓励科技创新成果在改善城乡基础设施建设、优化公共服务、维护国家安全、促进绿色低碳发展、保护黑土地等方面的应用，营造崇尚公共利益、追求公共福祉的社会氛围，形成经济现代化转型与社会高质量发展的良性互动，真正把维护国家战略安全所内生的区位优势、技术优势、产业优势，转化和释放为东北经济增长和社会品质改善的持续动力。通过上述创新驱动和产业升级举措，拓展就业机会、改善生态环境和人居环境、提升生活品质和治理能力，切实将维护国家安全的技术优势、产业优势、国企主业优势转化为东北经济社会高质量发展的持续动力。

另一方面，以外嵌式制度创新推动区域均衡发展，充实共享型经济增长的外部动力。由于制度壁垒的消除和基础设施的改善，充足的劳动力供给致使发达地区产业转移步伐相对滞后于其产业升级速度，从而阻碍了区域协调发展水平的提升。在新的时代背景下，东北地区振兴发展还需依赖更为系统化和强有力的外嵌式制度创新，促进优质生产要素集聚，优化生产要素和资本组合。党的二十届三中全会强调，要健全推动西部大开发形成新格局、东北全面振兴取得新突破、中部地区加快崛起、东部地区加快推进现代化的制度和政策体系。其一，东北要充分利用党中央关于东北全面振兴的各项政策举措，积极主动对接"一带一路"、京津冀协同发展、长江经济带发展等重大发展战略，探索"飞地经济""园中园"等共建模式，更好融入全国统一大市场。同时，深化与东部发达地区的对口合作机制，促进两地在科技自立自强、数字经济发展、城乡社会治理、生态环境保护等方面的对话交流，以区域优势互补、协同合作增强维护国家安全的本领。其二，要牢牢抓住当前国家加快构建新发展格局的机遇，充分发挥东北连接欧亚大陆的重要通道的区位优势，从东北三省实际出发，统筹规划，建立健全区域一体化合作机制，促进哈长城市群、辽中南城市群一体化整合发展，集成东北制造业、农业和开发开放大通道的优势，形成哈长沈大城市带，最终成长为我国经济高质量发展的北方增长极。

二、用公益发展理念引领友好型东北建设，构建包容性社会治理体系

后增长社会是富有凝聚力的社会。随着社会多元化趋势日益显露，它要求每个成员彼此倾听、相互包容，共同承担社会发展的义务，共享充满活力的共同体生活。统筹推进城乡社区治理，夯实社会治理基石，是实现社会高质量发展的前提和保证，也是打造高品质生活的基础性工程。

一方面，充分发掘单位社会遗留的动员能力和福利传统，拓展企业与社会组织参与基层治理的机会和渠道，建立涵盖政府、企业、社会组织、居民等治理主体的综合治理绩效评估体系，推动党建引领多元治理主体的良性互动。鼓励行业协会通过搭建纠纷调解平台、强化 ESG 治理（即 Environmental，Social and Governance，环境、社会和公司治理）、促进社会参与、消除社会歧视等方式履行社会责任，引导其树立以自身发展回应社会关切的共益发展理念。此外，还要建立健全基层治理人才培育体系，将表现突出的社区治理能人、社会工作者、道德模范等基层治理人才纳入地区人才保障体系，厚植基层治理现代化的人才底蕴。借助城市更新行动与青年、儿童友好型城市建设机遇，完善边缘群体利益诉求表达和公共参与机制，以平等包容有序的社会参与推进宜学宜业宜居的人民城市建设。

另一方面，针对城乡社区治理资源不均衡现象，要建立以满足全体居民美好生活需要为目标、以弱势群体为重点、覆盖城乡的多层次公共服务体系，增强弱势群体的数字素养，使公共服务供给更加包容、平等。同时，要鼓励科技创新助力城乡新型基础设施改善和公共服务供给优化，营造以促进民生福祉为目标的创新氛围。在此基础上，依托数字载体建立涉及医疗、卫

生、教育、文化等领域的城乡公共服务资源共享平台和需求监测体系，通过结对帮扶、线上服务、集中培训、资源共享等方式推动城市优质服务资源向农村下沉，在精准捕捉城乡居民需求的基础上实现公共服务的靶向供给，在提升公共服务资源使用效率的同时增强公共服务的均衡性和可及性。

三、全链条绿色赋能东北生态保护与开发，实现人与自然的和谐共生

为了满足美好生活需要，人们对各种资源的利用不仅在于追求物质消费，还包括自然生命过程与社区整体福祉之间的有机平衡，实现人类生命共同体的延续。[①] 东北优越的生态环境和丰富的资源储备，既是其错位发展的基础，也是区域社会高质量发展的前提。因此，如何平衡产业发展的需要、维护国家安全的责任与发展的可持续性之间的关系，是东北全面振兴的重要议题。

围绕生态农业，要积极发展休闲农业、循环农业、智慧农业、林下经济等新型农业业态，推动东北生态农业由生态保护型向多功能综合开发利用转变。建立跨区域生态保护补偿机制，为主要粮食生产区基础设施优化、生产工艺创新、污染防治与水土保护提供技术、资金等要素支持。围绕产业结构转型升级，加强绿色制造业人才培养，提升区域绿色科技的创新和应用能力，通过技术升级、税收减免、财政补贴、贷款优惠等措施助推高耗能、高污染等重点领域企业参与清洁能源应用场景扩展，推动绿色产业链、绿色价值链、重大工程项目的全生命周期绿色管理，实现产业链绿色化。活跃新经济业态，通过创新景观绿化、资源循环利用等方式推动旅游产品迭代升级，兼顾保护自然与普惠社会。围绕生活方式转型，要建立绿色消费激励机制，推进绿色建筑建设，用绿色发展理念指导城市更新行动，系统推进生态文明理念宣传教育活动，积极引导居民主动践行绿色生活理念。围绕企业社会责任，要加速推动共益企业、商业向善等经营理念普及，鼓励企业定期开展

[①] ［德］米里亚姆·兰、［玻］杜尼娅·莫克拉尼主编：《超越发展：拉丁美洲的替代性视角》，郇庆治、孙巍等编译，中国环境出版集团，2018年，第123页。

ESG 评估并向社会披露评估结果，促使企业将节能减排、环境修复、生物多样性保护等诉求融入企业发展战略。

四、全过程人民民主护航公众参与振兴全过程，强化政策实践的需求导向

东北三省政府在过去 20 年间围绕东北经济振兴和社会发展制定实施了大量政策。但是，这些制度改革的实际成效如何？是否实现了预期目标？

对于这些问题的回答，要求未来东北地区的制度改革要从提升政策增量转向消化政策存量，对近 20 年来有关振兴东北的政策措施进行全面评估、盘点和清理。其中，若政策评估和规划过程排斥作为利益相关者的人民群众，我们对成果交付过程的理解将会是扭曲的。因此，我们应将全过程人民民主理念贯穿发展政策评估和规划的全过程，明确人民在政策议程中的中心地位。譬如，自 2019 年开始，吉林省政协围绕优化地区营商环境连续开展体验式综合评价活动，并将结果纳入政府绩效考核，开通了多元治理主体包容性对话的新渠道。

未来，我们要拓展科研院所、新闻媒体、社会组织、地方人大和政协等多元力量参与政策议程，通过协商议事、问卷调查、走访调研等多种形式广泛采集政策受众的意见建议，进一步拓展人民群众获取政务信息资源、全过程参与决策制定的渠道。在此基础上，完善东北区域一体化协同治理体系，规范基层民主协商程序，健全各类制度化协商平台，以协商民主广泛多层制度化发展确保制度改革服务于共享型繁荣的实现。

参考文献

［1］［美］阿图罗·埃斯科瓦尔.遭遇发展：第三世界的形成与瓦解［M］.汪淳玉，等，译.北京：社会科学文献出版社，2011.

［2］［印］阿马蒂亚·森.以自由看待发展［M］.任赜，于真，译.北京：中国人民大学出版社，2002.

［3］［意］艾伯特·马蒂内利.全球现代化：重思现代性事业［M］.李国武，译.北京：商务印书馆，2010.

［4］［美］安东尼·范·阿格塔米尔，弗雷德·巴克.智能转型：从锈带到智带的经济奇迹［M］.徐一洲，译.北京：中信出版社，2017.

［5］［英］蒂姆·杰克逊.后增长：人类社会未来发展的新模式［M］.张美霞，等，译.北京：中译出版社，2022.

［6］［以］赫尔普曼.经济增长的秘密［M］.王世华，吴筱，译.北京：中国人民大学出版社，2007.

［7］范晓君.双重属性视角下的工业地遗产化研究［M］.沈阳：辽宁人民出版社，2017.

［8］［美］弗朗西斯·福山.信任：社会美德与创造经济繁荣［M］.郭华，译.桂林：广西师范大学出版社，2016.

［9］［瑞士］吉尔贝·李斯特.发展史：从西方的起源到全球的信仰：第四次修订增补版［M］.陆象淦，译.北京：社会科学文献出版社，2017.

［10］［美］吉尔伯特·罗兹曼，等.中国的现代化［M］.国家社会科学

基金"比较现代化"课题组，译.南京：江苏人民出版社，1995.

［11］［英］卡尔·波兰尼.大转型：我们时代的政治与经济起源［M］.冯钢，刘阳，译.北京：当代世界出版社，2020.

［12］［荷］劳伦·范德蒙森，［英］艾伦·沃克.社会质量：从理论到指标［M］.冯希莹，张海东，译.北京：社会科学文献出版社，2015.

［13］李晓.东亚奇迹与"强政府"：东亚模式的制度分析［M］.北京：经济科学出版社，1996.

［14］［德］马库斯·布伦纳梅尔.韧性社会［M］.余江，译.北京：中信出版社，2022.

［15］［丹麦］迈克·维金.丹麦人为什么幸福［M］.林娟，译.北京：中信出版社，2017.

［16］［英］齐格蒙特·鲍曼.怀旧的乌托邦［M］.姚伟，等，译，北京：中国人民大学出版社，2018.

［17］任保平.衰退工业区的产业重建与政策选择：德国鲁尔区的案例［M］.北京：中国经济出版社，2007.

［18］［美］罗斯托.经济增长的阶段：非共产党宣言［M］.郭熙保，王松茂，译.北京：中国社会科学出版社，2001.

［19］［荷］沃尔夫冈·贝克，劳伦·范德蒙森，弗勒·托梅斯，等.社会质量：欧洲愿景［M］.王晓楠，等，译.北京：社会科学文献出版社，2015.

［20］徐新，范明林.紧凑城市：宜居、多样和可持续的城市发展［M］.上海：格致出版社，2010.

［21］［秘鲁］托莱多.共享型社会［M］.郭存海，译.北京：中国大百科全书出版社，2016.

［22］［丹麦］盖尔.人性化的城市［M］.欧阳文，徐哲文，译.北京：中国建筑工业出版社，2010.

后 记

党的十八大以来，以习近平同志为核心的党中央高瞻远瞩、审时度势，指导实施新一轮东北振兴战略。党的十九大报告提出，深化改革加快东北等老工业基地振兴。党的二十大报告提出，推动东北全面振兴取得新突破。2023年9月，习近平总书记主持召开新时代推动东北全面振兴座谈会并发表重要讲话，强调牢牢把握东北的重要使命，奋力谱写东北全面振兴新篇章。2025年初，习近平总书记再赴辽宁、黑龙江、吉林考察，对新时代东北全面振兴作出最新指示要求，充分彰显了总书记对东北人民的亲切关怀和深情厚爱，彰显了总书记对东北振兴的殷切期望和信任重托，是对正在为东北振兴努力奋斗的各界人士的巨大鼓舞和莫大鞭策。

中国东北振兴研究院是在国家发展和改革委员会指导下，以东北振兴理论和政策研究为特色，为中央和东北地区各级地方政府提供政策咨询的新型智库，是辽宁省新型智库联盟首任理事长单位、"智库人才培养联盟"单位、国家区域重大战略高校智库联盟单位。先后入选"2021年中国智库参考案例（咨政建言类别）"和"CTTI 2022年度高校智库百强"，荣获"CTTI 2023年度 / 2024年度智库研究优秀成果"特等奖。

2020年，由中国东北振兴研究院组织编写的《东北振兴研究丛书》出版，被列为"十三五"国家重点图书出版规划项目、国家出版基金资助项目，荣获"第一届辽宁省出版政府奖"。2022年，《新时代东北全面振兴研究丛书》筹划、立项，经编委会、作者团队与出版社共同努力，丛书被列入

"十四五"国家重点出版物出版规划增补项目和国家出版基金资助项目。

　　值此丛书付梓之际，感谢各位作者用严谨治学的精神为丛书倾注心血、贡献智慧，感谢亿达集团董事局主席孙荫环先生的鼎力支持和在丛书启动阶段给予的充分保障，感谢辽宁人民出版社编辑团队的辛勤付出。

　　党中央为新时代东北全面振兴指明了前进方向，也给东北振兴发展提供了新动力新机遇。东北地区要认真贯彻落实党的二十大和二十届二中、三中全会精神，坚定信心、开拓创新，勇于争先、展现作为，以进一步全面深化改革开放推动东北全面振兴取得新突破。

中国东北振兴研究院

2025 年 2 月 12 日